21 世纪高等学校
经济管理类规划教材
高校系列

MONEY AND BANKING

货币银行学

+ 钱婷婷 主编

+ 孙志强 刘融 王荣 副主编

ECONOMICS
AND
MANAGEMENT

人民邮电出版社
北 京

图书在版编目（CIP）数据

货币银行学 / 钱婷婷主编. -- 北京：人民邮电出版社，2013.9（2023.9重印）
21世纪高等学校经济管理类规划教材. 高校系列
ISBN 978-7-115-32823-6

Ⅰ．①货… Ⅱ．①钱… Ⅲ．①货币银行学—高等学校—教材 Ⅳ．①F820

中国版本图书馆CIP数据核字(2013)第186622号

内 容 提 要

　　全书共分为十章，着重介绍货币与货币制度、信用与利率、金融机构体系、金融市场、商业银行、中央银行、货币需求与供给、货币政策、通货膨胀与通货紧缩等内容。本书针对应用型本科院校学生的具体情况，在主要阐述货币、银行与金融体系的基础知识和基本理论的基础上，理论联系实际，侧重对学生应用能力的训练和培养，以便增强学生的感性认识。同时本书也较适合经济、管理专业及从事金融工作的人士查阅。

◆ 主　　编　钱婷婷
　　副主编　孙志强　刘　融　王　荣
　　责任编辑　武恩玉
　　执行编辑　王　伟
　　责任印制　彭志环　焦志炜

◆ 人民邮电出版社出版发行　　北京市丰台区成寿寺路 11 号
　　邮编 100164　电子邮件 315@ptpress.com.cn
　　网址 http://www.ptpress.com.cn
　　北京七彩京通数码快印有限公司印刷

◆ 开本：787×1092　1/16
　　印张：20　　　　　　　　　　　2013 年 9 月第 1 版
　　字数：497 千字　　　　　　　　2023 年 9 月北京第 16 次印刷

定价：42.00 元

读者服务热线：(010)81055256　印装质量热线：(010)81055316
反盗版热线：(010)81055315
广告经营许可证：京东市监广登字20170147号

前 言 Forward

金融是现代经济的核心，而货币与银行无论从历史的线索，还是逻辑的线索上分析，都应该是现代金融的源头和基础。虽然货币是一个古老的概念，但货币银行学却是一门相对年轻的学科，它是基于货币现象，主要研究货币运动及其规律的一门学科。自改革开放以来，尤其是社会主义市场经济体制改革目标确立以后，我国金融体系改革有了实质性的进展，货币、银行和金融日益渗透到了社会经济生活的方方面面，与个人、企业甚至整个社会和国家息息相关。党的二十大报告指出：深化金融体制改革，建设现代中央银行制度，加强和完善现代金融监管，强化金融稳定保障体系。货币银行学的重要性已逐步被人们所认识，教育部也正式将其指定为经济类专业本科生核心课程。

本书在借鉴同类教材、吸收国内外当代货币银行学发展取得的丰富理论研究成果、结合我国金融体制改革实践的基础上编写而成，是长期教学和研究的经验总结。本书注重教材内容结构体系的科学性和合理性，并力求做到阐述简明清楚、循序渐进，体现经济金融发展中的理论研究新成果，反映国内外金融实践的新进展。

全书共分为十章，着重介绍了货币与货币制度、信用与利率、金融机构体系、金融市场、商业银行、中央银行、货币需求与供给、货币政策、通货膨胀与通货紧缩等内容，在一定程度上体现了应用型本科的教学特点。由于篇幅所限，同时也考虑到绝大多数本科经济类院校都开设了专门的国际金融课程，所以未将国际金融相关内容纳入本书体系。

二十大报告指出：实施科教兴国战略，强化现代化建设人才支撑。为培养新时期现代化建设所需要的合格经济、金融人才，本书针对应用型本科院校学生的具体情况，在主要阐述货币、银行与金融体系的基础知识和基本理论的基础上，理论联系实际，增强学生的感性认识，侧重对学生应用能力的训练和培养，本书也较适合经济、管理专业及从事金融工作的人士查阅。

本书由钱婷婷任主编，孙志强、刘融和王荣任副主编。全书由钱婷婷提出编写大纲和要求，经本书全体作者多次讨论，最后由钱婷婷统稿。具体分工如下：刘融编写第一章、第二章和第三章，钱婷婷编写第四章和第五章，孙志强编写第六章和第九章，王荣编写第七章、第八章和第十章。

本书的编写参考了国内外大量相关教材、著作和期刊，受篇幅所限，无法一一列举，特作说明，并在此向这些作者致谢。在此也向关心过"货币银行学"课程教学，以及提出过建设性意见的杨晓明、孙海燕、王燕等各位老师表示衷心感谢。

由于时间、资料、编者水平的限制，书中不足之处在所难免，恳请同行专家及各位读者指正。

钱婷婷

目 录 Contents

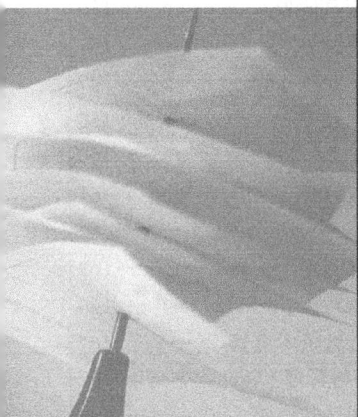

第一章 货币与货币制度

货币从起源到局部的通行，从站在国际贸易的制高点，到成为今天世界经济浪潮中最棘手和根源性的课题，人们对它从哪里来，又将如何影响世界产生了越来越多的困惑和期待。当今社会被称为货币经济或信用经济，货币与社会经济活动以及人们的日常生活有着密切的联系。随着经济的货币化与金融化正在迅猛地发展，货币已经渗透到了国民经济活动的每一角落。从微观经济活动看，企业的活动、银行的经营、银企的融资关系、资本市场的组织与运行，都与货币信用关系发展直接相关；而从宏观经济活动方面看，一国经济的发展、物价的稳定、国民收入的分配、社会财富的分配与积累、国际收支的平衡，都体现着一国货币与货币政策的作用。因此，我们必须关心货币与金融问题，研究关于货币的基本问题。

第一节 货币的本质与职能

一、货币的产生

货币究竟是如何产生的？这个问题在历史上存在诸多争议。西方学者亚里士多德和中国春秋时期的著名政治家管仲持"货币国定论"，认为货币是由国家规定和创造的；而经济学家亚当·斯密和史学家司马迁则认同"商品交易说"，认为货币是在商品交换过程中自发产生的。

马克思在原先理论的基础上进一步研究，得出"货币是商品交换长期发展的必然结果"这一理论。从逻辑的线索分析，他认为商品及其价值二重性与货币产生有着密切的关系。商品是使用价值和价值的统一体，商品的使用价值和价值的二因素决定了商品具有二重的表现形式，即商品自然形式和价值形式。商品的自然形式是商品自身，就是使用价值的存在形式，使用价值是看得见、摸得着的。商品的价值作为一般人类劳动的凝结，是商品的社会属性，体现着商品生产者之间的经济关系，虽然这种经济关系是客观存在的，但却是掩藏在交换现象背后的，往往是看不见、摸不着的。因此，商品经济的基本矛盾是使用价值和价值之间的矛盾，而交换是解决商品经济基本矛盾的方式。孤立的一个商品，不能表现出自己的价值。商品的价值只有在交换过程中，通过与其相交换的另一个商品表现出来。一个商品通过与其他商品交换表现出自身的价值大小。商品的价值是交换的依据，而货币成为商品价值的外在表现。

从历史的线索分析，马克思把交换过程浓缩为价值形式的演变过程。这个过程也是货币从萌芽到形成的过程。他认为，要了解货币的产生过程，就必须研究价值形式发展的过程。价值形式的发展经历了简单或偶然的价值形式、扩大或总和的价值形式、一般价值形式和货币形式4个发展阶段。

第一阶段是简单或偶然的价值形式，即一种商品的价值简单地、偶然地表现在与它相交换的另一种商品上。这种价值形式是与原始社会末期出现的物物交换相联系的。例如，牧民的一只绵羊与铁匠的两把石斧进行交换。

这一价值形式反映了第一次社会大分工（即农业与畜牧业的分工）以前，原始社会末期偶然的交换关系。在原始社会末期，随着生产力的发展，剩余产品开始出现。各部落生产的产品除了满足本身的消费需求外，还把多余的产品拿去交换。但限于当时的社会生产力仍较为落后，剩余产品数量有限，因而不可能出现经常的交换。

仍以一只绵羊等于两把石斧为例，在这种价值形式中，等式两端的商品处于不同的地位，起着不同的作用。等式左端的商品"绵羊"处于主动地位，它的价值通过石斧这一商品相对地表现出来，是价值被表现的商品，处在相对价值形式上。等式右端的商品"石斧"则处于被动地位，用来体现"绵羊"的价值，起着等价物的作用，处于等价形式上。处于相对价值形式上的商品的价值，相对地表现在处于等价形式上的商品的使用价值上。之所以能够如此，是因为它们都是劳动的产品，都耗费了抽象的一般人类劳动，都具有价值。等价形式就是某种商品充当价值的代表能够与另一种商品直接相交换的形式，这样的商品叫做等价物。

简单价值形式虽然使一种商品的自然形式和价值形式的表现分离开来，但它带有个别性和偶然性，不能充分地表现出商品价值或生产商品的劳动的一般性即无差别性，所以，商品交换必然要向更高的价值形式发展。

第二阶段是扩大的价值形式。随着社会生产力的发展，商品的交换已不再是个别的、偶然的现象，逐渐成为经常的现象，商品交换的范围在扩大，商品的种类在增多。于是，价值形式由简单价值形式发展到扩大的价值形式，即一种商品的价值表现在与它相交换的一系列商品上。扩大的价值形式是简单价值形式的扩大或总和。

在图 1-1 中，处在相对价值形式上的商品的价值，已不仅仅由两把石斧来表现，作为等价物的商品已经是许多不同的商品。这时，商品的价值第一次真正表现为无差别的一般人类劳动的凝结。同时，交换已经由偶然变为经常，因而商品价值量的确定排除了偶然性，价值量也开始真正成为交换比例的调节者。但是，由于每一种等价物都是特殊的，还没有一个被社会公认的统一的等价形式，还没有摆脱物物交换的限制，因而给交换带来困难和不便。

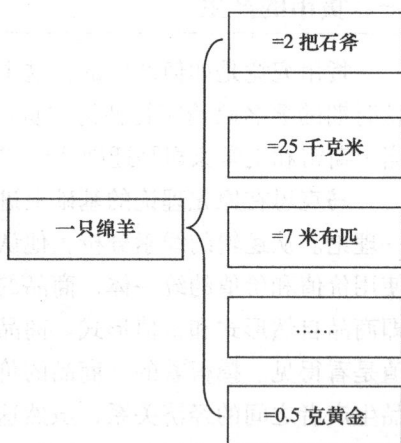

图 1-1　扩大的价值形式

第三阶段是一般价值形式，即一切商品的价值都统一地表现在从商品世界分离出来充当一般等价物的某一种商品上。第二次社会大分工（农业、畜牧业与手工业分工）出现以前，随着社会分工的扩大和交换的发展，一种商品逐渐从无数商品中分离出来，其他一切商品都需用和它交换，通过它来表现自己的价值，并且在换到这种商品以后，能用这种大家都愿意接受的商品去换到任何自己所需要的商品。这样一来，总和的或扩大的价值形式便过渡到一般价值形式。

从总和的或扩大的价值形式过渡到一般价值形式是一次质的飞跃，它使商品之间直接的物物交换发展成为以一般等价物为媒介的商品交换。在简单的价值形式和扩大的价值形式下进行的商品交换，都是直接的物物交换。它需要满足时间、空间、需求、价值上的多重巧合，才能进行交换，因此不适应商品交换进一步发展的需要。随着商品交换的进一步发展，某种商品自发地从商品世界分离出来充当一般等价物，于是产生了一般价值形式。

在一般价值形式中，处于等价形式上的唯一商品，就成了其他一切商品价值的一般等价物。这种商品的使用价值，成为商品价值的一般形式；生产这种商品的具体劳动，成为抽象劳动的一般形式，它可以和其他一切劳动相对等；生产这种商品的私人劳动，直接当做一般的社会劳动而存在。在这里，商品的价值作为无差别的一般人类劳动凝结的这种性质便完全地、充分地表现出来了。

一般等价物的出现，克服了总和的或扩大的价值形式的缺点和局限性，大大地促进了商品交换的发展。但是，在这种价值形式中，一般等价物还没有固定在一种商品上面。在不同的历史时期，在不同的国家和地区，充当一般等价物的商品可能是各种各样的。在历史上充当过一般等价物的商品有贝壳、布帛、牛、羊、兽皮、盐等。由于一般等价物的不固定、不统一，随着商品交换范围的扩大而日益显露其不适应性，给商品交换带来了新的困难。随着商品交换的范围突破了地区的界限，为了适应商品交换发展的要求，一种新的价值形式——货币，便应运而生了。

第四阶段是货币价值形式。随商品生产和商品交换的发展，从交替地充当一般等价物的众多商品中分离出一种经常起到一般等价物作用的商品，这种特殊商品就是货币。货币是一般等价物最终固定在黄金、白银等贵金属上，这些贵金属就成为货币商品。这种价值形式产生于手工业与农业和畜牧业分离的第二次社会大分工之后。

货币价值形式与一般价值形式并没有本质区别，不同之处仅仅在于等价物已经固定地由金、银等贵金属来充当了，金、银等贵金属排除了一切其他商品而取得了单独表现价值和抽象劳动以及直接代表社会劳动的独占权。

在货币价值形式中，处于相对价值形式上的商品，是用金、银等贵金属货币来表现自己的价值。商品价值的货币表现，就是商品的价格。因而，商品的相对价值形式便转化为价格形式。处于等价形式上的货币，便成为社会公认的唯一的一般等价物。

价值形式的发展过程表明，货币是商品交换过程发展到一定阶段的自发产物，是商品内在矛盾发展的必然结果。随着货币的出现，整个商品世界分成了两极：一极是各种各样的商品，它们都作为特殊的使用价值存在，要求转化为价值；另一极是货币，它直接作为价值的化身而存在，随时可以转化为任何一种有特殊使用价值的商品。这样就使原来商品内部的使用价值和价值的矛盾，表现为外部的对立，即表现为商品和货币的对立了。货币出现以来，所有的商品都必须换成货币，才能实现自己的价值，使用价值和价值的矛盾才能得到解决，具体劳动才能转化为抽象劳动，私人劳动才能取得社会的承认而表现为社会劳动。因此，货币成为社会财富的一般代表，成为商品世界中至高无上的权威。

二、货币的本质

在我国，人们公认的是马克思对货币本质的揭示：货币是固定地充当一般等价物的特殊商品，体现商品生产者之间的社会生产关系。结合现代经济条件，对于货币的本质这个问题，我们可以得出以下结论。

（1）货币首先是一般等价物。马克思从最原始、最简单的偶然的商品交换中已经发现货币的雏形，发现在物物交换中必定有一种商品要用来表现和衡量另一种商品的价值。随着商品生产与交换规模的日益扩大，价值形态得到不断发展，这种用来衡量其他商品价值的商品便逐渐被贝壳、贱金属、金银、信用货币所替代。但不管用实物、金银还是用纸或更先进的东西充当货币，货币始终都是一般等价物。

（2）货币曾经是商品，具有商品的共性，具有价值和使用价值。同时货币是一种特殊的商品，是一切商品价值的表现材料，具有与其他商品直接相交换的能力。

但它完全可以不是商品。货币之所以为货币，不在于它自身有无价值，关键看它是否为公众普遍接受。现代货币已不具商品属性，而纯粹是国家法律规定的、公众普遍接受的充当一般等价物的购买凭证。

我国学者继承马克思的论断，认为既然早期实物货币是商品，货币金银是商品，而纸币是金的符号或者货币的符号，因而也应该是商品。这种认识的致命错误有二：一是忽视了马克思讨论货币是商品时的基本假设——把金当做货币商品来假定；二是混淆了可兑现的银行券与后来不兑现的银行券以及国家纸币，前者可兑换为金银，是金的符号，因而是商品而后者根本不能兑现，就不能被认为是商品了。

（3）货币是社会经济关系的体现。马克思货币理论的最大贡献，莫过于揭示出货币是一种社会关系网，是隐藏在物后面的人际关系的表现形式。而且，只要阶级社会存在，货币所体现的这种关系就不可抹杀。市场经济条件下，货币所体现的这种关系更加明显。从社会再生产角度考察货币所体现的经济关系，货币体现了生产关系、交换关系以及分配关系。同时货币也体现了再生产过程以外人与人的社会关系。在生产过程中，货币既体现人与人之间的剥削与被剥削关系，又体现分工协作、共同发展的关系；在交换过程中，货币同时体现出等价交换与不等价交换两方面的内容；在分配过程中，货币则体现着社会财富在社会成员间的公平分配和不公平分配关系。货币还体现政治、军事、文化、外交等各种社会关系。另外，人情之冷暖、世态之炎凉，也无不通过货币淋漓尽致地反映出来。

（4）货币是一种工具——国家用来调控宏观经济运行的重要工具，但国家在运用这一工具时必须注意力度的掌握。现代经济条件下，货币已经不只是一般的价值尺度和流通媒介。更重要的是，货币可以成为国家调控经济运行的政策工具。财政政策或货币政策、扩张政策或紧缩政策，无一能离开货币而施行。

三、货币形态的演变

纵观货币发展史，货币大致经历了商品货币、金属货币、代用货币和信用货币等几个阶段，这也是货币价值不断符号化的过程。

（一）商品货币和金属货币

商品货币是货币演变的最初形态。商品货币从形态上来讲是指用商品充当货币，作为一般等价物存在。在人类经济史上，各种商品曾在不同时期不同国家扮演过货币的角色，如古希腊以牛、羊充当货币，非洲和印度等地以象牙充当货币，印地安人和墨西哥人以可可豆充当货币，以及后来人们以金银铜等金属商品充当商品货币。从实质上来讲，商品货币是足值货币——它作为一种商品供非货币用途的价值，与其作为货币的价值相等。早期的货币大都是由足值的商品货币构成的，这种足值的商品货币不作为货币使用的可能性，能有效地保护货币持有人免受货币购买力大幅度下跌引起的损失。这种保护机制有效增强了商品货币的普遍适用性。

一般来说，作为货币的商品应具有 4 个特性：第一，价值比较高，这样可用较少的货币完成较大量的交易；第二，易于分割且分割后单位价值不变，为不同规模和数量的交易提供方便；第三，易于保存，在保存过程中不会损失价值，无需支付费用等；第四，便于携带，以利于在广大地区之间进行交易。

随着交换的发展，对以上4个方面的要求越来越高，商品货币均有不适合作为货币的缺点，而金、银、铜等金属比其他任何商品都能更有效地发挥货币的性能，商品货币也就逐渐被金属货币替代，因而金属日益成为货币商品。金属充当货币的优点非常突出，尤其是金属可以多次分割，可按不同比例任意分割，分割后还可冶炼还原。金属易于保存，特别是铜、金、银都不易被腐蚀。这些特性使得金属，特别是贵金属成为最理想的作为货币的商品。在一些古文明较发达的国家，白银是主要的货币商品，中国自宋代直至20世纪30年代，白银一直是主要的商品货币。西欧从公元13世纪以来，金币逐渐增多，到18世纪、19世纪日益占据主要地位。20世纪初，在世界主要的工业化国家中，黄金已成为垄断性的商品货币。正如马克思概括的那样："金银天然不是货币，但货币天然是金银。"

金属货币最初没有固定形状和重量，交易时须检验成色，权衡重量，又称为"称量货币"。随着商品交换的发展，人们把货币金属铸成具有一定形状、一定重量，并具有一定成色的金属铸币，大大便利了流通。但是，不管金银的特性是多么适合当作货币，其在携带、分割、生产等方面还是有很多不便，而且货币供应量受到金银等贵金属产量的限制。人们逐渐发现金属铸币在流通中发生磨损和减重，但仍按面值流通使用，于是渐渐出现了作为代用货币的纸币。

（二）代用货币

代用货币是指代替金属商品货币流通，并可随时兑换为金属商品货币的货币。纸币是指，在金属货币流通的情况下，银行通过贴现商业票据或贷款而发行的，代替贵金属货币（黄金货币）流通，并可以随时兑现的票据。纸币作为代用货币，可以弥补金银等贵金属作为货币的不足。

最初的纸币可兑现金银等贵金属，也就是发行纸币的钱庄、商号保证按纸币上写的数字按质按量地兑换贵金属。人们在商品交换中接受纸币，实际是接受了发行纸币的钱庄、商号的信誉。从这个意义上说，纸币是一种可兑现的代用货币。如果发行纸币的钱庄、商号不能按质按量地向纸币的持有者兑换贵金属，纸币就会丧失信誉，人们也就不会接受它。

后来，代表金属货币使用的纸币或银行券，一般由政府和银行发行，其本身价值低于货币价值，是一种不足值货币。纸币在市面流通，为交易媒介，但都有十足金银为保证。持币人有权随时向政府或银行将纸币兑换为金银货币或金银条块。

代用货币有以下优点：第一，印刷纸币比铸造金属货币的成本大大降低；第二，纸币比金属货币更易携带和运输；第三，避免金属货币流通所产生的磨损、减重等问题。

由于代用货币的发行数量仍取决于金属准备量，不能满足增加货币量的需求。随着金本位制的崩溃，代用货币便由信用货币替代。

（三）信用货币

信用货币指以信用为保证，通过信用程序发行的，充当流通手段和支付手段，但是不能与足值货币兑现的货币形态。信用货币本身价值低于其作为货币用途所代表的价值，即实际价值小于名义价值，而且不再代表任何贵金属，不能与金属货币兑换，实际上信用货币已经成为一种货币价值符号。

信用货币是代用货币进一步发展的产物，而且也是目前世界上几乎所有国家采用的货币形态。从历史观点而论，信用货币是金属货币制崩溃的直接后果。1929—1933 年爆发了世界性经济危机和金融危机，各国被迫相继放弃金本位制，实行不兑现的纸币流通制度，所发行的纸币不能再兑换金属货币，信用货币便应运而生。

除了上述直接的历史因素外，信用货币的演进也有其经济发展的内在根源。根据经验，政府和货币当局发现，只要纸币发行量控制适宜，即使法定纸币没有十足的金银准备，社会大众对纸币仍会保持信心。事实上，当今世界大多数采用信用货币制的国家，均具有相当数量的黄金、外汇、有价证券等资产作为发行信用货币的准备。但是各国政府或货币当局不再受十足准备的约束，根据政策需要决定纸币的发行量，这已是公众接受的事实。

1. 不兑现银行券

不兑现银行券指流通中的现金，主要是纸币。现代社会中用的纸币一般是法币。法币是由政府用行政命令发行，在商品交换中必须接受，并且不能换成贵金属的纸币，所以叫做不兑现银行券。法币有很多优点，法币既然是政府靠行政命令以法律的形式发行的，在一个国家或地区一般只允许一种法币流通，因此法币具有统一性。法币又便于携带，根据经济需要可发行不同面值的钞票，用起来很方便。公民对法币的信任，实际上是对发行法币的政府的信任。法币也有缺点，因为它不可兑换，所以一个政府如果大量发行货币就会造成恶性通货膨胀。这类事例在历史上已多次出现，如 1923 年的德国、1947—1949 年的中国以及 20 世纪七八十年代的部分拉美国家。

2. 支票存款

纸币和辅币在日常生活中通常被称为现金，它们构成信用货币的重要形式。但在信用制度比较发达的国家，支票存款已成为信用货币的主要形式。支票存款是存款人能以支票即期提取、支付的存款。这种存款通过支票可以随时在交易双方之间进行转移，因而在商品和劳务的支付以及债务的清偿中被普遍接受，发挥着货币的职能。不仅如此，支票存款在现代社会中已成为主要的货币形式。这是因为，使用支票不但可以减少因使用现金遭受丢失和失窃损失的风险，而且由于传递方便，省去找换零钱的麻烦，可以减少交易成本；同时，支票经收款人背书后还可在一定范围内直接充当支付工具。现代社会，随着各国银行金融创新的不断深化，支票的形式呈现出多样性。所以，在交易双方不相识或缺乏信任的场合，支票常常难以为交易双方所接受，国家也往往不赋予支票存款以法币的地位。这种局限性往往通过保证支付等方法得到了有效的克服，从而进一步提高了支票存款在现代信用货币构成上的地位。

现代的信用货币是以纸币为主导的一种货币形态，现金与支票构成整个社会的支付系统。这样一种支付系统在电子技术迅速发展、金融创新不断深化的条件下，面临着这样一个问题，即现行的支付系统在行使其职能时，费用是否能进一步减少，效率是否能进一步提高。许多经济学家提出支付系统在经过了无现金社会的变革后，将通过电子货币过渡为无支票社会。

3. 电子货币

电子货币是以计算机、现代通信和网络为依托，以商用电子化机具和各种信用卡为介质，通过各银行的电子信息转账系统存储和转移的货币。电子货币是一种电子化存储的货币，电子货币类似于支票，但是它们有两个优点：一是电子货币对陌生人来说比支票更容易接受；二是电子货币支付的结算成本远低于支票的结算成本。

电子货币有以下几种形式。

（1）借记卡。消费者在购买商品时可以使用电子支付系统将其银行账户上的资金直接转移到商家的账户上。在很多可以使用信用卡的地方，都可以使用借记卡，往往比使用现金还要快捷。

（2）电子现金。可用于在互联网上购买商品或劳务。如果银行接入互联网，消费者就可以开设电子资金账户，从而将电子现金转移到他的电脑上。想要使用电子现金购物的消费者，可以访问互联网上的购物网站，选择所要购买的物品，随后电子现金就会自动从他的计算机上转移到商家的计算机上。这样，在配送商品之前，商家就可以将资金从消费者的银行账户转移到自己的银行账户上。

（3）电子支票。互联网使用者可以直接通过互联网支付大量的账单，而无需签发纸质的支票。使用者通过计算机签发类似支票的替代物，将这种电子支票传送给另一方，对方随后将之传给他的银行。一旦接受银行确认该电子支票有效，资金就会从签发者的银行账户转移到接受者的银行账户。整个过程都是电子化的，所以比使用纸质的支票要廉价而且更为快捷。据美国专家估计，使用电子支票进行交易的成本不到使用纸质支票成本的三分之一。

4. 准货币

现金和使用支票的存款货币等，在清偿债务及购买物品时，均按面额接受，最具有流动性，是最基本的货币形式。但是，许多经济学家认为上述货币形态不足以涵盖所有具有货币性的资产。如银行存款中的定期存款（包括可转让定期存单）、通知存款，虽然不能凭票支付，但一般也可以提前支取变现，构成现实的支付能力。这些金融资产，由于很容易变现，可以视为近似货币或准货币。

短期政府债券、具有现金价值的人寿保险单、外币存款、外汇信托资金及外币定期存单，甚至在证券市场上流通的股票、长期债券等都可以很快地货币化，也可以看作是准货币。

现代信用货币制度下黄金作为实质货币已退出了历史舞台，但黄金的非货币化并不彻底。黄金价值高、易于储存和分割等货币特性使其尽管退出了流通领域，失去了流通手段和价值尺度的功能，但其贮藏手段和最终支付手段的功能并没有完全丧失，黄金仍然是各国政府重要的储备资产。因此，黄金也可以看成是一种准货币。

四、货币的职能

货币职能问题是一个十分重要的货币基础理论问题，货币职能既由货币本质决定，又反过来反映和深化货币的本质。因此研究货币职能有着十分重要的理论意义。

马克思在一百多年前就以黄金为对象做出了"明确而又科学"的回答：货币有五项职能，即价值尺度、流通手段、贮藏手段、支付手段和世界货币。长期以来，我们一直信奉和坚持这一观点。然而近年来，有学者不再像过去那样"千篇一律"地讲马克思的"货币五职能"，而是对"世界货币是货币职能之一"这一观点提出质疑。本教材更倾向于认同"货币四职能"论，理由将另行讨论。现在我们就货币的这4项职能做详细阐述。

（一）价值尺度（Standard of Value）

货币作为一般等价物，是表现商品价值的材料，是一般的交换手段。因此，货币的第一个职能，也是货币最主要、最基本的职能，就是价值尺度职能。货币在表现商品的价值并衡量商品价值量的大小时，发挥价值尺度职能。

商品价值的大小，是由凝结在商品中的劳动时间所决定的，但是商品的价值又是无法直接用劳动时间来衡量和表现的，只有货币可以把一切商品的价值表现为同名的量，使它们在质上相同，在量上可以比较。一切商品的价值都可以用货币来衡量和表现，原因在于货币自身也是商品，也具有价值。

货币在执行价值尺度职能时有一个特点，即只要是观念的或想象的货币就可以，而不需要现实的货币。商品在进入流通过程之前，一方面只是想象上或观念上的商品价值与货币价值相比较并表现出一定的交换比例，另一方面劳动产品与现实货币没有发生交换，所以只是观念上或想象上的货币就可以。

用货币表现出来的商品价值就是价格。货币在执行价值尺度的职能时，必须把商品的价值表现为价格才能实现，价值是价格的基础，要正确反映商品的价值，就要求单位货币的价值量保持稳定。因此，商品价值与货币价值共同决定价格。它们之间的关系是：商品的价值与商品的价值量成正比例变化，与货币的价值成反比例变化。

强调价格是价值的货币表现，并不意味着价格总能一丝不苟地表现价值；恰恰相反，价格通常不是高于价值，就是低于价值，完全符合价值的情况极其偶然。其中对价格影响最大的因素是供求对比，因此价格表现价值并受供求关系影响。

由于各种商品的价值大小不同，表现为货币的数量也不同。要比较货币的不同数量，需要有个单位，包含或代表一定价值量的货币单位被称为价格标准。价格标准，是一种货币计量单位，譬如在我国人民币价格标准中，元、角、分，就是计量单位，即我们提到的价格标准。注意价值尺度与价格标准是两个完全不同的概念。其中最主要的一项区别在于：货币作为价值尺度是在商品交换中自发形成的，它不依赖于人的主观意志，是客观的；而价格标准是人为的，通常由国家法律加以规定。

（二）交换媒介（Medium of Exchange）

货币在商品交换中充当交易媒介时，发挥交换媒介职能。货币执行交换媒介的职能，是在物物交换的低效率与高成本的基础上发展起来的。货币作为交换媒介，使商品交易与流通以高效率、低成本的方式进行，其重要原因在于货币能普遍地被人们所接受。同时，货币作为交换媒介，将买卖行为分隔为两个环节：即 W-G 和 G-W。这就冲破了物物交换的种种阻碍，促进了商品交换与商品流通的发展，但也孕育着经济危机。

货币在执行交换媒介职能时有两个特点：第一，货币作为流通手段必须是现实的货币，即要求一手交钱，一手交货。第二，可以是不足值的货币。这是因为货币发挥流通手段的职能，只是转瞬即逝的媒介物，不足值的铸币，甚至完全没有价值的货币符号，也可以用来代替金属货币流通。可以用贱金属来充当交换媒介，例如用铜铸成的辅币就是一种不足值的铸币。也可以用纸币来充当交换媒介，例如由国家发行并强制流通的纸币，则纯粹是价值符号。纸币没有价值，只是代替金属货币执行流通手段的职能。无论发行多少纸币，它只能代表商品流通中所需要的金属货币量。纸币发行如果超过了商品流通中所需要的金属货币量，那么，每单位纸币代表的含金量就减少了，商品价格就要相应地上涨。

执行交换媒介的货币必要量取决于 3 个因素：一是流通中商品的数量；二是商品价格；三是货币流通速度，货币流通速度即一定时期里的流通次数。它们之间存在如下关系：

$$货币作为流通手段的必要量=商品价格总额/货币流通速度$$
$$=（商品价格×待流通的商品数）/货币流通速度$$

由此可见，执行交换媒介的货币必要量与流通中商品价格总额（流通中商品的数量×商品价格）成正比，与货币流通速度成反比，这是货币在执行交换媒介职能时的基本规律。

（三）贮藏手段（Store of Value）

当货币退出流通领域，被人们当做社会财富的一般替代品和独立的价值形态保存和收藏的时候，货币发挥贮藏价值的职能。

货币在执行贮藏价值职能时有一个特点：必须是现实的、足值的货币。贮藏金银是货币贮藏的典型形态。因为金银本身有价值，这种贮藏不论是对贮藏者个人来说，还是对社会来说，都是价值在货币形态上的实际积累。

货币作为贮藏价值，具有自发调节货币流通的作用。举例说明，在金属货币条件下，货币既有名义价值（即作为货币，它所代表的价值，货币的购买力），又有实际价值（即作为一般商品，它自身内含的价值量）。当金属货币的名义价值低于实际价值时，理性的人必然将金币从流通中撤出一部分，以金属条块的形式保持价值。反过来，当金属货币名义价值高于实际价值时，理性的人必然会将原先收藏起来的金币或金属条块重新投入流通。这就是在足值的金属货币流通条件下，货币作为贮藏手段，具有自发调节货币流通的作用，不会出现流通中货币量过多或不足的原因。

随着现代货币流通的发展，人们除了以金银积累和贮藏价值外，更为普遍地还是采取银行存款和储蓄的方式，当然，也有直接贮藏纸币的。然而，从本质上讲，纸币本身并无内在价值，没有贮藏价值的功能。但它有国家信誉做保证，在币值稳定的前提下，对于个人和单位来说，具有推迟购买力贮藏价值的意义。对于国家和社会来讲，纸币的贮存和储备，仅仅是通过银行信用动员社会闲置资金用于社会扩大再生产的一种方式，没有价值贮藏的实际意义。因此，纸币与金属货币贮藏在本质上是完全不同的，或者我们更倾向于这样描述：只有当纸币币值长期保持稳定的条件下，人们才会储藏而非贮藏纸币。

（四）支付手段（Means of Payment）

货币在作为交换媒介而用于清偿债务、缴纳赋税、支付工资和租金时，发挥支付手段的职能。货币在执行支付手段职能时的特点同执行交换媒介职能时一样，必须是现实的货币。

货币执行支付手段的职能，起初只在流通领域内出现，主要用于商品生产者之间清偿债务，后来随着延期支付方式等商业信用的出现，商品的让渡与货币支付在时间上分离，使货币作为支付手段的职能扩展到商品流通领域之外，用来支付工资、租金、缴纳税赋等。货币执行支付手段职能由商品流通领域之内向商品流通领域以外的扩展，使一定时间内流通所需要的货币量也相应地发生变化。因为流通中所需要的货币量不能只包括作为流通手段的货币量，还应包括作为支付手段所需要的货币量。

货币作为支付手段时，经济行为的发生与货币支付在时间和空间上都是分离的，这时价值是单方面的转移。若两者同时发生，这时价值是对等的转移，货币便是作为交换媒介。因此，价值转移形式的不同，是货币充当交换媒介和支付手段之间的主要区别。

在当代发达的市场经济国家，延期支付日益成为普遍的交易方式，在经济中形成了错综复杂的债权债务关系。因此，各种清算机构相应建立。债务到期时互相抵消和划转账款，债务人员只需清偿到期的债务余额，这样就大大减少了流通中的现金需要量。

一定时期内流通中所需要的货币量 ＝（商品价格总额−赊销价格总额+到期支付总额−相互抵消的支付总额）/单位货币作为流通手段和支付手段的流通速度

货币执行支付手段的职能，是一切信用关系顺利建立的基础。信用关系的建立对经济的作用是双重的，一方面它克服了现货交易对商品生产的限制，使企业可以突破自身积累的范围进行扩大再生产，大大地促进了商品生产的发展；但另一方面，在以信用方式买卖商品的条件下，造成了买卖进一步脱节，债权债务交错在一起，构成一条支付的锁链。当一个环节发生问题，不能按期支付时，就会引起连锁反应，使许多人不能支付债务，这就进一步扩大了发生经济危机的可能性。

（五）货币各职能之间的关系

货币的 4 种职能分别有独自的内涵和作用，但相互之间又紧密联系。其中价值尺度和交换媒介是货币的基本职能，而贮藏价值和支付手段是货币的派生职能。至于马克思认定的货币第五项职能——世界货币，实质是在世界市场具有普遍接受性的能够发挥价值尺度、流通手段、支付手段、价值贮藏职能的货币，它只是货币的价值尺度职能、流通手段职能、贮藏手段职能和支付手段职能由国内向国外扩张和延伸的一种表现，是货币作用范围扩大的结果——在世界市场上起一般等价物作用，并未区别于前四项使得货币职能发生根本性变化。货币各职能之间的关系如图 1-2 所示。

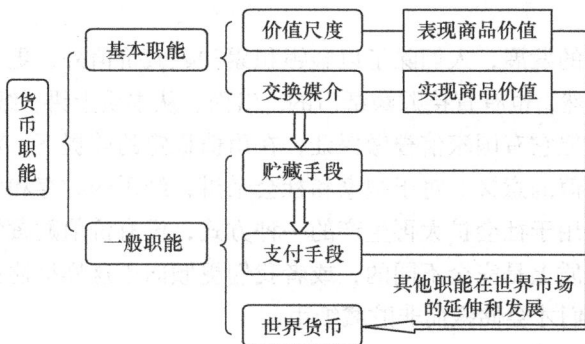

图 1-2　货币各职能之间的关系

第二节　货币制度

一、货币制度概述

货币制度是一国、一个区域组织或国际组织以法律形式规定的相应范围内货币流通的结构、体系与组织形式，简称币制。完善的货币制度能够保证货币和货币流通的稳定，保障货币正常发挥各项职能。依据货币制度作用的范围不同，货币制度包括国家货币制度、国际货币制度和区域性货币制度；根据货币的不同特性，货币制度分为金属货币制度和不兑现的信用货币制度。

二、货币制度的构成要素

（一）确定货币材料

货币材料，简称"币材"，是指用来充当货币的物质，是整个货币制度的基础。确定不同的货币材料，就构成不同的货币本位。如果以白银作为货币材料就是银本位制；确定用黄金充当货币材料，就构成金本位；以黄金、白银同时作为货币材料，就是金银复本位制。"本位"是货币制度中的一个术语，源于国家将其货币同某种特定商品固定地联系在一起，也就是选择币材。国家规定币材，并不是任意的，而是受生产力发展水平和资源条件的限制。确定以何种物质作为币材，是一国建立货币制度的首要步骤。

（二）规定货币单位

货币单位是指货币制度中规定的货币计量单位及其等份，是计量价格的标准。货币单位的规定主要有两个方面：一是规定货币单位的名称，在国际习惯上，一国货币单位的名称，往往就是该国货币的名称，如美元、英镑、日元等；二是确定货币单位的"值"。在金属货币条件下，货币的值就是每一货币单位所包含的货币金属重量和成色。在不兑现的信用货币尚未完全脱离金属货币制度时，确定货币单位的值主要是确定货币单位的含金量。当黄金非货币化后，则主要表现为确定或维持本国货币与他国货币或世界主要货币的比价，即汇率。

（三）规定流通中的货币铸造、发行和流通程序

规定流通中的货币主要指规定本位币和辅币。本位币，也叫主币，是一国的基本通货和法定价格标准，辅币是主币的等分，是小面额货币，主要用于小额交易支付，供日常零星交易与找零之用。

（1）金属货币制度下，主币是用国家规定的货币材料按照国家规定的货币单位铸造的货币，主币的特点主要有如下3点。

① 足值货币。通过超差兑换可以保证本位币的面值与实际的金属价值是一致的。所谓公差是指国家规定的金属本位币实际的成色、重量与法定标准之间的最大允许差距。超差兑换是指当货币本位币的面值与实际的金属价值之间的差距超过公差时，必须交给国家造币厂重新铸造足值货币。

② 自由铸造。指国家允许每个公民无限制地提供货币金属给国家造币厂，请求代为铸造货币。自由铸造包括自由熔化。但是自由铸造并不等于私铸，必须交由国家造币厂进行铸造。

③ 具有无限法偿能力。指无限的法定支付能力。货币法偿性，是指法律赋予货币一种强制流通的能力，任何人不得拒绝接受。国家在法律上赋予了本位币无限的流通权力，无论支付额有多大，无论属于何种性质的支付，出售者和债权人都不能拒绝接受。

（2）辅币用贱金属，并由国家垄断铸造，限制铸造。其特点有如下几点。

① 面值较小。

② 多用贱金属铸造。

③ 不足值但可兑换成足值货币。

④ 有限法偿，即在一次支付中有法定支付限额的限制，若超过限额，对方可以拒绝接受。金属货币制度下，一般辅币是有限法偿，在信用货币制度条件下，国家对各种货币形式支付能力的规定不是十分的明确和绝对。

⑤ 限制铸造。由于辅币通常用较便宜的金属铸造，其名义价值高于实际价值。限制铸造可使铸造收益统归国家所有，并能防止辅币排斥本位币引起的流通混乱。

信用货币制度下，信用货币发行分为分散发行与集中垄断发行。信用货币分散发行指各商业银行可以自主发行，早期信用货币是分散发行，目前各国信用货币的发行权都集中于中央银行或指定机构。由政府或中央银行印制，通过银行贷款程序进入流通。

（四）货币发行准备制度的规定

货币发行的准备制度，是指在货币发行是须以某种金属或某几种形式的资产作为其发行货币的准备，从而使货币的发行与某种金属或某些资产建立起联系和制约关系。在不同货币制度下，货币发行的准备制度是不同的。

在金属货币制度下，货币发行以法律规定的贵金属金或银作为准备。金属准备的用途主要有 3 个：一是作为世界货币的准备金；二是作为国内货币流通的准备金；三是作为支付手段和兑换银行券的准备金。

目前，在现代信用货币制度下，世界各国不再有金币流通，金属准备只具有第一项用途。因为黄金仍是国际支付和清算的最后手段。除此以外，各国建立了以某些发达国家的货币（如美元），还有国家债券、商业票据等作为准备金的制度，以便于国际支付。因此，现在的准备制度包括黄金和外汇准备制度，黄金和外汇都必须集中于中央银行或国库。

三、货币制度的演变

近代的货币制度始于 16 世纪资本主义发展初期，从世界范围来看，其演变经历了从金属货币制度发展为不兑现的信用货币制度的过程，其形式依次为：银本位制→金银复本位制→金本位制→不兑现的信用货币制度。

（一）金属货币制度

金属货币制度是在当初信用体系不够发达、货币制度不够完善、生产极其有限和交换相对较少的社会背景下的产物。

1. 银本位制

银本位制是最早的金属货币制度，其内容包括：一是以白银作为本位币材，银币为无限法偿货币，并有强制流通能力；二是本位币的名义价值和实际价值相符，银币可以自由铸造、自由熔化；三是银行券可以自由兑换银币或等量白银；四是白银和银币可以自由输出入。

银本位的出现使得银作为特殊的商品解决了物物交换中突出的"需求时间和物品供求"的难题，发挥了交换、支付、贮藏、国际货币等职能。银本位制从 16 世纪以后开始盛行，这主要是由于在墨西哥和秘鲁发现了丰富的银矿，白银产量大增所致，墨西哥、日本、中国、印度等先后实行过。

但是，这种货币制度在世界各国推行时间较短，一般在 19 世纪末渐渐较少使用，主要原因是：第一，白银价格不稳定，仅 1870—1935 年期间，白银价格就有 4 次大的波动。中国就是在 1935 年被迫放弃银本位制的。第二，银价贬值幅度大，使实行银本位制国家的货币对外贬值，影响该国的国际收支平衡和国内经济发展。第三，与黄金相比，白银体重值小，在大宗交易和价值较大的交易中使用白银，给计量和运送带来诸多不便。17 世纪在巴西出现了丰富的金沙，大量黄金从美洲流入欧洲，也促使银本位制向金银复本位制过渡。

2. 金银复本位制

金银复本位制是金、银两种铸币同时作为本位币的货币制度，黄金适用于大额批发交易，白银适用于小额零星交易；金银铸币都可以自由铸造、自由输出入国境，都有无限法偿能力，金币和银币之间、金币银币与货币符号之间都可以自由兑换，它是 16～18 世纪西欧各国流行的货币制度。

复本位制按金银两种金属的不同关系又可分为平行本位制、双本位制和跛行本位制。

（1）平行本位制是两种金属本位币——金币和银币均按各自所含金属的实际价值流通和相互兑换，国家对这两种货币的交换比率不加规定，由市场自发形成的金银比价，自行确定金币和银币的比价。它的缺点是币值不稳定，市场机制形成的金银比价变动频繁。

（2）双本位制是两种金属货币金币与银币按政府规定固定比价，即法定比价流通，本意是为了克服平行本位制下金币与银币比例的频繁波动的缺陷，但事与愿违，这样反倒形成了国家官方金银比价与市场自发金银比价平行存在的局面，容易导致"劣币驱逐良币"。"劣币驱逐良币"规律，也被称为格雷欣法则，是金银复本位制条件下出现的一种现象，这是因为货币按其本性来说是具有排他性、独占性的，于是在两种货币同时流通的情况下，当两种货币的实际价值和名义价值相背离，实际价值较高的通货（所谓良币）必然会被人们熔化、输出而退出流通领域；而实际价值较低的通货（所谓劣币）反而会充斥市场。劣币将把良币赶出流通领域，使复本位制无法长期存在，很难保持两种铸币同时并行流通。当银由于其开采成本降低而导致其实际价值低于名义价值，银币成为劣币，人们就会用银币按法定比价兑换金币，将金币贮藏起来，流通中就只会剩下银币。公元前 2 世纪，西汉的贾谊《新书》卷 4《铸币》曾指出"奸钱日繁，正钱日亡"的现象。这里的"奸钱"指的就是劣币，"正钱"指的是良币。

跛行本位制是以金、银同为本位币，两种本位币按法定比价同时流通，但政府同时规定金币可以自由铸造而银币不能自由铸造，在这种制度下，事实上，银币地位已经降低，降到金币的附属地位。金币可以自由铸造，其价值与本身的金属价值是一致的，而银币的价值不取决于所含白银，而取决于与金币的比价。跛行本位制不是真正意义上的复本位制，是由复本位制向金本位过渡的中间形式。

金银两种货币同时运行增加了货币数量而解决了商品数量增多和交易增多的货币需求问题；解决了大额支付和零星交换与支付问题。但另一方面这种货币制度由于出现了金价银价两种价格，而且这两种价格随金银市场比价的不断变化而变动，引起价格的混乱，给商品流通带来许多困难，出现了"劣币驱逐良币"的现象；再者就是两种货币完全自由铸造后出现的成色和质量问题加大了鉴别难度。

3. 金本位制

金本位的货币制度，是随着资本主义生产方式的发展而确立起来的。金本位制主要包括金币本位制、金块本位制和金汇兑本位制 3 种形态，通行了约 100 年。

（1）金币本位制是以一定量的黄金作为货币单位，以金铸币为本位币的货币制度，是最完全意义的金本位制。第一次世界大战前，世界主要国家均采用金币本位制。实行金币本位制有 5 个条件。第一，国家以法令规定每个金币所含纯金与重量；第二，金币可以自由熔化和铸制，即自由铸币；第三，黄金可以自由买卖、自由输出入和贮藏，不受任何限制；第四，纸币也可以自由兑换为金币；第五，金币为无限法偿货币。英国大约在 1816 年采用金币本位制后，欧、美、日各国纷纷效仿。1816—1914 年这段时期，世界主要国家都采用金币本位制，可谓金本位制的全盛时期。金本位制的缺陷在于货币的发行受制于黄金的开采，黄金开采量无法满足经济发展对货币的需求。黄金在各国之间分布不均，少数国家拥有大量黄金储备，而只拥有少量黄金的国家采用各种手段来限制黄金的输出，使得金本位制不复存在。

（2）金块本位制又称生金本位制，是没有金币流通的金本位制度。在该制度下，国内不铸造和流通金币，而是流通以金块为准备的银行券，当银行券的数量达到一定规模时可兑换金块。首先，它废除了金币可以自由铸造、自由流通的规定。银行券以黄金和信用为保证，代替金币流通。其次，它不像金币本位制那样实行辅币和价值符号同黄金的自由兑换，虽然银行券可以兑换为金块，但兑换的起点很高，必须到达一定的规模。这样高的限额对于大多数人是达不到的。最后，流通中的银行券具有无限法偿能力。

（3）金汇兑本位制又称虚金本位制，是一种以银行券作为流通手段，以存放在某外国的外汇资产作为准备金，通过外汇间接兑换黄金的货币制度。实行这种货币制度的国家，货币单位仍规定有含金量，但没有金币流通，而是流通银行券，且其发行流通的银行券根本不能兑换黄金，只能按照比率兑换外汇，然后用兑换的外汇在另一个实行金币本位制或者金块本位制的国家兑换黄金，从而间接实行金本位制。金汇兑本位制主要针对殖民地国家，这是因为这些国家实际上是使本国货币依附于一些经济实力雄厚的外国货币，如英镑、美元、法郎等，并成为它们的附庸，从而在经济上和货币政策上受这些国家的左右和控制。

单一的金本位制规避了劣币驱逐良币的现象，明确了各国货币之间的汇率由它们各自的含金量比例决定，使黄金可以在各国间自由输出与输入，在"黄金输送点"的作用下汇率相对平稳，国际收支具有自动调节的机制。但另一方面，黄金生产量的增长幅度远远低于商品生产增长的幅度，不能满足日益扩大的商品流通需要而极大地削弱了金铸币流通的基础，且黄金存量被少数强国所掌握，使各国的分配不平衡。第一次世界大战爆发后，黄金被参战国集中用于购买军火，并停止自由输出和银行券兑现，从而最终导致金本位制的崩溃。

（二）不兑现的信用货币制度

不兑现的信用货币制度指以不兑换黄金的纸币或银行券为本位币的货币制度。此制度又称为纯粹的信用货币制度，随着金属货币制度的终结，不兑现的信用货币制度由此拉开序幕。

1930年以后，各国货币制度过渡到不兑现的纸币本位制度。主要特征如下。

（1）各国本位币（通货）是由中央银行垄断发行的纸币，具有无限法偿能力，根据政府法令强制流通；

（2）纸币不与任何金属保持等价关系，不规定含金量。货币发行一般不以金银为保证，也不受金银的数量限制；

（3）货币通过信用程序发行。中央银行贷款给商业银行或其他金融机构，银行再贷给企业，企业支付税金形成政府收入，企业支付工资形成居民收入；

（4）纸币本位制度是一种管理通货制度。货币根据经济需要而发行，国家对货币流通的调节和管理非常重要，如利用公开市场业务、存款准备金率、贴现率等变量来调节货币供给量，通过设立外汇基金干预外汇市场来稳定汇率，因而纸币本位制又称为"管理本位制"。

不兑现的纸币本位制度下，纸币发行必须具有相当准备，如金银、外汇、政府证券等，否则会形成严重的通货膨胀，无法维持纸币信用。

思 考 题

1. 人们通常喜欢购买"物美价廉"的商品，请运用本章知识分析"物美价廉"的意义。

2. 物物交换的局限性具体体现在什么地方？

3. 如何理解"金银天然不是货币，但货币天然是金银"？

4. 我国独特的货币现象——"一国四币"对大陆、港、澳、台四地的经济社会发展起到了什么样的作用？这种现象长期发展下去，试问会不会出现劣币驱逐良币的现象？为什么？

第二章 信用与利率

第一节 信用概述

一、信用的含义和特征

西方经济学中的"信用"最初来源于拉丁语"Credo"，它的意思是为"信任，声誉"，后来在英语中演化为"credit"。在我国汉语中"信用"原意为能履行承诺而取信于人，近代在学习西方文明的过程中又扩大了"信用"一词的内涵，引进了"借贷"、"借款"等内容，因此，汉语中的"信用"主要有两种解释，一种是社会学解释；另一种是经济学解释。

根据社会学解释，信用是指长时间积累的信任、诚信度。在经济学解释中，信用是指以偿还和付息为条件的暂时让渡商品或货币的借贷行为，它与商品生产和货币经济有着密切联系。所谓借贷行为，就是商品或货币所有者，把商品或货币暂时让渡（借贷）出去，根据约定的时间，到期由商品或货币的借入者，如期归还并附带一定数额的利息。借贷有别于商品买卖，商品买卖是商品价值与货币价值双向等量转让运动，信用是一种特殊的价值运动形式，以偿还和付息为条件的单方面的价值转移。

为能更好地理解信用的概念，我们将信用的基本特征归纳为以下几点。

首先，信用反映的是债权债务关系。我们刚刚说了信用是一种体现特定经济关系的借贷行为。在这个借贷行为当中，我们把商品或货币所有者称为债权人，他将商品或货物借出，称为授信；相对的，另一方为债务人，他接受债权人的商品或货币，称为受信。债务人遵守承诺按期偿还商品或货币并且支付利息，我们称之为守信，债务人承担的这种在将来偿还商品或货币的义务，就称为债务。这里需要注意的是，有时候人们用信用指代信贷，但是实际上两者是有区别的，信贷主要强调债权，信用同时强调债权和债务，所以它的外延比信贷宽泛得多，信贷只是普遍而典型的信用形式。

其次，信用实质上是财产使用权的暂时让渡，这种让渡不是无偿的，即到期归还本金和支付利息。这个特征使它和财政分配相区别，财政分配一般来说是无偿进行的，例如企业向财政部分纳税，财政对企事业单位的扶持拨款等，都是无偿进行的。

最后，信用是价值运动的特殊形式，即价值的单方面转移。其实就还本和付息而言，就决定了信用具有和一般商品交换不同的价值运动形式，一般商品是等价交换，商品的所有权通过交换发生转移，买卖双方都保留有价值，货币在其中执行的是流通手段的职能；而借贷行为则不然，贷出时，价值作单方面转移，由贷者让渡价值，但保留所有权；归还时，价值也是作单方面转移，而且借者除了归还本金以外还要支付利息。货币在这里担负的是支付手段的职能，只是价值的单方面移动，没有改变所有权。

二、信用的产生和发展

（一）信用的产生

1. 商品经济的产生和发展是信用产生的基础

原始的物物交换时期，不存在信用关系。最早的信用活动产生于原始社会末期。社会生产力的发展使原始社会出现了两次大分工，即畜牧业与原始农业的分工，以及手工业与农业的分工。这两次大分工促进了商品生产和交换，加速了原始公有制的瓦解和私有制的产生。

私有制的出现造成了财富占有的不平均和贫富的分化。富裕家庭拥有较多的可供交换的商品和货币，生活条件较为优越，而贫困家庭则缺少生活或生产资料，生活难以为继。于是，借贷关系产生的现实基础出现了。这样，因贫穷而缺少生产资料或生活资料的家庭为了维持生活和继续从事生产，不得而不求贷于富裕家庭，通过借贷调剂余缺，信用便随之产生。

最早的信用是实物信用。这种信用受到很大的限制，难以获得广泛的发展。随着社会生产力的进一步发展，出现了以货币为交换媒介的商品流通。由于商品生产有时间和地区的不同，生产周期的长短不一，产销有远近之别，货币分配不平衡等。为了使商品交换得以实现，维持商品生产的正常进行，于是出现了商品买卖中的赊销或延期支付，即信用交易。卖者因赊销商品成为信用交易中的债权人，而买者则成为信用交易中的债务人。

2. 货币发挥支付手段职能是信用产生的前提

信用是商品货币经济发展到一定阶段的产物。当商品交换出现延期支付、货币执行支付手段职能时，信用就产生了。当货币只起流通手段职能时，不存在信用关系。货币在信用关系里充当支付手段职能，实现价值的单方面转移。在按期归还和付息的条件下，卖方和买方之间发生了货币的借贷关系。随着货币支付手段职能的发展，这种信用关系超越了实物借贷的局限性，因而得到了普遍的发展。由此可见，信用产生于商品流通又不局限于商品流通。随着商品货币经济的深入发展，货币的支付手段职能超越了商品流通的范围，而与货币的支付手段职能紧密相联的信用关系不仅表现为商品的赊销赊购，而且日益表现为货币的借贷。由于货币在人们之间分布的不均衡，要求通过信用形式进行货币的调剂。这就使信用关系超出了直接的商品流通范围，渗透到社会生活的各个方面。

（二）信用的发展

信用的产生使我们了解到，只要存在商品货币的地方就必然有信用活动，那么商品和货币自原始社会末期产生以来，先后经历过小商品经济、资本主义商品经济及社会主义商品经济。相应地，信用也经历了高利贷信用、借贷资本运动的资本主义信用和社会主义信用。前两种信用都属于生产资料私有制占据统治地位的信用，而社会主义信用是以银行信用为主体的全社会信用资金的运动形式。

1. 高利贷信用

高利贷资本是通过放贷货币或实物，获得高额利息的一种生息资本。高利贷信用就是高利贷资本的运动形式。

高利贷信用是最原始的、古老的信用形态。高利贷信用最早起源于原始社会末期，由于那个时候出现了私有制和贫富两极分化，穷人缺乏必要的生产资料和生活资料，不得不向富人借钱，并且要支付高额的利息，高利贷就此产生。

然而高利贷获得广泛发展是源于奴隶社会和封建社会。小生产占主导地位的自然经济的存在是高利贷赖以存在的基础。

从需求角度分析，这是因为那时以农耕和小手工业者为代表的小生产者数量居多，他们经济基础比较薄弱，其货币来源很单一，缺乏稳定性，一旦遇到天灾人祸，货币短缺，就无法维持生计，唯有求助高利贷。若借贷仅仅是为投资，那么在考虑高额利息致其无利可图的情形下则会选择放弃，然而为了购买必需的生产资料和生活资料，为维持基本生计，则不得不求助于高利贷。当然高利贷的需求者也不仅仅局限于小生产者，对于奴隶主和封建主，他们不愁生计，可如果要追求奢华糜烂的生活享受，或者组建军队进行战争的话，往往也会向放贷者借贷。

从供给角度分析，在自然经济占据统治地位的情况下，商品经济关系发展缓慢，从而使得资金量增长缓慢，货币资金数量有限。旧时高利贷放贷者大多是商人，特别是掌握着大量货币的货币经营者，如钱庄；其次，各种宗教机构，如寺庙、教堂、修道院等也积聚着大量的货币财富，主要来源是善男信女的布施和富有者委托保管的钱财。旧中国的高利贷亦十分活跃，名目繁多，"驴打滚"、"折子钱"、"九出十三归"等，不胜枚举。

高利贷有两大主要特点，一是利率高、剥削残酷，二是非生产性。高利贷不利于生产发展，甚至对生产力有破坏作用。高利贷的两个主要特点紧密联系。一方面，由于高利贷极高的利率，从成本收益角度考虑，借债人根本不可能把借到的资金用于生产，因为生产所得还不够支付高利贷的利息。另一方面，由于高利贷资本的非生产性，生产资金匮乏，使得生产不能快速发展，导致商品经济关系发展缓慢，从而使得资金量增长缓慢，利率居高不下。

总而言之，高利贷信用的本质在前资本主义社会表现为高利贷者和奴隶主、封建主共同瓜分小生产者，奴隶和农奴所生产的剩余产品的剥削关系；现代市场经济中，则反映出高利贷者和其他资本所有者共同瓜分雇佣劳动提供的剩余价值的剥削关系。

但是不可否认，高利贷信用的存在也有其积极一面。一方面，它是促使自然经济解体和商品经济发展的因素之一。因为小生产者借高利贷往往都以破产告终，从而使得小农经济遭到极大的破坏，加速自然经济的解体；同时由于高利贷要求借贷是有借有还，所以无论是借钱的奴隶主、封建主还是小生产者，为了能及早还钱，都不得不努力发展商品生产，通过出售商品换回货币清偿债务，因而促进了商品经济的发展。另一方面，在封建社会瓦解并向资本主义过渡的时期，高利贷信用对资本主义生产方式产生的前提条件的形成起了一定的促进作用。资本主义生产方式的产生必须具备两个前提：一个是需要大量的有人身自由的无产者，另一个是要有大量的为组织资本主义生产所必需的货币资本。在高利贷的压榨下，大批农民和手工业者因破产而加入了劳动后备军——存在一大群失业的和半失业的劳动者；而高利贷者在长期的贷款活动中又积累了大量的货币资本，它同商人资本一样转化为产业资本。

但同时，高利贷又具有保守的反动作用。高利贷盘剥亦破坏和阻碍了生产力的发展。对于小生产者而言，原先维持温饱尚且困难，在高利贷压榨下体力和精神都极大地透支，甚至家破人亡，所以难以维持简单的再生产；而对奴隶主和封建主而言，为了及早还债就更加残酷地压榨奴隶和农奴，使得生产条件恶化，生产规模逐渐萎缩。直到资本主义信用组织成立，资本主义银行的产生从根本上狠狠打击了高利贷信用，譬如1694年英格兰银行成立，一开始即将年利率定在4.5%～6%，打破了高利贷者对于信用的垄断，资本主义信用由此代替了高利贷信用。

2. 资本主义信用

资本主义信用的产生一方面是由于种种原因出现暂时闲置的货币资本，闲置与资本的本性相悖，必然使闲置资本寻找出路、贷出去牟利；另一方面某些资本家又因临时需要补充资本，以使生产正常进行。这样通过信用方式把两者联系起来，形成借贷关系。这里的闲置资本即借贷资本，资本主义信用则主要指借贷资本的运动。借贷资本是现代资本运动形态。

借贷资本的来源包括 3 个方面，一是产业资本循环过程中暂时分离出来的闲置的货币资本；二是资本主义社会各阶级、阶层的私人储蓄；三是政府的货币积累。

我们得明确，借贷资本不是职能资本，不是产业资本运动中货币资本职能的独立化形式，而是从产业资本和商业资本等职能资本运动中游离出来的闲置货币资本转化而来的。

第一，借贷资本是借贷资本家为取得利息而暂时贷给职能资本家使用的货币资本。借贷资本家实际让渡了货币作为资本能够带来剩余价值这一特殊的使用价值，在一定时期以后收回并取得利息作为让渡一段时期的货币资本使用权的报酬。借贷资本的关系在形式上表现为资本作为商品的买卖关系，实际上不是商品所有权转移的买卖关系，而是货币作为资本的使用权出让的借贷关系。经济学上，货币资本所有者把货币作为资本要素贷出定期获得利息收入，叫做所有权收益资本化。

第二，借贷资本的使用，使资本所有权和使用权分离，同一资本取得了双重存在。借贷资本对借贷资本家而言，是货币资本的所有权，并不会自行增值，但可以凭借这种所有权获得利息；这部分货币资本以借贷形式到了职能资本家手中以后，就变成了实际执行资本职能的增值手段，能够生产或实现剩余价值。借贷资本在借贷资本家手中是所有权资本，不是职能资本；只有被职能资本家使用才成为职能资本。

第三，借贷资本具有独特的运动形式。借贷资本的运动公式是 $G-G'$（$G+\Delta G$），ΔG 代表利息。因为这个公式省略掉了职能资本运用借贷资本的过程，于是造成一种假象，似乎不经过任何生产过程与流通过程，货币本身可以生出更多的货币，进一步掩盖了资本价值增值的真实过程。

借贷资本同高利贷资本同属生息资本，但又有区别，具体表现为以下 4 点。第一，两者产生的历史条件不同。高利贷资本是在简单商品生产和商品流通的条件下产生的，它产生的基础是一般商品货币关系。只要货币作为贮藏手段和支付手段的职能经历了一定的发展就可以产生货币借贷关系。借贷双方当事人中，贷方是把货币作为生息资本使用的，而借方是把货币作为单纯的货币使用。借贷资本是在资本主义条件下，适应产业资本和商业资本运动需要而产生的。在这里借贷双方都是资本家，贷方是货币资本家，借方是职能资本家，货币在贷方手里是生息资本，在借方是职能资本，它用来生产剩余价值或平均利润。第二，两者货币资本来源不同。高利贷资本的主要来源一般为贮藏货币。而借贷资本主要来源于在产业资本运动中暂时闲置的货币资本。第三，两者利息来源不同。高利贷资本的利息是农民和手工业者等小生产者的剩余劳动，甚至一部分必要劳动。而借贷资本的利息则是雇佣工人创造的剩余价值的一部分，其余部分是职业资本家的企业利润。第四，两者借贷的目的不同。高利贷资本的借者主要是农民和手工业者以及奴隶主、封建主，他们借款的目的是把货币作为购买手段和支付手段使用，以购买生产资料和生活资料以及偿还债务。而借贷资本的借者是职能资本家，他们借款的目的是将货币当职能资本使用，以生产剩余价值和平均利润。

资本主义信用对资本主义的作用具有两重性。

一方面，信用促进了资本主义经济的发展。这表现在：首先，信用促进了利润率的平均化。利润率的平均化以资本在各部门之间的自由转移为条件，但只有货币形态的资本才能在各部门之间自由转移。信用的发展为职能资本家提供了大量的货币资本，为实现资本转移提供了条件，从而促进了利润率的平均化；其次，信用能够节省流通费用，缩短流通时间。由于信用的发展，商品买卖可以采用赊账方式，这大大加快了商品流通，缩短了资本周转时间，并节省了与商品流通有关的费用；最后，信用可以促进资本集中。信用是股份公司发展的前提，而股份公司是资本集中和生产集中的重要形式；大资本利用信用机构的有力支持而加强了竞争能力，从而加速了吞并中小资本的资本集中过程。

另一方面，资本主义信用的发展又会加剧资本主义基本矛盾，促使经济危机的爆发。这是因为：首先，信用制度的发展，使资本主义的生产规模可以不受资本家自有资本的限制而不断扩大，促进了生产的社会化；其次，信用加速资本集中，使生产资料和产品日益集中到少数大资本家手里，这就使资本主义社会的内在矛盾进一步尖锐化；最后，信用造成了对商品的虚假需求，加剧了各生产部门之间发展的不平衡性，从而促进和加深资本主义经济危机。

3. 社会主义信用

社会主义信用是指社会主义经济中借贷资金的运动形式。社会主义信用体现着社会主义的生产关系，摒弃了资本剥削和寄生的性质。但就信用的基本特征来说，社会主义信用仍然是一种借贷关系，是以偿还为条件的价值运动形式。因此，其运动形式与借贷资本的运动形式是完全相同的。

社会主义信用的特点表现为以下几点。

第一，由社会主义的根本任务所决定，信用服务于社会主义商品经济和工农业生产的发展。社会主义信用首先要为生产服务。正是这一特性，决定了信贷资金首先并且主要是用于发展工农业生产和扩大商品流通，从而必然要求资金运动与物资运动一致，为此，要有物资保证成为社会主义信用和银行工作的一项重要原则。

第二，社会主义信用具有计划性。社会主义经济是有计划的商品经济，在社会主义条件下，人们自觉依据和运用价值规律，对国民经济运行加以计划。社会再生产运动中，在总体上国家计划机关可以对物资和资金的周转加以安排。这种计划的主要内容就是在物的要素和价值货币要素两方面保持平衡关系，合理配置资源，充分利用社会资源，保证和促进国民经济的协调发展。

第三，社会主义信用具有一定程度的集中可控性。既然社会主义信用是国家管理国民经济的工具，是国家有计划地控制货币供应量的一种经济杠杆，因此，从总体上说，它由国家集中管理，主要集中于国家银行。当然，这并不排斥其他信用的存在；并不排斥地方银行和信用合作社等其他形式的信用活动。

现代市场经济是发达的信用经济，建立完善的社会主义信用制度，形成良好的社会信用是社会主义市场经济健康发展的重要保证。然而，由于我国尚处于社会主义初级阶段，存在产权关系形式尚不适应社会主义市场经济发展的需要，信用制度不健全及社会信用观念淡薄等制约因素，造成我国经济领域出现社会主义信用的缺失、失范现象。例如，政府有效政策供给不足，一些承诺无法兑现；银行存在大量不良资产；假冒伪劣商品泛滥；坑蒙拐骗、非法集资横行；个人信用观念淡薄；消费信贷发展缓慢，等等。这些社会问题的存在，严重地影响着社会主义市场经济的健康发展。因此，建立和完善中国特色社会主义信用经济制度决非朝夕可毕，而是一项长期而复杂的系统工程。

第二节 | 信用形式

信用形式是指借贷活动的表现方式，它是信用活动的外在表现。人类在商品经济和信用经济发展过程中，已经创造并形成了多种规范的信用形式，按参与主体可以划分为商业信用、银行信用、国家信用、消费信用、民间信用及国际信用等。这些信用形式各具特色，不仅可以满足各类经济主体的不同需求，成为各经济主体立信于社会的方式，也是奠定社会信用基础的主要渠道。

一、商业信用

（一）商业信用的界定

商业信用是指工商企业之间在买卖商品时，以商品形态提供的信用，是企业之间的一种直接信用关系。商业信用是信用发展史上最早的信用交易方式，银行信用、消费信用等其他信用交易方式都是在其基础上发展起来的。

一般地说，商业信用都具有二重性，它既是借贷行为，也是买卖行为。也就是说，伴随着商业信用的发生，交易双方不仅形成了买卖关系，同时也由于交易中的延期付款或延期交货而形成了借贷关系，这种借贷关系的实质是授信方与受信方之间的信用关系。而且，这种信用关系比较简单、直接，信用关系的双方都是工商企业或商品交换者。

当前，学术界有将商业信用与企业信用混同的现象，但严格意义上来论，二者并不等同，商业信用与企业信用之间是一种包含关系（如图 2-1 所示），企业信用涵盖了工商企业之间在商品交易时产生的商业信用。

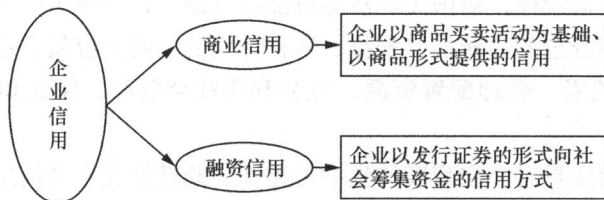

图 2-1　企业信用和商业信用

（二）商业信用的形式及特点

商业信用的主要形式包括赊购商品、分期付款、预付货款、经销代销和补偿贸易等。虽然具体形式很多，但可以将其归纳为两大类，一类是以赊销、分期付款等形式提供的卖方信用，另一类则是以预付货款等形式提供的买方信用。

赊销商品是典型的商业信用形式。在赊销行为中，信用的主体是赊销者，信用的对象是商品，它是由赊销者以商品形式授予赊购者的信用。这相当于赊销者将应收的货款贷给赊购者，对于买方企业来说，实质上是通过赊购筹措到了一定数量的短期资金。

商业信用有以下几个特点。

（1）商业信用范围局限于企业，属于直接融资的性质。商业信用的主体主要是厂商，提供信用（授信）和接受信用（受信）的单位都是企业。商业信用是处于生产、流通过程中的交易方式，企业之间以商品形态提供信用，无论买卖双方是自然人还是法人，只要有一定的经济能力或保证，达成一定的协议，双方都可以提供商业信用。

（2）贷出的资本是产业资本的一部分。商业信用的对象不是普通商品，也不是一定金额的货币资本，而是商品资本。在商业信用中，商品资本仍处于产业资本循环中，是在资本循环周转过程中处于商品形式的资本，仍然是产业资本的一部分，非闲置资本。

（3）信用动态与产业资本的周转动态是一致的。经济繁荣阶段，生产增长，流通扩大，以信用方式出售的商品增加，商业信用随之扩大；反之，如果发生经济危机，生产下降，流通停滞，商业信用随之缩小。

（三）商业信用的作用和局限性

商业信用是社会再生产过程中一种内在的信用形式，它的积极作用有以下3个方面。一是有利于润滑生产和流通，加速商品价值的实现过程。一方面，商品交易的卖方通过信用销售，可以扩大销售，提高市场占有率，降低库存成本；另一方面，商品交易的买方通过商业信用的交易方式，可以增加购买力，繁荣市场，扩大内需。二是有利于企业间的资金融通，加速资本周转。三是有利于银行信用发展和中央银行货币政策操作。它也有消极的作用，即容易形成债务链和债务危机；影响货币供给的调控和信用总量的控制。

商业信用的局限性主要表现在以下4个方面。一是商业信用规模的局限性。商业信用的规模受商品买卖量的限制，生产企业不可能超出自己所拥有的商品量向对方提供商业信用，所以大额的信用需要不可能通过商业信用来满足。二是商业信用的期限也有限制。企业在由对方提供商业信用时，期限一般受到企业生产周转时间的限制，期限较短，所以商业信用只能解决短期资金融资的需要。三是授信范围的局限性。商业信用受信贷双方了解程度和信任程度的局限，如果双方互不了解、互不信任，商业信用便难以发生。四是商业信用的方向有限制。如果采用赊销方式，一般是由生产该商品的部门向需求该商品的部门提供信用，而不能逆向活动。企业的很多信用需要无法通过商业信用得到满足。

二、银行信用

银行信用是指以银行及其他金融机构为媒介、以货币形态向其他经济主体提供的信用，是在商业信用基础上发展起来的一种间接信用。银行信用在规模上、范围上、期限上都大大超过了商业信用，成为现代经济中最基本的、占主导地位的信用形式。

（一）银行信用的特点

银行信用是我国家庭个人、企业组织最为倚重的资金融通形式，其特点如下。

（1）银行信用是一种间接信用，以银行等金融机构作为信用媒介。银行信用直接债权人主要是银行，也包括其他金融机构；债务人主要是从事商品生产和流通的工商企业和个人。当然，银行和其他金融机构在筹集资金时又作为债务人承担经济责任。银行和其他金融机构作为投融资中介，可以把分散的社会闲置资金集中起来统一进行借贷，克服了商业信用受制于产业资本规模的局限。

（2）银行信用所提供的信贷资金是从产业循环中独立出来的处于货币形态的资本，它可以不受个别企业资金数量的限制，聚集小额的可贷资金满足大额资金借贷的需求。同时可把短期的借贷资本转换为长期的借贷资本，满足对较长时期的货币需求，不再受资金流转方向的约束。

从而在规模、范围、期限和资金使用的方向上都大大优越于商业信用。

（3）银行信用与产业资本的变动并不完全一致。由于银行信用是一种独立的借贷资本的运动，它有可能与产业资本的动态不一致。例如，在繁荣时期，对于商业资本的需求增加，对银行信用的需求也增加。但是在经济萧条衰退期，由于商品生产过剩，对于商业信用的需求会减少，但对银行信用的需求却有可能增加。此时，企业会为了支付债务，避免破产，加大对银行信用的需求。

（二）银行信用的优势

相对于商业信用，银行信用有以下优势。

（1）没有规模限制。银行信用能把社会上各种闲置资金集中起来，形成巨额借贷资本，再放贷给职能资本家。因此，银行信用不受个别资本数量和资本回流的限制。

（2）没有方向性。银行信用的对象不是生产过程中的商品资本，而是从中游离出来的暂时闲置的货币资本，因此，银行信用不受商品使用价值和流转方向的限制。

（3）具有广泛接受性。银行信用是以货币形态向其他经济主体提供的信用，因此具有广泛接受性，可以由银行提供给任何经济主体。而商业信用是以商品的形式提供信用，只能由商品的出售者提供给购买者。

（4）没有借贷期限限制。银行信用所提供的信贷资金是从产业资本循环过程中分离出来的暂时闲置的货币资本，它可以通过存款沉淀，续短为长，进行期限转化，从而克服了商业信用在期限上的局限性。银行信用期限相对灵活，可长可短，以满足长、中、短贷款的不同需要，能在更大的程度上满足扩大再生产的需要。而商业信用的期限一般受到企业生产周转时间的限制，期限较短。

（三）银行信用与商业信用的联系与区别

（1）银行信用与商业信用两者之间的联系包括：①商业信用始终是信用制度的基础。②只有商业信用发展到一定程度后才出现银行信用，银行信用是商业信用的补充。③银行信用的出现又使商业信用进一步完善，银行信用克服了商业信用的局限性。④商业信用与银行信用各具特点，各有独特的作用，相互补充，相辅相成，不可或缺。二者之间是互相促进的关系，而不存在互相取代的问题。我们应该充分利用这两种信用形式促进经济发展。

（2）银行信用与商业信用的区别有：①银行信用是间接信用，商业信用是直接信用。②银行信用的对象是闲置资本，商业信用的对象是商业资本。③银行信用具有广泛可接受性，商业信用的可接受性有局限。

事实上，尽管银行信用以其独有的优势在我国信用体系中占据着重要的地位，然而我国目前银行信用的现状却不容乐观。信用风险在金融体系中不断积累，低劣的信用状况不仅使政府的宏观政策难以发挥效用，而且使金融体系潜伏着巨大的危机。企业对于银行信用的过度依赖，企业还贷付息意识差，信贷结构单一，贷款风险集中等问题一直未得到根本性解决，因此建立和发展银行信用是一个系统工程，需要社会各层面通力协作，形成政府、企业和个人完整的良性信用链条，才有利于银行信用的健康发展。

三、国家信用

国家信用是指国家及其附属机构作为一方的借贷活动，即国家作为债权人或债务人的信用。现代经济活动中的国家信用主要表现在国家作为债务人，举债筹集资金的行为。国家信用的主要工具是债券。

国家信用较其他信用形式有如下特点。

（1）国家信用的主体是政府，政府主要是以债务人的身份出现，债权人是全社会的经济实体和个人。

（2）安全性高，信用风险小。国家信用关系中，国家财政作为政府的代表成为债务人，是以国家（政府）的信用做担保，信用极高，几乎不承担任何风险，在英国有"金边债券"之称。

（3）用途特定。中长期国债券多用于弥补政府预算赤字，所筹措的资金大多用做基础设施、公用事业建设等非生产性支出，还有军事开支和社会福利支出。国库券多用于弥补财政短期失衡，以及用做中央银行在公开市场上调节货币供应量的工具。取之用民，用之于民，不能随意用于其他开支。

（4）具有"财政"和"信用"的双重性。国家信用一方面要根据政府经济政策、产业政策的要求，支持有关产业、项目及地区的发展，为调节经济、实现国家的宏观政策服务，使经济的发展拥有良好的社会环境与条件；另一方面，要依据信用原则有偿有息、充当债务人。这与银行信用以盈利为目的的单一"信用"属性不同（银行信用对宏观经济的调节，是中央银行借助于货币政策工具来实现的。）国家信用建立在双方自愿互利、协商签约的基础上，不能强迫任何个人和企业购买国债，这又与财政分配的强制性不同。

（5）国家信用的形式主要是发行公债（包括中长期国债券和短期国库券），其次是向中央银行的短期借款。

国家信用的作用体现在以下 3 点。首先，它是调剂政府收支不平衡、弥补财政赤字的重要手段，从而缓解货币流通，保持物价稳定。相较于其他方法，弥补财政赤字的最好办法是举借内债，因为内债来源于国内投资和消费，举借内债势必减少国内投资和消费的数量。同时，由于本年财政收入因债务收入而增加，财政赤字得以减少或消除。因此，举借内债弥补财政赤字不改变一国的货币流通量，从总体上并不影响一国的物价水平。其次，可以筹集大量资金，改善投资环境，创造投资机会，促进经济增长。政府通过发行债券将居民个人、企业、金融机构不同边际投资倾向的资金筹集起来。同时，国债可拉动其他投资。由于国债投资是政府行为，政府通过国债投资产生信号传递效应，从而引起银行贷款、民间投资的增加。最后，国家信用可以成为国家宏观经济调控的重要手段，政府不仅可以主动用国家信用，在总量上调节总需求，还可以通过有选择的支出安排和优惠政策等调节社会总产品需求的结构。

四、消费信用

消费信用是工商企业或银行等特定机构提供的，以居民的未来收入或实物资产做担保，可以满足消费者消费用途的信用。

1. 消费信用的特点

（1）消费信用主体多元化，消费信用的主体即指消费信用的提供者，它不仅有工商企业和银行，还有信用卡公司、人寿保险公司、典当行等。

（2）消费信用的客体，即消费信用的对象，不仅限于货币形式，同时还有商品形式。

（3）消费信用具有一定的信用条件，即要求借款人要以未来的收入或实物资产作担保，按期偿还本金和付息。

（4）消费信用有特定用途，只限于消费者个人生活消费，包括住房贷款、汽车贷款和助学贷款等。

2．消费信用的方式

现代消费信用的方式多种多样，按交易主体可以划分为两大类。

（1）企业提供的消费信用。它是由商人直接以赊销、分期付款的方式，对消费者提供信用。

（2）银行等金融机构提供的消费信用。它是由银行和其他金融机构以货币形式直接贷款给个人用以购买耐用消费品、住房以及支付旅游等费用的消费信用，即消费信贷；或者对个人提供信用卡，持卡者可以在接受信用卡的商店购买商品并定期与银行结账。目前我国消费信用发展还处于初级阶段，消费信用主要以银行提供的消费信贷为主。

3．消费信用的制约因素

（1）总供给的能力与水平。总供给的水平越高，消费信用的规模一般越大。

（2）居民的实际收入和生活水平。若居民的实际收入较低，偿还能力不高，一味地发展消费信用则会导致风险加大。

（3）资金供求关系。它与消费信用的规模是此消彼长的关系，若资金供求紧张，消费信用的规模就越大。

（4）消费观念和文化程度。它制约着消费信用这种信用方式的普及程度和消费总量。如在我国，受传统文化的影响，消费信贷起步较晚，规模也较小，但近年来发展很快，主要体现在住房贷款、汽车贷款的增长上。

4．消费信用的作用

从市场经济发展实践来看，消费信用的主要作用是通过融通消费资金、增加消费者购买力、刺激社会总需求、解决有效消费需求不足等的实现，从而帮助实现国民经济供求平衡，促进经济持续发展。

（1）消费信用可以促进耐用消费品生产的发展，提高消费者生活水平。消费信用通过调节国民收入中积累和消费的比例关系，将储蓄转化为消费，变潜在消费需求为有效消费需求，扩大了消费规模，国民整体的消费水平也就相应得到了提高，从而促进耐用消费品生产的发展，进而实现居民生活水平的提高。

（2）消费信用可以解决消费和购买力，特别是耐用消费品购买力和消费品供给之间的不平衡，对市场经济发展有推动作用。在现实经济生活中，社会总的供求在总量上或结构上往往是不平衡的，尤其在市场经济条件下更是如此。因为经济的发展主要来源于总需求的上升。市场总需求由投资需求、消费需求和出口需求构成。消费需求是最终需求，它作为总需求的重要组成部分，对市场经济发展起着重要作用。消费性需求的扩大，可以使适销对路的消费品实现价值，从而推动市场经济繁荣发展，并可以解决经济运行中生产过剩与需求不足的矛盾。消费信用作为一种信用调控手段，能缓和生产与消费之间的矛盾，推动生产的发展，生产企业受到了激励，对市场前景看好，扩大生产规模，解决了人们就业问题，对市场经济发展有推动作用。

（3）促进现代科学技术的发展和生产力水平的提高，促进产品更新换代。消费信用对消费需求有乘数作用，能扩大有效需求，培育市场热点，从而提升消费需求结构，促进消费结构、产业结构的升级和优化，有利于新产品的销售，促进产品更新换代。

（4）消费信用是增强货币政策有效性的重要条件。货币政策作为宏观调控体系中最重要的政策之一，对于调控银行信用、调控社会资金供求、促进经济发展起着重要的作用。在实践中，当生产过剩、消费需求不足时，国家可采用扩张性货币政策，降低利率，增加货币供给量，发展消费信贷来刺激社会需求增长。西方发达国家实践表明，货币政策的有效性如何实现，要以消费信用的发展为条件，消费信用越发达，货币政策调节经济的预期效应和实际效果越吻合。

5. 消费信用的局限性

（1）消费信用过分发展，掩盖消费品供求之间的矛盾，造成一时的虚假需求，在市场上供不应求，给生产传递错误信息，使一些消费品生产盲目发展。

（2）过度发展消费信用会导致信用膨胀，当消费信用急剧膨胀并超出市场基础时，会给经济带来破坏性的后果。它主要表现为消费超前、高消费和虚假需求，会造成经济的波动和通货膨胀。20 世纪 70 年代的美国在消费信用发展过程中遇到的问题便验证了这一点。

（3）在延期付款的诱惑下，对未来收入预算过大使得消费者债务负担过重，增加社会不稳定因素。

五、租赁信用

租赁信用是指出租人以收取租金为条件，将持有物品（财产）定期出租给承租人的一种信用形式。

1. 租赁信用的分类

现代租赁业按其性质可分为两大类：融资性租赁和经营性租赁。

（1）融资性租赁，又称金融租赁，它是由出租方融通资金，为承租方提供所需设备，或者说承租方以直接租入设备的办法取得变相的设备贷款，按合同约定分期向出租方交付租金。租赁期满时，承租方可按合同约定留购、续租或退租。

（2）经营性租赁，又称管理租赁，它是出租人将自己经营的设备或用品反复出租的行为，是一种以提供物件的短期使用权为特点的租赁形式，适用于一些需要专门技术进行维修保养的大中型机械设备。融资性租赁和经营性租赁的区别如表 2-1 所示。

表 2-1 　　　　　　　　　　融资性租赁和经营性租赁的区别

项　　目	融　资　租　赁	经　营　租　赁
租赁程序	需提出正式申请	随时提出租赁要求
租赁期限	租赁资产寿命一半以上	较短
合同约束	租赁合同稳定，中途不得退租	合同灵活，一定条件下可解除
租赁期满资产处理	留购、续租、退租	退租
维修保养	出租人一般不提供维修保养服务	出租人提供维修保养服务

2. 租赁信用的作用

现代租赁信用体现了所有权与使用权的分离，表现为资金运动与物资运动相结合；或者说，现代租赁信用的价值运动以实物形态上的分离为特征，主要功能以融物代替融资，把融资与融物结合起来，经济关系以合同（契约）为基础，偿还本息以租金的形式分期归还。这种独特的信用方式，在商品经济中具有重要作用，有利于促进企业技术改造和技术进步，有利于配合投资结构调整，有利于提高资金利用率，有利于促使企业注重提高经济效益等。租赁信用的作用表现为两方面。

（1）有利于加快企业设备更新和技术改造。第一，通过租赁，可以加快企业技术改造的步伐，企业无需一次支付设备的全部价款，而只需按期支付相当于设备投资一小部分的租金便可获得设备的使用权，企业可以大大超过现有资金规模使用生产设备，达到提前更新设备的目的。

第二，有利于保障设备的质量，提高设备的使用效率。办理租赁业务部门向用户提供咨询、维修等项服务和技术培训，保持设备完好和正常使用。企业在租到设备后无论使用与否都要按时支付租金，促使企业提高设备使用率，避免设备长期闲置。第三，有利于促进新技术、新设备的推广和应用，提高技术改造的水平。由于租金投入少，企业即可选用一些价格昂贵而不需全部付现的先进设备和技术。此外，可以通过租赁获得一些根据有关国家法律不准出售的先进设备和技术。

（2）有利于改善企业的财务状况，一些项目的租金可以列支冲减收益，从而可以减少税负。比如，在会计处理上可以将承租人所支付的租金列入生产或经营成本，从而降低了企业应税收入的数额。

六、民间信用

民间信用，又称民间借贷。《中华人民共和国银行管理暂行条例》规定，个人不得经营金融业务。因此，在我国，民间信用指的是劳动者个人之间、个人与集体之间的借贷行为。它主要体现了社会公民中资金剩余者与资产需求者之间融通资金、调剂余缺、相互协作的关系，这是民间信用的基本的社会性质。它主要分散在城乡居民群众中，尤其是农村。民间信用有以货币形式提供的，也有以实物形式提供的。

1. 民间信用的特点

以我国为例，民间信用有如下特点。

（1）规模范围扩大。借贷范围从本村本乡发展到跨乡、跨县甚至跨省；交易额从几十元、几百元发展到几千元甚至上万元；借贷双方关系从亲朋好友发展到非亲非故，只要信用可靠，即可发生借贷关系；借贷期限从春借秋还或 2~3 个月，发展到长达 1~2 年，最长 5~10 年。

（2）借贷方式由繁到简。从借钱还物、借物还钱、借物还物、借钱还钱发展到以货币借贷为主。

（3）借款用途从解决温饱、婚丧嫁娶或天灾人祸等生活费用和临时短缺需要，发展到以解决生产经营不足为主，主要用于购买生产资料、运输工具、扩大再生产，一部分大额借贷用于建房。城市居民之间发生借贷主要用于购买耐用消费品或个体户用于生产经营。

2. 民间信用的积极作用

民间信用在一定程度上弥补了正规借贷的不足，对正规借贷的发展也具有一定的促进作用。主要表现在以下几个方面。

（1）民间信用促进了商品经济的发展。在金融体制的发展还不能完全适应商品经济发展的需要时，客观上需要民间信用来补充，以缓解民间资金供需矛盾。

（2）民间信用缓解了信贷资金的供需矛盾。民间信用有很大的灵活性，能在金融缝隙中不断调整自己的行为和方式。银行信用等固然都是重要的信用形式，但这些信用形式都有自身的要求条件，且这些条件中有非经济性的苛刻因素，使部分需求者难以符合，民间信用恰好填补了空白。

（3）民间信用提高了生产要素的利用率。在市场利率机制作用下进行的民间信用对社会闲散资金具有极大的融资效应，有利于加速民间资金积累，从而推动生产要素的合理配置和优化。

（4）民间信用亦有利于经济结构调整。民间信用有助于加强优胜劣汰。这样的结果是促使高科技含量、低成本、高效益产品和企业不断扩大，而高成本、低质量的产品和企业遭受淘汰，从而大面积优化地区产业结构。

3. 民间信用的消极作用

但民间信用毕竟是一种自发的、盲目的、分散的信用活动，是一种较为落后的信用形式，因此，在充分发挥民间信用积极作用的同时，也应防止其消极的一面，主要有以下几个方面。

（1）民间信用扰乱了正常的金融秩序。民间信用活动规模不断扩大，对农村信用社正常经营产生很大冲击，储蓄分流严重，影响了信贷资金的来源，损害了人民群众的利益。尤其是一些地下钱庄非法吸收存款，发放贷款，严重扰乱了金融秩序。

（2）导致经济管理秩序混乱。自发形成的民间信用完全游离于国家信贷之外，不受国家信贷规模的约束，实际上是扩大了国家信贷的总规模；同时民间信用在资金的投放结构上也处于无政府状态，国家难以控制其资金投向，一些贷款用途不当效益不好或不符合宏观规划，容易导致经济管理秩序上的混乱。

（3）影响国家宏观调控和社会的安定，损害正规金融部门的利益。民间信用在一定程度上会削弱国家的货币政策执行力度，影响国家宏观调控效果，造成国家税收流失，损害正规金融部门的利益。民间信用风险的危害性大，容易增加社会不稳定因素，影响社会的安定。民间信用会在一定程度上加重企业负担，使得债权人的权益得不到有效保障。为此，我们应建立健全相关法律制度，构建完善的民间信用监管框架，规范现有民间信用机构，引导民间信用健康发展。

七、国际信用

国际信用指一个国家的政府、银行及其他自然人或法人对别国的政府、银行及其他自然人或法人所提供的信用。国际信用与国内信用不同，表示的是国际间的借贷关系，债权人与债务人是不同国家的法人，直接表现资本在国际间的流动。

国际信用有国际商业信用和国际银行信用两种形式。前者是发生在国际商品交易过程中，以远期支付方式由卖方提供的信用；后者是银行以货币形态向另一国借款人提供的信用。但国际商业信用往往要借助于国际银行信用，这种信用方式又称国际信贷。

国际信贷的方式有出口信贷、国际银行信贷、国际项目贷款、政府贷款、国际金融机构贷款、国际资本市场业务等货币形态的信贷和补偿贸易、国际租赁等商品资本形态的信贷。

（1）出口信贷是一种国际信贷方式，它是一国政府为支持和扩大本国大型设备等产品的出口，增强国际竞争力，对出口产品给予利息补贴、提供出口信用保险及信贷担保，鼓励本国的银行或非银行金融机构对本国的出口商或外国的进口商（或其银行）提供利率较低的贷款，以解决本国出口商资金周转的困难，或满足国外进口商对本国出口商支付货款需要的一种国际信贷方式。出口信贷名称的由来就是因为这种贷款由出口方提供，并且以推动出口为目的。出口信贷可分为卖方信贷和买方信贷。卖方信贷是出口方银行向该国出口商提供的商业贷款。出口商（卖方）以此贷款为垫付资金，允许进口商（买方）赊购自己的产品和设备。出口商（卖方）一般将利息等资金成本费用计入出口货价中，将贷款成本转移给进口商（买方）。买方信贷是出口国政府支持出口方银行直接向进口商或进口商银行提供信贷支持，以供进口商购买技术和设备，并支付有关费用。出口买方信贷一般由出口国出口信用保险机构提供出口买方信贷保险。出口买方信贷主要有两种形式：一是出口商银行将贷款发放给进口商银行，再由进口商银行转贷给进口商；二是由出口商银行直接贷款给进口商，由进口商银行出具担保。贷款币种为美元或经银行同意的其他货币。贷款金额不超过贸易合同金额的 80%～85%。贷款期限根据实际情况而定，一般不超过 10 年。贷款利率参照经济合作与发展组织（OECD）确定的利率水平而定。

（2）国际银行信贷是指一些大的商业银行向外国政府及其所属部门、私营工商企业或银行提供的中长期贷款。这种贷款利率较高，一般在伦敦同业拆借利率之上，另加一定的附加利率，期限大多为 3～5 年。这种贷款通常没有采购限制，也不限定用途。国际商业银行贷款的主要方式有独家银行贷款和银团贷款。国际银团贷款，也称国际辛迪加贷款（Syndicate Loans），一般由一个或几个银行首先牵头，接受借款人的借款申请，并邀请其他银行参与进来，共同向借款人提供资金。当国际信贷涉及数额较大的中长期贷款时，由于风险太大，一旦发生贷款损失，会给一家银行带来致命的打击，所以一般都采用银团贷款方式。在辛迪加贷款中，牵头银行责任较大，工作繁重。牵头银行要审查借款人资信状况，还要与其商谈借款条件，包括放款的币种、期限、金额、利率、分期偿还额和次数等。在放款条件确定后，牵头银行还要选择和联系其他参与的银行。如果参与各方对放款条件没有异议，就要签订具有法律效力的放款协定。在放款执行过程中，一般牵头银行对借款人的资金运用活动进行监督，其他成员银行只按期收取利息，而不过问过多的事情。当然，牵头银行按贷款总额收取贷款管理费。

（3）国际项目贷款是指为某一特定工程项目而融通资金的方法，它是国际中、长期贷款的一种形式，工程项目贷款的简称。由于通货膨胀和新建大型工程项目所需费用急剧增长，与这些大型工程有关的投资风险越来越大；另外有些政府或企业的资金被正在进行的工程项目所占用，也使得它无力再举办新的大型工程。为了促进大型工程的建设及开拓资金运用的新途径，一些银行兴办了这种工程项目贷款业务。这种业务与各种传统的融资业务有所不同，除了像银行贷款要求的那样需有项目主办人之外，还需有一个为工程项目而新建立的项目单位来进行筹资、建造和经营管理这一项目。这样，项目的主办人只是项目单位的发起人，其财力与信誉不再是贷款的主要担保对象，资金由贷款人直接提供给项目单位。

（4）政府贷款是国际间一主权国家政府对另一主权国家政府提供的信用，它一般带有援助性质。其特点是：利率通常比国际商业银行贷款利率优惠，有时为无息贷款；期限长，平均偿还期为 30 年，最长可达 50 年；一般都附有采购限制或指定用途，即所贷款的一部分或全部用于购买贷款国的设备和物资。政府贷款中通常包括一定的无偿赠予，如对全部贷款的还本付息额进行贴现，或对贸易合同直接提供一部分赠款。

（5）国际金融机构贷款，即国际金融机构向成员国政府提供的贷款。主要包括国际货币基金组织、世界银行及其附属机构——国际金融公司和国际开发协会，以及一些区域性国际金融机构提供的贷款。这些机构的贷款大多条件优惠，主要目的是促进成员国经济长期发展和国际收支状况的改善。

（6）国际资本市场业务主要是指在国际资本市场上的融资活动，包括在国际资本市场上购买债券、股票或在国际资本市场上发行债券、股票。

（7）国际租赁是指位于不同国家的出租人与承租人之间在约定期间内将出租财产交承租人有偿使用的租赁关系。

第三节 | 信用工具

　　信用工具是指以书面形式发行和流通、借以保证债权人或投资人权利的凭证，是资金供应者和需求者之间进行资金融通时，用来证明债权的各种合法凭证。这种凭证通常都要记载债务数额，归还期限，债务利率等事项。由于金融市场正是以这些信用工具作为重要交易对象，所以通常又把这些信用工具叫做金融产品或者金融工具。准确地说，信用工具是指证明债权债务关系的合法书面凭证。而金融工具除了包括最初产生的证明债权债务关系合法书面凭证以外，还包括后来形成的反映所有权关系的合法书面凭证。但是，目前通常做法是不加区分，把信用工具等同于金融工具，我们也采取这种做法。

一、信用工具的基本特征

　　1. 收益性

　　收益性即信用工具能够带来价值增值的特性，信用工具能定期或不定期地给持有者带来收益。信用工具收益性的大小，是通过收益率来衡量的，其具体指标有名义收益率、当期收益率、实际收益率和最终收益率等。

　　名义收益率是信用工具票面收益票面面额之比。如某债券面值 100 元，10 年偿还期，年息 8 元，分期付息，则该债券的名义收益率为 8%。

　　当期收益率又叫即期收益，是信用工具的票面收益与信用工具当时的市场价格之比。若上例中的债券其市场价格为 95 元，则当期收益率=8÷95×100%=8.45%。

　　实际收益率，也叫持有期收益率，是信用工具持有者获得的实际收益与购入证券的价格之比。实际收益包括信用工具的票面收益与资本损益。若上例中的债券持有者 1 年后买进并持有债券到期满，则实际收益率=[8+(100−95)÷9]÷95×100%=9%。实际收益率可以更准确反映投资者的收益情况，故是信用工具投资者考虑的基本参数。在该例题中，因为债券被持有到期，所以此时的持有期收益率也叫到期收益率，或最终收益率。

　　所谓到期收益率，是指将债券持有到偿还期所获得的收益与购入证券的价格之比，持有到偿还期所获得的收益包括到期的全部利息与资本损益。

　　2. 风险性

　　信用工具的风险性是指由于某些不确定因素，导致投入的本金和利息收入遭到损失的可能性。风险相对于安全而言，所以风险性从另一个角度讲就是安全性。为了获得收益提供信用，同时必须承担风险。任何信用工具都有风险，程度不同而已。其风险主要有违约风险、市场风险、政治风险等。违约风险一般称为信用风险，是指发行者（债务人）不按合同履约，不按期偿还本金和支付利息或是公司破产等因素造成信用凭证持有者遭受损失的可能性。市场风险是指由于市场各种经济因素发生变化，例如市场利率变动、汇率变动、物价波动等各种情况造成信用凭证价格下跌，遭受损失的可能性。政治风险是指由于政策变化、战争、社会环境变化等各种政治情况直接引起或间接引起的信用凭证遭受损失的可能性。

3. 流动性

流动性又称变现能力，是指信用工具迅速变为现金而不致遭受损失的能力。对信用工具的所有者来说，可以随时将信用工具卖出获取现款，收回投放在信用工具上的资金，且在变现过程中损失的程度和耗费的交易成本越小，其流动性就强。一般来说，流动性和偿还期成反比，即偿还期越长，流动性越差；与债务人的信用能力成正比，债务人的信誉越高，流动性越强。

4. 期限性

期限性又称偿还性、偿还期限，指一般信用工具规定的债务人从举借债务到全部归还本金与利息所经历的时间。即债权人或投资人可按信用凭证上所记载的应偿还债务的时间，到时收回债权金额。投入到股票上的资本属于长期投资，但可随时出卖而收回投资。商业票据和债券等信用工具，一般均注明发行日至到期日的期限，即偿还期。在现实经济中，也有无期限的，如英国统一公债，利息支付无限期，但没有本金偿还期；股票也无偿还期；银行活期存款可以随时提取，其偿还期不确定。

二、信用工具的分类

按照偿还期限的长短可以分为短期信用工具和长期信用工具。短期信用工具主要有票据、国库券、可转让定期存单等，长期信用工具则主要包括股票和债券。

按照资金融通的方式可以划分为直接融资与间接融资信用工具。直接融资工具主要有商业票据、国库券、企业债券、公司股票；间接融资工具主要包括金融机构发行的银行存款、银行票据、银行发出的大额可转让存单，保险公司发出的保险单，通过信托投资公司发出的各种基金等，这些信用工具是由融资单位通过银行和信用机构融资而产生的。

按照可接受性的程度不同可以分为无限可接受性的信用工具和有限可接受性的信用工具。前者为社会公众所普遍接受、在任何场合都能充当流通媒介和支付手段的工具，如政府发行的钞票和银行的活期存款；后者是指可以接受的范围和数量都受到一定局限的工具，例如可转让存单、商业票据、债券和股票等。

按照信用工具融资范围划分，可以划分为国内信用工具和国际信用工具。

三、信用工具的基本类型

信用工具种类繁多，在此主要介绍票据、股票以及债券 3 种类别。

（一）票据

广义上的票据包括各种有价证券和凭证，如股票、国库券、企业债券、发票、提单等；狭义上的票据指出票人自己承诺或委托付款人，在指定日期或见票时，无条件支付一定金额，并可流通转让的有价证券。在我国，票据即本票、汇票及支票的统称。它仅指《票据法》上规定的票据。因此，我们这里使用狭义的票据概念。

1. 本票

本票是指出票人签发的，承诺自己在一定日期及地点无条件地支付一定金额给收款人或执票人的一种票据，是一种承诺式信用凭证。

（1）本票特征有以下 3 点。

① 本票是票据的一种，具有一切票据所共有的性质，是无因证券、设权证券、文义证券、要式证券、金钱债权证券、流通证券等。

② 本票是自付证券，它是由出票人自己对收款人支付并承担绝对付款责任的票据。这是本票和汇票、支票最重要的区别。在本票法律关系中，基本当事人只有出票人和收款人，债权债务关系相对简单。

③ 无须承兑。本票在很多方面可以适用汇票法律制度。但是由于本票是由出票人本人承担付款责任，无须委托他人付款，所以，本票无须承兑就能保证付款。

（2）本票的划分方法多种多样，主要有以下 5 种划分方式。

① 根据签发人的不同，可分为商业本票和银行本票。

商业本票是指债务人向债权人发出的承诺在一定时期内支付一定数额款项的债务凭证，它涉及两个关系人，即出票人（债务人或其代表）和受票人（债权人）。商业本票的利率因发行公司的信用等级不同而有所差异，企业信用愈好的商业本票，其市场的流通性越佳，在此级市场的市场价格会愈好。基本上，商业本票可分为两类：一类为企业因实际交易行为，以付款为目的而签发的，称为交易商业本票；另一类为企业为筹措短期资金而发行的，称为融资商业本票。

银行本票是申请人将款项交存银行，由银行签发的承诺自己在见票时无条件支付确定的金额给收款人或者持票人的票据，按其金额是否固定可分为不定额银行本票和定额银行本票两种。不定额银行本票是指凭证上金额栏是空白的，签发时根据实际需要填写金额，并用压数机压印金额的银行本票；定额银行本票是指凭证上预先印有固定面额的银行本票。

狭义的本票仅指银行本票，不包括商业本票。我国票据法仅允许银行发行本票，所以商业本票应为无效票据。

② 根据付款时间的不同，可分为即期本票和远期本票。

即期本票是指见票即付的本票，其持票人自出票日起可随时要求出票人付款。远期本票是指其持票人只能在票据到期日才能请求出票人付款的本票。我国票据法仅允许发行即期本票，所以本票上如有指定付款日期的记载的，其到期日的记载应视为无记载或不具有票据记载效力。银行本票的付款期限自出票日起不得超过 2 个月。

③ 根据有无收款人之记载，可分为记名本票和不记名本票。

记名本票是指本票的票面注明收款人姓名的一种本票。记名本票的收款人须签名盖章方可领取票款。我国银行结算办法规定，本票一律记名。我国《票据法》第 75 条规定，本票必须记载收款人名称，否则，本票无效。不记名本票指的是在票面上并不记载权利人（受款人）的名称，而只是写明以持票人为受款人的本票。不记名本票持票人在转让票据权利时，也不用背书，仅凭交付即可完成转让。

④ 根据其金额记载方式的不同，可分为定额本票和不定额本票；

定额银行本票是指凭证上预先印有固定面额的银行本票。不定额银行本票是指凭证上金额栏是空白的，签发时根据实际需要填写金额，并用压数机压印金额的银行本票。不定额本票按支付方式不同分为转账不定额银行本票和现金不定额银行本票。

⑤ 根据支付方式的不同，可分为现金本票和转账本票。

现金本票是指在票面上注明"现金"字样，可以通过向银行支取现金的方式来进行支付结算的本票。转账本票是指通过银行账户转移资金的方式来进行支付结算的本票。

2. 汇票

汇票是由出票人签发的，委托付款人在见票时或者在指定日期无条件支付确定金额给收款人或执票人的票据。汇票是一种命令式信用凭证。从以上定义可知，汇票是一种委付证券，无条件支付的委托，有 3 个当事人：出票人（Drawer）、付款人（Drawee）和收款人（Payee）。

汇票可以分为以下几种。

（1）按出票人的不同，划分为商业汇票、银行汇票。

商业汇票（Commercial Draft）是指债权人通知债务人支付一定款项给第三人或持票人的无条件支付一定金额的书面命令。汇票一般须经过付款人承兑才能生效。商业汇票是出票人为企业法人、公司、商号或者个人，付款人为其他商号、个人或者银行的汇票。

银行汇票（Banker's Draft）是汇款人将款项存入当地出票银行，由出票银行签发给汇款人，由汇款人寄给异地受款人，用于办理异地转账或支取现金。银行在见票时，按照实际结算金额无条件支付给持票人或收款人的票据。银行汇票适用于先收款后发货或钱货两清的商品交易。银行汇票是出票人和付款人均为银行的汇票。单位和个人各种款项结算都可以使用银行汇票。银行汇票可以用于转账，填明"现金"字样的银行汇票还可以用于支取现金。银行汇票的付款提示期限一般为出票日起一个月内，超过付款期限提示未获付款的，持票人应当在票据权利时效内作出说明，并提供本人身份证或单位证明，持银行汇票和解讫通知书向出票银行请求付款。

（2）按有无附属单据，划分为光票汇票、跟单汇票。

光票（Clean Bill）汇票本身不附带货运单据，银行汇票多为光票。跟单汇票（Documentary Bill）又称信用汇票、押汇汇票，是需要附带提单、仓单、保险单、装箱单、商业发票等单据，才能进行付款的汇票，商业汇票多为跟单汇票，在国际贸易中经常使用。

（3）按付款时间，划分为即期汇票、远期汇票。

即期汇票（Sight Bill，Demand Bill）指持票人向付款人出示后对方立即付款，又称见票即付汇票，大多没有利息，又称为无息汇票。远期汇票（Time Bill）是在出票一定期限后或特定日期付款，一般有利息支付，所以又称为有息汇票。在远期汇票中，记载一定的日期为到期日，于到期日付款的，为定期汇票，记载于出票日后一定期间付款的，为计期汇票；记载于见票后一定期间付款的，为注期汇票；将票面金额划为几份，并分别指定到期日的，为分期付款汇票。

（4）按承兑人不同，划分为商业承兑汇票、银行承兑汇票。

由于商业汇票是由债权人开出的，必须经付款人承认并兑付后才能生效。经过承兑的汇票叫承兑汇票。商业承兑汇票（Commercial Acceptance Bill）是以银行以外的任何商号或个人为承兑人的汇票。银行承兑汇票（Banker's Acceptance Bill）承兑人是银行的远期汇票。

（5）按照收款人有无限定为标准，汇票可分为记名汇票、不记名汇票及指示汇票。

记名汇票是汇票上注明收款人为指定收款人，只对指定收款人付款。不记名汇票是可以对任何执票人付款。指示汇票亦称指示性抬头汇票，是指汇票上受款人栏内载明"凭指示"或"凭××指示"的汇票。不仅收款人可以兑取，其指定人也可以兑取。其在使用中各有优缺点。记名汇票不得转让，但风险小，只有受款人本人才能收取票款，不易被冒取。不记名汇票不经背书单凭交付即可转让、再转让，但风险大，容易被冒取。指示汇票可经背书转让，风险相对较小，是国际贸易实践中使用最多的汇票。

票据背书是指持票人为了转让票据权利或者为了将票据权利授予他人行使，在票据的背面或粘单上记载法律要求的事项并签章，然后把票据交付给被背书人的票据行为。

3. 支票

支票是存款人签发，委托办理支票存款业务的银行或者其他金融机构在见票时无条件支付确定的金额给收款人或持票人的票据。（支票的付款人仅限于银行及其他金融机构，而汇票的付款人可以是银行、企业或个人，故而支票可以看成是汇票的特例，它在很多方面都和汇票相似）。支票一律记名，转账支票可以背书转让，支票提示付款期为 10 天。

支票种类多样，主要包括以下几种。

（1）按是否记载收款人姓名，可分为记名支票和不记名支票。

记名支票是在支票的收款人一栏，写明收款人姓名，如"限付某甲"（Pay A Only）或"指定人"（Pay A Order），取款时须由收款人签章，方可支取。不记名支票又称空白支票，支票上不记载收款人姓名，只写"付来人"（Pay bearer）。取款时持票人无须在支票背后签章，即可支取。此项支票仅凭交付而转让。

（2）按支付方式不同，可分为现金支票、转账支票、普通支票。

现金支票是指支票上印有"现金"字样，只能用于支取现金的支票；转账支票指支票上印有"转账"字样，只能用于转账的支票；普通支票指支票上未印有"现金"或"转账"字样，可以用于支取现金，也可以用于转账的支票。在普通支票左上角画两条平行线的，为划线支票，划线支票只能用于转账，不能用于支取现金。使用划线支票的目的是为了在支票遗失或被人冒领时，还有可能通过银行代收的线索追回票款。

（3）按期限不同，可分为即期支票、定期（远期）支票。

即期支票指见票即付的支票，定期（远期）支票指另定付款日期的支票。

（4）保付支票、旅行支票等特殊的支票。

保付支票是指为了避免出票人开出空头支票，保证出示支票时付款，支票的收款人或持票人可要求银行对支票"保付"。保付是由付款银行在支票上加盖"保付"戳记，以表明在支票提示时一定付款。支票一经保付，付款责任即由银行承担。出票人、背书人都可免于追索。付款银行对支票保付后，即将票款从出票人的账户转入一个专户，以备付款，所以出示保付支票时，不会退票。

旅行支票是银行或旅行社为旅游者发行的一种固定金额的支付工具，是旅游者从出票机构用现金购买的一种支付手段。和其他支票相比，旅行支票有以下特点。金额比较小；没有指定的付款人和付款地点。可在出票银行、旅行社的国外分支机构或代办点取款；比较安全。旅行者在购买旅行支票和取款时，须履行初签、复签手续，两者相符才能取款；汇款人同时也是收款人。其他支票只有先在银行存款才能开出支票，而旅行支票是用现金购买的，类似银行汇票，只不过旅行支票的汇款人同时也是收款人；不规定流通期限。由于发行旅行支票要收取手续费，占用资金不用付息，有利可图，所以，各银行和旅行社竞相发行旅行支票。

（二）股票

股票是股份证书的简称，是股份公司为筹集资金而发行给股东作为持股凭证，表示其股东按其持有的股份享受权益和承担义务，并借以取得股息和红利的一种可转让有价证券。是股本、股份、股权的具体体现。

股票种类繁多，根据不同的标准可将其划分为不同的类别。

（1）根据股东权利分类，可以分为普通股和优先股。普通股是指在公司的经营管理和盈利及财产的分配上享有普通权利的股份，代表满足所有债权偿付要求及优先股东的收益权与求偿权要求后对企业盈利和剩余财产的索取权，它构成公司资本的基础，是股票的一种基本形式，也是发行量最大，最为重要的股票。优先股是相对于普通股而言，主要指在利润分红及剩余财产分配的权利方面，优先于普通股，但股息率事先固定，且权利范围小，优先股股东一般没有选举权和被选举权，对股份公司的重大经营无投票权，但在某些情况下可以享有投票权。

（2）根据上市地区划分，我国上市公司的股票有 A 股、B 股、H 股、N 股和 S 股等的区分。这一区分主要依据股票的上市地点和所面对的投资者而定。A 股的正式名称是人民币普通股票。它是由我国境内的公司发行，供境内机构、组织或个人（不含我国台、港、澳投资者）以人民币认购和交易的普通股股票。B 股的正式名称是人民币特种股票，它是以人民币标明面值，以外币认购和买卖，在境内（上海、深圳）证券交易所上市交易的。H 股、N 股及 S 股分别是指注册地在中国内地、上市地在中国香港、纽约以及新加坡交易所的外资股。

（3）根据业绩也分为 ST 股、垃圾股、绩优股、蓝筹股。ST 是英文 Special Treatment 缩写，意即"特别处理"。该政策针对的对象是出现财务状况或其他状况异常的，其股票称为 ST 股。垃圾股指的是业绩较差的公司的股票，与绩优股相对应，后者指的是业绩优良且比较稳定的公司股票。通常那些在其所属行业内占有重要支配性地位、业绩优良，成交活跃、红利优厚的大公司股票则被投资者称为蓝筹股。

（4）根据股票是否记载股东姓名来划分，可分为记名股票和无记名股票。记名股票，是在股票上记载股东的姓名，如果转让必须经公司办理过户手续。无记名股票，是在股票上不记载股东的姓名，如果转让，通过交付而生效。

（5）根据股票是否记明每股金额来划分，可分为有票面值股票和无票面值股票。有票面值股票，是在股票上记载每股的金额。无票面值股票，只是记明股票和公司资本总额，或每股占公司资本总额的比例。

（6）根据股票上表示的份数来划分可分为单一股票和复数股票。单一股票是指每张股票表示一股。复数股票是指每张股票表示数股。

（7）根据投资主体的不同，可分为国家股、法人股、社会公众股。国有股指有权代表国家投资的部门或机构以国有资产向公司投资形成的股份。包括以公司现有国有资产折算成的股份。法人股指企业法人或具有法人资格的事业单位和社会团体以其依法可经营的资产向公司非上市流通股权部分投资所形成的股份。社会公众股是指我国境内个人和机构，以其合法财产向公司可上市流通股权部分投资所形成的股份。

（三）债券

债券是政府、金融机构、工商企业等机构直接向社会借债筹措资金时，向投资者发行，承诺按一定利率支付利息并按约定条件偿还本金的债权债务凭证。债券的本质是债的证明书，具有法律效力。

目前市场上流通的债券同样种类繁多，受到广大投资者的青睐，根据其特性不同，可将其做如下分类。

（1）按照发行主体可将其分为政府债券、金融债券和公司（企业）债券。政府债券是政府为筹集资金而发行的债券，主要包括国债、地方政府债券等。金融债券是由银行和非银行金融机构发行的债券。公司（企业）债券是企业依照法定程序发行，约定在一定期限内还本付息的债券。公司债券的发行主体是股份公司，但也可以是非股份公司的企业发行债券，所以一般归类时，公司债券和企业发行的债券合在一起，可直接称为公司（企业）债券。

（2）按照付息方式划分可将其分为贴现债券、零息债券及附息债券。贴现债券指债券券面上不附有息票，发行时按规定的折扣率，以低于债券面值的价格发行，到期按面值支付本息的债券。贴现债券的发行价格与其面值的差额即为债券的利息。零息债券指债券到期时和本金一起一次性付息、利随本清，也可称为到期付息债券。付息特点是利息一次性支付；债券到期时支付。附息债券指债券券面上附有息票的债券，是按照债券票面载明的利率及支付方式支付利息的债券。息票上标有利息额、支付利息的期限和债券号码等内容。持有人可从债券上剪下息票，并据此领取利息。附息国债的利息支付方式一般是在偿还期内按期付息，如每半年或一年付息一次。

（3）按债券偿还期内利率是否变动可分为固定利率债券及浮动利率债券。固定利率债券就是在偿还期内利率固定的债券。浮动利率债券是指发行时规定债券利率随市场利率定期浮动的债券，其利率通常根据市场基准利率加上一定的利差来确定。浮动利率债券往往是中长期债券。由于利率可以随市场利率浮动，采取浮动利率债券形式可以有效地规避利率风险。

（4）按照计息方式可将债券划分为单利债券、复利债券及累进利率债券。单利债券指在计息时，不论期限长短，仅按本金计息，所生利息不再加入本金计算下期利息的债券。复利债券与单利债券相对应，指计算利息时，按一定期限将所生利息加入本金再计算利息，逐期滚算的债券。累进利率债券指年利率以利率逐年累进方法计息的债券。累进利率债券的利率随着时间的推移，后期利率比前期利率更高，呈累进状态。

（5）按偿还期可划分为短期、中期及长期债券。偿还期限在1年以下的为短期债券；期限在1年或1年以上、10年以下（包括10年）的为中期债券；偿还期限在10年以上的则为长期债券。[①]

（6）按债券形态可以划分为实物债券、凭证式债券及记账式债券。实物债券是以实物债券的形式记录债权，券面标有发行年度和不同金额，可上市流通。实物债券由于其发行成本较高，将会被逐步取消。凭证式债券是一种储蓄债券，通过银行发行，采用"凭证式债券收款凭证"的形式，从购买之日起计息，但不能上市流通。记账式债券指没有实物形态的票券，以记账方式记录债权，通过证券交易所的交易系统发行和交易。由于记账式债券发行和交易均无纸化，所以交易效率高，成本低，是未来债券发展的趋势。

（7）按募集方式可以分为公募债券及私募债券。公募债券指按法定手续，经证券主管机构批准在市场上公开发行的债券。这种债券的认购者可以是社会上的任何人。发行者一般有较高的信誉。除政府机构、地方公共团体外，一般企业必须符合规定的条件才能发行公募债券，并且要求发行者必须遵守信息公开制度，向证券主管部门提交有价证券申报书，以保护投资者的利益。私募债券指以特定的少数投资者为对象发行的债券，发行手续简单，一般不能公开上市交易。

（8）按照担保性质分类，可以分为有担保债券、无担保债券及质押债券。有担保债券是指以特定财产作为担保品而发行的债券。以不动产如房屋等作为担保品，称为不动产抵押债券；以动产如适销商品等作为提供品的，称为动产抵押债券。一旦债券发行人违约，信托人就可将担保品变卖处置，以保证债权人的优先求偿权。无担保债券亦称信用债券，是指不提供任何形式的担保，仅凭筹资人信用发行的债券。质押债券是指以其有价证券作为担保品所发行的债券。

（四）股票和债券的异同

股票与债券都是有价证券，都可以作为筹资的手段和投资工具，是证券市场上的两大主要

---

① 我国企业债券的期限划分与上述标准有所不同。我国短期企业债券的偿还期限在1年以内，偿还期限在1年以上5年以下的为中期企业债券，偿还期限在5年以上的为长期企业债券。

金融工具。两者同在一级市场上发行，又同在二级市场上转让流通。由此可见，两者实质上都是资本证券。从动态上看，股票的收益率和价格与债券的利率和价格互相影响。这些，就是股票和债券的联系。

两者的不同主要有以下几个方面。

（1）权利不同。债券是债权凭证，债券持有者和发行人之间和债权债务关系，债券持有者只能按期获取利息，到期收回本金，无权参与公司的经营决策。而股票不同，股票代表的是所有权，股票所有者是股东，股东有投票权，可以参与经营管理。

（2）风险和报酬有差异。从收益方面看，债券在购买之前，利率已定，到期就可以获得固定利息，而不管发行债券的公司经营获利与否。股票一般在购买之前不定股息率，股息收入随股份公司的盈利情况变动而变动，盈利多就多得，盈利少就少得，无盈利不得。股票风险肯定要高于债券风险。

（3）分配次序有先后。债券持有人的地位优先于公司股东，特别是在公司经营亏损或破产时，要先偿还公司债权人的本息，然后才能在股东之间分配盈余或剩余财产。

（4）期限不同。股票没有到期日，具有不可返逆性。股票一经售出，不可再退回公司，不能再要求退还股本金。债券一般有期限，只有比较特殊的永久性债券没有期限。

（5）发行者不同。作为筹资手段，无论是国家、地方公共团体还是企业，都可以发行债券，而股票则只能是股份制企业才可以发行。

第四节　利息与利率

一、利息的本质

利息是借贷资金的价格，是债权人贷出货币资本而从债务人手中获取的报酬。市场经济条件下，利率可谓是连接货币经济与实物经济的纽带，亦是联系宏观经济与微观经济的中介。而利息理论则是利率实践的基础，对于利息问题的认识程度，关乎利率政策的制定。比较完整的利息理论一般包括利息的来源与性质、利率的决定、利率的作用以及利率政策主张等方面的内容。在西方经济学中，有关利息与利率的论述可谓汗牛充栋，学说纷纭。现将利息理论中关于利息本质的几种主要理论概括如下。

（一）古典和新古典学派关于利息本质的阐述

从生产领域分析到心理范畴分析的演变。

从17世纪中叶至19世纪上半叶，资本主义经济制度经历了由产生到成长的阶段，古典学派的经济学家们正是顺应了资本主义发展的需要，开始了对利息理论的系统研究，这标志着真正科学意义上的利息理论的发端。

威廉·配第堪称利息研究的先驱者。他从地租的角度来论证利息的合法性，把利息当作地租的特殊形式从地租中引申出来，称地租为土地租金，称利息为货币租金。这从根本上改变了以往人们关于利息起源的看法，把经济研究的中心从流通领域引向生产领域。诺思沿用配第的分析思路，提出利息是资本的租金，在经济思想史上第一次指出了利息的高低取决于借贷资本的供求量而非货币的供求量。

约瑟夫·马西对利息进行了深入的研究，他反对配第和诺思的观点，首次明确地把利润作为一个独立的经济范畴，并在经济思想史上第一次说明利息是利润的一部分，利润的下降会引起利息的下降，从长期看由于资本的增长和竞争的加剧，利润率会下降，利率也会随之降低。

古典政治经济学的创立者亚当·斯密站在劳动价值论的科学立场上，提出如果将借贷的资金作为资本来使用，就会带来利润。出借人既然给借用人以获取利润的机会，借用人就应该付给出借人利息作为报酬。斯密把利息当做是一种派生的收入，所以利息只能是利润的一部分。而利润本身又是剩余价值，即无酬劳动的一定形式。斯密对利息来源的这般解释，不仅把利息与利润，而且把利息与剩余价值相联系，从而在西方经济思想史上第一次清楚地阐明了利息的实质。

之后，英国古典经济学的完成者大卫·李嘉图，从劳动价值论出发，确认在资本主义条件下，劳动是价值的唯一源泉。他始终把利润看作是工人劳动产品的扣除，明确阐述了工资、利润和地租三大收入范畴之间的对立关系。他把利润率的变动看成利率变动的最后原因和长期原因，把货币资本供求的变化看成利率变动的暂时原因。

总地来说，古典学派坚持从生产领域来考察利息的本质，强调利息的生产职能。他们的观点已经体现了劳动价值论的科学性，为马克思的利息理论提供了理论基础。

19世纪30年代以后，西方利息理论的最大特点是把利息纳入心理因素分析的范畴，从人的心理因素出发去寻找利润和利息的本质。

奥地利学派经济学家庞巴维克，以边际效用论和时间偏好论为基础，来考察利息的来源，提出了"时差利息论"。庞巴维克把物品分为能直接满足人们现在欲望的物品（即现在物品）和不能直接满足人们现在的欲望但可满足人们将来欲望的物品（即未来物品）。他认为，现在物品通常比同一类和同一数量的未来物品更有价值，这是由于时间不同而造成了人们对两种物品评价不同，从而物品的价值就不同，其差额就是价值"时差"。由于"时差"的存在，就要求在等价交换中，未来物品的所有者必须付给现在物品的所有者在量上等于该价值差价的"贴水"。这种贴水就是利息，即"时差利息"。

美国经济学家费雪以"人性不耐"作为利息理论的基础，从人的主观因素来分析利息及其产生的性质，提出了"人性不耐说"。他认为收入是资本财富所提供的未来服务，资本价值不过是各年的未来收入按利息折成的现值，而利率则是资本与利息之间的联系或桥梁。利息的产生具有主观（心理）和客观（物质技术条件）两方面原因，利率是由时间偏好率和资本边际生产力共同决定的。认为人们具有偏好现在即可提供收入的资本财富，即所谓的"人性不耐"或"时间偏好"。某一时点上现在的收入与未来的收入之比率，称为"时间偏好率"。时间偏好率必须等于利率。只有这样，才能使人们在现在收入与未来收入之间决定借入还是贷出。利率决定于时间偏好率，同时也决定于资本边际生产力。所谓投资是指为取得未来收入而放弃现在收入的行为。现在的收入放弃得越多，未来的收入就越多，但投资增加到一定程度以后，增加一笔投资所得到的未来收入将缓慢减少。当增加一笔投资所得到的未来收入等于放弃的现在收入时，即资本边际生产力等于利率时，投资就会停止增加，即失去了投资机会。这时人们就不会放弃现在的收入以取得未来的收入，就会停止贷出或借入。所以，资本边际生产力也决定着利率的水平。

"新古典学派"的创始人马歇尔则认为资本的供给由人们延期消费或等待所决定，而利息就是对这种"等待"和"牺牲"的报酬。马歇尔还指出："财富积累之所以受到限制，利率之所以迟迟不落，是由于绝大多数人喜欢现在的满足，而不喜欢延期的满足，换言之，他们不愿意'等待'。"这就是马歇尔的利息本质论。

综上可见，新古典利息理论完全脱离了劳动和生产的作用来谈利息，强调利息是心理因素的补偿和报酬。诚然，心理因素对利息具有一定的影响。但是必须明确的是，利息的性质不是由影响利息的因素决定的，而是由利息的来源所决定的。时间偏好之类的心理因素不能说明利息产生的根本原因，因为这类心理因素本身还需要用客观经济因素来加以说明。因此，上述新古典学派关于利息本质的观点还不如某些早期古典经济学家的见解来得正确。

（二）凯恩斯关于利息本质的"流动性偏好说"

凯恩斯则从流动性偏好的心理法则出发，认为利息不是储蓄本身或等待本身的报酬，而是在一特定时期内放弃流动性偏好的报酬。依凯恩斯之意，一项资产如果它的名义价值不变，而且能够直接用作支付手段，则称这项资产具有流动性。一定价值的不同物品变成现金的难易程度（即流动性或灵活性）是不一样的，流通中的货币是流动性最大的资产，商业票据、债券股票等次之，至于机器、厂房设备等，就很难一下子脱手变成现金。由于货币具有完全的流动性，而人们在心理上具有对流动性的偏好，即人们总是偏好将一定量的货币保持在手中，以应付日常的、临时的和投机的需求。因此，人们普遍具有对货币的流动性偏好。如果要求人们放弃这种流动性偏好，就应该给予一定的报酬，以货币形式表示就是利息。

（三）马克思关于利息本质的阐述

凯恩斯之后的学者对凯恩斯的利息理论或支持或批判，然而都是建立在凯恩斯利息理论基础上进行的补充或是修改，因此他们的理论根基并没有本质的变化，都没有触及资本主义的社会经济关系，在利息来源与本质的揭示上依然没有得到实质性的进展。因此，我们在研究凯恩斯利息理论时有必要以马克思利息理论为指针，在批判中借鉴。

马克思对于利息的来源与本质的研究始于生息资本概念的引入。在马克思看来，生息资本和商业资本一样，是一种历史悠久的资本形态，在不同的历史阶段上，它具有不同的形态。在资本主义社会中，生息资本的形态表现为借贷资本。从分析生息资本的运动开始分析利息问题，这与马克思在分析商品价格形成时，首先分析价值和价值规律的方法是一致的。从表面看，借贷资本有着特殊的运动形式 $G—G'$（$G+\Delta G$），货币资本家把货币作为资本让渡，货币则必须作为 $G+\Delta G$ 回到他那里，货币离开了资本主义的生产过程而自行增值，且连本带息、有借有还似乎天经地义，利息也顺理成章地表现为企业主与借贷资本家对利润的量的分割。对此马克思一语破的，指出这种脱离生产过程与再生产过程的运动形式反映不出利息的真实本质。实质上，借贷资本的运动仍以职能资本的运动为基础。马克思揭破资本主义掩人耳目的伎俩，阐述了借贷资本运动的全部过程：$G—G—W...P...W'—G'—G'$（前面的 $G—G$ 是货币资本家将生息资本借给职能资本家，$G'—G'$ 则是职能资本家把生息资本加利息还给货币资本家）。借贷资本之所以能得到增值归根结底还是其转化为产业资本运行的结果。马克思拭去了生息资本表现为与资本的现实运动无关的单纯的借和贷、支出和回流这一表面上的尘埃，指出货币只在可能性上是资本，要把这种可能性变为现实，不仅要有足够的货币来购买各种生产要素，更重要的是要具备使这些生产要素转化为资本的条件——雇佣劳动。贷出货币的资本家所得的利息，是以预付资本 G 的循环过程 $G—W—G'$ 为基础，并产生于这个过程的。职能资本家先是向借贷资本家借款从事剩余价值生产，然后再拿出一部分剩余价值支付给借贷资本家，这就是利息的真实来源。职能资本家还给货币资本家所多出的利息（ΔG）也正是利润也即剩余价值的一部分。

马克思与凯恩斯在利息来源上看法的不同是显而易见的，利息来源于利润同来源于放弃流动性偏好的报酬乃风马牛不相及的两种概念。利息来源决定利息本质。马克思与凯恩斯对利息来源的不同诠释，也使两者对利息问题的研究有了质的差别。把利息看作利润的构成部分，不是马克思的独得之见（在马克思之前的马西、休莫、斯密等都做出了各自的学术贡献），但利息的来源是剩余价值却是马克思超过所有前人的天才发现。马克思关于利息来源于剩余价值的科学论断，使资本家同工人阶级之间的剥削与被剥削关系暴露无遗，在马克思利息理论之下，资本主义的剥削本质得到了最大反映，这也正是马克思最伟大的贡献。而凯恩斯的流动性偏好理论以人的心理因素为基础，把利息来源归于心理偏好之上，把表面现象教条化、公式化，终究是肤浅的和非科学的，其利息来源理论自然乏善可陈，谈不上本质研究。

二、利率及其种类

1. 利率的概念

利率又称利息率，是指一定时期内利息额同借贷资本总额（本金）的比率。利率是单位货币在单位时间内的利息水平，表明利息的多少。利率体现着借贷资本或生息资本增值的程度，是衡量利息数量的尺度。

2. 利息的计算

按照计算利息方式的不同，可以分为单利和复利。

单利（Simple Interest）是指以本金为基数计算利息，所生利息不再加入本金计算下期利息的计息方法。其公式如下：

$$I_n = P \cdot r \cdot n$$
$$S_n = P(1 + r \cdot n)$$

其中，S_n 表示 n 期的本利和；I_n 表示 n 期的利息和；P 表示本金；r 表示利率；n 表示期限。

复利（Compound Interest）是指在计息时将按本金计算出来的利息额再加入本金，一并计算下期利息的计息方法。其公式如下：

$$S_n = P(1+r)^n$$
$$I_n = S - P = P[(1+r)^n - 1]$$

复利反映利息的本质特征。这是因为利息的存在，表明社会承认资本依其所有权就可取得一部分社会产品的分配权力。只要承认这种存在的合理性，那么按期结出的利息自应属于贷出者所有并可作为资本继续贷出。因而，复利是计息的根本方法，是更符合生活实际的计算利息的观念。

例：一笔为期 3 年，年利率为 5% 的 100 万元的贷款。分别以单利法和复利法求利息总额和本利和。

单利法：$S_3 = 100$ 万元 $\times$（$1 + 5\% \times 3$）$= 115$ 万元

$I_3 = 100$ 万元 $\times 5\% \times 3 = 15$ 万元

复利法：$S_3 = 100$ 万元 $\times$（$1 + 5\%$）$^3 = 115.76$ 万元

$I_3 = 100$ 万元 $\times$（$1 + 5\%$）$^3 - 100 = 15.76$ 万元

3. 利率的种类

利率种类繁多，现按照不同的标准将其做如下分类。

（1）按照计算利息的期限单位划分，可将其分为年利率、月利率和日利率。

年利率是以年为单位计算利息，一般按本金的百分之几（%）表示；月利率是以月为单位计算利息，一般按本金的千分之几（‰）表示；日利率习惯称"拆息"，是以日为单位计算，一般按本金的万分之几（‰）表示。西方国家通常用年利率，而我国则习惯于用月利率。年利率、月利率和日利率可以互相换算，换算方法为：

$$年利率=月利率×12=日利率×360$$

（2）按借贷期内是否调整，可分为固定利率和浮动利率。

固定利率是指名义利率在整个借贷期间不随借贷资金供求关系和物价水平的变动而变动的利率。其具有简便易行、易于精确计算借款成本和收益等优点。在借款期限较短或市场利率变化不大的条件下，可采用固定利率。其缺点是忽略通货膨胀的影响，给债权人尤其是长期放贷的债权人带来损失。浮动利率又称可变利率，是指名义利率在借贷期限内随市场资金供求关系和物价水平的变化而定期调整的利率。其优点是随通货膨胀适时调整，减少债权人损失；缺点是手续繁杂、计算依据多样，增加费用支出，通常在3年以上的长期借贷特别是国际金融市场中使用。

西方国家的中长期贷款多采用浮动利率。我国银行根据不同借款种类和借款对象实行的在一定范围内上浮或下浮的利息率，虽然也称"浮动利率"，但不是严格意义上的浮动利率，而是浮动利率的变形，实际上是差别利率的一种形式。

（3）按借贷资金的增值程度可分为名义利率和实际利率。

名义利率是直接以货币表示的，市场通行使用的利率。实际利率是名义利率剔除通货膨胀因素以后的真实利率，即在物价不变，从而货币购买力不变条件下的利息率。由于一般以物价上涨率来代替通货膨胀率，且不考虑通货膨胀对利息的影响，即利息的贬值因素，则有：

$$实际利率=名义利率-物价上涨率判断利率水平的高低$$

如果用符号来表示。r代表名义利率；i代表实际利率；p代表通货膨胀率。

则上式可写成：
$$i=r-p$$

但是如果考虑通货膨胀对利息的影响，即考虑到利息的贬值因素，名义利率和实际利率之间的关系就如下式所示：

$$r=(1+i)(1+p)-1$$
$$i=(1+r)/(1+p)-1$$

在纸币流通条件下，区分名义利率与实际利率具有重要意义。因为借贷双方真正关心的是实际利率，而不是名义利率。只有实际利率才能真实反映借贷资本的利息收益或借贷成本。因此不能只看名义利率，还得考虑物价因素。当名义利率高于通货膨胀率，实际利率大于0时，称为正利率；而当物价上涨率高于名义利率时，实际利率就是负数，称为负利率。负利率对经济产生逆调节作用。

（4）按利率的决定方式可分为市场利率、官定利率和公定利率。

市场利率是在借贷资金市场上由货币资金供求关系决定的利息率。它既包括借贷双方在借贷市场上直接融通资金时形成的利率。

官定利率是指一国政府金融管理部门或中央银行确定的，要求强制执行的各种名义利率。在现代经济中，利率作为国家调节经济的重要杠杆，于是就出现了官定利率。官定利率是中央银行按照货币政策的要求直接确定的，是中央银行进行宏观调控的重要工具。它与市场利率有密切关系。一方面官定利率的变化表达了政府的货币政策意向，对资金供求状况和市场利率有重要影响；另一方面市场利率的变化非常灵敏地反映货币资金的供求状况，是国家确定官定利率的重要依据。

行业公定利率是指由非政府的民间金融组织即金融机构或行业公会、协会（如银行公会等）按协商的办法所确定的利率。公定利率只对参加该公会或协会的金融机构有约束作用，而对其他金融机构则没有约束作用。但是，公定利率对整个市场利率有重要影响。

（5）按利率是否带有优惠性质为标准可划分为基准利率、普通利率与优惠利率。基准利率是指在整个金融市场上和整个利率体系中处于关键地位、起决定性作用的利率。当它变动时，其他利率也相应发生变动。对于金融市场上的投资者和参与者来说，只要注意观察基准利率的变化，就可预测整个金融市场利率的变化趋势。在初期，基准利率是由市场活动的结果自发形成的，后来，随着经济的发展，基准利率则由政府或金融管理当局决定。普通利率是指商业银行等金融机构在经营存贷款业务过程中，对一般客户所采用的利息率。其水平的高低由决定利率水平的一般因素决定，不附加特殊条件，因此它是使用最为广泛的利率。优惠利率通常是指银行等金融机构发放贷款时对某些客户所采用的比一般贷款利率低的利率。西方国家商业银行对资信最高并且处于有利竞争地位的大客户发放短期贷款时，采用低于其他企业贷款利率的优惠利率；对其他客户的放款利率，则采用普通利率，即比优惠利率高的利率。

（6）按金融资产的不同可分为存贷款利率和证券利率。

存款利率是银行等金融机构吸收存款所付给存款人的利息与存款额的比率。存款利率的高低直接决定了存款者的利息收益和银行等金融机构的融资成本。贷款利率是指银行等金融机构对客户发放贷款所收取的利息与贷款本金的比率，其高低直接决定着企业利润在银行和企业之间的分配比例，因此影响着借贷双方的经济利益。

证券利率指各种有价证券的名义收益率，主要是指有价证券票面载明的收益率，如国库券、企业债券、金融债券的利息率等。存贷款利率和证券利率之间有着密切的内在联系。存贷款利差直接决定着银行的经营状况，存款利率的变动要受到贷款利率变动的制约，贷款利率调整必然要相应调整存款利率，而证券利率的确定和调整也要受到存贷款利率的制约。

（7）按信用行为期限长短可分为短期利率和长期利率。

短期利率一般指融资期限在一年以内的利率，包括期限在一年以内的存贷款利率和各种短期有价证券利率。短期利率变动风险小，利率水平相对较低。

长期利率一般指融资期限在一年以上的利率，包括期限在一年以上的存贷款利率和各种长期有价证券利率。长期利率与短期利率在反映资金市场供求的灵敏度及对资金供求影响方面是有所不同的，因此中央银行往往以长期利率作为货币政策中介目标，而以短期利率作为货币政策的操作目标或工具。

三、利率的功能和结构

（一）利率的功能

利率之所以作为经济杠杆可以在社会经济生活中发挥重要的作用，关键在于它具有的经济功能。为了合理配置资金资源，并使所有者和使用者都能从经济利益上关心借贷资金的集聚与运用及其经济效益，就需要充分发挥利率的经济功能。

1. 中介功能

利率的中介功能体现在 3 个方面：首先，它联系着国家、企业和个人之间的利益，其变动将导致三方利益的调整。其次，它沟通金融市场与实物市场，使二者之间相互影响。最后，它连接了宏观和微观经济活动。

2. 分配功能

利率具有对国民收入进行分配和再分配的功能。首先，利率从总体上确定了剩余价值的分割比例，使收入在借贷者之间进行初次分配。其次，利率可以对整个国民收入进行再分配，使盈余部门的资金流向赤字部门。

3. 调节功能

利率的调节功能主要是通过协调国家、企业和个人三者的利益实现的。对宏观经济的调节，主要是调节供需比例，调节消费和投资比例关系等。对微观经济的调节，主要是调节企业和个人的经济活动。

4. 动力功能

利率可以通过全面、持久地影响各经济主体的物质利益，成为激发他们更有效地从事经济活动的能力，从而推动整个社会经济健康发展。

5. 控制功能

利率可以把那些关系到国民经济全局的重大经济活动控制在平衡、协调、发展所要求的范围之内，促进国民经济的良性循环。

（二）利率的结构

1. 利率的期限结构

利率的期限结构是指具有相同违约风险、流动性和税收条件，但是具有不同的到期期限的金融工具收益率之间的相互关系。在风险、流动性和税收条件等方面相同的证券，由于期限不同，利率也会有所不同，人们用收益率曲线来描述利率的这种期限结构特征。收益率曲线是表示任何特定时刻证券收益率与其相应的到期时间长度的关系曲线。把那些其他条件都相同，而仅在期限上有所区别的证券的利率放在同一个坐标系中，横轴表示期限，纵轴表示利率（即收益率），连成一条曲线，称为收益率曲线。收益率曲线的可能形状有 3 种：水平的收益率曲线表示各种期限的证券的利率相等，向上的收益率曲线代表期限越长的证券利率越高，向下的收益率曲线则表明证券的期限越长，利率越低，如图 2-2 所示。

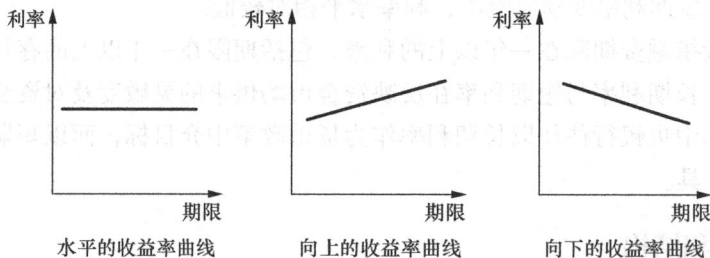

图 2-2　收益率曲线类型

利率的风险结构是指具有相同的到期期限，但是具有不同违约风险、流动性和税收条件的金融工具收益率之间的相互关系。不同发行人发行的相同期限和票面利率的债券，其市场价格会不相同，从而计算出的债券收益率也不一样。反映在收益率上的这种区别，即"利率的风险结构"。利率风险结构的决定因素包括：（1）违约风险：债券违约风险越大，利率越高；有风险债券和无风险债券之间的利率差额，被称为风险补偿（风险升水）。（2）流动性风险（变现成本）：债券流动性越高，利率越低（价格较高），反之亦然。这解释了为何大多数发展中国家的债券在利率调整后的收益率通常高于发达国家相同到期期限的债券收益率，因为发展中国家的信用工具多数情况下具有较低的流动性。（3）税收因素：债券享受免税待遇越高，利率越低。国际上，在期限相同的情况下，国债利率一般低于同期存款利率的原因之一是由于很多国家发行的国债都不用缴纳利息所得税，这样使得国债的税前收益率与税后收益率是一样的。

2. 收益率曲线的特征

收益率曲线的特征主要有三点：第一，收益曲线具有向上倾斜的趋势；第二，不同期限的债券的利率随着时间有共同的波动趋势；第三，短期利率低，收益曲线更趋于向上倾斜；短期利率高，收益曲线更趋于向下倾斜。

3. 利率的期限结构理论

利率期限结构是研究各个方面均相同，只有到期期限不同的无违约风险债券的收益之间的关系。传统的利率期限结构理论主要是从定性的角度讨论市场上存在的利率期限结构的形状、它们的形成原因以及所代表的含义，代表理论有：预期理论、市场分割理论和流动性偏好理论。

（1）预期理论。利率期限结构的预期假说首先由欧文·费歇尔（1896 年）提出，是最古老的期限结构理论。预期理论假设不同期限的债券可以完全替代。它认为，利率的期限结构是由人们对未来短期利率的无偏预期所决定的。长期债券的利率是短期债券的预期利率的函数，长期利率等于当期短期利率与预期的未来短期利率之和的平均数。用公式表示为：

$$i_{nt} = \frac{i_t + i_{t+1}^e + i_{t+2}^e + \cdots + i_{t+n-1}^e}{n}$$

式中，i_{nt} 表示第 t 期时 n 期债券的长期利率；i_t 第 t 期时一年期短期债券的即期利率；i_{t+1}^e 表示预期未来第 $t+1$ 期时一年期短期债券的即期利率；n 为期限。因此，如果预期的未来短期债券利率与短期债券即期利率相等，那么长期债券的利率就与短期债券的利率相等，收益率曲线是一条水平线；如果预期的未来短期债券利率上升，那么长期债券的利率必然高于现期短期债券的利率，收益率曲线是向上倾斜的曲线；如果预期的短期债券利率下降，则债券的期限越长，利率越低，收益率曲线就向下倾斜。

这一理论最主要的缺陷在于，一方面，假定都过于理想化，与金融市场的实际差距太远。严格地假定人们对未来短期债券的利率具有确定的预期；该理论还假定，资金在长期资金市场和短期资金市场之间的流动是完全自由的，都与现实不符。另一方面，该理论虽然可以解释不同期限的债券的利率随着时间有共同的波动趋势，因为长期利率是短期利率的函数，但是它却无法解释收益曲线具有向上倾斜的趋势。

（2）市场分割理论。预期假说对不同期限债券的利率之所以不同的原因提供了一种解释。但预期理论有一个基本的假定是对未来债券利率的预期是确定的。如果对未来债券利率的预期是不确定的，那么预期假说也就不再成立。只要未来债券的利率预期不确定，各种不同期限的债券就不可能完全相互替代，资金也不可能在长短期债券市场之间自由流动。

市场分割理论认为，利率的期限结构是由不同市场的均衡利率决定的。债券市场可分为期限不同的互不相关的市场，各有自己独立的市场均衡。不同期限的债券市场被分割开来，视为完全独立的市场，不同期限的债券并非替代品，各种期限的债券的利率仅仅取决于该种债券的供求，而不受其他期限债券预期收益率的影响。长期借贷活动决定了长期债券利率，而短期交易决定了独立于长期债券的短期利率。每个投资者一般都有自己偏好的某个特定品种的债券，这种偏好又主要源于他们对于意愿的债券持有期的选择。收益率曲线的不同形状是不同期限债券的市场供求决定的，而各种期限债券的供求又受到投资者期限偏好的影响。如果较多的投资者偏好期限较短的债券，则对短期债券的大量需求将导致较低的短期利率，收益率曲线向上倾斜；相反，如果更多的投资者是偏好长期债券的，那么收益率曲线将向下倾斜，如图 2-3 所示。

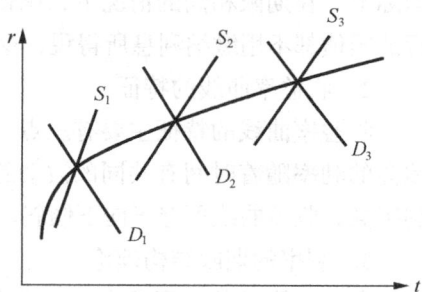

图 2-3　市场分割理论下的收益线

如果短期债券的需求量较高，短期利率呈下降趋势；长期债券的需求量较低，长期利率呈上升趋势，则收益率曲线向上倾斜。如果短期债券的需求量较低，短期利率呈上升；长期债券的需求量较高，长期利率呈下降趋势，则收益率曲线向下倾斜。一般地，投资者偏好选择短期债券，长期债券的需求量较低，长期利率呈上升趋势，收益率曲线向上倾斜。

市场分割理论最大的缺陷正是在于它旗帜鲜明地宣称，不同期限的债券市场是互不相关的。因为它无法解释不同期限债券的利率所体现的同步波动现象，也无法解释长期债券市场的利率随着短期债券市场利率波动呈现的明显有规律性的变化。

（3）流动性偏好理论。希克思首先提出了不同期限债券的风险程度与利率结构的关系，较为完整地建立了流动性偏好理论。

根据流动性偏好理论，不同期限的债券之间存在一定的替代性，这意味着一种债券的预期收益确实可以影响不同期限债券的收益。但是不同期限的债券并非是完全可替代的，因为投资者对不同期限的债券具有不同的偏好。学者范·霍恩认为，远期利率除了包括预期信息之外，还包括了风险因素，它可能是对流动性的补偿。影响短期债券被扣除的补偿的因素主要是不同期限债券的可获得程度及投资者对流动性的偏好程度。因此，在债券定价中，流动性偏好导致了价格的差别。

这一理论假定，大多数投资者偏好持有短期证券。短期证券流动性比长期证券流动性高，投资者对高流动性投资比对低流动性投资更为偏好。在这种情况下，为了吸引投资者持有期限较长的债券，必须向他们支付流动性补偿，而且流动性补偿随着时间的延长而增加。长期利率是由未来短期利率的市场预期加上与投资的期限和流动性有关的流动性升水。这一理论还假定投资者是风险厌恶者，他只有在获得补偿后才会进行风险投资，即使投资者预期短期利率保持不变，收益曲线也是向上倾斜的。用公式表示为：

$$i_{nt} = \frac{i_t + i_{t+1}^e + i_{t+2}^e + \cdots + i_{t+n-1}^e}{n} + l_{nt}$$

式中，l_{nt} 表示 n 期债券在第 t 期时的时间溢价（$l_{nt} > 0$）。

因此，根据该理论，由于投资者对持有短期债券存在较强偏好，只有加上一个正的时间溢价作为补偿时，投资人才会愿意持有长期债券。因此，时间溢价大于零。即使短期利率在未来的平均水平保持不变，长期利率仍然会高于短期利率。这就是收益率曲线通常向上倾斜的原因。在时间溢价水平一定的前提下，短期利率的上升意味着平均看来短期利率水平将来会更高，从而长期利率也会随之上升，这解释了不同期限债券的利率总是共同变动的原因。

当短期利率水平较低时，投资者总是预期利率水平将来会上升到某个正常水平，未来预期短期利率的平均数会相对高于现行的短期利率水平，再加上一个正的时间溢价，使长期利率大大高于现行短期利率，收益率曲线往往比较陡峭地向上倾斜。相反，当短期利率水平较高时，投资者总是预期利率将来会回落到某个正常水平，未来预期短期利率的平均数会相对低于现行的短期利率水平。在这种情况下，尽管时间溢价是正的，长期利率也有可能降到短期水平以下，从而使收益率曲线向下倾斜。时间溢价水平大于零与收益率曲线有时向下倾斜的事实并不矛盾。因为在短期利率预期未来会大幅度下降的情况下，预期的短期利率的平均数即使再加上一个正的时间溢价，长期利率仍然低于现行的短期利率水平。

陡峭上升的收益率曲线表明短期利率预期将会上升；平缓上升的收益率曲线表明短期利率预期将不会变动很多（可能会有小上升或小下降）；向下倾斜的收益率曲线表明短期利率预期将会较大幅度的下降。

学术上对利率期限结构的研究始于上述理论，但是很明显它们并非可以充分诠释收益率现象的完美理论，故而我们在应用时应结合实际情况，充分考虑不同理论背后的假设，以期获得更为可信的分析成果。

四、利率决定理论

正如前文所述，古往今来的经济学家致力于研究利息理论，其中很重要的一项内容即利率决定理论。为确定利率的主要影响因素包括哪些，我们在此回顾一下利率决定理论的发展历程——马克思的利率决定理论、古典学派的储蓄投资理论、凯恩斯的流动性偏好理论、新古典学派的可贷资金理论、IS-LM 模型理论，为后续建立我国利率决定模型奠定理论基础。

（一）马克思的利率决定理论

根据马克思的分析，利率总是在零和平均利润率之间波动，而利率的高低取决于总利润在贷款人和借款人之间的分割比例，取决于借贷双方的竞争。

马克思并不认为供求关系是决定利率的最主要的因素。马克思更多的是将利率水平同资本主义生产的平均利润率紧密相联。利息直接来源于利润，是利润的一部分，是剩余价值的特殊转化形态，表现为借贷资本与职能资本共同瓜分剩余价值。利息就必然受制于利润，利率也就必然受制于利润率。因此，平均利润率是利率水平的基本决定因素。在借贷资本总量一定的情况下，如果平均利润率越高，则利润总量越大，可瓜分的剩余价值越多，从而利息增多，利率提高；反之，如果平均利润率降低，则利润总额变小，利息减少，利率降低。利息量的多少取决于利润总额，利率取决于平均利润率。如果利息高于利润，职能资本家所得到的利润就会等于零，甚至是负的，职能资本家就不会再借款进行生产经营。因此利润是利息的最高界限，平均利润率是利率的上限。利息也不能等于零，否则资本家不会贷出资本，利率下限应该是大于零的正数。不排除利息率超过平均利润率，或利息率为负数的情况。

马克思认为，职能资本家把借入的资本投入生产经营，取得平均利润，必须把平均利润的一部分作为利息支付给借贷资本家，另一部分作为企业利润留归自己。由此可见，利息量的确定，既与被分割的整体平均利润的量有关，又与这个整体所分成的两个部分，利息和企业利润各自所占的比重有关。利率是货币资本家和产业资本家之间分割利润或剩余价值时竞争的结果，利率的高低取决于总利润在贷款人和借款人之间的分割比例，取决于借贷双方的竞争。

由于马克思对利率的理论分析，只限于借贷资本家与从事产业的职能资本家之间的借贷关系，因此，决定利率的利润率是指一般利润率即平均利润率，而不是指个别利润率。由于平均利润率在较长时期内是个相对稳定的量，而在短期内，在平均利润量为既定的情况下，利息和企业利润各自所占的比重确定，从而利息量和利率的确定，就直接由借贷资本的供求决定的。当借贷资本的供给增加而需求不变时，市场利率就会下降；反之，如果对借贷资本的需求增大而供给不变，市场利率就会提高。这样，市场利率不断随着供求关系的变动而变动。一切影响借贷资本供求的因素都会影响利率。必须注意的是，在借贷资本供求平衡的情况下，利率就只能由习惯和法律的传统等因素来确定。

（二）古典学派的储蓄投资理论

古典学派认为，一个自由竞争的市场本身存在一种强大的力量可以使市场达到和维持充分就业的状态。在充分就业的状态下，储蓄和投资都可以表示成利率的函数，而此时的投资函数和利率函数共同决定了一个均衡利率。

该理论认为，储蓄取决于人们对消费的时间偏好。不同的人对消费的时间偏好不同，有的人偏好即期消费，有的人则宁愿选择在未来消费。现实生活中的大部分人更加偏好即期消费，如果要他们推迟现在的消费，就必须要给这种延迟消费的行为一定的利息补偿。一般来说，利率越高，补偿越多，意味着人们越愿意储蓄，因此储蓄是利率的增函数。$S(r)$函数曲线中，储蓄 S 随着利率的增加而增加。

投资取决于资本的边际收益率和利率的关系。资本的边际收益率代表了投资的收益，利率代表了投资的成本。当资本的边际收益率大于利率时，即收益大于成本，投资就会有利可图，企业就会增加投资；当资本的边际率小于利率时，即收益小于成本，投资就会亏本，企业就会减少投资。当资本边际收益率等于利率时，企业投资利润最大化，投资也就达到均衡状态，因此投资是利率的减函数。$I(r)$函数曲线中投资 I 随着利率 r 的增加而减少。

在图 2-4 中，$S(r)$表示储蓄函数曲线；$I(r)$表示投资函数曲线；r_e 表示均衡利率，I_e，S_e 表示均衡时的投资量和储蓄量。

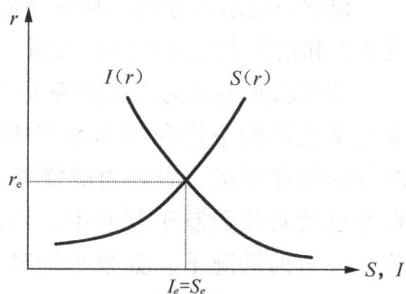

图 2-4　储蓄投资理论

当 $S=I$ 时，即储蓄者所愿意提供的资金和投资者愿意借入的资金相当时，利率达到均衡水平，此时的利率为均衡利率；当 $S>I$ 时，促使利率下降；当 $S<I$ 时，促使利率上升。古典学派认为，储蓄代表的是资本的供给，投资代表的是对资本的需求，利率就是资本的使用价格，因而当资本的供求达到均衡时，也就决定了资本的均衡价格，也就是均衡利率。由于储蓄和投资都是由实物层面上的因素决定，故而利息完全是由技术水平、劳动供给、资本和自然资源等真实因素决定的，与货币因素无关，因而古典学派的储蓄投资理论也被称为"真实的利率理论"。在市场经济体制下，利率具有自动调节的功能，使储蓄和投资趋于一致。

（三）凯恩斯的流动性偏好理论

凯恩斯和他的追随者们在利率决定问题上的观点与古典学派正好相反，认为利率不是由储蓄和投资的相互作用决定的，而是认为利率决定理论是一种货币理论，是由货币供给量和货币需求量的关系决定。

流动性偏好利率理论认为，利率决定于货币需求数量和货币供给数量两个因素。货币需求是一个内生变量，决定于人们的流动性偏好，利息是对人们放弃流动性的补偿，因此利率就是对人们的流动性偏好的衡量指标。所谓流动性偏好是指人们在选择其财富的持有形式时，大多数倾向于选择货币，因为货币具有完全的流动性和最小的风险性。货币的需求量起因于3种动机，即交易动机、预防动机和投机动机。所谓的交易动机，即由于收入与支出的时间不一致，人们必须保留一部分现金货币在手中以充日常交易之用；预防动机即保留一部分现金以防应付意外的、临时的或紧急需要；投机动机即由于未来利率的不确定性，人们便根据对利率变动的预期，为了不失时机地从事各种有利的投资活动而持有货币的念头。前两种动机的货币需求是收入的递增函数，记为 $M_1=L_1(y)$，投机动机的货币需求是利率的递减函数，记为 $M_2=L_2(r)$，那么货币总需求为 $M_d=L_1(y)+L_2(r)$。货币的供应量由中央银行直接控制，因此货币供给量是一个外生变量，记中央银行的货币总供给为 M_s。均衡利率是使公众愿意以货币的形式持有的财富量（即货币需求）恰好等于现有货币存量（即货币供给）的利率水平。如果利率水平低于均衡利率水平，那么现实中货币需求就会大于货币供给，投资者会卖出证券以满足货币需求，很自然会带来证券价格下降、利率水平上升的结果；如果利率水平大于均衡利率水平，投资者会买入证券，导致证券价格上升、利率水平下降的结果。这种自动调节机制最终导致利率达到均衡利率水平。当 $M_d=M_s$ 时可以求均衡利率 r_e，如图 2-5 所示。

此外，凯恩斯学派的流动性偏好理论中还存在一种极端的情况，这就是"流动性陷阱"。"流动性陷阱"产生的原因是人们认为利率已经达到一种极低的水平，不可能再继续降低，而只有可能上升时，都会抛出有价证券而持有货币，故而他们将只愿意持有货币，因为利率上升将会导致证券等的价格下降。此时对货币的需求量将会无限大，即使是货币

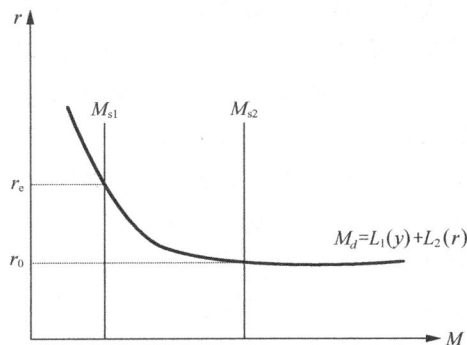

图 2-5　流动性偏好理论

供给增加，也不会导致利率下降。正如图 2-5 中所示，当利率低到 r_0 时，投资者对货币的需求趋向于无穷大，会吸收所有增加的货币供给，货币需求曲线尾端变成一条水平的直线，无论货币供给如何增加，利率都不可能继续下降。

凯恩斯学派的利率决定理论纠正了古典学派忽视货币因素的缺点，但是却走向了另一个极端，将储蓄与投资等实际因素完全不予考虑，这显然也是不合适的。

（四）新古典学派的可贷资金理论

可贷资金理论的主要代表是剑桥学派的罗伯逊和瑞典学派的俄林。该理论同时考虑了储蓄投资理论和凯恩斯流动性偏好理论的优点，摒弃了它们的不足，认为利率决定应该同时考虑货币因素和实质因素。

该理论认为，利率是由可贷资金的供求关系决定的。可贷资金的供给主要来源于以下两个方面：一是家庭、企业和政府的实际储蓄，这是可贷资金的主要来源，是利率的递增函数，记作 $S(r)$；二是货币供给量的增加量，它也是利率的增函数，记作 $\Delta M(r)$。

可贷资金的需求也主要来源于两个方面：一是购买实物资产的投资者的资金需求，是利率的递减函数，记作 $I(r)$；二是货币的窖藏，这是指储蓄者并不把所有的储蓄都贷放出去，而是

以现金形式保留一部分在手中，它是家庭、企业和政府为增加它们的实际货币持有量的需求，记作$\Delta H(r)$。

可贷资金的总供给 $L_s=S(r)+\Delta M(r)$；

可贷资金的总需求 $L_d=I(r)+\Delta H(r)$。

可贷资金的总供给（L_s）和总需求（L_d）决定了均衡利率 r_e（如图 2-6 所示）。

该理论最大的缺陷是，在利率决定的过程中，虽然从总量上来看可贷资金可以达到均衡，但不一定能保证商品市场和货币市场同时均衡，因而利率也无法保持稳定。由此可见，尽管新古典学派的可贷资金理论克服了古典学派和凯恩斯学派的缺点，但是还是不能同时保证商品市场和货币市场的均衡，因而可贷资金理论仍是不完善的。

（五）IS-LM 模型理论

前面介绍的几种利率决定理论都存在各自的缺陷，而且还有一个共同的缺点，那就是都没有考虑收入的因

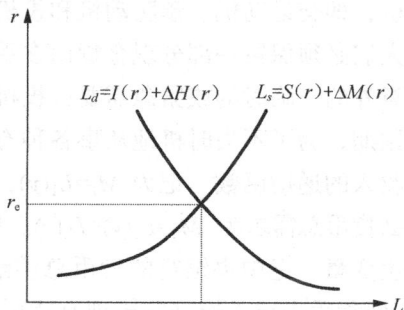

图 2-6　可贷资金理论

素。然而实际中，一方面利率决定收入水平。因为利率的变动影响着投资，而在产品市场均衡时，储蓄与投资相等，储蓄都是收入的函数，投资变化又引起收入的变化，因此，如果事先不知道利率水平，也就无法得到收入水平。另一方面收入决定利率，在货币供求均衡时，收入的变动又会引起货币需求的变动，此时主要是交易需求和谨慎需求的变动，若货币供给不变，投机需求必将随之变化，进一步影响利率水平。因而，在研究利率决定理论时需要考虑收入的影响。这就是希克斯和汉森对利率决定理论改进的主要观点。由希克斯提出，后经汉森的进一步推导，形成了 IS-LM 模型。其核心内容是认为利率受制于投资函数、储蓄函数、货币需求函数和货币供给函数 4 个因素，同时利率与收入之间存在着相互决定的关系。在储蓄与投资相等的条件下，可以得到一条利率—收入曲线，即 IS 曲线。在这条曲线上，利率在商品市场均衡条件下引起收入反向变动；在货币供求均衡的条件下可以得到一条收入—利率曲线，即 LM 曲线，在这条曲线上，收入在货币市场均衡条件下引起利率同向变动。

在商品市场上，国民收入决定于消费、投资、政府支出和净出口加总起来的总支出或者说总需求水平，而总需求尤其是投资需求会受到利率影响，利率则由货币市场供求情况决定，就是说，货币市场要影响商品市场；另一方面，商品市场上所决定的国民收入又会影响货币需求，从而影响利率，这又是商品市场对货币市场的影响。可见，商品市场和货币市场是相互联系的，相互作用的，而收入和利率也只有在这种相互联系，相互作用中才能决定，描述和分析这两个市场相互联系的理论结构，即 IS-LM 模型。

IS 曲线的形成：IS 曲线是商品市场均衡曲线，它代表的是使商品市场上的供给等于需求的利率与收入水平的组合，即投资等于储蓄的收入（Y）与利率（r）点的组合轨迹。如图 2-7 所示。

LM 曲线的形成：LM 曲线是货币市场均衡曲线，也就是在既定的货币供给下使货币需求和货币供给相等的利率（r）和收入（Y）组合。如图 2-8 所示。

当实体经济部门和货币部门同时达到均衡时，整个国民经济才能达到均衡状态。在 IS 曲线和 LM 曲线相交于 E 点时，均衡收入水平和均衡利率水平同时被决定，如图 2-9 所示。

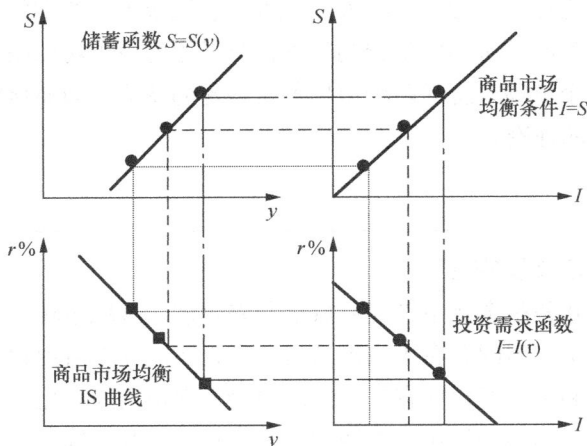

图 2-7　IS 曲线

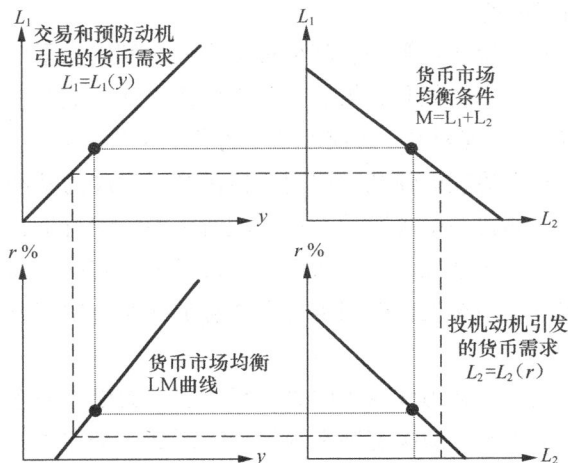

图 2-8　LM 曲线

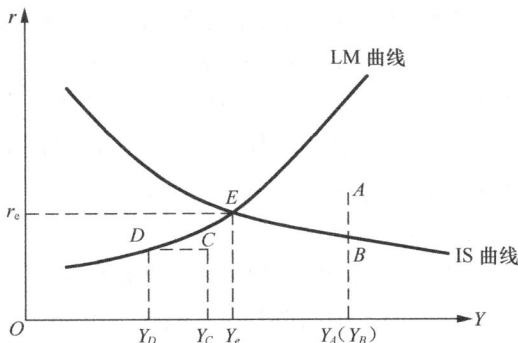

图 2-9　IS-LM 模型理论

IS 曲线的右上方区域中（E 点的右侧）利率和收入的任何结合点上，投资小于储蓄，即 $I<S$。假设任意一点 A 在 IS 曲线的上方，由 A 向横轴作垂直线，与 IS 相交于 B 点，在 B 点，$I=S$。A 点对应的收入与 B 点对应的收入相等，但 A 点对应的利率却大于 B 点，因此，A 点的投资小于 B 点的投资。因此在 IS 曲线的上方区域，$I<S$。同理，在 IS 曲线的下方区域，$I>S$。

在 LM 的左下方区域中（E 点为分界）利率和收入的任何结合点上，货币需求大于货币供给，即 $L>M$。假设任意一点 C 在 LM 曲线的下方，从 C 向纵轴作垂直线，与 LM 相交于 D 点，在 D 点，C 点对应的 LM 曲线的值与 D 点相等，但是由于 C 点对应的 L 值大于 D 点，而 D 点代表的是 $L=M$，故在 C 点的货币需求 L 大于此时的货币供给 M。同理可以得到在 LM 曲线的上方区域，$L<M$。

从 IS-LM 模型可以得到以下结论：利率大小取决于投资需求函数、储蓄函数、流动偏好即货币需求函数、货币供给量。IS-LM 模型是揭示利率决定的比较系统地理论，至今仍然被西方经济学界多推崇，主要原因就是它综合了货币因素和实质因素分析，并把利率决定和国民所得的均衡水平决定分析联系起来，换句话说就是，IS-LM 分析既重视非政策性变数，有重视政策性变数，具有全面、综合的特点，成为分析利率变动趋势一个较好的工具。

该理论与前三种理论比较，考虑到收入的因素，它克服了古典学派利率决定理论只考虑商品市场均衡的缺陷，又克服了凯恩斯学派利率理论只考虑货币市场的缺陷，同时还克服了可贷资金利率理论在兼顾两个市场时忽视两个市场各自均衡的缺陷，因而该模型被认为是解释名义利率决定过程的最成功的理论。

五、利率市场化

（一）利率市场化定义及内涵

通常认为利率市场化是指金融主管当局放松利率管制、金融市场上利率更多地由市场决定的趋势。这是其基本含义，但问题在于当涉及由利率管制向利率自由化体制变迁时，不同的经济体制和经济背景下，利率市场化便有了特定的内涵。在市场经济比较发达的国家，其利率改革主要是政府逐步放松对利率的管制，强调的是政府利率管制的程度，于是倾向于采用"利率自由化"一词来替代"利率市场化"。对我国而言，正处于经济转轨时期，市场经济体制建设尚不完善，利率改革要强调市场机制的作用，突出"市场化"。

利率市场化是一个系统性的工程，包括以下几个层次：第一，利率形成方面，利率水平由市场决定，金融交易主体有根据市场供求自主决定利率的权利；第二，利率体系方面，应该根据市场上的利率数量结构、期限结构和风险结构决定合理利差，形成市场化的利率体系；第三，必须建立好金融市场基准利率，可以参考国际经验把短期国债利率或同业拆借利率发展为基准利率；第四，利率调控方面，坚持"决定在市场、调控在中央"的方针，政府（中央银行）通过公开市场操作、存款准备金率、再贴现率等工具影响基准利率，从而影响市场其他利率，以此间接调控市场利率；第五，管理机制方面，政府（中央银行）制定规则并且加强对金融市场参与主体的监管。

因此，在经济转轨时期，我国的利率市场化应该理解为政府（中央银行）逐步放松对利率的直接管制，把利率的决定权交给市场，由市场主体自主地决定利率水平，以形成一个在国家间接调控下，以中央银行基准利率为核心、以货币市场利率为中介、金融机构存贷款利率由市场供求决定的利率体系和形成机制，并最终实现利率机制在金融资源配置中基础性作用的过程。

（二）我国的利率市场化进程

我国的利率改革开始于 1979 年改革开放之后，利率重新成为调节宏观经济的政策工具，这一阶段主要以提高利率、改善利率结构为重点。到了 20 世纪 90 年代，随着金融体制改革的深入，我国真正意义上的利率市场化才迈开了步伐。回顾十几年来我国利率市场化改革的进程，其总体思路是：先放开货币市场利率和债券市场利率，再逐步推进存、贷款利率的市场化。我国利率市场化进程经历了 4 次重大改革。

第一步，我国利率市场化改革以同业拆借利率为突破口，先行放开银行间同业拆借市场利率。1996 年 1 月，我国建立了全国统一的银行间同业拆借市场，形成了中国银行间同业拆借市场利率（Chibor）。在 Chibor 运行半年的成功基础上，1996 年 6 月，中国人民银行出台了《关于取消同业拆借利率上限管理的通知》，指出银行间同业拆借市场利率由拆借双方根据市场资金供求自主确定。从而，标志着我国利率市场化的开端，为此后的利率市场化改革奠定了基础。

第二步，依次放开债券市场利率。债券市场利率市场化是从国债发行的市场化开始的。1996年，财政部通过证券交易所市场平台实现了国债的市场化发行。1997 年 6 月，中国人民银行下发了《关于银行间债券回购业务有关问题的通知》，决定利用全国统一的同业拆借市场开办银行间债券回购业务，同步放开回购利率和现券交易价格。1998 年 9 月，国家开发银行通过人民银行债券发行系统首次以公开招标的方式发行了政策性金融债券。1998 年，财政部首次在银行间债券市场以利率招标的方式发行了国债。从而全面实现了银行间债券市场的利率市场化。

第三步，开始了存贷款利率市场化，这是实现我国利率市场化的关键。我国存贷款利率市场化按照"先外币、后本币；先贷款、后存款；先长期、大额，后短期、小额"的思路，对境内外币利率、贷款利率和存款利率展开了市场化改革。

（1）境内外币存贷款利率。2000 年 9 月，人民银行放开外币贷款利率和大额外币存款利率；2002 年 3 月，人民银行将境内外资金融机构对中国居民的小额外币存款统一纳入境内小额外币存款的利率管理范围；2003 年 11 月，放开小额外币存款利率下限；2004 年 11 月，人民银行放开 1 年期以上小额外币存款利率。

（2）人民币贷款利率。我国贷款利率市场化的尝试开始于 1987 年，到 2003 年之前，金融机构（不含农村信用社）贷款定价权浮动范围只限 30% 以内。2003 年 8 月，农村信用社试点地区的贷款利率上浮为不超过贷款基准利率的 2 倍。2004 年 1 月，商业银行、城市信用社贷款利率浮动上限扩大到贷款基准利率的 1.7 倍，农村信用社贷款利率浮动上限扩大到贷款基准利率的 2 倍。2004 年 10 月 29 日，放开金融机构人民币贷款利率上限，城乡信用社的人民币贷款利率仍实行上限管理，利率上限为基准利率的 2.3 倍，金融机构的贷款利率浮动下限仍为基准利率的 0.9 倍。至此，人民币贷款利率改革基本过渡到放开上限、管住下限的阶段。此后，2005 年 3 月，人民银行将商业银行个人住房贷款优惠利率回归到正常贷款利率的上限管理。2006 年 8 月，商业性个人住房贷款浮动范围扩大至基准利率的 0.85 倍。2008 年 10 月，商业性个人住房贷款利率下限扩大到基准利率的 0.7 倍。

（3）人民币存款利率。1999 年 10 月，人民银行批准中资银行对中资保险公司试办 5 年以上、3000 万元以上的长期大额协议存款业务；2002 年 2 月，协议存款试点的范围扩大到全国社会保障基金理事会和已完成养老保险个人账户基金改革试点的省级社会保险经办机构。2004 年 10 月 29 日，人民银行决定放开金融机构人民币存款利率下限。至此，人民币存款利率实现了放开上限、管住下限的阶段目标。另外，2005 年 3 月，改革金融同业存款利率比照人民银行的超额准备金存款利率执行的机制，由双方自由协商确定。2005 年 9 月 21 日起，商业银行可以根据具体情况自主决定存款利率水平和内部定价规则，存款利率的市场化迈出了历史性的一步。

第四步，2006 年 10 月 8 日，我国央行在货币市场上试行了上海银行间同业拆借利率报价机制，并于 2007 年 1 月 4 日起正式每日对外发布，使之承担起作为我国基准利率的重任。上海银行间同业拆借利率（Shanghai Interbank Offered Rate，简称 Shibor）的建立，标志着我国利率市场化进程进入了新的阶段。

回顾我国利率市场化的历程，可以发现我国利率市场化改革与我国社会主义市场经济体制改革方式相一致，采取了渐进式的稳步推进的方式。坚持了正确的利率市场化的基本次序：货币市场先于存贷款市场，外币市场先于人民币市场，贷款利率先于存款利率，长期先于短期，大额先于小额，农村先于城市。此外，在此过程中相关的配套制度安排逐渐完善，包括：存款准备金制度、再贴现及公开市场操作等主要中央银行间接调控工具的建设；金融市场结构的改革与完善；金融机构竞争机制和监管机制的建立等。

总体来看，我国利率市场化改革取得了较显著的成就，货币市场已基本实现了利率市场化，完成了我国利率市场化的近期目标。然而，利率市场化的关键部分存贷款利率依然是管制利率，贷款利率下限、存款利率上限仍然受中央银行管制，此外，利率市场化的金融环境和相关配套制度还有待改善。所以，下一步利率市场化的核心是存贷款利率彻底市场化。

利率市场化改革是深化金融改革和经济发展的必经阶段，对我国适应全球经济发展、国内微观经济基础的完善、优化金融资源配置、国民经济结构的调整等有着极其重要的作用。目前我国利率市场化改革条件尚未完全具备，故而利率市场化改革的过程其实就是利率市场化条件的培育过程，只要能把握好速度和效率的关系，局部和整体改革相配合，采用循序渐进的方法，经过不懈的努力，利率市场化改革必将对我国经济的增长产生巨大的推动力。

思 考 题

1. 为什么说现代经济是"信用经济"？
2. 银行信用和商业信用有何区别？
3. 从各种信用形式的特点出发，论述我国应怎样运用这些信用形式。
4. 阐明利率对投资影响的作用机制以及在不同企业投资中的利率弹性差异。
5. 在社会主义市场经济体制下，为什么利息率应该通过市场机制形成？如此需要培育、创造怎样的前提条件？
6. 简要说明凯恩斯利率理论的基本要点。

第三章 金融机构体系

第一节 金融机构体系概述

一、金融机构体系的含义及类别

金融机构，是指专门从事货币信用活动的中介组织。一国金融机构体系是指在一个主权国家里存在的各种金融机构及彼此间形成的关系。各国的金融机构体系虽各有特点，但在种类和构成上基本相同。

金融市场中存在各式各样的金融机构，一般可分为银行和非银行金融机构两大类。银行是对经营货币和信用业务的金融机构的总称。按不同的标准划分，银行可分为不同的类型。按职能不同可划分为中央银行、商业银行、专业银行；按银行业务的地域划分，可分为全国性银行和地方性银行；按资本来源划分，可分为股份制银行、合资银行、独资银行。非银行金融机构主要有保险公司、证券公司、信托投资公司、租赁公司、财务公司、金融公司等。

非银行金融机构与银行金融机构的主要区别在于：

第一，资金来源和运用不同。商业银行以吸收存款为主要资金来源，而非银行金融机构主要依靠发行股票、债券等其他方式筹措资金。商业银行的资金运用以发放贷款，特别是以短期贷款为主，而非银行金融机构的资金运用主要是以从事非贷款的某一项金融业务为主，如保险、信托、证券、租赁等金融业务。

第二，信用创造功能不同。非银行金融机构没有结算业务，因而不具有信用创造功能。一般而言，银行在贷款过程中创造货币，即它在转移贷款使用权时，通过自身存贷款机制，可增加货币供给和需求量，从而创造货币。而非银行金融机构仅仅在货币存量既定的条件下转移资金，不增加货币供应总量，它改变的是存量结构，影响的是货币周转率，不具有信用创造功能。

第三，监管方式和程度不同。由于商业银行在金融体系中居于最重要的作用，因此它是所有金融机构中受到最严格管制的机构。至于非银行金融机构，则应根据其类别采取不同的监管方式，例如汽车金融公司和金融租赁公司，应遵循银行业的科学监管思路，在防范风险的同时发展业务，即按照资本充足、五级分类、报备等要求严格监管。而信托公司、财务公司和货币经纪公司，应按直接融资而不是间接融资的载体进行管理，不能像商业银行那样进行监管。

第四，地位和职能不同。首先，两者在业务中所处地位不同。银行在其业务中，一方面是作为债务人的集中，另一方面是作为债权人的集中；而非银行金融机构则比较复杂，如保险公司主要是作为保险人，信托公司则主要充当受托人，证券公司则多作为代理人和经纪人。其次，两者在金融领域中发挥的具体职能不同。银行性金融机构主要发挥信用中介职能，而非银行金融机构则根据其业务不同而发挥不同职能，如保险公司主要发挥社会保障职能，信托公司则主要发挥财产事务管理职能等。然而随着金融创新不断涌现，各类金融机构的业务日益综合化，银行机构与非银行金融机构的划分越来越不明显，非银行金融机构自身的业务分类也日趋融合。它们之间业务交叉进行，只是比重有所差别。

此外，如果按金融机构资金的来源划分，可将金融机构分为存款性金融机构和非存款性金融机构。主要靠吸收各类存款作为资金来源的金融机构称为存款性金融机构，包括商业银行、储蓄机构、信用合作社等。非存款性金融机构是指以接受资金所有者根据契约规定缴纳的非存款性资金为主要来源的金融机构，包括保险公司、投资银行、养老基金、金融公司等。

二、金融机构的特征

首先，金融机构能够充当真正的信用中介，分散风险，降低交易成本，提供支付机制和流动性。银行等金融机构通过吸收存款和发行金融债券的形式，将社会上的闲散资金集中起来，用以向长期借款人提供任何单一投资者都无法提供的低成本长期资金。金融机构既是借者又是贷者，成为真正的信用中介。金融机构还能使单个投资者的资金投入银行后，有专家经营，并且风险联合承担，减少单个投资人的风险。尽管金融机构不能完全消除直接融资中出现的逆向选择和道德风险问题，但是引入的一些制度性措施可以极大地减少或缓解信息不对称所造成的交易费用与风险。金融机构提供的多种多样的支付手段有利于加速结算过程和货币资金的周转，促进再生产的顺利进行。

其次，金融机构又是特殊的企业。在现代市场经济中，金融机构作为一种特殊的企业，与一般经济单位之间既有共性，又有特殊性。共性主要表现为金融机构也需要具备普通企业的基本要素，如有一定的自有资本、向社会提供特定的商品和服务、必须依法经营、独立核算、自负盈亏、照章纳税等。特殊性主要表现在以下方面：第一，特殊的经营对象与经营内容。一般经济单位的经营对象是具有一定使用价值的商品或普通劳务，经营内容主要从事商品生产与流通活动；而金融机构的经营对象是货币资金这种特殊的商品，经营内容则是货币的收付、借贷及各种与货币资金运动有关或与之相联系的各种金融业务。第二，特殊的经营关系与经营原则。一般经济单位与客户之间是商品或劳务的买卖关系；而金融机构与客户之间主要是货币资金的借贷或投资关系。金融机构在经营中必须遵循安全性、流动性和盈利性原则。第三，特殊的经营方式。金融机构的经营方式不同于一般工商企业，它主要是通过货币资金的借贷和其他方式的融通活动取得利息差，形成其利润收入，因此，金融机构就必须遵循货币资金运动的特点和规律从事经营活动。第四，特殊的经营风险。一般经济单位的经营风险主要来自于商品生产、流通过程，集中表现为商品是否产销对路。单个企业破产造成的损失对整体经济的影响较小，一般属小范围、个体的。而金融机构因其业务大多是以还本付息为条件的货币信用业务，故风险主要表现为信用风险、挤兑风险、利率风险、汇率风险等。金融机构因经营不善而导致的危机，有可能对整个金融体系的稳健运行构成威胁，甚至会引发严重的社会或政治危机。

金融机构体系庞大复杂。不同国家的金融机构体系有一定的差别，同一国家金融机构体系也要经历不断发展演变的过程，并且还要随着社会经济的发展而发展变化。但概括起来说，当代大多数国家金融机构体系主要是由金融监管机构、银行和非银行金融机构组成。

此外，金融机构要接受金融监管。金融业、金融机构不同于一般的行业、企业，它的风险危害性可谓牵一发而动全身。同时，金融业是高负债行业。金融机构为了追逐高额利润，往往会导致资产负债状况恶化。为了防范金融风险，金融监管就必不可少。金融监管有狭义和广义之分。狭义的金融监管是指中央银行或其他金融监管当局依据国家法律规定对整个金融业（包括金融机构和金融业务）实施的监督管理。广义的金融监管在上述涵义之外，还包括了金融机构的内部控制和稽核、同业自律性组织的监管、社会中介组织的监管等内容。

最后，金融机构在承担法律责任方面的特点表现为，金融机构未依法协助行政机关实施行政强制的，由金融业监督管理机构责令其改正，并对直接负责主管人员和其他直接责任人员依法给予处分。这里的处分是指金融机构的内部纪律处分，即由该机构对责任人员依据内部规章制度进行惩戒，如扣除工资、奖金、调离核心岗位等。金融机构违法将执行款项划入国库或者财政专户以外的其他账户的，由金融业监督管理机构责令其改正，并处以违法划拨款项两倍的罚款；对直接负责主管人员和其他直接责任人员依法给予处分。

三、金融机构的功能

金融机构的功能主要有以下几点。

（1）提供支付结算服务。金融机构提供有效的支付结算服务是适应经济发展需求最早产生的功能，目前对市场支付结算服务一般都是由可吸收存款的金融机构提供，其中商业银行仍是最基本的提供支付结算的金融单位。

（2）融通资金。融通资金是指金融机构充当专业的资金融通媒介，促进社会闲置资金向生产性资金转化。这是所有金融机构所具有的基本功能。金融机构通常采用发行金融工具的方式融通资金。

（3）降低交易成本并提供金融便利。金融机构通过规模经营，能够使投融资活动最终以适应社会经济发展需要的交易成本来进行。提供金融便利功能是指金融机构为各融资部门提供专业性的辅助与支持性服务。

（4）改善信息不对称。金融中介机构通过自身的优势，能够及时搜集、获取比较真实完整的信息，据此选择合适的借款人和投资项目，对所投资的项目进行专业化的监控，从而有利于投融资活动的正常进行，并节约信息处理成本。

（5）风险转移与管理。金融中介机构通过各种业务、技术和管理，分散、转移、控制、减轻金融、经济和社会活动中的各种风险。

第二节 西方金融机构体系

一国的金融制度一般包括三大要素，即金融机构、金融市场和金融工具。金融机构是指经营货币资金的各种金融组织。金融市场是金融机构和其他经济主体从事金融活动的场所和领域。金融工具则是表明债权债务关系，并能证明金融交易金额、期限和价格的书面文件。由于金融机构是金融市场上的主体，而金融工具是金融机构进行金融活动的手段，对金融工具的交易构成了金融市场的主要内容，因此，一国的金融机构在金融体系中举足轻重。此处主要介绍美国、英国、日本等主要资本主义国家的金融机构体系，以便与我国进行比较分析。

一、美国金融机构体系

美国的金融机构体系主要包括以下几个方面。

美国联邦储备系统是根据 1913 年《联邦储备法》建立，该系统由三级金融机构所组成：第一级是联邦储备委员会（以下简称美联储）。它是联邦储备系统的最高决策机构，有权独立制定和执行货币政策。美联储由 7 名理事组成。在联邦这一级的机构中，美联储系统还设立"美联储公开市场委员会"，其构成是联邦储备委员会的 7 名委员加上 5 名各区的联邦储备银行行长（由 12 家联邦储备银行行长轮流担任，其中纽约联邦储备银行行长为常任成员）共 12 人组成，它是联邦储备系统中负责进行公开市场买卖证券业务的最高决策机构。此外，还设立顾问委员会。第二级是联邦储备银行。美国将全国划分为 12 个联邦储备区，在每一个储备区内设立一家联邦储备银行，作为该储备区的中央银行。第三级是会员银行。根据《联邦储备法》的规定，所有向联邦政府注册的商业银行（即国民银行）必须参加美国联邦储备系统。向州政府注册的州银行可自由选择是否加入联邦储备系统。

美国的商业银行可分为两大类：第一类就是国民银行，即根据 1863 年《国民银行法》向联邦政府注册的商业银行；第二类是根据各州的银行立法向各州政府注册的商业银行，一般称之为州立银行。州立银行一般规模不大。商业银行以外的为私人服务的金融机构主要有储蓄信贷机构，他们主要是通过吸收长期性储蓄存款来获取资金，并将其运用于较长期的私人住宅抵押贷款上。具体而言，这类金融机构包括：储蓄贷款协会、互助储蓄银行、信用合作社及人寿保险公司。商业银行以外的为企业服务的金融机构主要包括销售金融公司、商业金融公司、投资银行、商业票据所、证券经纪人、证券交易所和信托机构等。其中，销售金融公司主要是对消费者、批发商和零售商发放贷款。商业金融公司则是按一定的折扣购买企业的应收账款。投资银行主要是包销公司及政府证券。商业票据所负责推销企业的短期证券。证券交易所主要是为证券在二级市场上的交易流通提供一个场所。

其他类金融机构主要是指养老金基金和货币市场互助基金。其中，养老金基金的资产主要是公司股票。而货币市场互助基金（又称为共同基金），他们将小额储蓄者与投资者的资金汇集起来在货币市场上购买各种收益较高的金融资产，如国库券、大额可转让定期存单等，以获取较高的收益，然后将盈利按一定的比例分配给基金入股者。

美国的政府专业信贷机构主要有两大类：一类是向住宅购买者提供信贷的机构；另一类是向农民和小企业提供信贷的机构。具体而言，有住宅及城市开发部、农业信贷机构和小企业信贷等。

此外，美国还建立了美国进出口银行，主要为美国对外贸易提供资金。

美国金融机构体系具有如下特点：第一，商业银行的双轨注册制度。美国商业银行可以任意选择是向联邦政府还是向州政府注册。其中，向前者注册的就称为国民银行，向后者注册的就称为州立银行。第二，独特的单一银行制度。美国的国民银行不得跨州设立分支行。大约有 1/3 的州允许州立银行在其境内设立分支机构；有 1/3 的州只允许州立银行在其所在的州内设立分支银行；其余的 1/3 的州根本不允许银行设立分支银行。这一单一银行体制在各国金融业中是独具特色的。第三，银行持股公司的大量存在。银行持股公司是指控制一家或两家以上银行的公司。银行持股公司的出现主要是为了克服美国不允许开设分支行的规定所造成的不利。第四，金融监管机构的多元化。美国对银行与金融机构的监管是通过很多机构来进行的。对银行监管机构而言就有 3 个：财政部货币监理官（专门负责国民银行的立案注册并对它们进行监管）、联邦储备系统（主要是对州立会员银行及银行持股公司进行监管）和联邦存款保险公司（对参加存款保险制度的银行进行监管）。1989 年以后又将对银行存款保险的监管职责转交给银行保险基金。此外，州立银行主要受各州银行监理官的监管，银行在从事证券交易过程中还要受证券交易委员会的管理。在银行系统之外，在住宅抵押贷款与农业贷款上还存在于联邦储备系统相似的两个平行的系统，它们各自有本系统内最高监管机构。

二、英国金融机构体系

英国的金融机构由两部分构成，英国的银行和其他金融机构。

英格兰银行是其中央银行。英格兰银行作为中央银行，主要职能为：发行的银行、银行的银行和政府的银行。英国的银行系统种类齐全，数量众多，按照英国最新分类，"英国的银行"主要包括零售性银行、商人银行、贴现行、其他英国银行和海外银行等机构。

英国的其他金融机构是指除了银行以外的各类金融中介机构，主要包括房屋互助协会、国民储蓄银行、单位信托公司、金融行、养老金基金机构、保险公司。

英国银行体系的特点包括：第一，分行制是英国银行体系的特色之一。英国的银行最早普遍实行分行制，被称为英国模式，其特征是：总行设在大城市，然后在国内外广设分支机构作为总行的派出机构，由此控制全国的大部分银行业务。第二，英国银行制度另一重要特点是，存在着不少专门从事票据贴现业务的贴现所。英国与其他国家不同，企业一般不直接向存款银行要求贴现，存款银行也不直接向英格兰银行要求贴现，而是通过贴现所办理贴现与再贴现业务。

英国伦敦，作为世界上重要的金融中心，吸引了大批的投资者，因而有大量的外国银行云集伦敦。

三、日本金融机构体系

日本的金融体系由中央银行、民间金融机构，政策性金融机构等组成，形成了以中央银行为领导、民间金融机构为主体，政策性金融机构为补充的金融体系，相比欧美国家金融机构体系更为繁杂。

日本银行是日本的中央银行，1882 年 10 月成立，1942 年 2 月进行了改组。资本金为 1 亿日元，55%政府持有，45%私人持有，私股持有者每年领取 5%的股息。决策机构是政策委员会，由总裁、大藏省代表、企划厅代表、城市银行及工商农代表等 7 人组成；执行机构为理事会，由总裁、副总裁、理事和参事等组成。日本银行直属于大藏省，但具有相当的独立性。

普通银行包括城市银行、地方银行、第二地方银行、外国银行等；特殊金融机构有长期金融机构、中小企业金融机构及农业渔业金融机构；其他金融机构则包括保险公司、证券公司、投资信托公司、融资公司。

政策金融机构是日本政府创办的金融机构，主要包括 11 家政策性金融机构、海外经济合作基金、中小企业信用保险公库、邮政储蓄及其他金融机构。

日本的金融体系具有以下特征：第一，以间接金融为主。由于间接金融比重高，银行在金融体系中就一直处于核心的地位。第二，银企关系密切。日本企业金融的重要特点，是企业和银行之间形成了长期的、稳定的、综合的交易关系，这就是主银行制度。由于主银行制度，企业和银行之间保持了特殊的密切的关系。这种特殊密切的关系，既是间接金融的基础，又是日本式经营的基本条件和重要保证，对高速经济增长也发挥了至关重要的作用。第三，专业化分工。在日本政府的金融规制和金融保护下，日本形成了专业化分工的金融体制，具体情况如下：长短期金融业务分离；银行业务与信托业务分离；银行业务与证券业务分离；大企业和中小企业金融机构分离。但在 20 世纪 80 年代以后，随着资金需求状况的改变和金融自由化、国际化的发展，这种专业化分工的金融体制就逐步解体了。第四，公共金融地位突出的金融体制。日本金融体系或金融结构的重要特点之一，就是公共金融比重高，即在由最初的资金供给者向最终的资金需要者的资金流动过程中，有相当一部分是经由政府金融机构。与其他西方各国相比，日本的政府金融机构不仅种类繁多，而且资金雄厚，在社会经济中发挥重要的作用。第五，官民协调。日本政府在 20 世纪 90 年代前一直实行"金融保护行政"，即银行的业务和经营范围都受政府的行政保护，银行业的参入和退出都需经大藏省（现为财务省）批准，各银行的业务范围和分支机构配置也都处于大藏省管理之下。在日本，不仅有法律上明文规定，而且还有许多不成文的规定和行政指导，使得银行听命于政府。在金融保护行政下，即使个别银行的经营效益低下，日本政府也不轻易采取导致银行间竞争激烈的制度性变更。在银行经营困难时，政府采取救济措施尽量避免银行的破产，这就是所谓"银行不破产"的神话。由此金融保护行政又被称为"护航舰队方式"。银行既听命于政府，又相信政府的救济，两者间有一种默契的信赖关系，从而形成了日本特有的官民一体或官民协调的金融体制。

第三节 | 我国金融机构体系

一、我国金融机构体系的发展历程

我国目前的金融体系是以中央银行为核心、国有商业银行为主体，多种金融机构并存为特点。这一体系的形成，经历了以下几个过程。

1948 年至 1953 年：初步形成阶段。1948 年 12 月 1 日，在原华北银行、北海银行、西北农民银行的基础上建立了中国人民银行，它标志着新中国金融体系的开始。

1953 年至 1978 年："大一统"模式下的金融体系。这是一种高度集中的、以行政管理办法为主的单一的国家银行体系。这个模式的基本特征为：中国人民银行是全国唯一一家办理各项银行业务的金融机构，集中央银行和商业银行功能于一身，其内部实行高度集中管理，资金统收统支。

1979 年至 1983 年 9 月：改革初期。打破长期存在的人民银行一家金融机构的格局，恢复和建立了独立经营的专业银行：中国农业银行、中国人民建设银行（后更名为中国建设银行）、中国银行，与人民银行一起构成了多元化银行体系。

1983 年 9 月至 1993 年：初具规模阶段。从 1983 年起在金融机构方面进行了如下改革：决定中国人民银行专门行使中央银行职能；专设中国工商银行，承办原来人民银行负责的信贷及城镇储蓄业务；增设交通银行等综合性银行，广东发展银行等区域性银行；设立非银行金融机构，如中国人民保险公司。

1994 年至今：新型金融机构体系的建设阶段。1994 年确定了金融体制的改革目标：建立在中央银行宏观调控之下的政策性金融与商业性金融分离、以国有商业银行为主体、多种金融机构并存的金融机构体系；建立了国家开发银行、中国农业发展银行、中国进出口银行 3 家政策性银行。在政策性业务分离出去之后，原国家各专业银行开始逐渐向国有商业银行转化，并建立以国有商业银行为主体的多层次商业银行体系。目前这一新的金融机构体系正处于完善的过程之中。

二、我国金融机构体系类别

我国的金融机构，按地位和功能可分为 4 大类（如图 3-1 所示）。

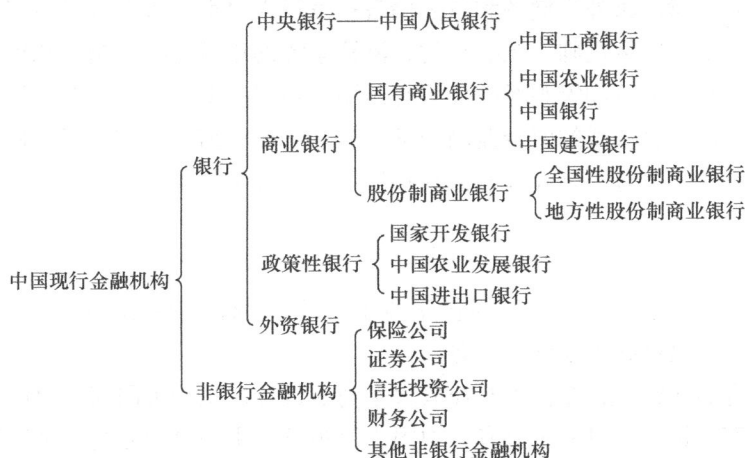

图 3-1　我国现行金融机构结构

第一类，中央银行，即中国人民银行。

第二类，银行。包括商业银行、政策性银行。

第三类，非银行金融机构。主要包括国有及股份制的保险公司、城市信用合作社、证券公司（投资银行）、财务公司等。

第四类，在境内开办的外资、侨资、中外合资金融机构。

以上各种金融机构相互补充，构成了一个完整的金融机构体系。

（一）中国人民银行

1948 年 12 月 1 日，中国人民银行在河北省石家庄市宣布成立。华北人民政府当天发出布告，由中国人民银行发行的人民币在华北、华东、西北三区统一流通，所有公私款项收付及一切交易均以人民币为本位货币。1949 年 2 月，中国人民银行迁入北京。

与高度集中的银行体制相适应，从 1953 年开始建立了集中统一的综合信贷计划管理体制。1979—1982 年，随着改革开放的进行，金融体制改革也相继展开，各专业银行和其他金融机构相继恢复和建立。

1983 年 9 月 17 日，国务院做出决定，由中国人民银行专门行使中央银行的职能，并具体规定了人民银行的 10 项职责。1995 年 3 月 18 日，全国人民代表大会通过《中华人民共和国中国人民银行法》，首次以国家立法形式确立了中国人民银行作为中央银行的地位，标志着中央银行体制走向了法制化、规范化的轨道，是中央银行制度建设的重要里程碑。

2003 年，将中国人民银行对银行、金融资产管理公司、信托投资公司及其他存款类金融机构的监管职能分离出来，和中央金融工委的相关职能进行整合，成立中国银行业监督管理委员会。12 月 27 日，十届全国人民代表大会常务委员会第六次会议审议通过了《中华人民共和国中国人民银行法（修正案）》。

根据 2003 年 12 月 27 日第十届全国人民代表大会常务委员会第六次会议修正后的《中华人民共和国中国人民银行法》规定，中国人民银行的主要职责为：起草有关法律和行政法规；完善有关金融机构运行规则；发布与履行职责有关的命令和规章；依法制定和执行货币政策；监督管理银行间同业拆借市场和银行间债券市场、外汇市场、黄金市场；防范和化解系统性金融风险，维护国家金融稳定；确定人民币汇率政策；维护合理的人民币汇率水平；实施外汇管理；持有、管理和经营国家外汇储备和黄金储备；发行人民币，管理人民币流通；经理国库；会同有关部门制定支付结算规则，维护支付、清算系统的正常运行；制定和组织实施金融业综合统计制度，负责数据汇总和宏观经济分析与预测；组织协调国家反洗钱工作，指导、部署金融业反洗钱工作，承担反洗钱的资金监测职责；管理信贷征信业，推动建立社会信用体系；作为国家的中央银行，从事有关国际金融活动；按照有关规定从事金融业务活动；承办国务院交办的其他事项。

（二）银行

我国商业银行主要包括国有大型股份制商业银行（国有商业银行）、全国性股份制商业银行、城市商业银行和农村商业银行 4 大类。

第一类，国有商业银行，亦称国有控股大型商业银行，是指由国家（财政部、中央汇金公司）直接控股的商业银行，目前主要有：中国工商银行、中国农业银行、中国银行、中国建设银行、交通银行共 5 家。

现有的国有商业银行是从计划经济体制下的统一一家银行体系，通过改革演化过来的。目前，国有商业银行无论在人员总数、机构网点数量上，还是在资产规模及市场占有额上，均在我国整个金融领域中处于绝对举足轻重的地位，在世界上的大银行排序中也处于较前列的位置。

第二类，股份制商业银行。我国的股份制商业银行产生于中国改革开放之后的 20 世纪 80 年代中后期。1987 年 4 月 8 日招商银行成立之后，我国股份制商业银行如雨后春笋般相继成立。从此，我国商业银行的改革和发展进入一个崭新的阶段。我国股份制商业银行从创建伊始，就以企业的角色定位于市场，实行资产负债比例管理，独立核算，自负盈亏，它有着明晰的产权和股权分配，董事会是最高决策机构，完全以企业方式按照市场准则来运作。因此，股份制商业银行与计划经济条件下建立的四大国有商业银行有显著差异。截至 2012 年，我国通过银监会批准成立的股份制商业银行共有 12 家，包括：招商银行、中信银行、华夏银行、中国光大银行、上海浦东发展银行、中国民生银行、兴业银行、广发银行、平安银行（原深圳发展银行）、浙商银行、渤海银行以及恒丰银行。

第三类，城市商业银行。城市商业银行是我国银行业的重要组成和特殊群体，其前身是 20 世纪 80 年代设立的城市信用社，当时的业务定位是：为中小企业提供金融支持，为地方经济搭桥铺路。20 世纪 90 年代中期，中央以城市信用社为基础，组建城市商业银行。城市商业银行是在我国特殊历史条件下形成的，是中央金融主管部门整肃城市信用社、化解地方金融风险的产物。截至 2012 年 11 月，由中国人民银行管理、中国银监会监管的在册银行共 138 家，营业网点近万个，遍及全国各个省（市、自治区）。

第四类，农村商业银行。农村商业银行是由辖内农民、农村工商户、企业法人和其他经济组织共同入股组成的股份制的地方性金融机构。自 2001 年 1 月，经股份制改造试点组建的张家港、常熟、江阴 3 家农村商业银行分别正式挂牌成立以来，全国各地的农村信用社纷纷改制，成立农村商业银行。农村商业银行具有一般商业银行的共性，也具有自身的特性。一方面，农村商业银行作为商业银行的一员，在经营过程中应该符合商业银行的经营原则，即安全性、流动性、盈利性。另一方面，农村商业银行竞争力也应该同时反映自身的特点。首先，农村商业银行由农村信用社改制而来，是农村金融的主力军，因此被赋予了服务"三农"建设、促进农村地方经济发展的使命，承担着建设社会主义新农村的重要任务。其次，农村商业银行作为地方性中小金融机构具有高效运行的优势。农村商业银行自农信社股份制改革而来，具有股份制商业银行的公司制理优势和经营活力；与此同时，相对于全国性商业银行来说，农村商业银行自身规模较小，可以保持资产高效运转，节约管理成本。

政策性银行，指由政府设立，以贯彻国家产业政策、区域发展政策为目的，不以盈利为目标的金融机构。1994 年，为适应经济发展需要，以及贯彻把政策性金融与商业性金融相分离的原则，我国组建了 3 家政策性银行，即国家开发银行、中国进出口银行、中国农业发展银行，均直属国务院领导。它们的资金来源及运用方式如表 3-1 所示。

表 3-1 我国的政策性银行

	资 金 来 源	资 金 运 用
国家开发银行	主要靠向金融机构发行	制约经济发展的"瓶颈"项目；直接增强综合国力的支柱产业的重大项目；高新技术在经济领域应用的重大项目跨地区的重大政策性项目等
中国进出口银行	发行政策金融债券为主，国际金融市场筹措资金	为机电产品和成套设备等资本性货物出口提供出口信贷；办理与机电产品出口有关的各种贷款以及出口信息保险和担保业务
中国农业发展银行	中国人民银行的再贷款为主，同时发行少量的政策性金融债券	办理粮食、棉花、油料等主要农副产品的国家专项储备和收购贷款；为理扶贫贷款和农业综合开发贷款以及小型农、林、牧、水基本建设和技术改造贷款

政策性银行的产生和发展是国家干预、协调经济的产物。当今世界上许多国家亦建立有政策性银行，其种类较为全面，并构成较为完整的政策性银行体系，如日本著名的"二行九库"体系。然而随着现代商业金融的日臻成熟和企业融资模式的多样化发展，大规模政策性融资的存在已非必要，其妨碍公平竞争、加重财政负担等非效率问题反而日益凸显。从国际经验来看，到 20 世纪 80 年代，各国政策性机构纷纷转型，有的业务收缩，有的机构转型，或商业化，或综合开发，为我国实施相关改革提供借鉴。伴随中国金融体制改革不断深入和国有商业银行综合改革顺利推进，我国政策性银行转型势在必行。2008 年 2 月，国务院批准了国家开发银行改革实施总体方案。2008 年 12 月 16 日，国家开发银行股份有限公司成立，国家开发银行成为我国第一家由政策银行转型而来的商业银行，标志着我国政策性银行改革取得重大进展。

（三）非银行金融机构

1. 信托投资公司

信托投资公司是一种以受托人的身份，代人理财的金融机构。它与银行信贷、保险并称为现代金融业的三大支柱。我国信托投资公司的主要业务有：经营资金和财产委托、代理资产保管、金融租赁、经济咨询、证券发行以及投资等。根据国务院关于进一步清理整顿金融性公司的要求，我国信托投资公司的业务范围主要限于信托、投资、和其他代理业务，少数确属需要的经中国人民银行批准可以兼营租赁、证券业务和发行一年以内的专项信托受益债券，用于进行有特定对象的贷款和投资，但不准办理银行存款业务。

中国信托业的发展可以追溯到 20 世纪初。1918 年浙江兴业银行开办具有信托性质的出租保管箱业务；1919 年聚兴城银行上海分行成立的信托部；1922 年上海商业储蓄银行将保管部改为信托部并开办个人信托存款业务。这是我国最早经营信托业务的 3 家金融机构，标志着中国现代信托业的开始。新中国成立后，由于在计划经济体制下，信托存在的客观条件消失，到 20 世纪 50 年代中期信托业务全部停办。1979 年以中国国际信托投资公司的成立为标志，中国的信托业得到恢复。信托业在 30 多年的发展过程中，为中国的经济建设做出了非常大的贡献，但也由于种种原因，中国信托业的发展历经曲折、几经调整。事实上自 1979 年复业以来，中国信托行业先后经历过 6 次较大的整顿，目的是使信托公司及其业务回归于"信托"本来的面目，规范后的信托投资公司以手续费、佣金为主要收入来源，使信托业成长为"受人之托，代人理财"的无风险金融机构，而非所谓的"金融百货公司"。

2. 金融租赁公司

金融租赁公司是指经中国人民银行批准，以经营融资租赁业务为主的非银行金融机构。

我国是于改革开放之初的 1981 年引入融资租赁方式的，相继成立了第一家中外合资租赁公司和第一家中资租赁公司——中国东方国际租赁公司与中国租赁有限公司。在国内刚刚引进金融租赁之初，因其比投资贷款具有更多的优势，所以一进国门便得到迅速发展。然而好景不长，在发达国家对技术改造和设备更新起重要作用的融资租赁，到中国不足 15 年便日趋萎缩，大多数租赁公司的经营都因资金来源遇到困难和租金难以回收等问题而陷入困境。由人行批准设立的金融租赁公司最早成立于 1986 年。经过 14 年的运行，人们发现，金融租赁公司基本上停止租赁业务，还有一些企业严重违规经营，在社会上造成极坏的影响，破坏了正常的金融秩序。1999 年，人民银行在秦皇岛召开了全国租赁公司研讨会，人们开始认识到加强监管的重要性和必要性。经过征询业内人士的意见，改进监管办法。从那以后，有四分之一的金融租赁公司被清除行业队伍。其余的租赁公司全部被要求进行增资扩股、改制的整顿工作。经过一年多的重组和改制，金融租赁公司大部分脱胎换骨，行业整顿取得阶段性成果。2000 年，行业主管出台《金融租赁公司管理办法》，金融租赁行业产生自己的行业组织，但行业自律的职能没有发挥，租赁公司的整顿仍在进行。2007 年，中国银监会颁布修订金融租赁公司管理办法，并批准 5 家银行试点设立金融租赁公司，这一正确决策开创了中国金融租赁的新时代，我国融资租赁业迎来新的历史发展机遇，并呈现出蓬勃的生机。2012 年，包括新开业的 3 家金融租赁公司，即浦银租赁、皖江金租、北部湾金租，金融租赁公司已经扩容到 20 家，总资产规模近 8000 亿元。20 家金融租赁公司主要分为三类，一类为银行系金融租赁公司，另一类为 AMC 和央企系金融租赁公司，再一类为地方金融租赁公司。

金融租赁公司的主要业务为：直接租赁、回租、转租赁、委托租赁等融资性租赁业务；经营性租赁业务；接受法人或机构委托租赁资金；接受有关租赁当事人的租赁保证金；向承租人提供租赁项下的流动资金贷款；有价证券投资、金融机构股权投资；经中国人民银行批准发行金融债券；向金融机构借款；外汇借款；同业拆借业务；租赁物品残值变卖及处理业务；经济咨询和担保。

3. 财务公司

财务公司又称金融公司，是为企业技术改造、新产品开发及产品销售提供金融服务，以中长期金融业务为主的非银行机构。各国的名称不同，业务内容也有差异。但多数是商业银行的附属机构，主要吸收存款。我国的财务公司不是商业银行的附属机构，是由大型企业集团内部集资建立、隶属于企业集团的非银行金融机构，其宗旨和任务是为本企业集团内部各企业筹资和融资，促进其技术改造和技术进步。

1987年，中国人民银行批准同意设立历史上第一家财务公司——东风汽车财务公司，经过20多年艰难的实践与探索，我国企业集团财务公司取得了长足的发展，并且已经初具规模。在历史上，我国财务公司是我国政府为支持国有大型企业集团进行现代企业制度改革，为企业集团快速发展提供的一项重要配套措施。财务公司以独具优势的金融服务，不仅承担着为企业集团提供资金管理服务，还为企业集团成员单位提供了各种金融产品。我国财务公司扎根于企业集团，且服务于企业集团，对我国企业集团的发展做出了突出的贡献，在服务、支持所在企业集团的经济发展、深化企业改革等方面，财务公司也发挥了其他金融机构无法替代的作用。统计显示，截至2012年11月末，全国145家财务公司其内外资产规模达到34 416亿元，所服务的企业集团资产规模超过30万亿元，从资产规模看，财务公司已经成为继信托之后非银行金融领域的又一板块，其行业范围覆盖传统的能源电力、机械制造业，以及新兴的高科技、服务等民生产业，涵盖多种所有制企业，分布地区从东南部沿海延伸到中西部内陆。

按照2004年7月27日中国银监会颁布的《企业集团财务公司管理办法》的规定，财务公司的经营范围包括：对成员单位办理财务和融资顾问、信用鉴证以及相关的咨询、代理业务；协助成员单位实现交易款项的收付；经批准的保险代理业务；对成员单位提供担保；办理成员单位之间的委托贷款及委托投资；对成员单位办理票据承兑与贴现；办理成员单位之间的内部转账结算及相应的结算、清算方案设计；吸收成员单位的存款；对成员单位办理贷款及融资租赁；从事同业拆借；中国银行业监督管理委员会批准的其他业务。事实上，从事每一项业务，财务公司都需要获得银监会的许可。

4. 邮政储蓄机构

邮政储蓄机构是指与人民生活有紧密联系的邮政机构，在办理各类邮件投递和汇兑业务的同时，办理以个人为主要对象的储蓄存款业务。邮政储蓄存款是中国人民银行的信贷资金来源，吸收后全部缴存中国人民银行统一使用。2007年3月20日，在原邮政储蓄机构基础上进行改革，中国邮政储蓄银行正式挂牌成立。中国邮政储蓄银行承继原国家邮政局、中国邮政集团公司经营的邮政金融业务及因此而形成的资产和负债，并将继续从事原经营范围和业务许可文件批准、核准的业务。2012年2月27日，中国邮政储蓄银行发布公告称，经国务院同意，中国邮政储蓄银行有限责任公司于2012年1月21日依法整体变更为中国邮政储蓄银行股份有限公司。依法承继原中国邮政储蓄银行有限责任公司全部资产、负债、机构、业务和人员，依法承担和履行原中国邮政储蓄银行有限责任公司在有关具有法律效力的合同或协议中的权利、义务，以及相应的债权债务关系和法律责任。中国邮政储蓄银行股份有限公司坚持服务"三农"、服务中小企业、服务城乡居民的大型零售商业银行定位，发挥邮政网络优势，强化内部控制，合规稳健经营，为广大城乡居民及企业提供优质金融服务，实现股东价值最大化，支持国民经济发展和社会进步。

5. 金融资产管理公司

金融资产管理公司，是指经国务院决定设立的收购国有银行不良贷款，管理和处置因收购国有银行不良贷款形成的资产的国有独资非银行金融机构。金融资产管理公司以最大限度保全资产、减少损失为主要经营目标，依法独立承担民事责任。我国原有 4 家资产管理公司，即中国华融资产管理公司、中国长城资产管理公司、中国东方资产管理公司以及中国信达资产管理公司，分别接收从中国工商银行、中国农业银行、中国银行、中国建设银行剥离出来的不良资产。中国信达资产管理公司于 1999 年 4 月成立，其他 3 家于 1999 年 10 月分别成立。自 2007 年，4 家金融资产管理公司开始商业化运作，不再局限于只对应收购上述几家银行的不良资产。2010 年"国新资产管理公司"已获得国务院的正式批复成立，同时随着国务院即将对原有 4 家金融资产管理公司的改革方案批复，银纪资产管理公司应运而生，标志我国金融资产管理公司的改革与发展将进一步深化。

6. 保险机构

1949 年 10 月 20 日，中国人民保险公司在北京成立，标志着新中国统一的国家保险机构的诞生，这也是新中国成立后第一家国有保险公司。1958 年 10 月，西安全国财贸工作会议提出：人民公社化后，保险工作的作用已经消失，除国外保险业务必须继续办理外，令国内保险业务一度停办。1979 年 11 月 19 日，中国人民银行在北京召开了全国保险工作会议，停办 20 多年的国内保险业务开始复业。中国保险学会成立。1995 年 10 月 1 日，新中国成立以来第一部保险法《中华人民共和国保险法》开始施行。2003 年年底开始，外国非寿险公司在华设立公司取消限制。同时，除有关法定保险业务外，向外资非寿险公司放开所有业务限制。我国保险业已经全面对外开放。

我国全国性的保险公司包括中国人民保险公司、中保财产保险有限公司、中保人寿保险有限公司、中保再保险有限公司、中国太平洋保险公司、中国平安保险公司、华泰财产保险公司、泰康人寿保险公司和新华人寿保险公司等；地方性的保险公司有新疆兵团保险公司、天安保险公司、大众保险公司、永安财产保险公司和华安财产保险公司等；外资、合资保险公司有香港民安保险深圳公司、美国友邦保险公司上海分公司、美国美亚保险公司广州分公司、东京海上保险公司上海分公司、中宏人寿保险股份有限公司和瑞士丰泰保险公司上海分公司等。

保险公司的资金运作，除用于理赔给付之外，其余只限于银行存款、买卖政府债券和金融债券等。在金融领域里，保险市场的对外开放程度最大。自从外贸保险公司进入中国市场以来，中国境内的保险公司不断增加，外资保险公司已经成为中国保险体系的重要组成部分。同时，国内保险机构也正在积极开拓国际市场。

7. 证券机构

证券公司，又称证券商，是专门从事各种有价证券经营及相关业务的金融企业，是以营利为目的的企业法人，如华夏证券有限公司、中国国泰证券有限公司等。其主要职能作用为：（1）充当证券市场中介人；（2）充当证券市场重要的投资人；（3）提高证券市场运行效率。其主要业务可分为 4 类：承销业务、代理买卖业务、自营买卖业务和投资咨询业务。

基金公司，是通过发行股票募集资本并投资于证券市场的股份有限公司。投资者在购买基金公司的股票以后成为公司的股东，公司董事会是基金公司的最高权力机构。基金公司的发起人一般是投资银行、投资咨询公司、经纪商行或者保险公司。基金公司一般委托外部的基金管理人来管理基金资产，委托其他金融机构托管基金资产。基金公司可以分为封闭式基金公司和开放式基金公司。

期货经纪公司，是指依法设立的、接受客户委托、按照客户的指令、以自己的名义为客户进行期货交易并收取交易手续费的中介组织。是经中国证监会批准，并在国家工商行政管理局登记注册的独立法人。期货经纪公司至少应该成为一家期货交易所的会员。按照中国证监会的规定，期货经纪公司不能从事自营业务，只能为客户进行代理买卖期货合约、办理结算和交割手续；对客户账户进行管理，控制客户交易风险；为客户提供期货市场信息，进行期货交易咨询，充当客户的交易顾问等。

（四）外资金融机构

外资金融机构是指依照中华人民共和国有关法律、法规的规定，经批准在中国境内设立并营业的下列金融机构：第一，总行在中国境内的外国资本的银行（独资银行）；第二，外国银行在中国国境内的分行（外国银行分行）；第三，外国的金融机构同中国的公司、企业在中国国境内合资经营的银行（合资银行）；第四，总公司在中国境内的外国资本的财务公司（独资财务公司）；第五，外国的金融机构同中国的公司、企业在中国境内合资经营的财务公司（合资财务公司）。

综上所述，我国金融机构与西方金融机构的相同点在于，都设立有中央银行及中央金融监管机构；金融机构的主体都是商业银行和专业银行；非银行金融机构都比较庞杂；金融机构的设置不是固定不变的，而是随着金融体制的变革不断进行调整的。不同点主要表现在：第一，中国人民银行隶属于政府，独立性较小，制定和执行货币政策都要服从于政府的经济发展目标；第二，中国的金融机构以国有制为主体，即使是股份制的金融机构，实际上也是以国有产权为主体；第三，中国商业银行总数不多，规范的专业银行也少，即作为金融机构体系主体的商业银行和专业银行数量相对不足；第四，中国政策性银行的地位突出，但政策性金融业务（包括四大国有商业银行承担的）的运作机制仍然没有完全摆脱资金"大锅饭"体制的弊端；第五，中国商业银行与投资银行仍然实行严格的分业经营，而西方国家商业银行都在向混业制全能银行方向发展；第六，中国的专业银行发展缓慢，国外较为普遍的房地产银行、为中小企业服务的银行和消费信贷机构，建设尚不完善；第七，中国的保险业比较落后，保险机构不多，特别是地方性保险机构有待发展，保险品种少，保险业总资产和保费收入与中国经济总体规模、人口规模相比较显得太小；第八，西方国家金融机构的设置及其运作，都有相应的法律作为依据，而中国金融法律不健全，由此造成了各类金融机构发展的不规范和无序竞争。

第四节 金融监管体系

一、西方金融监管体系

美国、英国及日本等发达国家的金融机构监管体系，在一定程度上可以为我国金融监管体系的建立和完善提供一定的借鉴意义。

（一）美国的金融监管体系

美国的金融监管体制较为复杂。从横向看，不同金融业务有不同监管主体；从纵向看，不同级政府又是不同监管主体。银行以及储蓄性金融机构的监管由货币监理局、美联储和存款保险公司三大联邦监管机构和各州监管机构共同负责，证券经营机构主要受联邦证券法的管辖，而证券交易委员会（SEC）是基于证券交易法设立的证券监管机构，对证券经营机构、证券信息披露、证券交易所、柜台交易和证券业协会等履行监管职能，美国的保险机构由所在各州保险局负责，这种错综复杂的金融监管体系使人眼花缭乱。美国的金融监管体系特别是银行监管体系在世界上具有重要影响。近年来，通过巴塞尔银行监管委员会等多边机构，美国对制定全球性金融监管标准也施加了相当的影响。由于在州和联邦当局之间划分管理职责的双重银行结构分头负责，使银行监督过程十分复杂。美国分业经营的金融体制决定了美国分权监管的原则和监管体制的地域多样化和职能多样化。从其构成来看，由于分权式联邦整体等因素的作用，美国的监管体系亦存在着政出多门、职能重叠等弊端。但总的来说，对保障金融体系的安全、稳健、高效及保障消费者权益等的确做出了重大的贡献。

（二）英国的金融监管体系

英国是自由民主思想的发源地，其社会各个层面无不深受这一传统的影响。在经济运转上表现为崇尚自由契约和"无形手原理"，在法律传统上则表现为规则缺失，往往援引判例进行仲裁。中央银行的监管主要以"道义劝说"和"窗口指导"为主，并不具备法律效力。但是，随着金融业的发展和金融机构的增多，以及业务交叉和市场交易的扩大，仅仅靠道义约束进行监管，逐渐显现出各种不足。因此，为了跟上金融市场发展的脚步，从 20 世纪 70 年代末开始，英国逐渐通过制定正式的法规，完善外部监管体系来加强银行监管，并在 1987 年颁布《银行法》，明确了英格兰银行是"英国银行业唯一的监管机关和银行法执行当局"的地位。

随着近年来银行、证券、保险等行业的业务界限日益模糊，欧洲统一市场发展步伐加快，为了使银行监管与经济、金融形式相适应，英国于 1997 年对金融监管体制进行了改革。政府负责制定通货目标，而确定基础利率和实现通货目标的责任将从政府转移到英格兰银行，而且赋予英格兰银行独立制定政策的权力，同时宣布英格兰银行的银行监管职能被移交给新成立的"金融服务管理局（FSA）"。FSA 成立后，英国的金融监管框架发生了巨大变化，不仅降低了金融监管费用，而且集中了金融监管的监管权，由 FSA 统一负责对全部金融活动的监管，在这种监管体制下，监管机构的监管也更为透明和公平。

（三）日本的金融监管体系

日本的金融监管实施的是高度集中的管理体制，在 1998 年金融监管机构改革之前，由大藏省和日本银行共同负责金融监管。大藏省是日本的最高经济主管部门，作为金融行政主管机关拥有极大的金融监管权。日本银行在行政上受大藏省的监管，只有有限的独立性。日本银行主要负责对在日本银行开设往来账户或需要在日本银行获得贷款的金融机构的经营风险与资产质量的监管。1998 年，日本政府进行了金融改革。大藏省的金融检查和监督职能分离，成立了新金融厅。金融厅是金融监管的最高行政部门，其主要职责是负责银行业、证券业和保险业的检查和监督。日本银行则独立执行货币政策，但由于执行货币政策需要了解和把握金融业的运行状况，因此日本银行保留了对所有与其签订交易合同的金融机构实施检查的职能。

在监管方式上，日本金融厅的监管方式以职能监管为主，即各职能部门按照监管业务的性质进行设置。改革之后的金融监管体制比较注重监管的协调性和统一性。金融厅的监管对象主要是大型金融机构，其监管重点是对上一次检查中发现问题进行改进，侧重对金融风险的检查。地方中小金融机构则委托财务省下面的地方财务局代为监管，检查的重点是地方银行遵守法律的情况、风险管理情况等。

二、我国金融监管体系

我国金融监管的形成和发展是与我国经济制度和金融体制的发展相联系的，大体上，金融监管制度的变迁可以分为 3 个大的历史时期。

（一）1984 年以前：计划经济体制下的金融监管

从新中国成立初到 1978 年，与高度集中的计划经济管理体制相适应，我国实行的是"大一统"的金融体制。这一时期，全国只有一家金融机构——中国人民银行，它既是一个经营信贷、储蓄业务的商业银行，又是执行国家货币政策的政府调控机构，是复合型的中央银行。在这种复合型的状态下，人民银行很难发挥监管作用，其内部也没有设立专门行使监管的职能部门，监管处于一个较为弱化的状态，这一阶段人民银行没有称为真正意义上的中央银行，没有履行真正意义上的金融监管职能。

（二）1984—1997 年：经济体制转轨时期的金融监管

1983 年 9 月，国务院发布了《关于中国人民银行行使职能的决定》，明确规定了中国人民银行是我国的中央银行，并首次明确赋予人民银行以金融稽核职能。从 1984 年 1 月 1 日起，中国人民银行将工商信贷业务和城镇储蓄业务移交给从人民银行分离出来的中国工商银行办理，人民银行专门行使中央银行职能，并在其内部专门设置金融监管司和业务稽核司，对金融机构实施监管职责，这标志着我国二元银行体系结构的基本确立。到 1991 年，以中央银行为核心的银行业监管体系已基本形成。但由于中央银行独立性不够，监管手段仍以计划经济下的行政性、指令性手段为主，出现了一些银行擅自扩大业务范围、信贷资产质量下降等问题，甚至发生了一些扰乱金融秩序、造成经济损失的金融案件，这在一定程度上反映了这一阶段银行业监管工作的薄弱。此后，在参照《巴塞尔协议》的基础上，明确了金融改革的目标，建立在国务院领导下，独立执行货币政策的中央银行宏观调控体系；建立政策性金融与商业性金融分离，以国有商业银行为主体、多种金融机构并存的金融组织体系；建立统一开放、有序竞争、严格管理的金融市场体系。同时切实加强了银行业监管的改革力度。

（三）自 1998 年以来：建立与社会主义市场经济相适应的金融监管体系

1997 年，东南亚金融危机爆发后，我国国内在金融监管方面进行了一系列重大改革。首先是中央银行打破按行政区划设立分支机构的传统各局，撤销省级分行，设置 9 大区分行。这次改革，体现了精简、高效、依据金融监管而非按地域面积设置的原则和特点，减少了地方政府行政干预，提高了监管效率和独立性。1998 年中国保监会成立，原来由人民银行监管的保险机构移交给保监会。同年，国务院决定撤销国务院证券委员会，其工作改由中国证券监督管理委员会承担，并决定其对地方证管部门具有垂直领导权，中国人民银行对证券机构的审批监管权也划给中国证监会，形成了以中国证券监管委员会为主和集中统一的证券监管体系。1998 年以后，中国人民银行把监管的重点转向除保险和证券之外的金融领域，特别是对商业银行的监管。从而确立了我国银行、证券、保险分业经营、分业监管的格局。中国人民银行依然承担着包括保险和证券在内的整个金融业的管理职责，在政策制定、总量平衡和宏观协调方面负最后的责任。2003 年银监会成立，统一监督管理银行、金融资产管理公司、信托投资公司及其他存款类金融机构，维护银行业的合法、稳健运行。银监会的成立分离了银行监管业务和货币政策业务，有利于进一步提高对我国银行业的监管能力；同时进一步增强了中央银行的独立性，使其有更多的时间和空间履行制定和执行货币政策的职能。至此，我国"一行三会"的金融监管格局正式形成。2003 年 9 月 18 日召开了第一次监管联席会议，讨论通过了《中国银行业监督管理委员会、中国证券监督管理委员会、中国保险监督管理委员会在金融监管方面分工合作的备忘录》。它的签署标志着金融监管协调机制初步建立。

尽管我国的金融监管体系日趋完善，但仍存在一些亟待解决的问题，主要表现为以下几个方面。

（1）监管重叠和监管真空。在分业监管模式下，三大金融监管机构各自为政，自成系统，仅关注各自特定的金融机构，对于跨行业金融产品和金融机构的监管，缺乏权责的明确界定和职能的严格定位，存在着重复监管和监管真空，降低了监管效率，提高了监管成本，加大监管对象负担的同时形成了监管漏洞，并为金融机构提供了监管套利的可能性。

（2）没有形成面向过程的规范、连续和系统性监管。目前我国金融业监管尚未实现规范化和系统化，还没有真正实现持续性监管，没有建立一个有效的金融业风险监测、评价、预警和处置系统。监管工作还存在着一定程度的盲目性、随意性和分散性。

（3）公共政策的基础设施尚不完善。发达的公共政策的基础设施主要是指具有较好的信用文化、完备的法律制度和接近国际最佳做法的会计标准等。对照国际标准，我国仍有很大的差距。以银行业监管为例，虽然已经制定了《中国人民银行法》、《银行业监督管理法》等根本性法律，但具体的实施规章和细则尚不完善，较为有效率的法庭制度还不健全，会计标准还不统一，社会的信用文化不够健全，企业之间相互拖欠款项、企业逃废银行债务的现象仍然存在，并且难以得到法律的有效保护。

（4）金融安全网还不健全，处理问题银行的能力不强。以存款保险制度和最后贷款人制度为核心内容的金融安全网是监管的重要组成部分。长期以来，银行等金融机构以国家信用作为隐性担保，国家也多次为银行、证券等金融机构进行注资，但是存款保险和最后贷款人缺乏明确的制度，金融安全网的运作缺乏制度约束和政策的透明性，难以形成有效的市场约束和预期，同时也难以对银行和存款人形成有效的保护和对系统风险的低成本防范。

（5）各监管主体之间沟通协调难度大。虽然早在 2000 年，当时的中国人民银行、中国证监会和中国保监会就成立了"监管联席会议"，但是，监管联系会议的性质只是议事机构，其权威和工作效率值得怀疑，其更多的表现为部门之间利益的均衡与协调。"一行三会"地位平等，没有从属关系，没有足够的动力和有效的约束把各自的信息向对方披露，信息共享程度低；同时，当发现问题时，确定由谁牵头、谁作最后决定等存在一定困难。

（6）广义的金融监管格局有待完善。各种防范和化解风险的方式没有有机地结合到一起，没有形成监管合力。主要表现为："一行三会"、审计署、财政部、发改委等与金融监管有关的政府部门之间未能形成以实现监管政策目标为出发点的有效沟通交流机制；金融业以产权和治理结构为基础，以内部控制为重点的自我约束机制存在严重的委托代理问题；具有协调、服务、沟通、监管功能的各同业协会在对金融机构监管方面作用有限；中介机构的监督作用没有有效发挥，市场主体没有足够的或正确的信息对金融机构进行评价和选择。

（7）缺乏对金融监管机构的监管。监管机构作为政府机构的执法部门，能够在一定程度上超越各种具体的个人利益，而为公共利益着想，但因仍无法摆脱"经济人"的性质，以及超越"有限理性"，导致监管目标无法真正实现。在我国，对监管者的监管是一个薄弱环节，为了保障权力不被乱用，必须建立对监管者的监督机制，以权力制约权力，以保证监管的有效性。

面对上述亟待解决的问题，我国须尽快转变监管模式，完善金融监管法律体系，借鉴国际通行的法律规定和成熟经验，探索出一条适合中国国情的金融监管道路。

思 考 题

1. 什么是存款型金融机构？什么是契约型金融机构？它们的主要类型和主要区别是什么？
2. 什么是政策性银行？它和商业银行的主要区别是什么？
3. 我国资产管理公司的经营宗旨是什么？
4. 试述我国金融机构体系的结构与职能。

第四章 | 金融市场

第一节 | 金融市场概述

一、金融市场的含义

金融市场是市场体系的一个重要组成部分。简单地说，金融市场是资金融通的场所，是资金供求双方借助金融工具进行各类资金交易活动的场所。由于计算机技术和网络技术在金融交易中广泛运用，资金融通日趋无形化，越来越多的人更倾向于将金融市场理解为多种金融商品交易活动的组织系统或营运网络。金融市场发达与否已成为衡量一国市场经济发达程度的重要标志。

金融市场有广义和狭义之分。广义的金融市场是指一切进行货币资金融通，实现金融资源配置的场所及其内在机制的总和。狭义的金融市场特指证券市场，即股票和债券的发行与流通市场。

二、直接融资和间接融资

任何一个经济社会，总是由家庭住户、企业和政府机构这几种基本经济单位组成的。每一种经济单位又都有自己的收支预算结构。家庭住户主要是从工资和薪金中取得收入，同时支出以购买耐用和非耐用消费品及劳务、不动产等。企业出售商品给住户、政府和其他企业而取得收入，同时支付生产成本、追加资本等进行支出。政府从税收取得收入，同时为履行政府职能而进行各种开支。

在某一个时期内，总有一部分经济单位或由于收入增加，或由于缺乏适当的消费和投资机会，或为了预防不测，或是为了将来需要而积累，因而处于总收入大于总支出的状态，这类单位，我们称之为盈余单位。同时，又有一些经济单位或由于收入减少、或由于消费超前，或由于进行额外投资，或由于发生意外事故等，因而处于总收入不敷总支出的境地，这类经济单位则称之为赤字单位。

在经济生活中，盈余单位有多余的资金，而它们又并不想在当前做进一步的开支；而赤字单位想做更多的开支，但又缺少资金，计划不能实现。这些矛盾的不断出现，就需要有某种机制，来使盈余单位多余的资金转移到赤字单位。资金在这两类单位之间实现有偿的调动（或让渡），这就是资金的融通，即"金融"，或称之为资金余缺调剂的信贷活动。资金的融通实质就是储蓄资金从盈余单位向赤字单位有偿的转移。资金从盈余单位向赤字单位有偿调动的方式有两种，一种是直接融资；另一种是间接融资。

由赤字单位（资金最终需求者）通过直接向盈余单位（资金最终供给者）发行（出卖）股票、债券等金融要求权的方式，从资金所有者那里直接融通货币资金。其间不需经过任何金融中介机构，或虽有金融中介机构作为中介人，但金融中介机构从事的是经纪业务，与最终贷款人、最终借款人的关系是委托—代理的关系，而无债权债务的关系，这种资金融通的方式称为直接融资。赤字单位（资金最终需求者）和盈余单位（资金最终供给者）双方是对立当事人，这里的中介人是在盈余单位和赤字单位之间起帮助寻找资金融通单位并迅速地转送金融要求权的作用，本身并不卖出或买进金融要求权。直接融资优点在于，一方面资金供求双方联系紧密，有利于资金快速合理配置和使用效益的提高，另一方面筹资的成本较低而投资收益较大。直接融资的缺点，一是直接融资双方在资金数量、期限、利率等方面受到的限制多；二是直接融资使用的金融工具（如债券）其流通性较间接融资的要弱，兑现能力较低；三是直接融资的风险较大。

盈余单位和赤字单位无直接契约关系，双方各以银行等金融中介机构为对立当事人，即银行等金融机构发行（卖出）自身的金融要求权，换取盈余单位的资金，并利用所得的资金去取得（买进）对赤字单位的金融要求权，这种资金融通的方式称为间接融资。具体来说，间接融资是指拥有暂时闲置货币资金的单位通过存款的形式，将其暂时闲置的资金先行提供给银行等金融中介机构，然后再由这些金融机构以贷款、贴现等形式，或通过购买需要资金的单位发行的有价证券，把资金提供给这些单位使用，从而实现资金融通的过程。在这种资金融通的过程中，货币资金最终需求者通过向银行等金融机构借款的方式融通资金，而不与资金所有者发生直接联系，而货币资金所有者通过在银行等金融机构存款的方式提供资金，而不与资金最终需求者发生直接联系。间接融资中，金融中介机构是起从盈余单位向赤字单位"输送"资金的作用，但盈余单位获得的是金融中介机构发行的金融要求权，而不是赤字单位的要求权，因此，双方各以金融中介机构为对立当事人，金融中介机构从事的是信用业务，是最终贷款人的借款人（债务人），同时是最终借款人的贷款人（债权人）。间接融资的优点是灵活方便，安全性高，提高了金融的规模经济。间接融资的缺点在于，一方面资金供求双方的直接联系被割断了，会在一定程度上降低投资者对企业生产的关注，降低筹资者对使用资金的压力和约束力，另一方面中介机构提供服务收取一定费用增加了筹资的成本。

直接融资和间接融资的结合，共同构成金融市场整体，也就是说，统一的金融市场是由资金的直接融通和间接融通两部分构成的（见图 4-1）。这两种融资形式是相辅相成、相互促进的。但是在不同的时期，经济发达的程度、市场发育成熟的程度不同，有其不同的侧重。在商品经济不发达的时代和地区，私人之间的直接借贷占有重要地位；在商品经济比较发达的时代和地区，以金融机构为中介的间接融资占主导地位，现代西方国家的资金融通，更大和更有影响的是以间接方式进行的；在商品经济高度发达，资金调度力求效率化的

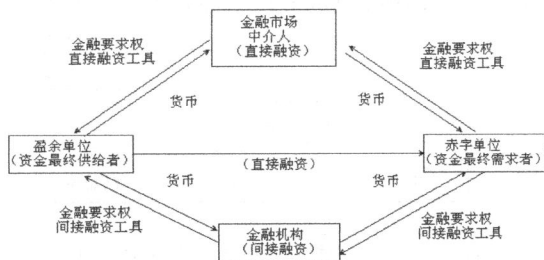

图 4-1　直接融资和间接融资

时代和地区，直接融资的地位又日益重要。在我国，计划经济时代长期以来，资金融通基本上采用间接方式，随着社会主义市场经济的发展，国库券、公债、股票、企业债券、商业票据陆续进入市场，直接融资的发展方兴未艾。

三、金融市场的构成要素

金融市场与普通商品市场一样，是由交易主体、交易客体、交易价格、组织形式等要素构成的有机整体。

1. 金融市场的交易主体

金融市场上的交易主体也就是金融市场参与者。即资金的供给者和资金的需求者，是金融市场的主体。金融市场的参与者包括居民个人、企业、政府和金融机构。金融市场主体可以分为非专门从事金融活动的主体与专门从事金融活动的主体两大类。非专门从事金融活动的主体主要由个人、企业和政府部门构成，它们不以金融交易为主，参与交易是为了自身在资金供求方面的需要。专门从事金融活动的主体则主要由以金融活动为主的金融机构或个人组成，包括各类银行和各种非银行金融机构（证券公司、保险公司、财务公司、信托投资公司）等，它们作为专门从事金融活动的机构，主要为各种金融交易提供中介服务。居民个人为回避风险获取收益，将其储蓄存于银行或购买债券、股票等金融商品参与金融交易。同时居民个人也可作为资金需求者向银行等机构借入资金，成为金融市场的参与者。企业为弥补其资金的不足，可以通过金融市场筹措所需的短期资金或长期资金。此外，企业还可将在生产经营中游离出来的闲置资金存入银行或投资于股票、债券、基金等有价证券。政府部门通常为了弥补财政赤字发行债券，而成为国债的发行者。此外，为实施货币政策，政府部门也作为金融市场主体参与债券、外汇、黄金的交易活动。

2. 金融市场的交易客体

金融市场的交易客体也称交易对象，金融商品，金融工具、信用工具或金融资产。它可以分为基础性金融工具和衍生性金融工具两类，如图 4-2 所示。基础性金融工具（产品、商品）亦称原生性金融工具（产品、商品），是指在实际信用活动中出具的能证明债券债务关系或所有权关系的合法凭证，主要有商业票据、银行票据、债券等债权债务凭证和股票等所有权凭证。原生金融工具是金融市场上最广泛使用的工具，也是衍生金融工具赖以生存的基础。衍生性金融工具，又称"金融衍生产品"，是与基础金融产品相对应的一个概念，指建立在基础产品或基础变量之上，也就是在货币、债券、股票等传统金融工具的基础上衍化和派生的各种金融合约及其组合形式的总称，其价格取决于基础金融工具价格变动，是一种以杠杆和信用交易为特征的新兴金融工具，根据产品形态划分主要包括远期、期货、期权和互换及其组合。从发展的趋势看，随着金融管制的放松，将不断出现创新的金融商品。

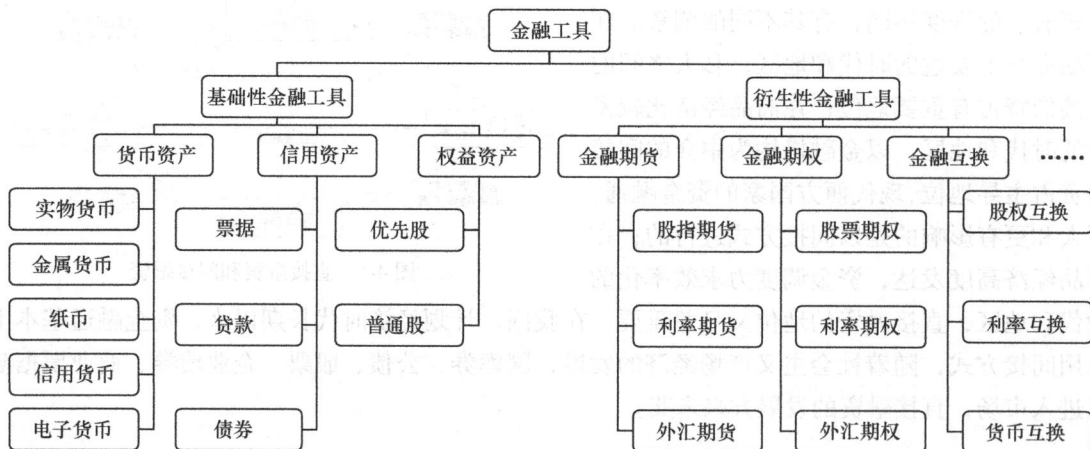

图 4-2　金融工具的类型

3. 金融市场的交易价格

在金融市场上，各种交易都是在一定的价格下实现的，但金融市场的交易价格不同于商品市场的商品交易价格，商品市场的商品交易价格反映交易对象的全部价值，而金融市场的交易价格有不同的表现形式。在借贷市场上，借贷资金的价格就是借贷利率；在证券市场上，金融工具的价格通常表现为它的总值，即本金加收益；而在外汇市场则通常用汇率反映货币的价格。

4. 金融市场的组织方式

金融市场的组织方式主要有两种：一是场内交易方式；二是场外交易方式。场内交易方式是指通过采用拍卖方式和竞价方式在交易所集中进行的买卖活动，因此，又被称为交易所交易方式。它是由买卖双方公开竞价，按时间优先、价格优先的原则进行交易。场外市场方式，有时也称为柜台方式或店头市场方式，因为最初这种方式是在金融机构柜台上采用协议定价进行交易。柜台方式一般由金融机构同时挂出金融商品的买入和卖出价格，金融机构通过低进高出获利。

四、金融市场的分类

金融市场是一个复杂的有机整体，其中又包含着许多相互独立的子市场。按不同的划分标准，可分为以下一些不同类别的金融市场。

（1）按融资的期限划分，可分为货币市场和资本市场。货币市场又称短期资金市场，是指融资期限在一年以内的金融市场，其中包括同业拆借市场、商业票据市场、银行承兑票据市场、回购市场以及短期证券市场等。资本市场又称长期资金市场，是指融资期限在一年以上或未规定期限的金融市场，主要有股票市场和债券市场。

（2）按金融市场功能不同划分，可分为发行市场和流通市场。发行市场，也称为初级市场或一级市场，是指新发行的金融工具第一次出售的金融市场。流通市场，也称次级市场或二级市场，是已发行金融工具转手买卖的金融市场。

（3）按金融交易的方式不同划分，可分为直接金融市场和间接金融市场。直接金融市场是指资金供给者和资金需求者不通过任何金融中介机构直接进行融资的金融市场，或者通过金融中介机构进行融资，但是金融中介仅充当帮助资金融通的经纪人，从事的是经纪业务，它与资金供求双方并不形成债权债务的关系，比如企业发行股票、债券的证券市场。间接金融市场是指资金供给者和资金需求者通过金融中介机构进行融资的金融市场，但在这里金融中介从事的是信用业务，它与资金供求双方之间都是债权债务关系，如银行信贷市场。

（4）按金融交易的对象划分，可分为拆借市场、票据承兑与贴现市场、股票市场、债券市场、外汇市场、黄金市场、保险市场等。

（5）按金融交易的交割期划分，可分为现货市场和期货市场。现货市场是指买卖双方在成交后1~3日内进行清算交割的金融市场。期货市场是指买卖双方协定在未来某一规定时间进行清算交割的金融市场，交割日往往在成交日之后合约所规定的日期，如几周、几月之后进行，而且合约是标准化的。

（6）按交易的地域范围划分，可分为国内金融市场和国际金融市场。国内金融市场是在一国国境范围内进行的融资活动，参与者仅限于本国居民。国际金融市场是在国际范围内进行的融资活动，包括国际间资金的融通、外汇买卖和黄金交易等，参与者有一方为非居民，或者双方都是非居民。

此外，按金融市场存在的空间条件不同，可分为有固定交易场所、设施的有形市场，以及没有固定交易场所而通过电信等手段完成交易的无形市场。

五、金融市场的功能

金融市场对经济发展有着巨大的推动作用，这具体地表现为金融市场的几大功能。

（1）集中和配置资金功能。这也是金融市场最基本功能。金融市场能提供一个理想场所，利用自己的独特形式、多样化工具把居民个人、企业、政府部门、金融机构的闲置分散的、小额的资金聚集起来，并通过竞争机制流向资金最需要的地方，这种将储蓄转化为投资的功能，一方面提高了资金的使用效率，将资金从利用效率低的部门转移到利用效率高的部门的功能，另一方面实现了资金的合理配置。

（2）资金期限转换功能。由于金融工具具有流动性的特征，通过金融工具的交易活动可以实现长期资金与短期资金的相互转化，使资金盈余者供给的资金与资金缺乏者需要的资金在期限上互相匹配。例如，投资股票、债券可以使短期闲置的资金转化为长期投资资金，相反，出售股票、债券变成现款，可实现短期资金的期限连续。

（3）分散和转移风险的功能。经济生活中存在大量的不确定性，风险的存在是客观的，因此，完全消除风险是不可能的，但可以分散和转移风险。由于金融工具的可分割性与流动性，金融市场可以为投资者分散和转移风险提供了一个合理的机制。投资者可采用各种证券组合方式来分散风险，提高资金的安全性与盈利性，也可利用对冲交易、套期保值交易来规避和分散风险。

（4）信息提供功能。金融市场是经济活动的"晴雨表"，各种金融工具的交易价格灵敏地反映了经济运行的状况及态势，可以为金融决策、投资决策和政府宏观经济管理提供大量信息资料。投资者通常以股价变化趋势以及上市公司公告的各类信息作为金融决策的依据。企业可以根据证券行情涨落所反映的公众对各产业、各企业的心理预期，来调整企业经营战略并进行投资决策。中央银行依据金融市场的各类信息，通过公开市场业务、调整再贴现率等手段调节货币供应量，实现宏观经济的基本平衡。

（5）提高金融资产流动性的功能。金融资产的流动性实质是一种变现能力。金融市场为投资者出售金融资产提供了一种机制，即通过在金融市场出售，可以将金融资产变现，从而实现其流动性。

（6）定价功能。所谓定价功能是指金融市场上买卖双方的相互作用决定了交易资产的价格。企业资产的内在价值只有通过金融市场交易中买卖双方相互作用的过程才能"发现"，即必须以企业有关的金融资产由市场交易所形成的价格作为依据来估价，而不是简单地以会计报表的账面数字作为依据来计算。金融市场的定价功能同样依赖于市场的完善程度和市场的效率。金融市场的定价功能有助于市场资源配置功能的实现。

（7）宏观调控功能。金融市场为中央银行等金融管理部门进行金融间接调控提供了条件。金融间接调控体系必须依靠发达的金融市场传导中央银行的政策信号，通过金融市场的价格变化引导各微观经济主体的行为，实现货币政策调整意图。中央银行间接调控的范围和力度将会伴随金融市场的发展而不断得到加强。

（8）降低交易成本的功能。这主要指降低交易的搜寻成本和信息成本。搜寻成本是指为寻找合适的交易对方所产生的成本。信息成本是在评价金融资产价值的过程中所发生的成本，包括取得交易对象信息与和交易对象进行信息交换所需的成本。金融市场帮助降低搜寻与信息成本的功能主要是通过专业金融机构和咨询机构发挥的。

六、金融市场形成的基本条件

金融市场是沟通盈余单位和赤字单位，以实现资金融通的组织系统或营运网络，是以银行为核心的各类金融活动的总和。

金融市场是商品经济高度发展的产物。商品流通和交易的发展，生产日益扩大和社会化，社会资本迅速转移，资金融通的形式日益多样化，种类繁多的信用工具不断涌现。信用工具作为金融商品在金融市场上交易就自然而然出现了。多种融资形式和多种信用工具的运用和流通，导致金融市场的形成。具体来说，金融市场形成大体需要具备以下5个条件。

（1）商品经济高度发达，商品生产和商品流通十分活跃，社会上存在着庞大的资金需求和供给，这是建立金融市场并能有效运行的必不可少的基本条件。大量的资金需求为金融市场的发展提供了前提条件；投资者对金融市场资金的供给源源不断，则支撑了金融市场的壮大。

（2）完善和健全的金融机构体系。金融机构体系是金融市场的主体，通过金融机构提供灵活而有效的金融服务，沟通资金需求者和资金供应者，从而赋予金融市场活力，提高金融市场效率。

（3）金融交易的工具丰富，交易形式多样化，才能满足社会上众多筹资者和投资者的多种多样的需求，充分调动社会的资金。

（4）有健全的金融立法。在金融市场中，交易双方都能遵守竞争的基本规则，交易相对自由；有了健全的立法，才能保障交易双方的正当权益，保证金融工具的信用。

（5）市场管理合理，政府当局能适应市场供求状况的变化，运用适当的金融手段来调控市场的运营。

第二节 货币市场和资本市场

一、货币市场

货币市场是指以期限在一年以内（包含一年）的金融工具为媒介进行短期资金融通的场所。货币市场交易期限短，货币市场金融工具期限最长为一年，最短为一天、七天，以3～6个月者居多，交易的目的主要是解决短期资金周转和余缺调剂的问题，一般是弥补流动资金临时不足；货币市场交易具有流动性强、风险相对较低的特征。

货币市场无论是在市场功能、参与人、市场交易对象方面还是在市场的经济政策意义方面都与资本市场有着明显的区别。

货币市场的最基本功能就是媒介短期资金融通，促进资金流动，对社会资源进行再分配。货币市场的存在使得工商企业、银行和政府可以从那里借取短缺资金，也可将它们暂时多余的、闲置的资金投放在那里作短期投资，生息获利，从而促进资金合理流动，解决短期性资金融通问题。货币市场协调短期资金的供需。各家银行和金融机构的资金，通过货币市场交易，从分散到集中，从集中到分散，从而使整个金融机构体系的融资活动有机地联结起来。

货币市场的参与者主要是机构与专门从事货币市场业务的专业人员。机构类参与者包括商业银行、中央银行、非银行金融机构、政府、非金融性企业；货币市场专业人员包括经纪人、交易商、承销商等。

货币市场上的资金供给者主要有 5 类。一是商业银行，它们是市场上最活跃的成分，所占的交易量最大，采用的金融工具最多，对资金供求与利率的波动影响也最大。二是其他的金融机构，如银行以外的信用社、金融公司、财务公司、保险公司和信托公司等。三是企业，由于销售收入的集中性会形成企业资金的暂时闲置，它们通过购入证券向市场注入资金。四是个人。有些国家对货币市场交易有最低规模的限制，个人资金以各种"基金会"、"协会"组织名义出面，集中个人资金参加市场交易。五是中央银行。中央银行通常采用在公开市场买进有价证券、再贴现、再贷款等形式为市场融通资金。

货币市场的需求者主要是 3 类。一是国家政府。政府财政收入有先支后收和季节性因素，有时会出现资金不足，于是就向货币市场发行国库券等筹措短期资金，此外，国家政府的一部分长期债务在财政收入低谷时到期，为了偿还这种债务，也发行短期债券。二是企业。企业在生产经营中会经常出现临时性和季节性的资金需要，于是在货币市场上发行商业票据、公司债券等来筹措所需资金。三是商业银行。商业银行发生流动性困难时，就到货币市场上来寻觅资金。

货币市场有助于进行宏观调控。货币市场在一定时期的资金供求及其流动情况，是反映该时期金融市场银根松紧的指示器，它在很大程度上是金融当局进一步贯彻其货币政策、宏观调控货币供应量的帮手。

从交易对象的角度看，货币市场主要由同业拆借市场、票据市场、国库券市场、回购协议市场以及大额定期存单市场等子市场组成。

（一）同业拆借市场

1. 同业拆借市场的含义

同业拆借市场亦称"同业拆放市场"，指各类金融机构之间进行短期资金拆借活动所形成的市场。同业拆借的资金主要用于弥补银行短期资金的不足，票据清算的差额以及解决临时性资金短缺需要，是金融机构之间进行短期、临时性头寸调剂的市场。

同业拆借市场主要有银行同业拆借市场和短期拆借市场两种类型。

（1）银行同业拆借市场是指银行业同业之间短期资金的拆借市场。各银行在日常经营活动中会经常发生头寸不足或盈余的情况，银行同业间为了互相支持对方业务的正常开展，并使多余资金产生短期收益，就会自然产生银行同业之间的资金拆借交易。这种交易活动一般没有固定的场所，属场外交易市场，主要通过电信手段成交。同业拆借每笔交易的数额较大，以适应银行经营活动的需要。日拆一般无抵押品，单凭银行间的信誉。期限较长的拆借常以信用度较高的金融工具为抵押品。

（2）短期拆借市场。短期拆借又叫"通知放款"，主要是商业银行与非银行金融机构（如证券商）之间的一种短期资金拆借形式。交易所经纪人大多采用这种方式向银行借款。具体做法是，银行与客户间订立短期拆借协议，规定拆借幅度和担保方式，在幅度内随用随借，担保品多是股票、债券等有价证券。借款人在接到银行还款通知的次日即须偿还，如到期不能偿还，银行有权出售其担保品。

2. 同业拆借市场的起源

同业拆借市场最早出现于美国。其形成的直接原因在于中央银行法定存款准备金制度的实施。美国于 1913 年通过的《联邦储备法》规定，联邦储备银行的会员银行必须按一定的比例向联邦储备银行缴纳法定存款准备金。由于商业银行资产负债的变动必然引起其存款准备金在短期内出现不足或盈余。因此，商业银行在客观上需要进行资金的调剂。正是为调剂资金，1921年在美国纽约货币市场上，联邦储备银行的会员首先开始准备金头寸的拆借。之后，便逐步形成以联邦基金拆借为内容的拆借市场。

在经历了 20 世纪 30 年代的第一次资本主义经济危机之后，西方各国普遍强化了中央银行的作用，相继引入法定存款准备金制度作为控制商业银行信用规模的手段，与此相适应，同业拆借市场也得到了较快发展。在经历了长时间的运行与发展过程之后，当今西方国家的同业拆借市场，较之形成之时，无论在交易的主体、交易内容开放程度方面，还是在融资规模等方面，都发生了深刻变化。现在，同业拆借市场的参与者也不仅仅限于会员银行，还包括非会员银行和非银行金融机构。此外，同业拆借已不仅仅是调剂准备金头寸的一种手段，而已成为银行进行资产负债管理的重要工具。许多银行将同业拆借市场作为短期资金来源的重要渠道。同时，许多银行将短期闲置资金投放于同业拆借市场，以利于及时调整资产负债结构，保持资产的流动性。特别是那些市场份额有限，承受经营风险能力脆弱的中小银行，更是把同业拆借市场作为短期资金经常性运用的场所，力图通过这种作法提高资产质量，降低经营风险，增加利息收入。

同业拆借市场的形成内在动因是金融机构追求"三性"相统一的经营目标，形成的客观经济基础与条件则是金融机构的临时性资金余缺调剂。随着金融机构的发展和金融监管当局对金融机构流动性管理的加强，各国同业拆借市场都得到迅速的发展。

3. 同业拆借市场的特点

同业拆借市场实质上是一种资金的借贷活动，但与其他资金借贷活动相比有以下一些特点。

（1）同业拆借市场的参与者为金融机构，包括各类商业银行、专业银行和非银行金融机构。

（2）同业拆借的期限比较短，属临时性的资金融通。拆借期通常为 1~2 天，多则 1~2 周，一般不超过 1 个月，最长可达一年。也有些拆借事先不约定期限，借款人可随时归还，放款人也可随时催还。我国目前同业拆借期限最长不超过 1 年，最集中的拆借交易是隔夜拆借和 7 天拆借。

（3）同业拆借市场利率一般是按日计算。利率可以由拆借双方协议确定，也可以借助中介机构通过市场公开竞价确定。国际货币市场广泛使用的利率有 3 种：伦敦银行同业拆借利率（LIBOR）、新加坡银行同业拆借利率（SIBOR）和中国香港银行同业拆借利率（HIBOR）。

（4）利率相对较低。一般来说，同业拆借利率是以中央银行再贷款利率和再贴现率为基准，再根据社会资金的松紧程度和供求关系由拆借双方自由议定的。由于拆借双方都是商业银行或其他金融机构，其信誉比一般工商企业要高，拆借风险较小，加之拆借期限较短，因而利率水平较低。

（5）拆借利率变动频繁，能够及时灵敏地反映资金供求状况。

4. 我国同业拆借市场的状况

我国同业拆借市场的兴起源于信贷资金管理制度的改革。经过分离国有专业银行、建立真正意义上的中央银行制度、实施存款准备金制度、实行信贷资金管理新体制等一系列改革，同业拆借市场逐步兴起。1984 年，中国人民银行行使中央银行职能后，要求各专业银行提交法定存款准备金，为各专业银行的资金拆借创造了条件。1986 年 1 月 7 日，国务院颁布的《中华人民共和国银行管理暂行条例》规定，"银行之间的资金可以互相拆借"。之后，我国同业拆借市场迅速发展。但由于我国同业拆借市场起步较晚，在高速成长的过程中，运作不规范，违规行为明显增加。1993 年下半年先后出台了一系列政策措施，对拆借市场全面进行整顿，大大规范了市场行为。通过整顿，同业拆借市场进入全新的规范发展阶段。1996 年 1 月 3 日，中国人民银行正式启动全国统一的同业拆借市场，该市场由中央一级网络和地方二级网络构成。中央一级网络包括全国 15 家商业银行总行、全国性的金融信托投资公司以及挂靠各地人民银行的 35 家融资中心（事业法人）。地方二级网络由 35 家融资中心为核心组成，进入该网络融资的是经商业银行总行授权的地方级以上的分支机构、当地的信托投资公司、城乡信用社、保险公司、金融租赁公司和财务公司等。全国统一的同业拆借市场的建立，使我国的同业拆借市场进入了一个新的发展阶段。由于受多种因素的影响，金融领域存在较大的金融风险，国有企业不良资产比重高，非银行金融机构遗留的问题多；加上货币市场发育不完善，拆借风险比较容易转移到融资中心上，一些正常借贷资金到期难以回收，出现了逾期债权债务。因此，1998 年，中国人民银行开始着手撤销融资中心机构，清理拖欠拆借资金。至此，同业拆借二级网络不复存在，同业拆借业务主要通过拆借中心一级拆借网络办理。由于二级网络的不复存在，同业拆借市场一方面面临参与机构过少、交易不活跃的问题，另一方面部分金融机构，如商业银行的分行、信用社、财务公司、证券公司找不到合规的短期融资渠道，为此，中国人民银行制定有关政策，先后批准商业银行分行、保险公司、证券公司、财务公司等金融机构进入全国银行间拆借市场。同年 10 月，保险公司进入同业拆借市场。1999 年 8 月，证券公司进入市场。2002 年 6 月，中国外币交易中心开始为金融机构办理外币拆借业务，统一的国内外币同业拆借市场正式启动。2007 年 8 月 6 日起正式施行《同业拆借管理办法》，拓宽了参与同业拆借市场的金融机构类型。根据规定，16 类金融机构可以申请进入同业拆借市场，涵盖了所有银行类金融机构和绝大部分非银行金融机构；简化了期限管理的档次，适当延长了部分金融机构的最长拆借期限，商业银行、城乡信用社、政策性银行最长拆入期限为 1 年；金融资产管理公司、金融租赁公司、汽车金融公司、保险公司最长拆入期限为 3 个月；财务公司、证券公司、信托公司、保险资产管理公司最长拆入期限为 7 天。

（二）票据市场

票据市场是各类票据发行、流通及转让的场所，包括银行及其他金融机构对未到期的商业票据进行承兑市场、贴现市场。这个市场按票据发行主体来划分，有银行票据市场、商业票据市场；按功能和交易方式来划分，有票据发行市场、票据承兑市场和票据贴现市场。按资金属性来划分，有普通商业票据市场和融资票据市场。

商业票据的承兑和贴现，不仅可以满足企业对短期资金的需求，促进生产和流通的发展，而且也可以增加商业银行的收益，减少经营风险。

1. 商业汇票承兑

承兑是指汇票的付款人接受出票人的付款委托，同意承担支付汇票金额的义务，并以文字记载于汇票上的行为。商业汇票承兑通常有商业承兑和银行承兑两种。

（1）商业承兑。商业承兑是由收款人签发，经付款人承诺到期兑付，或由付款人签发并承诺到期兑付的活动。商业承兑是由债务方直接进行承兑，其具体形式又分为两种：一是由收款人出票的商业汇票承兑；二是由付款人出票的商业汇票承兑。

（2）银行承兑。银行承兑是由收款人或由付款人开出，经银行审查同意承兑的活动。在商品交易中，银行承兑通常由购货企业委托其开户银行承兑。

2. 商业票据贴现

所谓贴现是指票据持有人将未到期的票据背书转让给银行，银行按票面金额扣除从贴现日到票据到期日之间的利息，将余款支付给持票人的行为。贴现是商业银行放贷的形式之一，同时也是中央银行宏观调控的重要手段。贴现市场的参与者主要有商业票据的持有者、商业银行、中央银行以及专门从事承兑、贴现业务的专业公司。可以贴现的商业票据主要有商业本票、商业承兑汇票、银行承兑汇票等。

商业票据贴现可分为以下几种。

（1）贴现指票据持有者将未到期的票据转让给银行，并向银行贴付一定的利息，以提前获取现款的一种票据转让行为。交易的对象主要有国库券、短期债券、银行承兑汇票及其他商业票据。一般工商企业向银行办理的票据贴现就属于这一种。贴现市场就是指通过票据贴现的方法融通短期资金的场所和机制。

（2）转贴现是指银行等金融机构将以贴现购得的没有到期的票据转让给其他金融机构的行为，转贴现一般是商业银行间相互拆借资金的一种方式。

（3）再贴现是指中央银行对银行等金融机构持有的未到期的已贴现商业票据进行再次贴现，也是银行等金融机构通过转让已贴现商业票据取得中央银行再贷款的行为。再贴现是中央银行的一种信用业务，它是商业银行与中央银行间融通资金的一种形式，是中央银行为执行货币政策而运用的一种货币政策工具。中央银行通过再贴现业务吞吐基础货币，进行宏观金融管理。

（三）短期政府债券市场

短期政府债券，是指政府为筹集 1 年期以下的短期资金弥补财政预算不平衡和国库资金临时不足而发行的短期债务凭证。从发行主体的角度划分，政府债券具体有 3 种基本类型：一是由中央政府财政部门直接发行，一般称为中央政府债券（国家公债），其中一年期以下的被称为国库券；二是由地方政府发行，称为地方政府债券（地方公债）；三是政府所属机关发行而由政府担保的债券，称为中央政府机构债券。其中主要是国家发行的国库券。

从期限的角度划分，政府发行的债券分为 3 类，即长、中、短期政府债务。以美国为例，如表 4-1 所示。

表 4-1 美国政府债券的种类

债券种类	期限	最低面额（美元）	利息支付方式
国库券（Treasury Bills）	小于 1 年	10 000	贴息（发行价低于面值）
国库票据（Treasury Notes）	1～10 年	1 000	每月计息
国库公债（Treasury Bonds）	10 年以上	1 000	每月计息

这里，货币市场上交易的政府债券主要是国库券。

国库券的特点是期限较短，风险小，既可以贴现，也可以在市场上出售，有很强的流动性，国库券的利息收益还可免交所得税，因此，国库券常常被人们称为"金边证券"。正是因为这些特点，国库券的利率是货币市场工具中最低的。现如今国库券已发展成为货币市场上重要的短期信用工具。

国库券的发行人是政府及政府授权部门，一般有定期发行和不定期发行两种发行方式。国库券的发行一般采用拍卖的方式，即通过招标投标来确定投资者。财政部确定本次发行规模以后，向社会公告。各投标人在一定的约束条件下，报出自己拟购买的数量和价格。投标有两种形式，一种是竞争性投标，即投资者在标书中列出购买的数量和价格，出价最高者首先中标，之后按出价顺序，由高到低依次配售，直至售完为止。另一种是非竞争性投标，适用于一些小规模的金融机构和个人，它们无力或不愿意参与竞争性投标，便按照竞争性投标产生的平均价格购买，因此他们只要报出数量。

国库券通常采取贴现发行，即在发行时通常按面值折扣出售，到期按面额兑现。国库券的发行价格一般采用贴现价格，即不标明利率，而以低于票面金额的价格发行，国库券的票面金额减去贴现利息作为发行价格。到期再按票面金额足值偿付。发售价格与票面额之差额即为国库券的利息。

国库券流通市场的参与者主要是中央银行、商业银行、地方政府、企业及个人。中央银行买入或卖出国库券的目的是调节市场货币供应量，进行宏观经济管理。商业银行买进或卖出国库券，是为了调节资产的流动性，保持较高的偿付力并尽可能盈利。其他投资者投资国库券，主要是为了更加安全而有效地使用闲置资金。

国库券市场对发行人来讲，有利于用经济方法弥补国家财政收支差额，发挥国家财政在国家经济建设中的主导作用。对投资者来讲，是短期资金投资的重要市场。国库券在市场上之所以受到欢迎，是由它本身的特征所决定的。对中央银行来讲，是贯彻其货币政策的首要场所。

我国国库券与发达国家有较大差别，主要是期限太长，实际上是中长期国债。因此，在我国目前的货币市场体系中，缺少真正的国库券市场。随着我国金融市场体系的不断完善，随着财政政策、货币政策协调与配合关系的加强，政府债券期限结构的多样化是发展的趋势，真正的国库券市场必将得到充分发展。

（四）回购协议市场

回购协议市场最初出现于美国。1918 年美国联邦储备银行开始进行银行承兑汇票的回购交易。国际回购市场在近十几年内得到迅速发展，成为世界上最重要的金融市场之一。

1. 回购协议的含义

回购协议是指卖方以出售政府证券或其他证券的方式，暂时性地从买方处获得闲置资金，同时与买方协定在将来某一日按原价或约定价格重新购回该证券，并按约定支付利息的一种交易形式。尽管回购协议涉及证券的买卖，但实质上它相当于以证券为抵押品的贷款。回购协议的标的物是有价证券。无论在西方国家还是在我国，国债都是主要的回购交易对象。

回购协议按期限不同可分为隔夜、定期和连续性 3 种，其中最为普遍的是隔夜回购。隔夜是指卖出和买回证券相隔一天。定期是卖出和买回证券的相隔天数，但一般不超过 30 天。连续性回购是指每天按不同利率连续几天交易。

回购协议按照资金的供求方向的不同可分为正回购和逆回购。正回购是指卖出证券获得资金融通的行为。资金需求者将证券出质给资金供应者以融入资金，并承诺在约定的期限以约定的利率返还资金。而逆回购是指买入证券提供资金融通的行为。资金供应者从资金需求者手中购入证券，并承诺在约定的期限以约定的价格返还证券。

回购协议交易的特点是：金额大，回购市场是大额资金的批发市场，在美国大多数的回购交易都在 100 万美元以上；期限短；流动性强；风险小，安全性高；收益稳定且较低。回购协议的利率由双方商定，与作为抵押品的证券的利率无关。商业银行利用回购协议融入的资金不用交纳存款准备金。

2. 回购协议的收益与风险

回购协议的收益主要为买卖双方协定的利息，其计算公式如下：

$$回购收益=投资金额×利率×天数÷360$$

尽管回购协议是一种高质量的抵押贷款，风险小，安全性高，但仍然有一定的信用风险。也就是所抵押的证券价格下降，卖方有可能到期不购回证券；相反，当所抵押的证券价格上升，买方有可能不愿意将证券卖回给卖方。

为减少风险，一种方法是要求抵押的证券市值大于借款额。抵押证券市值与借款额之间的差额称为余额值或保证金（Margin），一般的余额值占抵押证券币值的比率为1%~3%。但当借款者信用较低或抵押证券流动性较差时，余额值可达到10%或更高。

减小风险的另一种方法是当抵押证券的市值增加或减少某一百分比时，就相应地调整回购协议。例如，投资者用市值1 030万元的证券作抵押借1 000万元，余额值为3%。假设当抵押证券市值降到1 010万元时，可以采取两种方法减少风险。一是要求投资者补交20万元的抵押品，以保持30万元余额值的水平；二是重定回购协议的价格，回购协议本金由1 000万元减至980.58万元（1 010÷1.03=980.58），投资者应退还贷款方19.42万元。

第三种减小风险的方法是贷款人把抵押证券转到借款人的清算银行中由贷款人监管的账户上。这种方法使抵押证券只要在不同的账户上转一次就可以，有效地降低了信用风险。目前，美国基本上采用这种无纸化方式。

3. 我国国债回购市场的状况

相对于欧美而言，我国回购市场还很不成熟，回购交易主要以国债为对象。国债回购交易的开展，增强了一些投资者购买长期国债的信心，当他们遇到临时性资金短缺时，可以通过国债回购交易解决资金头寸不足问题。国债回购业务还增强了券商参与国债发行和国债流通的能力，通过国债回购交易，券商可以筹得大量的资金，一方面解决了国债认购中资金短缺的问题，另一方面使其有能力进行券商的基本活动。近年来，定期存单、商业票据等都有回购协议形式。由于我国货币市场的其他子市场的发展相对滞后，因此，政府的金融宏观调控主要在回购协议市场进行。我国的国债回购市场还很不成熟，中央银行的国债资产比重较小，商业银行参与回购交易的动力显得不足，回购市场的制度管理和运作技术亟待完善。

我国国债回购交易开始于1991年。全国证券交易自动化报价系统（STAQ系统）于1991年7月开始国债回购试运行，并于9月14日在两家STAQ系统会员公司之间完成第一笔回购交易。之后，武汉证券交易中心、上海证券交易所、深圳证券交易所等地也先后开办国债回购业务。

目前，我国国债回购市场分为场内交易和银行间场外交易两个市场。场内交易通过证券交易所交易系统进行，交易规模大。场外交易主要通过全国统一同业拆借网络进行，交易规模小，流动性较差。目前，在上海证券交易所上市交易的国债回购品种主要有3天国债回购R 003、7天国债回购R 007、14天国债回购R 014、28天国债回购R 028、91天国债回购R 091、182天国债回购R 182，在深圳证券交易所上市交易的国债回购的品种主要有3天国债回购R-003和182天国债回购R-182。

（五）可转让大额定期存单市场

可转让大额定期存单（Large-denomination Negotiable Certificates of Time Deposit，简称CDs）是指银行发行的不记名的、可转让的金额固定且较大的定期存款凭证。20世纪50年代末，美国银行利率受"Q条例"限制，低于一般市场利率水平，导致定期存款大量缩减。为回避这种不利影响，1961年纽约花旗银行首先采取措施发行可转让大额定期存单，绕过管制，通过向客户提供更高的利率，吸引客户大额定期存款。因此可转让大额定期存单实际上是银行界为逃避法律管制而推出的一项金融创新设施。可转让大额定期存单产生后发展很快，目前已成为兼容货币市场和证券市场的重要融资工具。

我国从1986年下半年开始，发行可转让大额定期存单，最初由交通银行和中国银行发行，1989年以后，其他银行也陆续发行。投资者主要是个人，面额为500元及其整数倍。期限有1个月、3个月、6个月、9个月和1年，不分段计息，逾期不计利息。利率水平通常是在同期定期储蓄存款的利率基础上再加上1～2个百分点。大额可转让定期存单在我国的发展非常缓慢。由于没有给大额存单提供一个统一的交易市场，同时由于大额存单出现了很多问题，特别是盗开和伪造银行存单进行诈骗等犯罪活动十分猖獗，中央银行于1997年暂停审批银行的大额存单发行申请，大额存单业务因而实际上被完全暂停。其后，大额存单再次淡出人们的视野，至今已10多年。目前启动大额存单业务的市场呼声日益提高，重启大额存单业务时机已经日益成熟。大额可转让定期存单作为商业银行主动负债工具，对商业银行由资产管理向负债管理转变有着不可估量的推动作用，也曾被许多国家作为利率市场化建设的突破口。

可转让大额定期存单的发行通常有两种形式：一是批发式发行，即发行银行把拟发行的总额、利率、发行日期、到期日及存单面额等预先公告，供投资者选购；二是零售式发行，即发行银行根据投资者的要求，随时在柜台出售存单，利率由双方约定。我国目前采用后一种方式发行，由发行银行在某分支机构的柜台上直接面向投资者出售。此外，在我国只有银行才可发行可转让大额定期存单，非银行金融机构不得发行。

大额存单的转让市场通常由票据经销商组成。他们一方面积极参与可转让大额存单的发行，同时努力创造和维持良好的二级交易市场，保证可转让大额存单发行市场的顺畅。交易商们这样做时，主要是随时对零售商和其他投资人提出买卖价格，不断地活跃市场。在我国只有经中国人民银行批准可经营证券交易业务的金融机构，才可以经营大额存单的转让业务。我国和一些西方国家一样，禁止发行银行在流通市场上购回自己发行未到期的大额存单。大额存单转让主要由记名与否决定，不记名的大额存单采取交付式转让，记名大额存单采用背书式转让。大额存单的流通转让一般通过柜台交易进行。

可转让大额定期存单特征是：（1）不记名、不挂失；（2）期限短，一般期限在1年内，（3）到期前不能提前支取，但可流通转让，持有者需用现款时即可在市场上转让出售，因此虽然它是定期存款，但比普通定期存款具有更高流动性；（4）面额较大且固定，美国的可转让大额存单最低面额起价为10万美元，但在二级市场上流通的最小面值是100万美元。这在很大程度上限制了个人投资者进入市场，但却为机构投资者提供了大规模交易的条件；（5）其利率比同期限定期存款高。

二、资本市场

资本市场是相对于货币市场而言的，是指以期限一年以上的金融工具为媒介进行长期性资金交易活动的市场，是筹措长期资金的市场。

资本市场的基本功能是促进资本的形成，它有效地动员民众的储蓄，将其合理地分配于经济部门，资本市场的完善与否，影响到一国的投资水平、资源的合理分配和使用，从而影响到国民经济的协调发展。资本市场是筹集资金的重要渠道，是资源合理配置的有效场所。在资本市场，资产采取有价证券的形式自由买卖，从而具有最大的流动性，发挥了调整产业结构的作用；企业可通过股份转让实现重组，以调整经营和治理结构，有利于企业重组；通过资本市场的筛选竞争机制，产业结构得以优化，高成长性的企业还可得到资金支持，促进产业结构向高级化方向发展。

资本市场的参与人主要是个人、企业、金融机构和政府。按职能划分，主要有 5 大类：发行人、投资人、中介机构、自律性组织以及证券监管机构。个人作为资金供给方又作为资金需求方，在资本市场中起着比在货币市场更显著的作用。个人在资本市场上的投资额（直接的和间接的）大大超过政府和企业的投资额。个人和家庭在资本市场上的借入额，仅次于企业。商业银行在资本市场上起着重要角色，它们在资本市场上发放抵押贷款、进行股票与债券买卖，向企业与消费者发放中期贷款等。投资银行主要承担股票和债券发行业务，也是资本市场中重要的一分子。此外，还涉及不动产的抵押贷款、项目融资等各种资本市场活动。经纪商和代理商在资本市场中起着必不可少的"中间人"作用。近年来，保险公司、信托公司、养老基金等金融机构，作为机构投资者活跃在资本市场上。

就资本市场的构成来看，广义的资本市场包括银行中长期存贷款市场和中长期证券市场两大部分；狭义的资本市场则专指中长期证券市场，即包括股票市场和中长期债券市场。由于中长期银行信贷市场属于间接融资，我们放在银行体系业务来讲，本节只讲述中长期证券市场情况。

债券是一种信用凭证，它是保证向债券持有人在到期日偿付债券面值和在到期日前定期支付利息的债务合同。根据发行单位不同，中长期债券可分为中长期公司债券和中长期政府债券。同短期政府债券一样，中长期政府债券又可以根据发行主体的不同，分为中央（联邦）政府债券、地方政府债券以及政府附属机构债券。中央（联邦）政府债券就是国债。

1. 中长期公司债券市场

公司可通过发行债券或股票来筹资，公司发行的债券往往是发行股票的好几倍。所以债券市场的规模也大于股票市场。

企业通过发行债券筹资的优点在于：第一，可降低资金的成本。债券收益较稳定，市场价格波动平缓，风险较小，较受投资者欢迎。公司可以较低价格筹资，有利于降低企业成本。第二，根据美国税法规定，债券的利息可以作为一种企业开支，从公司毛利中扣减，不必纳税，这大大降低了债务成本。第三，发行债券，手续简便。第四，可保持对公司的控制权，债券持有者不是股东，不拥有股东权利，随公司债券发行增长，债券所有者增加，但不会改变股东结构，不会对公司控制权产生影响。

近年来，大多数的公司债券载有"赎回条款"（Call Provisions），即公司有权在到期以前把全部债券赎回。公司是否行使这种权利，可根据具体情况来决定。"赎回条款"对公司是有利的，公司可在市场利率降低时赎回债券以减轻债息负担。比如，公司为筹资需要不得不在市场利率较高时发行债券。过了一段时间后，市场利率降低了，这时发行债券不用很高的利息，于是公司把旧债券全部赎回，而代以发行新债券，对投资者来说，在市场利率降低时收回了本金，很难再找到较好的投资机会。

有的公司债券在契约中要求发行公司建立"偿债基金"（Sinking Fund），用以在债券到期以前赎回一部分本金连同支付相应的利息。例如，某公司发行了 10 年期总共 100 万美元的债券，契约规定要求建立偿债基金以保证每年赎回 10 万美元面值的债券并支付相应的利息，到第 9 年年底时，只剩 10 万美元面值的债券没有偿付。偿债基金是有利于投资者的，因为它是一种对付清债款的保护。

公司债券的收益取决于债券的风险，债券的风险越大则收益越多。债券的风险主要有违约风险和市场风险。所谓违约风险是指债券发行人到期无力偿付的风险，风险的大小决定于发行公司的管理经验和水平、公司的地位和发展前景。所谓市场风险指在证券市场中因利率、汇率、股市价格等的变动而导致价值未预料到的潜在损失的风险。债券的市场风险主要取决于市场利率的变化。

由于公司债券比其他债券的风险大，因此，公司债券发行时都必须经过穆迪（Moody's）和标准普尔（Standard Poor's）等信用评级公司进行评估。这两家公司对债券的评级定期正式公开宣布，提供给购买者参考，如表 4-2 所示。一般来说，债券的信用等级越低，其所给予的风险补偿也越大。债券的评级共分为 A、B、C 3 等 9 个级。通常将穆迪的等级置于标准普尔等级之前，从 Aaa/AAA 到 Baa/BBB，这是前四个等级，称为"投资等级"债券，是指这种债券投资较安全。穆迪公司对 Aaa 级债券的条件如下。评定为 Aaa 级的债券被认为是最佳的。它具有最小的投资风险，被普遍认为是一种"金边"债券。发行者备有大量或非常稳定的充裕资金来保证利息的支付，而且本金是很安全的。尽管某些保护因素可能发生变化，但它们极不可能削弱这种债券的牢固地位。

表 4-2 　　　　　　　　　　　　标准普尔和穆迪信用评级的比较

长期债券	S&P 评级	S&P 定义	穆迪评级	穆迪的定义
投资级别	AAA	偿还债务能力极强，最高评级	Aaa	信用质量最高，信用风险最低
	AA	偿还债务能力很强，与最高评级差别很小	Aa	债务的信用质量很高，只有极低的信用风险
	A	偿还债务能力较强，但相对于较高评级的债务/发债人，其偿债能力较易受外在环境及经济状况变动的不利因素的影响	A	债务为中上等级，有低信用风险
	BBB	目前有足够偿债能力，但若在恶劣的经济条件或外在环境下其偿债能力可能较脆弱	Baa	债务有中等信用风险。这些债务属于中等评级，因此投机特征
投机级别	BB	相对于其他投机级评级，违约的可能性最低，但持续的重大不稳定情况或恶劣的商业、金融、经济条件可能令发债人没有足够能力偿还债务	Ba	债务有投机成分，信用风险较高
	B	发债人目前仍有能力偿还债务，但恶劣的商业、金融或经济情况可能削弱发债人偿还债务的能力和意愿	B	债务为投机性债务，信用风险高
	CCC	目前有可能违约，发债人须倚赖良好的商业、金融或经济条件才有能力偿还债务	Caa	债务信用状况很差，信用风险极高
	CC	目前违约的可能性较高，由于其财务状况，目前正在受监察	Ca	债务投机性很高，可能或极有可能违约，只有些许收回本金及利息的希望
	C	未能履行财务负担	C	最低债券等级，通常都是违约，收回本金及利息的机会微乎其微

我国的债券评级工作正在开展，但尚无统一的债券等级标准和系统评级制度。根据中国人民银行的有关规定，凡是向社会公开发行的企业债券，需要由中国人民银行及其授的分行指定资信评级机构或公证机构进行评估。这些机构对发行债券的企业的企业素质、财务质量、项目状况、项目前景和偿债能力进行评分，以此评定信用级别。

2. 中长期政府债券市场

（1）中长期中央政府债券。中央政府债券又称国家债券或国家公债。各国政府发行债券的目的通常是为了满足弥补国家财政赤字、进行大型工程项目建设、偿还旧债本息等方面的资金需要。中长期中央政府债券包括中期国家债券（Treasury Notes）和长期国家债券（Treasury Bonds）。在美国，这是美国政府发行的中长期国债，这类债券的信誉好，几乎没有信用风险，具有良好的二级市场，所以很受投资者欢迎。一般来说，商业银行、政府机构、外国中央银行、经纪商和个人，都是其投资者。在证券交易所都可购买上述债券。

（2）中长期地方政府债券。地方政府债券指某一国家中有财政收入的地方政府地方公共机构发行的债券。地方政府债券一般用于交通、通信、住宅、教育、医院和污水处理系统等地方性公共设施的建设。地方政府债券一般也是以当地政府的税收能力作为还本付息的担保。美国州和地方政府发行的债券称为市政债券。这些债券的利息收入可免交所得税，所以颇受投资者欢迎。

在中国，所谓地方债券，是相对国债而言，以地方政府为发债主体。20 世纪 80 年代末至 90 年代初，许多地方政府为了筹集资金修路建桥，都曾经发行过地方债券。有的甚至是无息的，以支援国家建设的名义摊派给各单位，更有甚者就直接充当部分工资。但到 1993 年，这一行为被国务院制止，原因是对地方政府承付的兑现能力有所怀疑。此后颁布的《中华人民共和国预算法》第 28 条，明确规定"除法律和国务院另有规定外，地方政府不得发行地方政府债券"。1995 年 1 月 1 日起施行的《预算法》第 28 条明确规定：除法律和国务院另有规定外，地方政府不得发行地方政府债券。"地方政府债券"的禁令一直保持至 2009 年。2009 年起恢复了地方政府发行政府债券以应对金融危机，由财政部代理发行了 2000 亿元地方债券。

（3）政府机构债券。是指除中央政府以外，其他政府部门和有关机构发行的借款凭证。政府机构主要包括两类部门，一类是政府部门，它的预算纳入政府预算的范围内；另一类部门最初由政府建立，但后来由私人控制，其预算并不纳入政府预算范围内。政府机构债券属于政府债券的一种。

政府机构债券有多种期限，但以中长期为主。这些债券由于期限较长，信誉相对低于政府债券，二级市场也不像政府债券那样活跃，但收益率通常比政府债券高。在美国，这类机构的债券亦被商业银行当做政府存款的抵押品。我国改革开放以后也发行了一些这类债券，如 1989 年国家公开发行的基本建设债券，就是由国家能源投资公司、国家原材料投资公司、国家机电轻纺投资公司、中国石油天然气总公司和铁道部等国家部级机构联合向全国城乡居民发行的一种借款凭证。尽管它是政府部门发行的债券，但政府仍要承担信用保证，至于债券的偿还，则由上述发行人共同负责。

3. 股票市场

股票市场是资金融通的极其重要渠道。股份公司通过发行股票向公众筹集巨额资金，建立起规模庞大的企业。

（1）股票的种类。一般来说，股票可分为普通股和优先股两大类。普通股是每家新公司首先发行的证券，是股票最普遍的一种形式。普通股的特点是有经营的参与权，可参加股东大会选举董事会，对公司的合并、解散和修改章程都有投票权，但是公司的组织十分庞大，股东众多，单个股东所能起的作用实在微不足道，公司的所有权与控制权是分离的，控制权落入极少数股东手中；股票持有人只对所购股份负责，股东对公司的负债没有责任，公司债权人只能对公司的资产提出要求，无权对股东起诉；股票持有人具有凭股票从公司分配股息和红利的权利；股票可以自由转让，可以在股票市场上自由买卖。

优先股是相对于普通股在利润分配和剩余财产分配方面有优先权的股票，一般是公司成立后为筹集新的追加资本而发行的证券。其特点是在影响企业决策的发言权上并不比普通股"优先"，一般情况下，优先股不能参加股东大会，只是在一定条件限制下才可以参加；优先股比普通股有优先分配股息的权利，就是说在支付普通股股息以前，必须先按规定的比率向优先股支付股息；优先股也比普通股有优先分配资产的权利。所以优先股比普通股安全，对投资想获得固定收入者具有吸引力。

股份公司发行股票的目的主要是：第一，筹集建设资金，作为公司的资本基础，这是公司经济实力的一个重要指标，对公司的声誉和业务具有重大影响。第二，通过增资来充实自身的资本或改善财务状况。第三，通过增加股东人数，形成稳定的股东群体，使企业更加稳定。第四，收购其他公司。

在股票市场上活动的人，一般来说有两种人，一种是购股获息，这种人购买股票，是为了分享该公司的未来赢利能力，获取股息收入，是投资者；另一种人是赚取买卖差价，是为了从股价涨落时差中牟利，这种人是投机者。

（2）股票行市——股价波动的因素。股票行市，是指在证券市场上买卖股票的价格，股市是一个波动的市场，其价格在不断变化之中。影响股票价格发生波动的因素可分为两大类。第一类是基本因素，即证券市场外的各种发展；第二类是技术因素，是短期市场内部的情况。

基本因素包括经济方面因素，如国民生产总值、工业生产指数、公司利润、公司的股息和红利、公司营业额、失业率、物价指数等；政治方面因素，如政策的变动、战争、政局变动、国际政治活动等心理因素。基本因素是在一个较长时期内影响股票市场价格的因素。所谓基本分析就是根据这些因素来预测市场波动，目标是股票价格的增值，着眼于长期间的投资。技术因素包括股票交易量、市场宽度、卖空数量等。所谓市场技术分析，注重短期内的价格波动，主要目标是在短期内买进卖出以图利。

第三节 一级市场和二级市场

证券市场是以股票、债券等有价证券为交易对象进行资金融通的金融市场，由发行市场（一级市场）和流通市场（二级市场）两部分组成。

一、一级市场的运行

证券发行市场，也称初级市场或一级市场，是发行新证券的市场，是证券市场的重要组成部分之一。证券发行市场是由各种基本要素构成的有机整体，但要进行正常的发行活动，还须有必要的外部管理。各国政府一般都通过各种法规，规定具体的发行条件、发行程序并要求发行者自律、接受政府主管部门检查监督。

1. 证券发行的方式

证券发行方式是股票、债券等有价证券经销出售的方式。按发行对象不同，可分为私募发行和公募发行。具体的证券发行的方式分类情况如图 4-3 所示。

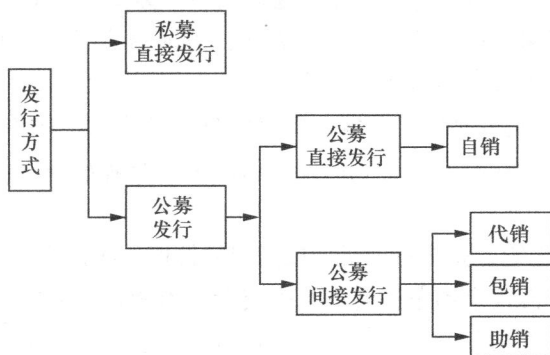

图 4-3　证券发行方式的分类

（1）私募发行。又称非公开发行，它以少数同发行单位有业务往来的特定的投资者为对象发行证券。通常由发行者向投资者直接发行。私募发行的优点是手续比较简单，可节省发行时间和发行费用，节省承销费用，不需要向证券管理机关提交有关发行方面的书面材料，也不必公开发行者内部的组织、财务及经营状况或取得资信等级。其缺点是不利于提高发行者在证券市场上的知名度，筹资范围有限，一般不能公开上市交易，流动性比较差。私募债券由于缺乏流动性，其债券利率一般比公募债券高，并易受认购人的干预。我国股份有限公司采用发起设立方式和以不向社会公开募集的方式发行新股的做法，即属于股票的非公开直接发行。

（2）公募发行。又称公开发行，指以社会不特定的广大投资者为发行对象公开发行证券。

由于公募发行的社会影响面比较大，故各国对公开发行证券规定了一些条件，以保护投资者权益和维持发行市场的正常秩序。这些条件主要有：发行者必须向证券管理机关提交发行申请书及相关材料，并经批准同意；发行者的某些财务指标和信用等级必须达到规定的标准；发行说明书必须如实向投资者提供有关发行者的详细情况。

公募的优点是发行范围广、发行对象多，易于足额募集资本，可筹集较多的资金；可提高发行者在债券市场上的知名度，扩大其影响力；可以公开上市交易，变现性强，有比较好的流动性。公募发行的缺点是必须公布一系列的报表和有关文件，或者取得资信等级，因而手续比较复杂，发行成本较高。

公募发行可以采用直接发行方式，也可采用间接发行方式。

直接发行是发行者不通过承销机构而由自己直接向投资者发行。这种发行方式也可以被看成是一种证券的销售方式——自销。这种销售方式可由发行公司直接控制发行过程，实现发行意图，并可以节省发行费用；但筹资时间往往较长，发行公司自身要承担全部发行风险，并需要发行公司有较高的知名度、信誉和实力，并且熟悉发行手续、精通发行技术，有较为广泛的推销对象。

间接发行，又称委托发行，发行者不是直接把所要发行的证券卖给一般投资者，而是间接地委托投资银行或证券公司等中介金融机构代理证券发行。间接发行须支付手续费而增加发行成本，但其优点在于：可以给发行者节省许多时间和精力；减少发行的风险，保证及时筹措到资金；还可以借助代理发行的证券中介机构提高发行者的社会知名度。由于这种方式依靠专门的证券中介机构，凭借其资金实力强、机构网点广、专业人才多和经济信息灵、社会信誉好等优势，能迅速、可靠地完成证券销售，因而已逐渐成为证券发行的主要方式。

大多数证券的发行都采用公开间接发行的方式，由证券公司充当中介人。具体来讲，证券承销商承销新证券的方式大致有如下 3 种。

① 代销，是指承销机构代理发售证券，在发行期结束后，将未售出的证券全部退还给发行者或包销机构的承销方式。这种承销方式的发行风险由发行者承担，代销人只负有代理销售的责任，并收取手续费。

② 包销，又称全额包销，是指承销机构按商定的价格一次性买下全部待发行证券，并向发行者支付全部款项，然后再按市场条件转售给投资者，承销机构从中赚取买卖差价。由于承销机构承担了全部风险，因而可望获得的收益也是可观的。包销可以由一个承销商独自负责，如遇发行单位的证券数额太大，承销商不愿意单独承担风险，或是单个承销商难以完成推销任务，这时也可以由一个承销商牵头组织承销团来销售。

③ 助销，又称余额包销，即承销机构按既定的发行条件和发行总额向公众推销证券，如果到截止日期尚有未销售出的证券，承销者按既定的发行价格全部购买这部分证券，在缴纳日期内把与发行总额相应的认缴款全部交付给发行者，购买的这部分证券待日后出售或自己持有。助销对于承销机构来说，只承担部分风险，代理部分赚取的是手续费，而买进部分主要赚取的是证券买卖的差价。

2. 证券发行的条件

（1）我国发行公司债券的资格和条件。

我国《公司法》规定，股份有限公司、国有独资公司和两个以上的国有企业或者其他两家以上的国有投资主体投资设立的有限责任公司，有资格发行公司债券。自 2006 年 1 月 1 日起施行的《中华人民共和国证券法》规定，发行公司债券必须具备以下条件。

① 股份有限公司的净资产额不低于人民币 3 000 万元，有限责任公司的净资产额不低于人民币 6 000 万元。

② 累计债券发行总额不超过公司净资产额的 40%。

③ 最近 3 年平均可分配利润足以支付公司债券 1 年的利息。

④ 所筹集资金的投向符合国家产业政策。

⑤ 债券的利率不得超过国务院限定的水平。

⑥ 国务院规定的其他条件。

另外，发行公司债券所筹集的资金，必须符合审批机关审批的用途，不得用于弥补亏损和非生产性支出，否则会损害债权人的利益。发行公司凡有下列情形之一的，不得再次发行公司债券。①前一次发行的公司债券尚未募足的。②对已发行的公司债券或者其债务有违约或延迟支付本息的事实，且仍处于持续状态的。③违反本法规定，改变公开发行公司债券所募资金的用途。

（2）我国发行股票的条件。

公司公开发行新股，必须具备下列条件。

① 具备健全且运行良好的组织机构；

② 具有持续盈利能力，财务状况良好；

③ 最近三年财务会计文件无虚假记载，无其他重大违法行为；

④ 经国务院批准的国务院证券监督管理机构规定的其他条件。

上市公司非公开发行新股，应当符合经国务院批准的国务院证券监督管理机构规定的条件，并报国务院证券监督管理机构核准。

3. 证券发行程序

证券公开发行的程序比较复杂，主要包括提出申请、审查和批准、组织新证券发行等步骤。

（1）提出申请。任何企业在发行证券之前都必须向政府证券管理部门及政府授权部门提出书面申请，并提交申请文件及相关资料。申请文件的主要内容有：企业近年来的财务状况；拟发行证券的种类、数量、发行方式；募集资金的用途及可行性分析等。

（2）审查和批准。政府证券管理部门或政府授权的有关部门根据有关法律对发行者提出的申请逐项审查，并在规定的期限内做出是否批准发行的决定。证券发行的审核有以下 3 种模式。

① 注册制。主管机关只保证投资者得到充分资料，发行者则需公开所有的有关资料，不得有虚假误导或遗漏，否则要负法律责任。

② 核准制。核准制要求发行者除公布真实状况的资料外，还须具备主管机关要求的实质要件，如公司资本结构合理、公司前景看好等。目前我国证券发行制度采用的是核准制。

③ 注册制和核准制结合。发行者既要提供有关经营及财务等资料，又必须符合发行条件。

（3）组织新证券发行。发行者得到政府证券管理部门或政府授权的有关部门同意发行的批准文件后，便可以开始新证券的发行工作。

4. 发行价格

证券的发行价格是证券发行时使用的价格，亦即投资者认购证券时所支付的价格。确定证券的发行价格很重要。证券的发行价格过高则难以出售，会使证券的发行数量减少，进而使发行公司不能筹到所需资金，证券包销商也会遭受损失；证券的发行价格过低，证券销售虽比较容易，但发行公司却会蒙受损失。

证券的发行价格可以和证券的面额一致，也可能不一致。

债券的发行价格通常有 3 种：平价、溢价和折价。平价指以债券的票面金额为发行价格；溢价指以高出债券票面金额的价格为发行价格；折价指以低于债券票面金额的价格为发行价格。债券发行价格的确定受诸多因素的影响，其中主要是票面利率与市场利率的一致程度。债券的票面金额、票面利率在债券发行前即已参照市场利率和发行公司的具体情况确定下来，并载明于债券之上。但在发行债券时已确定的票面利率不一定与当时的市场利率一致。为了协调债券购销双方在债券利息上的利益，就要调整发行价格：当票面利率高于市场利率时，以溢价发行债券；当票面利率低于市场利率时，以折价发行债券；当票面利率与市场利率一致时，则以平价发行债券。短期政府债券的发行一般采用的是折价发行方式。

股票发行价格通常由发行公司根据股票面额、股市行情和其他有关因素决定。以募集设立方式设立公司首次发行的股票价格，由发起人决定；公司增资发行新股的股票价格，由股东大会作出决议。股票的发行价格一般有以下几种。

（1）平价发行。又称等价发行，是指以证券票面规定的面值作为发行价格。这种发行价格，一般在股票的初次发行或在股东内部分摊增资扩股的情况下采用。等价发行股票容易推销，但无法取得股票溢价收入。

（2）时价。时价就是以本公司股票在流通市场上买卖的实际价格为基准确定的股票发行价格。其原因是股票在第二次发行时已经增值，收益率已经变化。采用时价发行股票，考虑了股票的现行市场价值，对投资者也有较大的吸引力。

（3）中间价格发行。是指以证券面额价格与市场价格的中间价格为发行价格。通常在以股东分摊形式发行股票时才采用这种价格。

按时价或中间价发行股票，股票发行价格会高于或低于面额。前者称溢价发行，后者称折价发行。如属溢价发行，发行公司所获的溢价款列入资本公积。确定溢价发行价格的依据主要是以证券交易市场的市价为基准，此外，还要参考证券市场的供求关系。溢价发行的好处主要有二：一是能筹集到相对多的资本；二是能够稳定证券市场上的价格，不至于因发行的价格与市场价格相距较远而引起市场波动。

我国《公司法》规定，股票发行价格可以等于票面金额（等价），也可以超过票面金额（溢价），但不得低于票面金额（折价）。

二、二级市场的运行

（一）证券流通市场

证券流通市场是指交易已经在发行市场上公开发行的证券的金融市场。证券发行市场是证券流通市场的基础，而证券流通市场则是证券发行市场发展和扩大的必要条件。证券流通市场按交易场所与交易规则的差别，可分为证券交易所市场和场外交易市场。

1. 证券交易所市场

证券交易所市场是指在证券交易所内集中买卖有价证券的证券流通市场，也就是场内市场。证券交易所是有组织买卖股票、债券等有价证券的专门场所，是证券交易市场的中心。这是一个有组织、有固定地点、集中交易的公开的二级市场。目前，几乎所有的市场经济国家都有自己的股票市场。我国的股票交易所目前有上海证券交易所和深圳证券交易所，具体的交易流程如图4-4所示。据考证，世界上最早正式印制的股票是1602年成立的荷兰东印度公司发行的股票，世界上最早成立的证券交易所是1680年的荷兰阿姆斯特丹证券交易所。

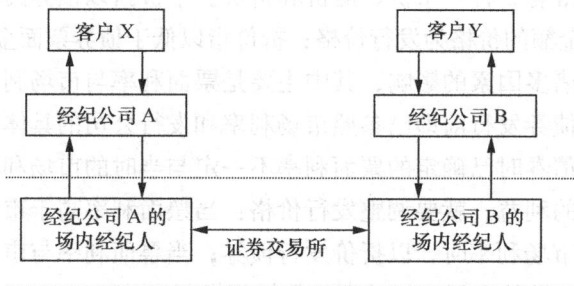

图4-4 证券交易所交易流程

从组织形式上看，证券交易所有公司制和会员制两类不同的组织形式。公司制证券交易所是由投资者组成的以营利为目的的股份公司，它是由各类出资人共同投资入股建立起来的公司法人。为各类证券的集中交易提供场地、设备和配备工作人员，并相应收取证券的上市费、交易手续费及其他服务费用。公司制证券交易所对在本所内的证券交易负有担保责任，因此通常设有赔偿基金，或向国库交纳营业保证金，以赔偿因该所成员违约而遭受损失的投资者。公司制证券交易所的证券商及其股东，不得担任证券交易所的董事、监事或经理，以保证交易所经营者与交易参与者的分离。如美国纽约证券交易所、伦敦证券交易所、中国香港联合证券交易所、瑞士日内瓦证券都是公司制的证券交易所。会员制证券交易所是以会员协会形式成立的不以营利为目的的组织，主要由证券商组成。只有会员及享有特许权的经纪人，才有资格在交易所中进行交易，会员对证券交易所的责任仅以其交纳的会费为限。会员制证券交易所实行会员自治、自律，自我管理。会员制组织形式的证券交易所又分为法人和非法人两种类型。具有法人地位的证券交易所为非营利性质的社团法人。非法人的证券交易所由各证券商自愿组成，类似各类商业协会。我国法规规定，证券交易所必须是会员制的事业法人，我国上海、深圳证券交易所均为会员制交易所。

会员制的证券交易所与公司制证券交易所的差异主要表现在 3 个方面：①在所有权结构上，会员制交易所由会员所有，而公司制交易所由股东所有，股东并不一定是会员。②在治理结构上，会员制交易所属互助性组织，发扬民主，实行一人一票，而公司制交易所则引入普通商事公司的治理结构，实行一股一票的资本多数决原则。股东具有的表决力与其出资额或所持股份成正比，法律将股东大会中出资或持股占多数的股东的意思推定为公司的意思。③在经营目标上，会员制交易所通常是非营利性的，而公司制交易所以营利为目的，股东利益的最大化是交易所运营的重要目标。

会员制证交所的优点在于不以营利为目的，因而其上市费以及成交后收取的佣金较低。其最大的缺点是所有会员本身是证券交易的直接参加者，所以难以保证交易的公平。公司制证交所的优点是其高级职员本人不参与证券交易，任何证券公司的股东、高级职员也不能担任证交所的高级职员，从而保证了交易活动的公平、公正性。但由于以营利为目的，其收费和交易成本比会员制证交所要高，有时为促成交易容易发生坐视甚至鼓励投机行为。交易所自身的股票，不能在本交易所上市公开买卖。在当今证券市场日新月异的变革形势下，传统的会员制组织结构已经越来越不适应迅速变化的市场环境。进入 20 世纪 90 年代后，各国证券交易所纷纷掀起由会员制向公司制变革的潮流，这股浪潮始于欧洲各国的证券交易，并迅速蔓延至亚太地区、北美和南美地区。

证券交易所本身并不参与证券交易，只是为证券交易提供场所和设备，其目的是形成证券交易的公正合理的价格和有条不紊的秩序，以及促使证券迅速和通畅地流通。证券交易所的具体业务主要有：提供买卖证券的交易席位和有关交易设施；制定有关场内买卖证券的上市、交易、清算、交割、过户等各项规则；管理交易所会员，制定场内交易的各项规则，对违纪现象做出相应的处理等；编制和公布有关证券交易的信息。

自 2006 年 1 月 1 日起施行的《中华人民共和国证券法》，第五十条规定，股份有限公司申请股票上市，应当符合下列条件。

① 股票经国务院证券管理部门批准已向社会公开发行。

② 公司股本总额不少于人民币 3 000 万元。

③ 公开发行的股份达到公司股份总额的 25% 以上，公司股本总额超过人民币 4 亿元的，公司发行股份的总额的比例为 10%。

④ 公司在最近 3 年内无重大违法行为，财务会计报告无虚假记载。

证券交易所可以规定高于前款规定的上市条件，并报国务院证券监督管理机构批准。

第五十七条规定，公司申请公司债券上市交易，应当符合下列条件。

① 公司债券的期限为一年以上；

② 公司债券实际发行额不少于人民币五千万元；

③ 公司申请债券上市时仍符合法定的公司债券发行条件。

2. 场外交易市场

场外交易市场是在证券交易所之外进行的证券交易活动。确切地说，这种市场不是某个固定的场所，而是一种交易的方式，是一种在交易所外进行买卖证券的方式。场外交易市场是历史上最早出现的证券交易场所，场外交易则曾经是证券交易的唯一方式。证券交易所产生以前，股票和债券就被当做特殊商品而加以转让，并形成一个无形的证券交易市场。在当时，由于没有证券交易所交易大厅内的证券交易，即没有现代意义上的场内交易，相应地也就无所谓"场外交易"，整个交易活动都是在证券交易的无形市场中进行的。场外交易市场通常仅指"店头交易市场"。但有些国家则在店头交易市场以外，又形成了其他形式的场外交易市场，不同的场外交易市场具有不同的特点和功能。同时存在多种形式的场外交易市场在美国最为典型。

（1）店头市场（Over the Counter Market，OTC）。由于这种交易起先主要是在各证券商的柜台上进行的，又被称为柜台市场。柜台交易市场与交易所相比，有许多特殊之处。

① 它没有统一集中的场所，而是散于各地，规模有大有小；

② 价格不是采用双边拍卖形成的，而是客户与证券商协商定价；

③ 证券商不收取佣金，而是通过低进高出获利；

④ 柜台交易市场的交易单位比较灵活，可以采用证交所规定的交易单位，也可以是零数交易；

⑤ 交易品种主要是未上市的证券，尤其是债券。

由于柜台交易的上述特点，与证券交易所规范欠灵活的交易相比，柜台交易能满足不同层次和类型的投资者的需求，且网点多，手法灵活，能为具有发展潜质的新公司和中小公司提供了上市集资的场所，因此它具有不可替代的作用。但柜台交易市场也有一些不足之处，如市场分散、信息传送慢、交易价格有时不能准确反映市场供求状况等。不过这些问题由于市场管理的加强和电脑报价系统的运用正在逐步得到克服。从交易效率角度看，证券交易所要优于柜台市场，但从交易的种类和灵活性来说，证交所不能取代柜台市场。从整个市场结构来看，两者互为补充，不可偏废。

（2）第三市场。人们把在柜台市场上交易已在证券交易所上市的证券的市场称为第三市场，以别于一般含义的柜台市场。换言之，第三市场是场外市场的一个组成部分。在证券交易所的交易中，为维护竞争的公平性，防止经纪人降低佣金招徕客户，证交所大多制定了收取委托人佣金的最低限制，并规定随交易数额的扩大，交易的佣金不得享有折扣，这使得一些大的交易者为降低交易费用而在证交所场外进行交易。这些大的交易者主要是各类机构，如银行的信托部、养老基金会、互助基金及保险公司等，其交易的对象主要是在交易所上市的各类证券。由于交易市场中介机构参与的比重越来越高，使得场外交易的规模也越来越大。

（3）第四市场。随着科技的发展，电脑、网络技术不仅广泛地运用在证交所市场，而且在场外交易市场上也起了重大作用，以至于形成了场外交易市场的另一重要组成部分——第四市场。第四市场是指通过电脑终端机进行交易的证券市场。在第四市场上，各交易者无须通过证券经纪人，只要将自己的意向输入电脑，通过电脑的媒介，买卖双方可直接交换信息，洽谈价格，一旦找到双方满意的价格就可迅速成交。这类通过电脑直接达成的交易，客户只须交纳使用计算机终端机的租金,而无须为每笔交易支付另外的费用,大大降低了交易成本。而且,用这种方式进行交易,既方便又具有保密性,为大公司、大企业所乐意。随着大机构的更多参与和电脑通信技术的进步,第四市场具有很大的发展潜力。

场外交易虽然是从证券交易市场的古老的形式流传下来的,但在证券交易日益完善的今天,它仍然是一种非常活跃的二级市场,并逐渐发展和完善。其原因在于证券交易所的证券交易容量有限,而场外交易的程序简单,交易成本低,因此场外交易的交易率很高。美国场外交易市场——纳斯达克市场成立于1971年,是世界上第一个电子化股票市场,也是美国成长最快的市场。1999年纳斯达克成交额11万亿美元,首次超过纽约证券交易所,当年日均交易额415亿美元(纽约证交所日均350亿美元),成为世界第一大股票交易市场。

(二)证券交易程序

证券交易程序的具体步骤较多,也较复杂,而且不同的证券交易市场的交易程序也不完全一样。证券交易所交易程序最具有代表性,其主要步骤有:开户、委托、竞价、成交、清算、交割及过户等,每个步骤又包含若干个小环节。

1. 开户

证券交易所是一个封闭的组织,不是任何人或机构都可以入内进行交易,只有具有会员资格的证券商才能在证交所内从事交易,其他机构或投资者只能委托有会员资格的证券商代理证券买卖。投资者委托证券商代为买卖证券的先决条件是必须事先开立证券账户和资金账户。证券账户是指证券登记结算机构为投资者设立的,用于准确记载投资者所持有的证券种类、名称、数量及相应权益和变动情况的账册。资金账户则是记录投资者证券交易资金的币种、余额及变动情况的账册。过去,投资者在开设账户(包括资金账户和证券账户)时,必须持居民身份证,提出申请。办理证券账户,需临柜填写《证券账户注册申请表》。办理资金账户,需临柜填写第三方存管协议。随着2013年3月中国证券登记结算有限责任公司发布《证券账户非现场开户实施暂行办法》(以下简称《暂行办法》),根据《暂行办法》,投资者可选择"见证开户"或"网上开户"两种非现场开户方式。"见证开户"和"网上开户"均属于非现场开户。区别在于,"见证开户"是指开户代理机构工作人员在营业场所外面见投资者,验证投资者身份并见证投资者签署开户申请表,为投资者办理证券账户开立手续;而"网上开户"是指开户代理机构通过数字证书验证投资者身份,并通过互联网为投资者办理证券账户开立手续。

2. 委托

委托就是账户开立后,作为投资者的顾客向证券经纪商发出表现其愿以某种价格购买或出售一定数量的某种证券的指令或请求,有时这些指令或请求还附带其他条件。证券经纪商接受客户的委托指令后,利用终端机或专线电话将指令通知证交所内的交易人员进行交易。委托指令按委托价格可分为市价委托和限价委托。市价委托是指投资者买卖某种证券的委托指令时,要求证券经纪商按当时市价买进或卖出证券。限价委托是指投资者要求证券经纪商在执行委托指令时必须按限定的价格或比限定价格更有利的价格买进或卖出证券。投资者委托的形式主要有当面委托、电话委托、电报或信函委托、自助委托等。

3. 竞价成交

证交所的证券交易一般采用公开竞价的方式进行。根据具体情况,公开竞价的交易方式又可分为以下3种。

(1)口头唱报竞价交易。这是指证券商的交易员在规定的交易台前或划定区域内相互用口头喊价表达买价和卖价，直至成交。交易员通常以手势表示买进或卖出的数量，掌心向内为买进，掌心向外为卖出，同时口头高声喊出买卖价格。买卖价格一经喊出，除另一新喊价成立或因委托人撤销或变更委托外，不得撤销。在竞价过程中，买方后喊价不得低于前手，卖方后喊价不得高于前手。成交的结果是以最低卖价者卖出，最高买价者买进，买卖双方数量未全部成交时，其成交价格对未成交部分仍有效，直至另一新喊价成立为止。

（2）计算机终端申报竞价。又称电脑竞价交易，是指买卖双方的证券经纪商将买卖指令输入计算机终端，通过计算机系统，由交易所计算机主机按"价格优先、时间优先"的原则和预先约定的交易法则自动配对，实现证券的买卖成交。其交易程序主要分申报输入、混合成交和成交信息反馈三个部分。申报输入即证券商本部营业机构或分支营业机构将买卖申报指令输入计算机终端，然后通过计算机的联机系统，将申报指令传给交易所，交易所计算机主机接到指令后，给证券商发出已接受的通知，由证券商打印"买卖申报回报单"传回主机。当交易所计算机处理成交后，便向成交双方的证券商发出信号通知成交结果，并由证券商在计算机终端打印出"成交回报单"返回主机。进行计算机竞价交易的计算机联机系统，除了进行证券买卖外，还具有显示市场行情、询问交易情况等功能。

（3）专柜书面竞价交易。也称填单申报竞价交易，是指买卖双方证券商的交易员，将买价和卖价均填写在买卖申报单上，交易所中介经纪人根据"价格优先、时间优先"的原则，进行撮合配对，实现成交。

4. 清算交割

证券买卖成交后，就进入清算交割阶段。清算交割是指在证券买卖成交后，结算并收付款项和证券的行为。清算交割一般分为证券商之间的清算交割和证券商与委托客户间的清算交割。证券商之间的清算交割在证交所主持下进行，清算的地点是在证交所的结（清）算部。结算的办法通常采用余额交割制，即对买卖的证券和款项相抵后仅收付余额款项和证券数。证券商与客户间的清算交割一般早于证券商间的清算交割。

所谓交割就是卖方向买方交付证券，买方向卖方支付价款的行为。根据交割的时限可分为以下几种：一是当日交割，即买卖双方同意成交后当日办完交割事宜；二是次日交割，指在成交后的下一个交易日办理完成交割；三是例行交割，买卖双方在成交之后，于规定期间内，完成交割手续的证券交割方式。

5. 过户

交割完毕之后，客户买进的证券还须办理过户手续。所谓过户就是指证券所有权从原所有者转移到新的所有者所作记录的过程。过户的必要性在于，上市公司只承认在股东名册上登记户名的投资者为公司股东，可享受股东的各种权益。过去许多进行短期投机的投机者往往为能及时卖出而不过户。但在运用计算机自动化过户系统时，交易结束的当天，过户也就自动完成。只有当过户完成，证券交易才算最终完成。

（三）证券交易方式

证券交易方式多种多样，最为常见的有以下几种方式。

（1）现货交易是指交易双方成交后按确定的价格在1～3天内进行交割，买方付出现款，卖方交付证券的交易。

（2）信用交易。又称保证金交易或垫头交易，是指证券买卖者通过交付保证金而得到经纪人的信用，可以由经纪人垫付部分资金（融资）或证券（融券）进行证券买卖的交易方式。"买空"和"卖空"就是这种垫头交易的主要形式。

"买空"即保证金买涨交易，又称为多头交易。在这种交易中如果投资者预计到某种证券的价格要涨，可与经纪人达成协议，缴纳一定的保证金，经纪人就会为投资者垫付一部分现金。当然，投资者必须将购入的证券交给经纪人，作为借款的抵押品或担保品。例如，假设投资者有 5 000 元，他选择了一种每股售价 5 元的股票进行投机，并认为该股票价格将会上升。在 50% 保证金条件下，用这 5 000 元可以购买 2 000 股而不是 1 000 股该种股票，因为投资者还从经纪人那里借入 5 000 元。如果该股票价格上升 0.5 元，投资者可以赚 1 000 元。如果该种股票并没有如投资者预期的那样上涨，反而跌到 3 元。若投资者现在全部卖出，投资者的股票仅值 6 000 元，偿还经纪人 5 000 元之后，投资者只剩下 1 000 元。如果股票价格下跌到 3 元以下，经纪人将会要求投资者补交更多的保证金。如果投资者不能交付，经纪人有权根据需要出售投资者的股票以收回借款。

"卖空"指的是保证金卖跌交易，也称空头交易。卖空是正常市场交易的逆转，即卖空者不是先购入证券，然后再卖出，而是先卖出向他人借入的证券，然后再以较低的价格补进。在这种交易中，同样要和经纪人订立合同，缴一定的保证金，然后通过经纪人借入某种证券，并将它卖出收回现金，待证券价格下跌时再以低价买进同样数额的这种证券归还给经纪人，从中获得买卖差价收益。例如，投资者估计某种股票会下跌，便决定卖空。投资者从经纪人借入该股票 1 000 股，在 6 元的价位卖出，并交 50% 的保证金即 3 000 元。如果该股票价格下跌到 5 元，投资者可以购回该股票，偿还借款，补进空头；每股盈利 1 元，总额 1 000 元。如果该股票价格并未下跌，反而上涨到 7 元，投资者想在这一价格补进 1 000 股，就得付 7 000 元。6 元的价格卖出，7 元的价格买入，所以每 1 股亏了 1 元，1 000 股就亏了 1 000 元，那么投资者的账户原先 3 000 元的保证金，也就仅余下 2 000 元。如果投资者还不想结束这笔交易，还须在保证金账户上增加自己的保证金。

有价证券除可采用现货交易及信用交易之外，还可采用期货、期权等交易方式。由于这些交易属于金融衍生工具的交易，所以为了避免重复，这些内容将在本章第四节介绍金融衍生工具时加以介绍。

三、证券价值评估

证券价值评估也就是论证证券的内在价值。一个被普遍使用的评估内在价值的方法是对该项投资形成的未来收益进行折现值的计算，即现金流贴现法。现金流贴现模型，又称贴现现金流估价法，是对包括股权在内的所有资产的价值进行评估的最基本的方法。现金流贴现法的应用是建立在收入资本化基础之上，其计算证券内在价值的原理是既然投资的目的是为了在未来取得投资收益，那么，未来投资收益的多少就在本质上决定了投资对象内在价值的高低。因此，采用适当的贴现率，就可以计算出该投资品的内在价值 V。用现金流贴现法计算证券价值包括以下三步：第一，估计投资对象的未来现金流量，第 n 期的现金流为 C_n；第二，选择可以准确反映投资风险的贴现率 r；第三，根据投资期限对现金流进行贴现。其一般计算公式如下：

$$V = \frac{C_1}{1+r} + \frac{C_2}{(1+r)^2} + \cdots + \frac{C_n}{(1+r)^n}$$

需要指出两点，一是市场中金融资产的市场价格 P 受多方面因素的影响，并不一定等于其内在价值 V；二是有价证券的内在价值，即理论价值，指证券未来收益的现值，它并不等于实物资产的账面值。债券，其本身并无对应的实物资产。股票，有其对应的实物资产，但具有同样估值金额的实物资产并不等于对应的股票具有同等的内在价值。

证券价值评估包括债券价值评估和股票价值评估。

（一）债券价值评估以及收益率计算

收入资本化定价方法认为，资产的内在价值等于投资者投入的资产可获得的预期现金收入的现在价值。运用到债券上，债券的内在价值即等于来自债券的预期货币收入按某个利率贴现的现值。在确定债券内在价值时，需要估计预期货币收入和投资者要求的最低收益率（也称为必要收益率）。

依债券利息的支付方式不同，债券可以划分为附息债券和贴现债券。

1. 附息债券的价值评估以及收益率计算

附息债券，指债券券面上附有息票，按照债券票面载明的利率及支付方式支付利息的债券。息票上标有利息额、支付利息的期限和债券号码等内容。持有人可从债券上剪下息票，并据此领取利息。附息债券按照还本付息方式的不同，可分为 3 类：一是在偿还期内按期付息，到期还本，如每半年和一年付息一次；二是定期付息、没有到期日的永久性债券；三是到期一次还本付息。我国发行的附息国债也分为到期一次还本付息国债和按年付息国债，1993 年第二期国债是我国第一支附息国债。

（1）定期付息、到期还本的定息债券的价值评估

① 按年付息的定息债券的价值评估

一般情况下，债券是固定利率，每年计算并支付利息、到期归还本金。按照这种模式，债券价值计算的基本模型是：

$$V = \sum_{t=1}^{n} \frac{C}{(1+r)^t} + \frac{M}{(1+r)^n} = \frac{C}{r} \cdot \left[\frac{(1+r)^n - 1}{(1+r)^n} \right] + \frac{M}{(1+r)^n}$$

式中：V 为债券价值；C 为每年的利息；M 为到期的本金，也就是债券的面值；r 为市场利率或投资人要求的最低报酬率，即贴现率；n 为债券到期前的年数。

例如：某债券面值为 100 元，票面利率为 10%，期限为 5 年，每年计算并支付一次利息，到期归还本金。某企业要对这种债券进行投资，当前的市场利率为 12%，问债券价格为多少时才能进行投资？

根据上述公式，可得：

$$V = \frac{100 \times 10\%}{12\%} \cdot \left[\frac{(1+12\%)^5 - 1}{(1+12\%)^5} \right] + \frac{100}{(1+12\%)^5}$$

$$= 92.8 \text{（元）}$$

即这种债券的价格必须低于 92.8 元时，该企业才能购买。

② 按半年付息的定息债券的价值评估

如果按半年付息、到期归还本金。按照这种模式，债券价值计算的基本模型是：

$$V = \sum_{t=1}^{2n} \frac{\frac{1}{2}C}{\left(1+\frac{r}{2}\right)^t} + \frac{M}{\left(1+\frac{r}{2}\right)^{2n}}$$

（2）定期付息、没有到期日的永久性债券的价值评估，其价值计算模型为：

$$V = \sum_{t=1}^{\infty} \frac{C}{(1+r)^t} = C/r$$

公式中符号含义同前式。

（3）我国很多债券属于到期一次还本付息且不计复利的债券，其价值计算模型为：

$$V = \frac{M(1+in)}{(1+r)^n} = \frac{M + C \times n}{(1+r)^n}$$

公式中符号含义同前式。i 是票面年利率。

（4）附息债券的收益率计算

债券收益率通常用年率表示，决定债券收益率的因素主要有利率、期限、面值和购买价格。债券投资所获得的收益有 3 部分：利息收入、资本损益（资本利得）、利息再投资得收益。债券收益率有票面收益率、直接收益率、持有收益率和到期收益率等多种，这些收益率分别反映投资者在不同买卖价格和持有年限下的不同收益水平。

① 票面收益率，又称名义收益率或息票利息率，是印制在债券票面上的固定利率，即年利息收入与债券面额之比率。投资者如果将按面额购入的债券持至期满，则所获得的投资收益率与票面收益率是一致的。其计算公式为：

$$票面收益率 = \frac{债券年利息}{债券面额} \times 100\%$$

票面收益率只适用于投资者按票面金额买入债券直至期满并按票面金额收回本金的情况，它没有反映债券发行价格与票面金额不一致的情况，也没有考虑投资者中途卖出债券的情况。

② 直接收益率，又称本期收益率、当前收益率，指债券的年利息收入与买入债券的实际价格之比率。债券的买入价格可以是发行价格，也可以是流通市场的交易价格，它可能等于债券面额，也可能高于或低于债券面额。其计算公式为：

$$直接收益率 = \frac{债券年利息}{债券买入价} \times 100\%$$

直接收益率反映了投资者的投资成本带来的收益。它对那些每年从债券投资中获得一定利息现金收入的投资者来说很有意义。但它和票面收益率一样，不能全面地反映投资者的实际收益，因为它只考虑到了利息收入，忽略了资本损益以及利息再投资的收益。

③ 持有期收益率，是指买入债券后持有一段时期，并在债券到期前将其出售所得到的收益率。它考虑了利息收入以及资本损益问题，但是忽略了利息再投资的收益。

分期支付利息、到期归还本金息票债券持有期收益率的计算公式为：

$$持有期收益率 = \frac{债券年利息 + （债券卖出价 - 债券买入价）÷ 持有年限}{债券买入价} \times 100\%$$

到期一次还本付息债券，在中途出售的卖价中包含了持有期的利息收入，其持有期收益率的计算公式为：

$$持有期收益率 = \frac{（债券卖出价 - 债券买入价）÷ 持有年限}{债券买入价} \times 100\%$$

④ 到期收益率，又称最终收益率，是指投资者将债券持有到期满时的收益率。采用单利计算到期收益率。

- 分期支付利息、到期归还本金息票债券的单利到期收益率的计算公式：

$$到期收益率=\frac{债券年利息+（债券面值–债券买入价）÷剩余到期年限}{债券买入价}×100\%$$

- 一次还本付息债券的单利到期收益率的计算公式：

$$到期收益率=\frac{（债券到期本息和–债券买入价）÷剩余到期年限}{债券买入价}×100\%$$

采用复利计算到期收益率。

- 一次还本付息债券的复利到期收益率：由于 $V=\frac{M(1+in)}{(1+r)^n}=\frac{M+C×n}{(1+r)^n}$，则 $r=\sqrt[n]{\frac{M(1+in)}{V}}-1$

式中：V 为债券的购入价格；M 为债券面值；C 为每年的固定利息；N 为债券偿还期限（年）；r 为贴现率，即债券复利到期收益率；n 为债券的剩余到期年限。

- 分期付息的定息债券的复利到期收益率：

$$市场价格=\frac{年利息}{到期收益率}\left[\frac{（1+到期收益率）^{距到期年限}-1}{（1+到期收益率）^{距到期年限}}\right]+\frac{面额}{（1+到期收益率）^{距到期年限}}$$

即：

$$V=\frac{C}{r}\cdot\left[\frac{(1+r)^n-1}{(1+r)^n}\right]+\frac{M}{(1+r)^n}$$

式中：V 为债券的购入价格；C 为每年的固定利息；M 为债券面值；r 为贴现率，即债券复利到期收益率；n 为债券的剩余到期年限。

到期收益率的计算较复杂，可利用计算机软件或载有在不同价格、利率、偿还期下的到期收益率的债券表求得。在缺乏上述工具的情况下，只能用内插法求出到期收益率。

2. 贴现债券的价值评估以及收益率计算

贴现债券，指债券券面上不附有息票，发行时按规定的折扣率，以低于债券面值的价格发行，到期按面值支付本息的债券。贴现债券的发行价格与其面值的差额即为债券的利息。如投资者以 70 元的发行价格认购了面值为 100 元的 5 年期债券，那么，在 5 年到期后，投资者可兑付到 100 元的现金，其中 30 元的差价即为债券的利息，年息平均为 8.57%，其计算过程是（100–70）÷70÷5×100%。美国的短期国库券和日本的贴现国债，都是较为典型的贴现债券。我国 1996 年开始发行贴现国债，期限分别为 3 个月、6 个月和 1 年。

（1）贴现债券的价值评估。贴现债券以折现方式发行，没有票面利率，到期按面值偿还。这些债券的价值计算模型为：

$$V=\frac{M}{(1+r)^n}，或者 V=M-M×r×n$$

式中，V 为债券价值；M 为到期的本金，即面值；r 为市场利率或投资人要求的最低报酬率；n 为债券持有期，对于持有到期的债券，债券持有期就是债券到期前的年数。

例如，若面值为 1 000 元，期限 182 天贴现率 6%，持有 92 天以后将其卖出，试计算其内在价值。

$$p = \frac{M}{(1+r)^n} = \frac{1000}{(1+6\%)^{\left(\frac{182-92}{365}\right)}} = 985.735 \text{（元）}$$

$$P = 1000 - 1000 \times 6\% \times \left(\frac{182-92}{360}\right) = 985 \text{（元）}$$

（2）贴现债券的收益率计算。持有期收益率是指买入债券后持有一段时间，又在债券到期前将其出售而到的收益率。它包括持有债券期间的利息收入和资本损益，但是忽略了利息再投资的收益，所以是按单利计算的。贴现债券持有期收益率的计算公式为：

$$\text{持有期收益率} = \frac{\text{（债券卖出价} - \text{债券买入价）} \div \text{持有年限}}{\text{债券买入价}} \times 100\%$$

到期收益率又称最终收益率，是指买入债券后一直持有到期可获取的收益率。因此，如果投资者购买债券后持有到期，则到期收益率等于持有期收益率。到期收益率是最重要的收益率指标之一。贴现债券到期收益率的计算公式：

$$\text{到期收益率} = \frac{\text{（债券面值} - \text{债券买入价）} \div \text{剩余到期年限}}{\text{债券买入价}} \times 100\%$$

按复利计算，考虑到债券期间的全部收益，包括利息收入、资本损益和利息再投资的收益，那么贴现债券的到期收益率的计算公式：

$$\text{到期收益率} = \left(\sqrt[\text{距到期年限}]{\frac{\text{面额}}{\text{购买价格}}} - 1\right) \times 100\%$$

（二）股票价值评估

1. 股利贴现模型的一般公式

股利贴现模型是现金流贴现模型在股票价值评估中的应用。因此股利贴现模型就是运用收入的资本化定价方法来决定股票内在价值的方法。按照收入的资本化定价方法，任何资产的内在价值都是由拥有资产的投资者在未来时期中所接受的现金流决定的。由于现金流是未来时期的预期值，因此必须按照一定的贴现率折算成现值。也就是说，一种资产的内在价值等于预期现金流的贴现值。对股票而言，预期现金流即为预期未来支付的股利。因此，股利贴现模型的一般公式如下。

优先股的股票内在价值为：$V = \sum_{t=1}^{\infty} \frac{C}{(1+r)^t} = C/r$

式中：V 为股票内在价值；C 为每期的优先股股息；r 为贴现率，即投资者要求的必要投资收益率，又称资本化率。

普通股的股票内在价值为：$V = \frac{D_1}{1+r} + \frac{D_2}{(1+r)^2} + \cdots = \sum_{t=1}^{\infty} \frac{D_t}{(1+r)^t}$

式中：V 为股票内在价值；D_t 为第 t 期的预期股利（包括股息和红利）；r 为贴现率，即投资者要求的必要投资收益率。

事实上，绝大多数投资者并非在投资之后永久性地持有所投资的股票。在一般情况下，投资者投资于股票，不仅希望得到股利，还希望在未来出售股票时从股票价格的上涨中获得好处。所以投资者购入股票往往持有一段时间后出售。根据收入资本化法，卖出股票的现金流收入也应该纳入股票内在价值的计算，其股票的内在价值等于持有期间所得股利的现值和出售股票时售价的现值之和。那么，股利贴现模型如何解释这种情况呢？

假定某投资者在第三期期末卖出所持有的股票，根据收入资本化定价方法，该股票的内在价值应该等于：

$$V = \frac{D_1}{(1+r)} + \frac{D_2}{(1+r)^2} + \frac{D_3}{(1+r)^3} + \frac{P_3}{(1+r)^3}$$

其中，P_3 代表在第 3 期期末出售该股票时的价格。

根据股利贴现模型，股票在第 3 期期末出售价格应该等于它在第 3 期期末的内在价值 V_3。

$$V = \frac{D_1}{(1+r)} + \frac{D_2}{(1+r)^2} + \frac{D_3}{(1+r)^3} + \frac{V_3}{(1+r)^3}$$

而在第 3 期期末的内在价值 V_3 应该等于其在未来取得的所有股利在第 3 期期末的现值。

$$V_3 = \frac{D_4}{(1+r)} + \frac{D_5}{(1+r)^2} + \frac{D_6}{(1+r)^3} + \cdots = \sum_{t=1}^{\infty} \frac{D_{t+3}}{(1+r)^t}$$

将上式代入股票内在价值 V 的计算公式，则：

$$V = \frac{D_1}{(1+r)} + \frac{D_2}{(1+r)^2} + \frac{D_3}{(1+r)^3} + \frac{D_4}{(1+r)^{3+1}} + \frac{D_5}{(1+r)^{3+2}} + \cdots = \sum_{t=1}^{\infty} \frac{D_t}{(1+r)^t}$$

由此可见，股票在期初的内在价值与该股票的投资者在未来时期是否中途转让无关。其估值公式是一致的。

如果能够准确地预测股票未来每期的股利，就可以利用式计算股票的内在价值。在对股票未来每期股利进行预测时，关键在于预测每期股利的增长率。如果用 g_t 表示第 t 期的股利增长率，其数学表达式为：

$$g_t = \frac{D_t - D_{t-1}}{D_{t-1}}$$

根据对股利增长率的不同假定，股利贴现模型可以分成零增长模型、不变增长模型、多元增长模型等形式。

2. 零增长模型

零增长模型是股利贴现模型的一种特殊形式，它假定股利是固定不变的。换言之，股利的增长率等于零。零增长模型不仅可以用于普通股的价值分析，而且适用于统一公债和优先股的价值分析。股利不变的数学表达式为：

$$g_t = 0 \qquad D_0 = D_1 = D_2 = \cdots = D_\infty$$

$$V = \sum_{t=1}^{\infty} \frac{D_t}{(1+r)^t} = D_0 \left[\sum_{t=1}^{\infty} \frac{1}{(1+r)^t} \right]$$

当 r 大于 0 时，小于 1，根据数学中无穷级数的性质，可以将上式简化为：$V = \frac{D_0}{r}$。

其中，V 是股票的内在价值；D_0 是未来每期支付的固定每股股利；r 为投资者要求的必要投资收益率，即到期收益率。

例如：假定某公司未来每期支付的每股股利为 8 元，必要收益率为 10%。运用零增长模型，可知该公司股票的价值等于 8÷0.10=80（元）；而当时股票价格为 65 元，说明该股股票被低估

15 元，因此可以购买这种股票。

零增长模型的应用似乎受到相当的限制，毕竟假定对某一种股票永远支付固定的股利是不合理的，但在特定的情况下，对于决定普通股票的价值仍然是有用的。尤其在决定优先股的内在价值时，这种模型相当有用，这是因为大多数优先股支付的股息是固定的，而且由于优先股没有固定的生命期，预期支付显然是能永远进行下去的。

3. 不变增长模型

不变增长模型可以分为两种形式：一种是股利按照不变的增长率增长；另一种是股利以固定不变的绝对值增长。相比之下，前者比后者更为常见。因此，这里主要对股利按照不变增长率增长的情况进行介绍。

假设股利永远按不变的增长率 g 增长，就可以建立不变增长模型。设上年股利为 D_0，假设时期 t 的股利为：

代入现金流贴现模型式中，可得：$D_t = D_{t-1}(1+g) = D_o(1+g)^t$

$$V = \sum_{t=1}^{\infty} \frac{D_t}{(1+r)^t} = \sum_{t=1}^{\infty} \frac{D_o(1+g)^t}{(1+r)^t} = D_o \sum_{t=1}^{\infty} \frac{(1+g)^t}{(1+r)^t}$$

如果 $r > g$，可知根据数学中无穷级数的性质，代入等比数列求和公式，当 $n \to \infty$ 时，上式可简化为：

$$\sum_{t=1}^{\infty} \frac{(1+g)^t}{(1+r)^t} = \frac{1+g}{r-g}$$

$$V = \frac{D_o(1+g)}{(r-g)} = \frac{D_1}{r-g}$$

式中，D_1 为第一年的股利。

例如：去年某公司支付每股股利为 1.80 元，预计在未来日子里该公司股票的股利按每年 5%的速率增长，因此，预期下一年股利为 $1.80 \times (1+0.05) = 1.89$（元）。假定必要收益率是 11%，根据不变增长模型式可知，该公司股票的价值为：

$$1.80 \times (1+0.05) \div (0.11-0.05) = 1.89 \div (0.11-0.05) = 31.50（元）$$

当前每股股票价格是 40 元，因此股票被高估 8.50 元，投资者应该出售该股票。

零增长模型实际上是不变增长模型的一个特例。假定增长率 g 等于 0，股利将永远按固定数量支付，这时，不变增长模型就是零增长模型。

从这两种模型来看，虽然不变增长的假设比零增长的假设有较小的应用限制，但是在许多情况下仍然被认为是不现实的。由于不变增长模型是多元增长模型的基础，因此这种模型是极为重要的。

4. 可变增长模型

零增长模型和不变增长模型都对股利的增长率进行了一定的假设。事实上，股利的增长率是变化不定的，因此，零增长模型和不变增长模型并不能很好地在现实中对股票的价值进行评估。

在现实生活中，有的公司股利是不固定的。有时固定不变，有时固定增长，有时高速增长。在这种情况下，股票价值就要分段计算。根据股利的增长情况分为非固定增长阶段和固定增长阶段，分别计算两阶段的预期股利现值，两阶段的预期股利现值之和，就是股票目前的内在价值。下面主要对可变增长模型中的二元增长模型进行介绍。

假定，股利收入分两部分，在时间 T 以前，从 $t=0$ 到 T 期每期股利增长率不同、是可变的，其现值用 $V(T-)$ 表示，在 T 期之后，股利以不变增长率常数 g 增长，后半段资金流贴现到 $t=T$ 的现值用 $V(T)$ 表示，将 $V(T)$ 再贴现到 $t=0$ 时刻的现值为 $V(T+)$。

在此假定下，可以建立二元可变增长模型：

$$V(T-)=\sum_{t=1}^{T}\frac{D_t}{(1+r)^t}$$

$$V(T)=\frac{D_{T+1}}{(r-g)} \qquad V(T+)=V_T\left(\frac{1}{(1+r)^T}\right)=\frac{D_{T+1}}{(r-g)(1+r)^T}$$

$$V=V(T-)+V(T+)=\sum_{t=1}^{T}\frac{D_t}{(1+r)^t}+\frac{D_{T+1}}{(r-g)(1+r)^T}$$

当市场价格高于股票的理论价值时，投资者应该出售该股票；反之，若市场价格低于股票的理论价格，则投资者应该买进该股票。

从本质上来说，零增长模型和不变增长模型都可以看作是可变增长模型的特例。例如，在二元增长模型中，当两个阶段的股利增长率都为零时，二元增长模型就是零增长模型；当两个阶段的股利增长率相等，但不为零时，二元增长模型就是不变增长模型。相对于零增长模型和不变增长模型而言，二元增长模型较为接近实际情况。然而，对于股票的增长形态，可以给予更细的分析，以更贴近实际情况。与二元增长模型相类似，还可以建立三元等可变增长模型。其原理、方法和应用方式与二元增长模型差不多，证券分析者可以根据自己的实际需要加以考虑。

5. 市盈率估价法

市盈率，又称价格收益比或本益比，是某种股票每股市价与每股盈利的比率。市盈率是分析股票市价高与低的重要指标，是衡量股票投资价值的一种方法，是评估普通股价值的最基本、最重要的指标之一。

市盈率=普通股每股市场价格÷普通股每年每股收益

上式中的分子是当前的每股市价，分母可用最近一年盈利，也可用未来一年或几年的预测盈利。市盈率反映着股票价格与其盈利能力的偏离程度。

根据上式，如果能分别估计出股票的市盈率和每股收益，那么就能由此公式估计出股票价格。这种评价股票价格的方法就是"市盈率估价方法"。

普通股每股市场价格=市盈率×普通股每年每股收益

市盈率高低除受其股票价格以及每股盈利影响外，还因其所处行业不同而有所区别。通常利用该指标估量某股票投资价值，或用该指标在不同公司股票间进行比较。一般认为，如果一家公司股票市盈率过高，那么该股票价格具有泡沫，价值被高估。而当一家公司增长迅速以及未来的业绩增长非常看好时，股票的高市盈率可能恰好准确地估量了该公司的价值。利用市盈率比较不同股票的投资价值时，这些股票必须属于同一个行业。一般来说，市盈率水平为：0~10 表明价值被低估；11~20 是正常水平；21~28 表明价值被高估；28 以上反映股市出现投机性泡沫。

但要注意的是，市盈率是一个非常粗略的指标，考虑到可比性，对同一指数不同阶段的市盈率进行比较较有意义，而对不同市场的市盈率进行横向比较时应特别小心。一般情况下，在公司没有很好的利润增长的时候，选择市盈率较低的股票；如果公司的未来发展前景很好，也可以选择市盈率高的股票。其次，市价变动的影响因素很多，包括投机炒作等，市盈率中的每股收益为以前的收益水平，并不代表现在和未来，因此，市盈率是股票价值的一个参考指标，要正确分析股票价值，观察市盈率的长期趋势很重要。

四、股票市场的价格指数

由于经济、技术、市场、政治等各种因素的影响，股票价格经常处于变动之中。为了能够反映这种变化，世界各大金融市场都编制股票价格指数，将一定时点上成千上万种此起彼落的股票价格表现为一个综合指标，以反映该股票市场的价格水平和变动情况。股票价格指数是指用以表示多种股票平均价格水平及其变动并衡量股市行情的指标。

股票价格指数是一个广义的概念，它除了包括"股价指数"指标外，还包括"股价平均指数"指标。股价平均数是用来反映一定时点上多种股票价格变动的一般水平。股价指数是反映不同时点上股价变动情况的相对指标。通常是报告期的股票价格与选定的基数价格相比，并将二者的比值再乘以基数的指数值即为该报告期的股票价格指数。根据加权方式的不同，计算股票价格指数通常采用拉斯贝尔指数、派许指数和费雪指数 3 种方法。

（1）拉斯贝尔指数（Laspeyre Index）：

$$股票价格指数 = \frac{\sum_{i=1}^{n} P_{1i}Q_{0i}}{\sum_{i=1}^{n} P_{0i}Q_{0i}} \times 基期指数$$

（2）派许指数（Paasche Index）：

$$股票价格指数 = \frac{\sum_{i=1}^{n} P_{1i}Q_{1i}}{\sum_{i=1}^{n} P_{0i}Q_{1i}} \times 基期指数$$

（3）费雪指数（Fisher Index）：

$$股票价格指数 = \sqrt{\frac{\sum_{i=1}^{n} P_{1i}Q_{0i}}{\sum_{i=1}^{n} P_{0i}Q_{0i}} \times \frac{\sum_{i=1}^{n} P_{1i}Q_{1i}}{\sum_{i=1}^{n} P_{0i}Q_{1i}}} \times 基期指数$$

以上各式中，P、Q 分别代表每种股票的价格和数量，下标 1 表示计算期，下标 0 表示基期，下标 i 表示不同的股票种类。

人们通过观察股票价格指数的变化，可以衡量出报告期股价与基期相比的变动方向及其幅度。股价平均数是用来反映一定时点上多种股票价格变动的一般水平，通常用算术平均数或修正平均数表示。人们通过对不同时期股价平均数比较，可以看出股票价格的变动情况及趋势。

根据所选取成分股的不同，目前各国股票价格指数分为综合指数和成分指数两种。前者包括全部上市股票，后者则选择一些有代表性上市公司股票编制。我国的上海证券综合指数和深圳证券综合指数都属于综合指数；而上证 30 指数、上证 180 指数与深圳成分股指数、深圳 100

指数则为成分指数。目前世界上著名的股票价格指数也都是成分股指数，主要包括以下几种。

（1）道·琼斯股票价格平均指数。这是美国道·琼斯公司编制并公布的，用以反映美国纽约证券交易所行市变化的一种股票价格平均指数，在世界金融市场上久负盛名，影响最大。

（2）标准·普尔指数（S&P500指数）。这是标准·普尔公司编制发布的股票价格指数，用以反映美国股票市场的行情变化。

（3）伦敦的《金融时报》指数（FTSE100指数）。反映英国伦敦证券交易所股票价格及其变化。

（4）日经平均股价（Nikki225指数）。由日本经济新闻社编制公布，用以反映日本股票市场的价格变动。

（5）东证股票指数（TOPIX，Tokyo stock price index）。由东京证券交易所编制并公布。

（6）恒生指数（HSI，Hang Seng index）。由香港恒生银行所属的恒生服务有限公司编制公布，用以反映香港股票市场的价格水平及其变动。

第四节 金融衍生工具

一、金融衍生工具概述

金融衍生工具是在原生金融工具基础上派生出来的各种金融合约及其组合形式的总称，是指在金融原生资产基础上设计而派生出新的金融工具。原生金融工具是在实际信用活动中出具的能证明债权债务关系或所有权关系的合法凭证。金融衍生工具是以某种金融原生工具的存在为前提，并以其为标的物进行交易的。因此，金融衍生工具与其原生工具之间存在密切的联系，特别是二者价格之间的相互影响极为密切。金融衍生工具是一种金融合约，其价值决定于一种或多种"标的物"。这种标的物可以是某种商品，可以是某种金融资产，也可以是某种指数。金融衍生工具只能依附于现货市场，是现货市场标的物的派生产物。另一方面，金融衍生工具作为其原生资产的派生物，其功能并非其原生资产的简单重复，而是有许多新的扩展，从而使其具有许多新的特点：套期保值功能、高杠杆性和高风险性等。金融衍生工具的交易既有场内交易，也有场外交易。

（一）金融衍生工具的分类

1. 按基础工具不同分类

金融衍生工具按照基础工具不同分类，可分为股权类衍生工具、货币衍生工具、利率衍生工具、信用衍生工具以及其他衍生工具。

2. 按交易的场所不同分类

金融衍生工具按原生产品不同，分为场内交易衍生工具和场外交易衍生工具。场内交易是指在交易所的场内交易市场上进行集中竞价交易，场外交易是指在交易所的场内交易市场以外的市场（柜台市场）上分散地进行交易，两者主要区别如表4-3所示。期权既可以在场内交易，又可以在场外交易。

表 4-3　　　　　　　　　金融衍生工具场内交易和场外交易区别

项　　　目	场　内　交　易	场　外　交　易
交易场所	交易所场内	交易所以外
交易品种	期货、期权	远期、互换、期权
交易规则	交易所统一制定规则	交易双方自定
交易方法	公开竞价	双方议价
交易合同	事先制定标准的统一格式	没有标准的统一格式
保证金	有	通常无，以信用为保证

3. 按交易双方的风险收益不同分类

金融衍生工具按交易双方的风险收益不同，分为两类：一类是交易双方的风险收益对称，即交易双方都负有在将来某一日期按照一定条件进行交易的义务，如远期合约、期货、互换等；另一类是交易双方风险收益不对称，合约购买方有权选择是否履行合同，包括期权及期权的变形如认股权证、可转换债券等。

4. 按金融衍生工具的形式不同分类

金融衍生工具从形式上可分为两类：一类是普通型衍生工具，也称第一代衍生工具，即指金融远期合约、金融期货合约、金融期权合约、金融互换合约，这些衍生工具的结构与定价方式已基本标准化和市场化；另一类是复合型的衍生工具，它是将各种普通型衍生工具组合在一起，形成一种特制的产品。复合型衍生工具大多是银行专门为满足客户的特殊需要或出于自身造市获利及推销包装的目的，根据银行对金融市场走势的判断，运用数学模型进行推算而制作的。由于复合型衍生工具的内部结构一般被视为是一种"知识产权"而不向外界透露，因而其价格与风险都难以从外部加以判断与分析。

（二）金融衍生品市场的功能

金融衍生工具具有套期保值、价格发现、促进信息流动和投机等基本功能。

1. 套期保值

套期保值是指风险资产持有者为消除风险而利用一种或多种金融工具进行反向对冲交易。套期保值是金融衍生工具的最基本的作用，也是金融衍生工具赖以存在、发展的基础。当经济活动的范围越来越广、规模越来越大时，由于利率市场化和汇率波动等各种不确定因素所导致的价格波动就会加大经济活动的风险，而套期保值的目的就在于减少或回避已经面临的风险，以保证经营活动的正常进行。

2. 价格发现

价格发现是金融衍生工具的一个重要作用。价格发现是大量的购买者和出售者通过竞争性的公开竞价后形成的市场均衡价格。金融衍生工具之所以具有价格发现的作用，是因为这些金融衍生工具的交易集中了各行各业的市场参与者，带来了成千上万种关于衍生工具基础资产的供求信息和市场预期，所形成的金融衍生工具的价格反映了人们对利率、汇率、股指期货等价格走势变化和收益的预测及对目前供求状况的综合看法。在国际市场上，价格信息是不受国界限制的。例如，人们搜集、分析有关巴西大豆生长状况所得出的结果几乎立刻就会在大豆、豆粕和豆油期货价格上有所反映。美国政府发表的关于联邦储备将松动银根的报告立刻会为市场所吸收，并对美国政府长期国库券价格产生影响。由于期货市场对各方面价格信息反应最为敏捷，因此期货价格也是国内及国际金融市场上最广泛的参考价格。

3. 促进信息流动

金融衍生工具的价格发现作用可以降低信息不对称性，有利于提高信息透明度。金融市场上的信息不对称是指当事人双方都有一些只有自己知道的私人信息，这种私人信息是指影响当事人双方交易利益的一些信息，并非任何所有信息。金融衍生工具的交易市场吸引了大量的市场参与者，他们根据原生工具市场的供求情况，对金融衍生工具的未来价格趋势做出判断和预期，从而做出自己的交易报价。金融衍生工具市场参与者尽可能地收集来自各方面的信息，使这些信息迅速地体现在金融衍生工具的价格波动上，因而金融衍生工具的价格形成也有利于提高信息透明度。

4. 投机

投机是指利用对市场变化方向的正确预期而获利的一种交易行为。由于金融衍生工具本身所具有的特征和金融衍生工具市场的交易机制十分适合投机活动，使得金融衍生工具的投机作用得以充分发挥。利用市场向预期方向变化进行投机，也产生了本不存在的风险，有时会产生重大的金融衍生工具交易风险事故，形成重大损失。

二、远期交易

远期合约（Forward Contract）是合约双方约定在未来某一时间，按约定的价格，出售或购买约定数量的某种资产的一种协议。一般地，购买方称为多头（Long Position），出售方称为空头（Short Position）。远期合约规定合约双方交易的资产、交换日期、交换价格等主要内容，具体条款可由交易双方协商确定。

远期合约是适应规避现货交易风险的需要而产生的。相对于原始社会自给自足的状态而言，现货交易是人类的一大进步。通过交易，双方均可获得好处。但现货交易的最大缺点在于无法规避价格风险。一个农场主的命运完全掌握在他的农作物收割时农作物现货市场价格手中。如果在播种时就能确定农作物收割时卖出的价格，农场主就可安心致力于农作物的生产了。远期合约正是适应这种需要而产生的。远期合约是非标准化合约，因此它不在交易所内进行交易，而是在金融机构之间或金融机构与客户之间通过谈判后签署远期合约。已有的远期合约可以在场外市场交易。

远期合约的主要优点主要在于在签署远期合约之前，双方可以就交割地点、交割时间、交割价格、合约规模、标的物的品质等细节进行谈判，以便尽量满足双方的需要。因此远期合约与下节将要介绍的期货合约相比，灵活性较大。

但远期合约也有明显的缺点：首先，由于远期合约没有固定的、集中的交易场所，不利于信息交流和传递，不利于形成统一的市场价格，市场效率较低。其次，由于每份远期合约千差万别，这就给远期合约的流通造成较大不便，因此远期合约的流动性较差。最后，远期合约的履约没有保证，当价格变动对一方有利时，对方有可能无力或无诚意履行合约，因此远期合约的违约风险较高。

远期合约是必须履行的协议，不像可选择不行使权利（即放弃交割）的期权。远期合约亦与期货不同，其合约条件是为买卖双方量身定制的，通过场外交易（OTC）达成，而后者则是在交易所买卖的标准化合约。

如果用横轴表示现货市场价格，纵横表示远期交易的损益情况，K 来代表远期合约中规定的特定交割价格，即协议价格，用 ST 来代表远期合约交割时同样标的的现货价格，那么，远期合约的损益可以表示如下（如图 4-5 所示）。当市场价格 ST 大于协议价格 K 时，多头方有收益，反之有损失，而空头方的情况恰好与多头方相反。

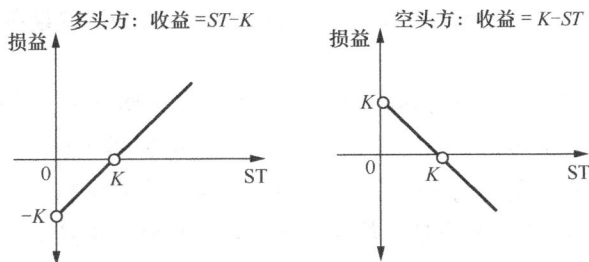

图 4-5　远期交易的损益曲线（左图为多头方的情况，右图为空头方的情况）

以外汇远期为例，某进口商将于 3 个月后付款 100 万美元，当前汇率为 USD1=RMB8.3；在这 3 个月内，如果汇率每上升 0.01，进口商将多付出人民币 1 万元。为了防止这样的汇率风险，进口商同时做一份远期美元的多头，标的 100 万美元，协议交割汇率为 8.3。这样，无论市场汇率如何变化，进口商已经把成本锁定在 830 万元人民币。这种行为称为套期保值（Hedging）。

远期合约是 20 世纪 80 年代初兴起的一种保值工具，从技术上说，它是其他各种金融衍生工具的基础。常见的金融远期合约包括 4 个大类：股权类资产的远期合约、债权类资产的远期合约、远期利率协议、远期汇率协议。从 2007 年 11 月 1 日起，我国的远期利率协议业务（Forward Rate Agreement，FRA）正式推出。

远期利率协议是一种远期合约，买卖双方（客户与银行或两个银行同业之间）约定从未来某一商定的日期（指利息起算日）开始，并规定以何种利率为参照利率，在一段特定的时期内按约定利率（协议利率）借贷一笔数额确定的名义本金，由当事人一方向另一方支付协议利率与参照利率利息差的贴现额。远期利率协议是交易双方为规避利率风险或利用未来的利率波动进行投机而签订的协议。

在这种协议下，交易双方约定从将来某一确定的日期开始在某一特定的时期内借贷一笔利率固定、数额确定，以具体货币表示的名义本金。远期利率协议的买方就是名义借款人，如果市场利率上升的话，按协议上确定的利率支付利息，就避免了利率风险；但若市场利率下跌的话，买方仍然必须按协议利率支付利息，就会受到损失。远期利率协议的卖方就是名义贷款人，他按照协议确定的利率收取利息，显然，若市场利率下跌，他将受益；若市场利率上升，他则受损。FRA 的买方其目的在于保护自己免受未来利率上升的影响，而 FRA 的卖方其目的是保护自己免受利率下跌的影响。

远期利率协议是在场外交易的，其参与者多为大银行，非金融机构客户可以通过银行参与交易。远期利率协议交易的币种主要有美元、英镑、日元等。假设某一银行某日的美元远期利率协议报价是 3×6 "7.94-8.00"，其中 "3×6" 表示期限，表示从交易日后的第 3 个月开始为该交易的起息日，也是该交易的结算日，而交易日后的第 6 个月为到期日，期限为 3 个月；"7.94-8.00" 为利率价格，前者为报价银行的买价，后者为银行卖价；参照利率由双方协商决定，我国远期利率协议的参考利率应为经央行授权的全国银行间同业拆借中心等机构发布的银行间市场具有基准性质的市场利率或央行公布的基准利率，具体由交易双方共同约定。名义贷款人并不向名义借款人实际转移借贷资金，双方只是在交割日根据协议利率和参考利率之间的差额以及名义本金额，由交易一方对另一方在结算日支付交割金。

$$交割金额=[(i_R-i_F)\times A\times D_f/B]/(1+i_R\times D_f/B)$$

其中：i_R 为参考利率；i_F 为协议利率；A 为协议数额；D_f 为协议期限的天数；B 为转换期的天数。

A 公司在 3 个月后需筹集一笔 1 000 万美元的 3 个月短期资金，公司预期市场利率有可能上升，为避免 3 个月筹资成本增加，决定买入一项 FRA 来回避风险。2006 年 3 月 5 日和 B 银行达成了一笔 USD 1 000 万美元的 3×6 个月的 FRA，参考利率为 3 个月的伦敦银行同业拆放利率，协议利率为 8%，协议期限 3 个月。若 3 个月后，市场利率果然上涨，6 月 5 日，英国银行家协会公布的 3 个月参考利率为 9%，则结算日 6 月 5 日的交割金额为：

$$交割金额=[(9\%-8\%)\times1000\ 万美元\times3/12]/(1+9\%\times3/12)=24449.9（美元）$$

三、金融期货

（一）金融期货的含义

金融期货（Financial Futures）是一种买卖双方在交易时约定买卖条件，同意在将来某一时间按约定的条件买卖某种金融工具的交易方式。期货交易所为方便人们的交易，事先制定了统一的、标准化的合同，这种合同称为期货合约，也是人们买卖的对象。金融期货合约是一种标准化合约，它是买卖双方约定在未来某一时间、按照约定价格购买或出售某一数量的某种金融工具的标准化合约。金融期货市场就是交易这种金融期货合约的场所。

最早的有组织、规范化的期货交易是在 1848 年美国芝加哥期货交易所（CBOT）正式成立之后产生的。早期的期货交易主要是商品期货的交易。20 世纪 70 年代，布雷顿森林货币体系崩溃，浮动汇率制代替了固定汇率制。由于汇率波动异常，汇率风险与利率风险加剧，为减小汇率风险和利率风险，1972 年 5 月，美国芝加哥商业交易所属下的国际货币市场率先开办外币期货交易，后来又陆续经营政府债券期货、股票指数期货等金融期货。目前，世界主要金融中心都相继建立金融期货市场。

期货交易的买卖过程与投资者委托证券商在证券交易所买卖证券的过程相似，只不过期货交易是在期货交易所的交易场所内进行的。投资者要买卖期货，也必须经过委托、竞价、清算、交割等环节。为了保证期货合约交易的安全性，期货交易所内的清算从交易中收取费用建立一笔基金，以担保每一笔期货的履约，这笔资金称为保证金。

大多数期货合约都不会持有到期实际交割，合约持有者通常会以出售合约的方式关闭其头寸或终止其对市场所承担的交割义务。

金融期货的损益情况，与远期交易一样，这里就不再重复。

（二）金融期货合约的主要内容

金融期货交易的合约内容是经国家监管当局批准，由交易所统一制定的，内容中除价格外，其他因素都是固定的。金融期货合约作为一种标准化合约不同于其他合约。金融期货合约的主要内容如下。

（1）交易单位（Trading Unit）。也称合约量（Contract Size），是指期货交易所对每一份金融期货合约所规定的交易数量。如国际货币市场（IMM）规定每一份英镑期货合约的交易单位为 25 000 英镑。

（2）最小变动价位（Minimum Prize Change）。这是指由期货交易所规定的在交易中价格最小的变动幅度。如 IMM 规定马克期货合约的最小变动价位是 1 点（即 0.0001 美元）。

（3）停板限制（Daily Price Limit），每日价格最高波动幅度，是指期货交易所为防止期货价格波动过于剧烈，而对价格波动最大幅度的限制。自 1987 年 10 月股灾以后，绝大多数交易所均根据具体情况对其上市的股票指数期货合约规定了每日价格波动限制，类似于我们通常说的涨、跌停板制。各个交易所的规定各不相同，这种不同既表现在限制的幅度上，也表现在限制的方式上。

在限制的方式上，有涨、跌停板制和熔断机制，有的交易所只用一种，有的交易所两种限价方式同时存在。所谓熔断机制，是当行情波动幅度达到交易所所规定的幅度即熔断点时，交易所会暂停交易一定时间，一般是 10 分钟，而后再开始正常交易，这时，将在更大一点的熔断点内交易。一般只设两个不同幅度的熔断点。

如芝加哥期货交易所（CBOT）规定美国长期国债期货的停板限制为上一个交易日结算价格上下各 3 点。

（4）合约月份（Contract Months）。这是指合约到期交收的月份。同一个品种期货是以不同的合约月份，来区分不同合约的。合约月份通常为 3 月、6 月、9 月、12 月。

（5）交易时间（Trading Hours）。即开收盘时间，是指由期货交易所规定的各种期货合约每日交易的具体时间。如 IMM 规定的日元交易时间为当地时间上午 7:20 至下午 14:00。

（6）最后交易日（Last Trading Day）。这是指期货交易所规定的各种期货合约到期月份中的最后一个交易日。投资者具体买卖的期货合约是有期限的，到期限的那一天就是最后交易日，这时必须平仓，否则就交割。如芝加哥商业交易所（CME）日经指数合约的最后交易日为合约月份的第三个星期的星期三。

（7）交割（Delivery）。这是指期货交易所规定的期货合约到期时未能及时平仓而进行实际交割的各项条款，包括交割方式、交割日及交割地点等。如 CME 日经指数合约的交割为现金交割，最后交易日收盘时的所有未平仓合约以日经指数的收市点数以现金结算。

（8）合约乘数。在股指期货中，其指数值是货币化的，也就是说，股指期货的股票指数代表一定的货币金额。它等于指数值乘以一个固定金额，这个固定金额就是"合约乘数"。

股指期货是用指数的点数来报出它的价格。例如，在香港上市的恒生指数期货合约规定，合约乘数为 50 港币，与期货恒生指数的乘积就得到一个合约的总价值。若期货市场报出恒生指数为 15 000 点，则表示一张合约的价值为 750 000 港币。而若恒生指数上涨了 100 点，则表示一张合约的价值增加了 5 000 港币。

（9）合约价值。合约乘数乘以股指期货点数，就得到合约价值。如果再乘以保证金比例，就得到做一手股指期货合约应占用的保证金数额。

（10）保证金。在期货市场上，交易者只需按期货合约价格的一定比率交纳少量资金作为履行期货合约的财力担保，便可参与期货合约的买卖，这种资金就是期货保证金。

保证金又分为：①初始保证金。初始保证金是期货交易双方在合约成交以后、第二天开市之前在各自经纪人处存入的保证金。②价格变动保证金。在每日结算的方式下，在期货交易中客户每日的损失都必须及时由客户追加保证金来补平，这种追加的保证金称为价格变动保证金。③维持保证金。维持保证金是指维持保证金账户的最低保证金，通常相当于初始保证金的 75%。

在我国，期货保证金按性质与作用的不同，可分为结算准备金和交易保证金两大类。结算准备金一般由会员单位按固定标准向交易所缴纳，为交易结算预先准备的资金。交易保证金是会员单位或客户在期货交易中因持有期货合约而实际支付的保证金，它又分为初始保证金和追加保证金两类。

初始保证金是交易者新开仓时所需交纳的资金。它是根据交易额和保证金比率确定的，即初始保证金=交易金额×保证金比率，一般在 3%～8% 之间。

交易者在持仓过程中，会因市场行情的不断变化而产生浮动盈亏（结算价与成交价之差），因而保证金账户中实际可用来弥补亏损和提供担保的资金就随时发生增减。浮动盈利将增加保证金账户余额，浮动亏损将减少保证金账户余额。保证金账户中必须维持的最低余额叫维持保证金。

沪深 300 指数期货合约的主要内容如表 4-4 所示。沪深 300 指数是由上海和深圳证券市场中选取 300 只 A 股作为样本编制而成的成份股指数。沪深 300 指数样本覆盖了沪深市场六成左右的市值，具有良好的市场代表性。沪深 300 指数期货的合约价值为当时沪深 300 指数期货报价点位乘以合约乘数，目前合约乘数为 300 元/点，如当时指数报价为 1 400 点，则合约价值为 1 400 点×300 元/点=420 000 元。交易所收取保证金为合约价值 8%，则投资者交易一张合约需保证金 3.36 万元左右。股指期货合约报价是按点数进行的，最小变动单位为 0.2，因而一个合约最小变动金额按 300 元/点计算便是 60 元。合约的涨跌停板为前一交易日的正负 10%。最后交易日不设涨跌停板，因为最后交易日以现货指数的平均价作结算价，要保证期指和现指有趋于一致的空间，因此不设涨跌停板。沪深 300 指数期货同时挂牌 4 个合约，分别为当月、下月及随后两个季月，如当月为 10 月，则下月合约为 11 月，随后两个季月合约为 12 月和第二年 3 月。沪深 300 股指期货已自 2010 年 4 月 16 日起在中国金融期货交易所上市交易。

表 4-4　　　　　　　　　　　　　　　沪深 300 指数期货合约表

合 约 标 的	沪深 300 指数
合约乘数	每点 300 元
报价单位	指数点
最小变动价位	0.2 点
合约月份	当月、下月及随后两个季月
交易时间	上午：9:15-11:30，下午 13:00-15:15
最后交易日交易时间	上午：9:15-11:30，下午 13:00-15:00
每日价格最大波动限制	上一个交易日结算价的 ±10%
最低交易保证金	合约价值的 8%
最后交易日	合约到期月份的第三个周五，遇国家法定假日顺延
交割日期	同最后交易日
交割方式	现金交割
交易代码	IF
上市交易所	中国金融期货交易所

（三）金融期货的种类

金融期货的基本类型主要有利率期货、外汇期货和股票指数期货。

（1）利率期货。利率期货是指交易双方约定在未来日期以成交时确定的价格交收一定数量的、与利率的变化密切相关的债券的标准化合约。它的产生源于债券市场巨大的利率风险。其主要代表是债券期货。表 4-5 为美国政府长期国债期货合约，该合约是流动性最强、交易最为活跃的一种交易品种。

表 4-5　　　　　　　　　　　美国政府长期国债期货合约

交易单位	票面值 10 万美元，名义利率 8% 的美国财政部债券
交割等级	从交割月第一天到第一次赎回有 15 年或到期日有最短时限的美国财政部债券
交割月份	3 月、6 月、9 月、12 月
交割日	交割月内的任一工作日
最后交易日	交易月份中最后一个营业日前的 7 个营业日
报价	用百分点数和点的 1/32 作为计价点数，如 80-16 表示 80 又 16/32 即 80.50%
最小价格变化	一个百分点的 1/32
差价限制	前一天标准价格的 ± 3%
保证金	最初保证金 3 500 美元（投机）、300 美元（套期保值）
交易所	芝加哥商品交易所

（2）外汇期货。外汇期货合约是交易双方约定在未来日期以成交时所确定的汇率交收一定数量的某种外汇的标准化合约。它的产生源于外汇市场巨大的汇率风险。外汇期货市场是以外汇期货合约为交易对象的市场。国际外汇期货市场上交易的合约品种主要有英镑、马克、瑞士法郎、日元、法国法郎等。

（3）股票指数期货。股票指数期货市场是指买卖股票指数合约的金融期货市场。股票指数是一种特殊商品，它没有具体的实物形式，买卖双方在交易时只能把股票指数换算成货币单位进行结算，没有实物交割。世界上最早的股票指数期货是美国密苏里州的堪萨斯谷物交易所于 1982 年 2 月开办的价值线股票指数期货交易，之后，许多国家纷纷效仿。目前较为著名的股票指数期货有标准普尔 500 种综合股价指数期货、纽约证券交易所综合股价指数期货、恒生股价指数期货、日经 225 股价指数期货等。标准普尔 500 股票指数期货在芝加哥商品交易所 CME 交易，该指数是一个包括 500 种股票的组合：400 种工业股、40 种公用事业股、20 种交通事业股和 40 种金融机构股。恒生指数期货在香港期货交易所交易，该指数是一个包括 33 种股票的组合，其中包括工商业、金融、地产和公用事业 4 个分类，总市值占香港联交所资本总额的 70% 左右。日经 225 股票指数是一个在东京股票交易所交易的 225 家市值最大股票的组合。

（四）金融期货交易的形式

期货交易的形式各种各样，按其交易目的划分，可将金融期货交易分为套期保值交易和投机性交易。前者是以转移价格风险为目的，后者是以盈利为目的。

1. 套期保值交易

套期保值交易是指交易者通过买卖期货合约减少或抵消因现货市场利率或即期外汇市场汇率变动而蒙受的损失。具体而言，套期保值交易是指在期货市场上买入（或卖出）与现货市场交易方向相反、数量相等的同种商品的期货合约，进而无论现货市场价格怎样波动，最终都能取得在一个市场上亏损的同时在另一个市场盈利的结果，并且亏损额与盈利额大致相等，从而达到规避风险的目的。金融期货套期保值交易主要可分为两种类型：多头套期保值和空头套期保值。多头套期保值是指交易者在约定未来日期必须买进有价证券之前先买进期货合约进行保值。空头套期保值是指交易者在约定未来日期在现货市场卖出有价证券之前先卖出有价证券期货合约。下面以日经指数期货来说明套期保值交易。

假设投资者甲拥有 3 720 万日元股票，他估计日后行情可能大跌，但他又不想卖掉手中持有的股票，但又想规避风险。此时，他在经纪人的建议之下采用日经指数期货的空头套期交易来规避风险。具体做法如图 4-6 所示。

日期	股票现货市场	股票指数期货市场
第 1 天	所拥有的股票总市值为：YEN 37 200 000 继续持有股票	日经指数三月期货合约行情：25 000，在 25 000 点的行情抛出三份日经指数三月期货空头单
第 6 天	股价下跌，所拥有的股票总市值为：YEN32 200 000。股市损失为：37 200 000－32 200 000=YEN 5 000 000	日经指数三月期货合约行情：21 000，平仓获利为：（25 000－21 000）×500×3=YEN 6 000 000

图 4-6　金融期货套期保值的具体做法

结果该投资者甲不但规避了风险，而且还获利 100 万日元。

2. 投机交易。投机交易是指交易者不实际进行货币或有价证券交割，而只是通过买进和卖出获取价差。具体来说，金融期货投机交易主要有套利、差额套期和敞开头寸交易等类型。套利是指交易者利用现货市场和期货市场之间的价格差额，买卖期货合约获利。差额套期是指交易者利用不同期货合约之间的价格差额，买卖期货合约获利。敞开头寸交易是指交易者通过买卖期货合约获取期货合约价格变动的绝对差额。下面以外汇期货交易来说明投机交易。

交易者甲预期马克对美元汇率 6 月份会上涨，便采用敞开头寸交易来进行投机。甲先于 3 月份购入 10 份 6 月份交割的德国马克期货，汇率为 DM1=$0.54 美元。假如 6 月份汇率上涨至 DM1=$0.56 美元。甲出售手中马克期货，获利$2.5 万美元，即（0.56－0.54）×12.5 万美元×10。如果 6 月份马克汇率跌至 DM1=$0.52 美元。甲则损失$2.5 万美元，即（0.54－0.52）×12.5 万美元×10。

（五）期货与远期的异同

期货（Future）是在远期的基础之上发展起来的，它的概念完全类似于远期。两者之间也有区别，见表 4-6。

表 4-6　　　　　　　　　　　　　远期与期货的区别

	远期（Forward）	期货（Future）
交易地点	分散，多为 OTC	集中于交易所
合同内容、形式	交易双方协定	标准化
交割形式	按时	经常对冲，较少实物交割
保证金	一般无	需要
交易目的	锁定价格	套期保值或投机居多
交易商品	一切商品	规格统一，标准交易，有限种类的商品和金融工具
交易方式	一对一	集中交易
保证手段	合同条款、法规	保证金制度：初始保证金 维持保证金 变动保证金

四、金融期权

20 世纪 20 年代，美国纽约便出现了股票期权交易活动，但在相当长的一段时间内是分散在店头市场进行的。1973 年 4 月，美国芝加哥期权交易所成立。之后，美国期权交易所、费城期权交易所相继成立，逐步形成现代期权市场。近十几年来，金融期权市场得到迅猛发展，对经济产生着重要的影响。

（一）金融期权的含义

期权（Options），又译为选择权，它是一个合约，指合约买方（Holder）向卖方（Writer）支付一定费用（期权费 Premium）的基础上，就拥有在约定的时间内，按照约定的价格（协定价格 Exercise Price）向卖方买进或卖出一定数量的相关资产的权利，也可以根据需要放弃行使这一权利。金融期权（Financial Options）是以金融工具为标的物的期权形式。它作为一种新的金融衍生工具，其标的物既包括作为原生资产的股票、债券、利率、汇率和股票指数等，也包括作为衍生工具的金融期货等。在金融期权合约中有以下一些基本的概念。

（1）期权购买者（Buyer）与期权出售者（Seller）。期权购买者也称期权持有者（Holder），在购买期权后有权按合约规定的条件买进或卖出一定数量的金融工具，也可根据情况放弃该项权利，故为主动性履约。期权出售者又称为期权签发者（Writer），在出售期权后则有义务在规定期限内卖出或买进购买者买进或卖出的金融工具，故为被动性履约。

（2）协定价格（Exercise Price）。协定价格又称履约价格，敲定价格（Strike Price），是指期权买卖双方协定在未来某一时间买方在行使权力时所执行的价格，即标的物的交易价格。

（3）期权费（Premium）。期权费又称保险费，是购买者购买期权向出售者支付的费用。期权费是期权交易的价格（Option Price），对出售者来说索取期权费是为了补偿购买者履行权利所造成的损失，对购买者来说期权费是期权交易所承受的最大风险和成本。

（二）金融期权的分类

（1）按期权标的物分，金融期权可分为股票期权、股指期权、利率期权、外汇期权、期货期权等。

（2）按期权履行时间分，金融期权可分为欧式期权和美式期权。期权合约有效期内任何时候都能执行的期权为美式期权；而只有在合约到期日才能执行的期权为欧式期权。

（3）按期权内容不同，金融期权主要可分为买入期权（Call Options）和卖出期权（Put Options）。买入期权又称为看涨期权或"敲入"，是指期权购买者有权在约定的未来时间以约定的价格向期权出售者买进一定数量的某种金融工具的合约。卖出期权又称看跌期权或"敲出"，是指期权购买者有权在约定的未来时间以约定价格向期权出售者卖出一定数量的某种金融工具的合约。

（三）金融期权交易的类型

金融期权交易的类型各式各样，从内容来看，主要有 3 种类型："敲进"、"敲出"、"对敲"。

（1）"敲进"。又称买入期权，即买方根据契约规定在期限内以事先商定的价格购买一定数量的证券。例如，某人购进 1 000 股某股票的看涨期权，每股价格 5 元，期权费为 2%，期限为 4 个月，商定价格为 5.2 元。如果在 4 个月内这种股票涨到每股 5.7 元，此人便根据契约商定的 5.2 元购进 1 000 股，再以 5.7 元的市场价格卖出，从中赚取 500 元利润，扣除 100 元期权费后，获得净利 400 元。如果股价下跌了，该人将放弃，则损失 100 元期权费。

（2）"敲出"。又称卖出期权，即购买者可根据契约规定，在期限内出售给专门的交易商一定数额的某种证券。例如，某人购买 1 000 股某股票的看跌期权，每股价格为 5 元，期权费为 100 元。期限为 4 个月，商定价格为 4.8 元。如果在 4 个月内这种股票下跌到每股 4.2 元，则他可以按 4.2 元的市价买进 1 000 股，按 4.8 元的协定价格出售给交易商，从中获 600 元，净利

500元。如果价格上涨，该人将只损失期权费100元。

（3）"对敲"。又称双向期权或双重期权，是指购买者预测证券价格会发生重大变化，但无法确定是上涨还是下跌，在交纳一定比例的期权费后，同时购买某种证券或期货的看涨期权和看跌期权，以便获利及避免风险。双向期权的保险费一般要高于前两种的任何一种单向期权。

（四）金融期权交易与金融期货交易的区别

（1）权利和义务。期货合约的双方都被赋予相应的权利和义务，除非用相反的合约抵消，这种权利和义务在到期日必须行使，也只能在到期日行使，期货的空方甚至还拥有在交割月选择在哪一天交割的权利。而期权合约只赋予买方权利，卖方则无任何权利，他只有在对方履约时进行对应买卖标的物的义务。特别是美式期权的买者可在约定期限内的任何时间执行权利，也可以不行使这种权利；期权的卖者则须准备随时履行相应的义务。

期货合约的买方到期必须买入标的资产，期货合约的卖方到期必须卖出标的资产。而期权合约的买方在到期日或到期前则有买入（在看涨期权中）或卖出（在看跌期权中）标的资产的权利。而期权合约的卖方在到期日或到期前则有根据买方意愿相应卖出（在看涨期权中）或买入（在看跌期权中）标的资产的义务。因此，期货交易中，买卖双方具有合约规定的对等的权利和义务。期权交易中，买卖双方的权利和义务是不对等的。

（2）标准化。期货合约都是标准化的，因为它都是在交易所中交易的，而期权合约则不一定。在美国，场外交易的现货期权是非标准化的，但在交易所交易的现货期权和所有的期货期权则是标准化的。

（3）盈亏风险。期货交易双方所承担的盈亏风险都是无限的。而期权交易卖方的亏损可能是无限的（在看涨期权中），也可能是有限的（在看跌期权中），盈利是有限的（以期权费为限）；期权交易买方的亏损是有限的（以期权费为限），盈利可能是无限的（在看涨期权中），也可能是有限的（在看跌期权中）。因此，期权交易中，买卖双方的风险与收益不对称。

（4）保证金。期货交易的买卖双方都须交纳保证金。期权的买者则无须交纳保证金，因为他的亏损不会超过他已支付的期权费，而在交易所交易的期权卖者则要交纳保证金，这跟期货交易一样。场外交易的期权卖者是否需要交纳保证金则取决于当事人的意见。

（5）套期保值。运用期货进行的套期保值，在把不利风险转移出去的同时，也把有利风险转移出去。而运用期权进行的套期保值时，只把不利风险转移出去而把有利风险留给自己。

（6）结算方式。期权交易中有3种结算方式，即对冲平仓、执行合约（行使权利）、放弃权利；而期货交易中只有前两种方式，即对冲平仓和执行合约（实物交割）。

（五）金融期权合约的损益分析

用 P 表示期权费，用 K 表示合约规定的协定价格（履约价格、执行价格、交割价格），用 ST 表示合约到期时现货市场上的即时价格（市价），那么看涨期权的买方（多头方）和卖方（空头方）的损益如图4-7所示。在买入看涨期权中，合同的买方有权在到期日或到期日之前按协议价买入合约规定的金融工具，他为此付出的代价是交付一笔权利金给给合同的卖方。在合同有效期内，当合约市价 ST 低于协议价 K 时，买方将选择不执行合约，其损失是期权费 P；当合约市价 ST 高于协议价 K 时，买方会选择执行合约。此时随着合同市价的上升，合同买方的损失逐渐减少；当市价超过盈亏平衡点 $K+P$ 后，执行合同就会给买方带来一定的收益，这种收益是随着市价的上升而增加的，理论上是可以达到无穷大的。如图 4-7（左）所示，期权买入方的最大损失不会超过期权费 P，随着合约市价上升，其收益也递增。如果市场价格高于协议价 K，买方期权购买者的收益是市场价格 ST 高出协定价格 K 的部分给期权的购买者带来的收益减去已付出的期权费 P 后的净收益，即 $ST-K-P$。如果市场价格升至 $K+P$，期权的购买者履行权利的收益正好等于支出的期权费 P，此时称为盈亏平衡点（Break-Even Point）。看涨期权的卖方的损益情况和看涨期权买方的情况刚好相反，如图 4-7（右）所示。

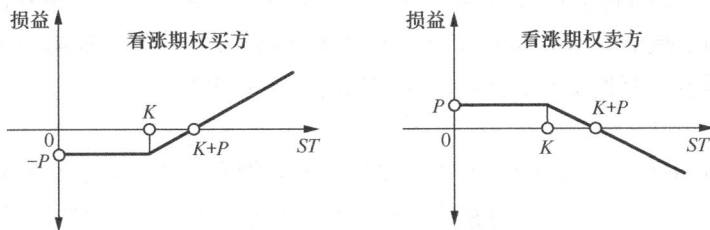

图 4-7　看涨期权交易的损益曲线

从图 4-7 中看出，当标的资产价格朝着看涨期权购买者预测方向变化即上升时，他的收益越来越大且不封顶；当市场价格没有按看涨期权购买者预测方向变化而是下跌时，他的损失是有限的，最大的损失就是先前曾支付的期权费 P。

看跌期权买方和卖方的损益情况如图 4-8 所示。在买入看跌期权中，买方是预期合约价格会下跌。如果合约市价 ST 真的下跌，并低于合约中的协议价格 K，那么买方可通过执行合约，即以协议价 K 出售标的物，此时随着合同市价的下降，看跌期权合同买方的损失逐渐减少；当市价低于盈亏平衡点 $K-P$ 后，执行合同就会给看跌期权买方带来一定的利润 $K-ST-P$；当市价 ST 高于协议价 K，则买方不会执行合同，只损失期权费 P。与买入看涨期权的不同，买入看跌期权的收益有一个比较明确的上限 $K-P$。与看跌期权买方相反，看跌期权的卖出方的损益状况是：有收益时，收益存在一个上限，即期权费 P；而发生损失时，其可能的损失是有限的，一般来说要远大于期权费。即当期权买方要求执行期权合约时，对卖方来说就意味收益小于期权费甚至亏损；当期权买方放弃执行合约时，即意味着卖方可获得期权费这笔收入。

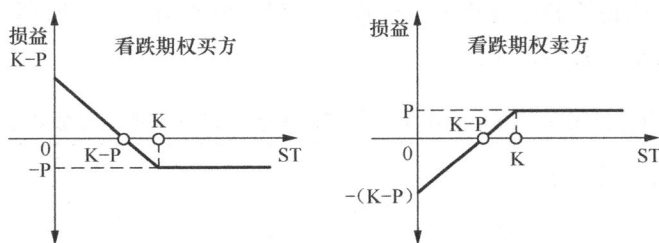

图 4-8　看跌期权交易的损益曲线

从上述期权交易的损益曲线可看出：期权购买者和出售者的收益和亏损是不对称的，即不管是看涨期权还是看跌期权，购买者的收益可能很大，而亏损却是有限的；出售者正好相反，亏损可能很大，而收益却是有限的。期权与期货风险、收益的特征的差异决定了期货可以用来防范对称性金融风险，而期权则可以用来防范非对称性金融风险。

五、金融互换交易

互换（Swap）是交易各方根据预先制定的原则，在一段时间内直接或通过一个中间机构间接交换一系列款项的支付义务的金融交易活动。该业务往往发生在信用等级不同，筹资成本、收益能力也不相同的筹资者之间。互换业务能保持债权债务关系不变，并能较好地限制信用风险。商业银行可借助互换业务发挥其巨大的信息优势和活动能力，获取较多的收益，并丰富其风险管理手段，拓宽其业务范围。

互换的种类可分为商品互换和金融互换，后者又分为利率互换、货币互换和股权互换等。最通常经常进行的互换交易主要是利率互换和货币互换。1981 年出现第一笔货币互换交易，1982 年出现第一笔利率互换交易，随后互换市场的发展非常迅速。

1. 利率互换

利率互换（Interest Rate Swap）是指交易双方各自拥有一笔币种、金额和期限皆相同，但计息方法不同的资产或债务，双方直接或通过银行中介达成协议，按对方的计息方法为对方偿还利息的活动。利率互换是两笔资产或债务相互交换不同计息方式的利息，一般在一笔象征性本金数额的基础上互相交换具有不同特点的一系列利息款项支付，主要是固定利率与浮动利率的互换。利率互换交易中交易双方不交换本金，只交换利率款项，交换的结果是改变资产或负债的利率。在利率互换中，本金只是象征性地起计息作用，双方之间只有定期的利息支付流，并且这种利息支付流表现为净差额支付。

利率互换是这样进行的：假设一家公司拥有固定利率的长期资产，但其负债的利息支付却随市场利率变化。那么市场利率的上升会使该公司蒙受损失，利率下降却使公司盈利增加。公司盈亏对市场利率变动越敏感，则显示公司对利率的风险曝露越大。但若此时有另一家公司，它所拥有的资产收益按浮动利率计值，而负债的利息支付相对固定，则该公司可在利率上升时获利，而在利率下降时亏损。这两家公司的承受利率风险的能力正好相反。若拥有相反利率风险的两家公司进行利率互换，即交换彼此计息的方式，用第一家公司的浮动利率负债与第二家公司的固定利率负债相交换，这样，两家公司的资产和负债的计息方式便能相互配平，但利率互换双方并未交换资产和负债的权责关系。因此，双方的资产负债表并不发生变化，仅仅是计息方式的改变和双方风险的降低。

现用具体的例子来说明利率互换的具体操作过程。甲乙两公司在欧洲美元市场上固定利率和浮动利率的借款成本如表 4-7 所示。

表 4-7　　　　甲乙公司在欧洲美元市场上固定利率和浮动利率的借款成本表

	甲　公　司	乙　公　司	绝　对　优　势	比　较　优　势
资信等级	AAA	BBB	利差	
直接筹集固定利率资金	12%	13%	甲公司省 1%	甲公司
直接筹集浮动利率资金	LIBOR	LIBOR+0.25%	甲公司省 0.25%	乙公司

从表 4-7 中可以看出，甲公司无论在固定利率资金市场上还是在浮动利率资金市场上的资信均高于乙公司，从而具有绝对优势，但是相比之下，甲公司在固定利率资金市场占有较大的相对成本优势，而乙公司在浮动利率资金市场相对劣势较小，双方就可按照著名的"比较优势"原则，分别在各自具有比较优势的市场上筹集资金，而后进行利率互换交易，就可以使双方都能以更低廉的成本获得各自所需的资金。首先，如图 4-9 所示，甲公司在欧洲美元市场上借固

定利率为 12% 的借款，乙公司在浮动利率市场筹措成本为 LIBOR+0.25% 的资金，然后通过一个中间人（Intermediary）进行互换交易，显而易见，甲公司为了获得那笔浮动利率资金，愿意支付成本在 LIBOR 以下的任何代价，乙公司为了获取那笔固定利率资金愿意支付 13% 以下的任何代价。

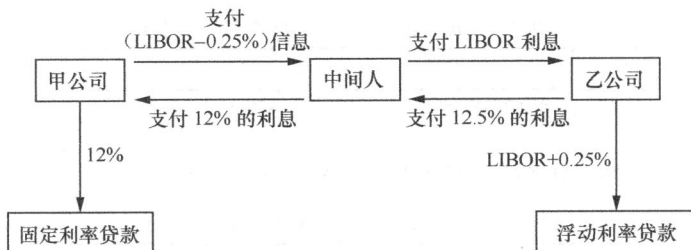

图 4-9　利率互换业务流程

根据比较利益原则，双方都可以在一定的幅度内商谈互换成交的价格。这里假定中间人要收取 0.25% 的中介费用，最后商定的结果假设为：甲公司向中间人支付的利率为（LIBOR-0.25%），中间人对其支付 12% 的利率；乙公司向中间人支付 12.5% 的固定利率，同时由中间人对其支付 LIBOR 水平的浮动利息。可见，经过互换交易后，甲方得到那笔浮动利率资金的实际成本为（LIBOR-0.25%），节约了 0.25% 的浮动利率借款成本；乙公司得到那笔固定利率资金的实际成本为 12.75%，即 12.5%+[(LIBOR+0.25%)-LIBOR]，也节约了 0.25%，另外 0.25% 为中间人所得，中间人同时承担了对甲、乙公司的风险。

2. 货币互换

货币互换（Currency Swap）是指交易双方直接或通过银行中介达成协议，相互交换两笔金额相同、期限相同、计算利率方法相同，但币种不同的债务资金或资产，然后按预先规定的日期为对方支付利息，偿还本金。也就是指双方按约定汇率在期初交换不同货币的本金，然后根据预先规定的日期，按即期汇率分期交换利息，到期再按原来的汇率交换回原来货币的本金，其中利息的互换也可按即期汇率折算为一种货币而只作为差额支付。

例如：有一家美国公司（A）需要筹集一笔日元资金，但该公司筹集美元的能力比筹集日元的能力强，因此采用先发行欧洲美元债券，然后向某家银行调换获得日元资金。

A 公司发行欧洲美元债券的条件如表 4-8 所示。

表 4-8　A 公司发行欧洲美元债券的条件

期　限	5 年
金　额	1 亿 US$
票息率	8.5%（每年）

而银行则为了抵补外汇风险，同时安排一笔与 A 公司所处情况正好相反（筹集日元能力比筹集美元能力强，但却需要美元资金）的 B 公司的"资产互换"交易，即以那笔从 A 公司互换而来的美元资产交换 B 公司的日元资产。假定此时货币互换的汇价为 1 美元=100 日元，日元利率为 7.5%，互换开始日为 2006 年 1 月，每年支付一次利息，为期 5 年，具体流程如图 4-10 所示。

第一步，期初相互交换本金，如下。

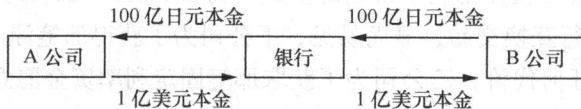

100 亿日元本金　　　100 亿日元本金

| A 公司 | → | 银行 | ← | B 公司 |

1 亿美元本金　　　1 亿美元本金

第二步，期间每年年初各方进行利息互换，如下。

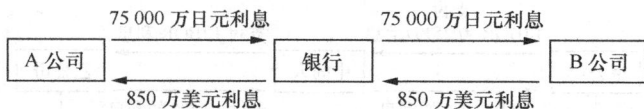

75 000 万日元利息　　　75 000 万日元利息

| A 公司 | → | 银行 | ← | B 公司 |

850 万美元利息　　　850 万美元利息

第三步，期末各方进行信息和本金互换，如下。

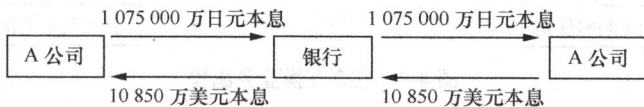

1 075 000 万日元本息　　　1 075 000 万日元本息

| A 公司 | → | 银行 | ← | A 公司 |

10 850 万美元本息　　　10 850 万美元本息

图 4-10　货币互换业务流程

这样，A 公司通过货币互换以较低的筹资成本（7.5%）筹集到 100 亿日元资金，而 B 公司也可以通过互换交易获得比其自身筹集要便宜的美元资金。

第五节　金融创新

金融创新（Financial Innovation）是指在金融领域内各种金融要素实行新的组合，具体来讲，就是指金融机构和金融管理当局出于对微观和宏观利益的考虑而对金融机构、金融制度、金融业务、金融工具以及金融市场等方面所进行的创新性的变革和开发活动，是金融领域的一场深刻的变革。

金融创新可以从广义和狭义两方面去理解，广义的金融创新是指金融工具、金融市场、支付清算手段及管理方法等的创新。也就是金融机构为生存、发展和迎合客户的需要而创造的新的金融产品、新的金融交易方式，新的支付清算手段、新的管理方法以及新的金融市场和新的金融机构的出现。狭义的金融创新是指金融工具的创新。

自从现代银行业诞生那天起，无论是银行传统的三大业务、银行的支付和清算系统、银行的资产负债管理，还是金融机构、金融市场，乃至整个金融体系、国际货币制度，都经历了一轮又一轮的金融创新。整个金融业的发展史就是一部不断创新的历史。从某种意义上讲，金融创新也是金融体系基本功能的建设，是一个不断创新的金融体系的成长过程。

本节对金融创新的产生的原因、内容以及金融创新对经济的影响进行分析。

一、金融创新的原因

西方国家的金融创新从 20 世纪 60 年代初产生，70 年代全面展开，并于 80 年代达到高峰。西方国家的金融创新并非偶然，它的出现有着种种复杂的原因和条件，正是各种因素共同作用的结果，导致金融创新的浪潮，成为国际金融领域中的显著特征。

（一）经济环境的变化使金融创新成为一种客观要求

正如美国金融学者在总结金融创新时所言，"需求是发明之母，如果目前还存在着尚未被满足的需求，就可能发明一种方法去满足那种需求，并且这种创新将会成功"。也就是说，金融创新高潮的出现和发展是由于存在着对它们的需求，而且这种需求具有长期性。

20世纪70年代初，布雷顿森林货币体系崩溃，浮动汇率制取代固定汇率制，各国货币汇率变化莫测，动荡不安。此外，20世纪70年代末80年代初，西方国家出现了两位数字的恶性通货膨胀，两位数的高利率就像影子一样紧随通货膨胀，结果，市场利率超过法令规定的存款利率最高限。一些金融机构为了保住存款而不得不按市场高利率付息，其经营成本大于它们在资产上的收益，使这些机构面临着破产的危险。面对剧烈变化的经营环境，金融机构开始采用浮动利率贷款，把利率不断上升的风险转移到客户身上。为抑制通货膨胀，美国联邦储备银行将以利率为目标的运作程序转为以准备金为目标的运作程序。以准备金为目标的运作程序虽对控制通货膨胀十分有效，但却造成利率大幅度的变动。

汇率和利率的剧烈变动给金融交易带来了巨大的风险。这就客观要求金融机构开发新的金融工具及保值技术，有效地减少和防止风险。因此，新型的金融工具，如金融期货、期权、货币互换和利率互换也就应运而生。

金融创新不仅受到汇率和利率的剧烈变动的刺激，而且也受到有价证券行市广泛波动的刺激，金融市场上所发明的用来降低利率波动、汇率波动和股票价格波动风险的新交易方式和金融工具层出不穷。

（二）政府严格管制的逆效应

1929—1933年的经济危机使资本主义经济遭受了严重打击和破坏，这次危机同时宣告了自由竞争的市场经济内在稳定器的失灵，同时，国家干预的经济思想逐渐占了上风。20世纪30年代后，西方各国为了维护金融体系的稳定，相继通过了一系列管制性的金融法令，开始加强了对金融业的全面管制。西方国家对金融业的全面管制体现在以下几个方面：第一，立法设置利率最高限；第二，立法分离普通银行业务和证券业务；第三，立法限制银行跨地域经营；第四，加强中央银行和其他政府金融管理机构的管理权限；第五，设立存款保险公司等。

西方各国政府对金融业所实施的严格管制对稳定银行业起到了较大的作用，但同时也给金融机构，特别是银行业带来了极大压力，特别在通货膨胀时造成了严重"脱媒"现象。在生死存亡的时刻，银行等金融机构想尽一切办法来绕过政府管制谋求生存和发展。因此，政府严格管制的逆效应是促进了金融机构通过金融创新来逃避政府管制，寻求管制以外的获利机会。我们从金融创新的内容中可以看到，管制与创新有着密切关系，存款性金融机构受限制最多，其创新也就比别的金融机构活跃得多。

（三）放松管制的思想

如果说政府严格的管制和经济环境的巨变迫使金融机构开始创新，以谋求生存，那么在20世纪80年代，西方各国政府放松管制的思想和随后而起的金融自由化则给金融创新提供了良好的政策环境。此时，政府发现，如果政府对金融机构的创新行为严加管制，则会使金融机构创新的空间依然狭窄，不利于经济的发展；但如果采取默认的态度，任其打政策、法律的"擦边球"，又有纵容其违法、违规之嫌。所以，从20世纪80年代起，各国政府为了适应宏观市场的经济发展以及微观金融主体的创新之需，逐步放宽了对金融机构的管制，放松管制思想开始流行，才使得金融创新掀起了一股浪潮，成为推动国际金融业快速发展的内在动力。由此可见，金融创新是需要一定程度的宽松的制度环境。

20 世纪 80 年代后，以美国政府《1980 年放松存款性机构管制和实施货币控制法》为代表，西方各国都纷纷开始放松对金融业严格的管制，其中包括对金融业实行最严格政府管制的日本，也于 1984 年由大藏省发表了《金融自由化及日元国际化的现状和展望》的报告。西方各国金融管制政策的放松，使得利率逐渐自由化，证券市场日益国际化，金融业务更趋自由化。金融自由化的浪潮使西方各国金融创新在 20 世纪 80 年代迅猛发展。放松管制的思想在西方国家广泛传播的时候，许多金融机构实际上被鼓励对政府法令和管制的限制进行试验。这样，不同金融部门之间的业务渗透很快成为一种普遍的现象，而所有这些冲击管制的结果又反过来增强了创新的动力。可以这样说，如果没有放松管制思想的流行，这种金融创新很可能会以缓慢得多的速度进行。

（四）科学技术的进步

科学技术的进步除了对整个社会的发展有着重要影响外，它在刺激金融创新方面无疑也起到了巨大作用，它给金融创新提供了外部条件。20 世纪 70 年代以来，一场以计算机等为根本特征的新技术革命席卷世界，以电子计算机为核心的信息技术和通信技术广泛运用于金融业，这场技术革命为金融领域中的创新奠定了基础。20 世纪 90 年代以后，以网络为核心的信息技术飞速发展，信息产业成为最新兴的产业。这些高新技术也被广泛应用到金融机构的业务处理过程之中，为金融创新提供了技术上的支持，成为技术型金融创新的原动力，促进了金融业的电子化发展。

金融电子化给金融业的运作带来的变革主要体现在两方面：一是以自动化处理方式代替了人工化处理方式，从而降低了信息管理的费用，如信息的收集、贮存、处理和传递等一系列过程；二是以自动渠道（如远程、网络银行、电子银行、手机银行等）来改变客户享受金融服务和金融产品的方式。新技术革命提供的技术支持，为金融业务和金融工具的创新创造了必要的条件。

如果没有存款和提款功能的电脑化，要使出纳工作实行自动化是不可能的。信用卡之所以发展到目前的高级水平，电脑化也是至关重要的。由于数据处理、信息储存、在线传递方法以及资金转账的计算机化，使得金融业务、证券交易日益电子化，使信息处理的速度加快，成本降低，这些为新金融产品的推广和新金融交易方式的使用提供了有利的外部条件。

（五）市场竞争的日益尖锐化

竞争是市场经济的重要规律之一，没有竞争就不是市场经济。随着现代经济一体化、市场的国际化，金融领域的发展极为迅速。金融机构的种类、数量急剧增加，金融资本高度集中，同时向国外市场发展。由此伴随而来的金融机构之间的竞争也日趋尖锐，而且面临的风险更大，特别是当经济遇到危机时，市场经济优胜劣汰的本能机制，在金融领域里演绎得更加充分，金融机构倒闭、合并、重组的事件屡见不鲜。所以，为了在竞争中求生存、谋发展，在市场上立于不败之地，金融机构就需要不断地改革与创新。可以说，金融业的发展史，就是一部创新史。

（六）利润最大化的追逐

利润最大化的追逐是金融创新的内部动力。金融机构要实现利润的最大化，必须确保金融资产的盈利性、流动性和安全性。通过金融创新增加新的金融工具，开发新的交易技术来提高金融资产的盈利性、流动性和安全性，是金融机构增加利润的重要渠道。因此，利润最大化的追求成为金融创新产生和发展的内部动力。

二、金融创新的内容

西方金融创新的内容非常广泛，各种创新有着自己的目的和需要。根据其产生的需要不同，可将金融创新归纳为以下 3 种类型：为逃避金融管制，竞争资金来源的创新；为防范金融风险的创新；为迎合客户理财需要而扩展业务的创新。

（一）为逃避金融管制，竞争资金来源的创新

在 1929—1933 年的资本主义世界经济大危机后，西方各国通过了一系列管制性金融法令，以寻求稳定的金融制度。利率管制是实施金融管制的核心内容之一，并对银行业产生了深刻影响。其内容包括：禁止对活期存款支付利息、规定定期存款和储蓄存款的利率最高限等。在市场经济条件下，利率是一个调节器，利率的稍微波动都会引起资金的重新分配。从 20 世纪 60 年代开始，由于市场利率超过利率管制的最高限，存款性机构的资金来源急剧下降，开始危及到存款性机构的生存。

为规避金融管制，争夺资金来源；为了生存和发展，存款性金融机构所创新的一系列冲破利率限制条例的新金融工具就相继诞生了。这类创新金融工具主要有可转让大额定期存单、可转让支付命令账户、超级可转让支付命令账户、自动转账服务账户、货币市场存单、货币市场存款账户等。

1. 可转让大面额定期存款单

可转让大面额定期存款单，简称 CDs，最早创立于 1961 年，美国花旗银行（原纽约第一国民城市银行）率先发行了面额为 10 万美元的 CDs，并由证券经纪商开辟了专营 CDs 的二级市场。CDs 的发行既满足了存款人对流动性的需求，又使存款人获得了较高利率，同时也满足了银行稳定资金来源的需求。1975 年美国商业银行又引入可变利率 CDs，并在 20 世纪 70 年代末得到普遍推广，CDs 很快风行西方各国。

2. 可转让支付命令账户

可转让支付命令账户，简称 NOW，于 1972 年 5 月由美国马萨诸塞州一家互助储蓄贷款银行正式开办，其目的是为逃避不能对活期存款支付利息的限制而创立的。NOW 账户在法律上解释为储蓄存款，可支付利息，但不同于一般储蓄账户，它实际上是不使用支票的支票账户，也就是该账户不使用支票，而使用支付命令。该账户持有者可以签发资金转移书，故具有交易结算功能，因而它实际上是一种有息的交易性账户。1982 年，在 NOW 账户的基础上又出现了与市场利率挂钩的超级 NOW 账户（Super-NOW）。NOW 账户在 20 世纪 70 年代末发展为商业银行和储蓄机构都可以开办的账户。

3. 自动转账服务账户

自动转账服务账户，简称 ATS，是美国商业银行为规避商业银行不准向支票存款支付利息而于 1978 年 11 月首创，1980 年美国准许全国存款性机构开办这项业务。ATS 账户是一种支票存款与储蓄存款结合的综合账户，存款人可与存款机构事先约定，当支票存款余额超过某一额度时，就自动转入储蓄存款账户赚取利息，一旦存款人需要开支票，而所签发的支票额度超出支票存款余额时，只需用电话通知银行将所需款项自动从储蓄账户转入支票账户。在这种业务中，客户在银行开设两个账户，一个是储蓄账户，可以获得利息；另一个是支票存款账户，该账户上的余额永远是 1 美元。当客户开出支票后，银行便自动地把必需的金额从储蓄账户转到支票存款账户并进行付款。

4. 货币市场利率连动存款单，或称货币市场存单

货币市场存单，简称 MMCs，于 1978 年 6 月问世，由美国商业银行与储蓄机构创造。MMCs 是一种按照货币市场利率付给利息的定期存单，最低面额为 1 万美元，为了争取小额客户，有些存款机构要求客户先存入 5 000 美元，该银行再融通 5 000 美元，组成 1 万美元合并存入，贷款利率为 MMC 利率加计 1%，到期再统一结算利息。

5. 货币市场存款账户

货币市场存款账户，简称 MMDA，MMDA 是由美国货币市场基金会首创，开办于 1982 年 12 月，其最低存入额为 2 500 美元，后来又降至 1 000 美元，对存款人无资格限制，任何个人、机构都可以申请开这种账户。对利率没有最高限制，利率按货币市场利率随时调整。该账户无最短存款期限，若要提款，须提前 7 天通知银行。MMDA 的存户每月使用账户对第三者转账的次数不能超过 6 次，其中以支票形式付款不能超过 3 次。

（二）为防范风险的创新

20 世纪 70 年代至今，国际金融领域动荡不安，汇率和利率波动频繁，这给金融机构带来巨大风险。因此，利率和汇率风险的防范和管理成为金融界关注的焦点。除了金融机构外，众多的企业和投资者也有防避风险的需要，西方金融市场上相应推出了一系列防避利率和汇率风险的金融交易方式和金融产品。这类金融创新主要有金融期货、金融期权、货币互换、利率互换、票据发行便利、金融资产证券化等。这里大部分金融创新工具在本章第四节金融衍生工具已有介绍。

1. 金融期货

金融期货合约是一种标准化的、可转让的延期交割合约。期货交易的历史很长，但一直以实物商品为买卖标的物。20 世纪 70 年代初，由于布雷顿森林会议所确定的固定汇率制的崩溃，汇价开始大幅度波动，再加上西方国家通货膨胀的压力，利率大幅上涨，社会需要一种有效的工具来规避汇率、利率和有价证券价格波动的风险，于是外汇期货、利率期货和股票指数期货先后出现。

2. 金融期权

金融期权于 1973 年 4 月首创于美国芝加哥交易所。金融期权的主要功能在于协助投资者控制风险，其基本要点是在该期权到期以前的任何时候，期权拥有者有权按某一协定价格买进或卖出某种金融工具。金融期权交易首先在股票市场上实施成功，并很快引用到外汇市场，产生了货币期权（Currency Option），成为外汇市场上一项有效的避险工具。

3. 货币互换和利率互换

货币互换（Currency Swap）是指交易双方互相交换不同币种、相同期限、等值资金的债务或资产，经过一定时期后再根据预先规定支付利息和偿还本金。第一份货币互换合约出现在 20 世纪 80 年代初，这次货币互换交易是由所罗门兄弟公司于 1981 年 8 月安排成交，发生在世界银行与国际商业机器公司（IBM）间，世界银行将它的 2.9 亿美元金额的固定利率债务与 IBM 公司已有的瑞士法郎和德国马克的债务互换。从那以后，互换市场有了飞速发展。

利率互换（Interest Rate Swaps）指两家企业和机构在利率波动时，根据预先规定在名义本金的基础上交换不同特征的利息支付，以减少其利率风险的暴露。利率互换一般只交换各自承担的利息成本，不包括本金的交换。利率互换于 1981 年首先出现在欧洲债券市场上，随后广泛流传于美国和欧洲各国。

4. 票据发行便利

票据发行便利（Note Issuance Facility）是银行与借款人之间签订的在未来一段时间内，由银行承诺购买借款人未能出售的票据或承担提供备用信贷的义务。票据发行便利约定期限一般为 3~5 年或 5~7 年，在约定期限内，短期票据以循环周转方式连续发行。所以，票据发行便利实际上是运用短期票据取得中长期资金融通效果。

5. 金融资产证券化

金融资产证券化（Financial Asset Securitization）是指将金融机构所持有的缺乏流动性的资产，转换成为可在市场上买卖的金融证券。证券化后的金融资产在市场上由投资者认购后，该资产所隐含的利率风险就转移到投资者身上，并使金融机构加速了资金循环。目前最常见的证券化的金融资产是金融机构的各类抵押贷款（Mortgage）。金融资产证券化在 20 世纪 80 年代产生后很快盛行于欧美各国。

（三）为迎合公众理财需要的创新

随着金融工具的多样化和利率的自由化，金融投资的环境不断宽松。另一方面，随着社会财富累积程度的不断提高，一般家庭对参与金融市场投资的意愿显著增加，人们更重视家庭的理财。基于满足大众投资理财的需要，西方国家的金融创新在这个领域也推出了新的产品。

1. 货币市场共同基金

货币市场共同基金，简称 MMMF。MMMF 创立于 20 世纪 70 年代初，起初是为了逃避存款利率限制而创立的。最早的货币市场互助基金是 1971 年由布鲁斯·本特和亨利·布朗创设。货币市场共同基金可以是金融机构的一个受托账户，也可以是一个独立的机构，它以股份或基金份额的方式吸收小额储蓄者的资金，股份可以中途退股，基金份额持有人也可以中途赎回款项，基金再把汇聚的资金投向货币市场中的各类高收益货币市场工具，以协助小额投资者获取货币市场较高的收益率。

2. 现金管理账户

现金管理账户（Cash Management Account，CMA）是一种集多种金融功能于一身的金融新产品，它于 1977 年由美国最大的证券商梅里·林奇公司首创。现金管理账户是一种集多种金融功能于一身的金融工具，它综合了证券信用交易账户、货币市场共同基金、互助基金和信用卡等各项功能。客户开设了该账户并存入一定数额资金后，这笔资金立即成为货币市场共同基金（MMMF）账户的资金，用于投资高收益货币市场工具，享受利息收入。若该账户持有者需要对第三者进行大额支付时，他可以就货币市场共同基金账户签发支票。若客户要买卖证券时，购买证券和出售证券的款项则自动从货币市场共同基金账户中扣除或存入。当客户需要进行日常生活的小额支付时，则他又可以用信用卡支付，每月结算时再从货币市场共同基金账户中扣除。

3. 科技进步引发的创新金融工具

这类创新金融工具有自动取款机也叫自动柜员机（Automatic Teller Machine）、销售点终端（Point-on-Sales）、电子转账系统（Wire-Transfer System）、电子证券交易（Electronic Security Trading）等。

4. 新型金融市场

由于出现大量创新金融工具，金融期货市场、期权市场、互换市场等新型金融市场得到迅速发展。此外，新型的国际金融市场也同样得到迅速发展。所谓新型的国际金融市场是指第二次世界大战后形成的欧洲货币市场（Euro-Currency-Market）。欧洲货币市场是指集中于伦敦与其他金融中心的境外美元与境外其他欧洲货币的国际借贷市场。

欧洲货币市场的"欧洲"不是个地理概念，如亚洲美元市场也只是欧洲美元市场的延伸。因此，欧洲货币市场实质是在一国境外进行该国货币借贷的国际市场，或者说境外货币市场就是欧洲货币市场，其重点集中在伦敦、卢森堡、巴拿马等金融中心，亚洲地区则集中在新加坡。

欧洲货币市场主要由短期资金借贷市场、中长期资金借贷市场和欧洲债券市场组成。它虽然是在传统国际金融市场上形成的，但与受本国货币当局控制的传统国际金融市场相比，其具有更高的自由化、国际化。

三、金融创新对经济的影响

西方国家金融创新的浪潮，对其经济产生了深刻的影响，它对经济既有促进作用，也有负面效果，如何评价金融创新在西方经济学界有不同的意见，现概述如下。

（一）金融创新对经济发展有利的观点

1. 金融创新使银行摆脱了困境，适应了经济发展对间接融资的需要

金融创新扩大了银行资金来源渠道，改善了银行资产结构，使银行摆脱了困境。在20世纪60年代以前，政府对银行业的管制尚在银行所承受的范围内，商业银行和其他金融机构能够利用自己的优势吸收大量闲置资金，提供经济中扩大再生产所需资金。从20世纪60年代开始，尽管社会上对银行资金的需求仍在增加，但由于市场利率开始大幅度上升，银行业却由于存款利率最高限的法令，而不能提高利率吸收资金，导致银行存款受到极大冲击，资金来源日益枯竭。面对这种境况，金融机构若不进行创新，就难以逃脱破产的厄运。金融创新中一系列兼有收益性和流动性的融资工具不断问世，使银行和金融机构摆脱了被动的局面，最大限度地吸引闲置资金，在求得自我发展的同时，也满足了企业和整个社会对间接融资的需要。

2. 金融创新刺激了金融业的竞争，提高了经济效率

金融创新使不同金融机构之间突破了传统的业务领地，互相渗透、互相竞争，这促进了资金资源在全社会的有效分配。同时金融创新提供了多功能、多样化和高效率的金融产品和金融服务，使金融资产的选择性大大加强，满足了不同投资者和客户的偏好，从而促进了整个经济的高效率运行。

3. 金融创新使投资者应付风险的能力加强

汇率、利率和证券价格的频繁波动，给一般投资者带来了极大风险。金融创新中涌现的金融期货、金融期权以及利率互换等新型交易方式，使投资者有效地降低了投资风险，也使金融市场的价格信号更趋合理性和预期性。

（二）金融创新对政府宏观管理和金融制度的不利影响和带来的问题

西方经济界普遍认为，金融创新对社会经济的影响既存在有利的一面，也存在着不利的一面。金融创新对西方经济发展有利的一面是明显的，但它同时也导致西方国家金融和经济环境发生了巨大变化，如货币与其他金融资产之间的差别不断缩小，货币需求的利率弹性下降，各类金融机构之间的差别已模糊不清，金融机构之间的竞争日益激烈等。金融创新的内容广泛而复杂，其不仅冲击着传统的金融体系，也广泛地影响着社会经济各层面。总体上说，金融创新在微观层面上提高了金融市场运行效率，在宏观上却对金融体系乃至整个经济的稳定造成不利的影响。不少西方经济学家在指出金融创新对经济有利的一面时，也分析了它所引发的一些新的问题和矛盾。

1. 金融创新给中央银行实施货币政策带来了困难

金融创新的一大标志就是金融工具多样化，这固有增加金融资产选择性的一面，但同时也给中央银行确定货币政策目标和选择货币政策调节工具带来了困难，表现如下。

（1）金融创新使货币定义难以判断。

传统上，货币计量的范围比较容易确定，狭义货币 M1 由流通中现金和银行活期存款构成，M2 由 M1 加上银行定期存款和储蓄存款构成。金融创新使新的金融工具不断涌现，金融资产之间的替代性不断扩大，作为交易性货币与投机性货币之间的界限模糊不清。在金融创新后，要区分交易性货币和投资性金融资产就很难做到了。例如，可转让支付命令账户、自动转账服务账户、货币市场共同基金账户、现金管理账户等都同时具有交易和投资的功能。因此，货币创造功能不再仅限于商业银行，进而加大了中央银行实施货币政策的难度。中央银行在进行货币政策操作时需要对货币供应量有准确的划分，金融创新越多，货币定义越复杂，金融创新速度越快，货币定义的修改也就越频繁。纵观 20 世纪 70 年代到 90 年代，英、美、日、加等国的货币总量指标定义的包容量越来越大，指标越订越细，修改次数也更加频繁，即使如此，货币定义仍有许多不合理之处。例如，美国货币供应量定义中，可转让大额定期存单比私人长期定期存单更具流动性，但前者计入 M3 之中，而后者却计入 M2 中。货币市场共同基金账户和货币市场存款账户可以直接签发有限支票，但两者均被计入 M2 而不是 M1。

（2）金融创新使货币供应量计算困难。金融创新后的产品往往兼有交易和投资的功能，在利率波动情况下，资金往往在支票账户和储蓄账户之间不断转移，这时要计算狭义和广义货币十分不易，造成中央银行制定的货币总量目标范围与实际货币增长经常不符。从美国的情况来看，自从 1980 年以来，联储所制订的货币供应量指标几乎年年都被超过。

（3）金融创新削弱了货币政策的效力。由于金融创新改变了货币政策操作的环境，使传统货币政策的效力大打折扣。

第一，存款准备金比率调整的效力弱化。由于金融机构通过回购协议、货币市场共同基金账户等方式筹集的资金不算作存款，因而不用缴纳法定存款准备金，这就增大了金融机构资金使用的范围，削弱了中央银行通过调整准备金比率控制派生存款的能力。

第二，金融业务的交融分散了中央银行的控制重点。金融创新以来，经营活期存款的金融机构越来越多，这些金融机构都能以派生存款的形式扩张货币。因此，传统上以商业银行为中心设计的货币控制方法，显得力不从心。

第三，贴现机制作用下降。金融创新后，金融机构融资渠道多样化，不仅国内融资方式灵活，而且欧洲货币也成为国内货币理想的替代品，资金的国际调拨十分迅速，这使得金融机构对中央银行贴现窗口的依赖大为降低。

第四，金融创新使货币需求的利率弹性发生变化。一方面，金融创新使银行业务日益多元化、综合化，并极大丰富了银行资产的可选择性，这都使得货币需求的利率弹性不断下降。另一方面，金融创新使得交易账户也能够支付市场利率，这降低了持有货币的机会成本。在这种情况下，对货币替代品利率变化的货币需求利率弹性将降低，即传统的货币市场均衡机制的利率弹性将下降。因此，M1 变成不稳定的货币供应量指标。

随着金融市场的一体化，跨国银行利润比重不断上升，进一步削弱了中央银行货币政策的有效性。货币政策有效性减弱的另一重要原因是，国际金融市场一体化加速了资本在国际间流动，从而削弱中央银行控制货币供给量的能力。

（4）金融创新扩大了货币政策效力的时滞。金融创新的速度之快令人瞠目，现在，中央银行在制定货币政策时，都必须考虑金融创新的内容、金融创新的速度和金融创新所导致的货币政策传导途径的改变，从而扩大了货币政策的时滞。

需要指出的是，尽管金融创新对中央银行实施的货币政策产生了强烈的冲击，但它还没有达到使中央银行对货币、信用丧失控制力的地步，而只是使这种控制能力受到削弱，并使日常操作更为困难。

2. 金融创新使金融体系稳定性下降

金融创新使得银行之间，以及银行机构与非银行金融机构之间竞争加剧，这对资源的优化分配和提高效率无疑是有积极意义的。但是金融创新导致银行表外业务大量涌现，金融期货、期权的创新为投机家提供了新的手段，此外，新型的国际金融市场的发展，使大量资本在国际间流动，易造成外汇市场的不稳定，欧洲货币市场更是为投机提供了便利的条件，投机活动异常猖獗。这不仅使经营风险加大，也使金融监管更为困难，作为整个金融体系来讲，其稳定性受到了影响。例如，美国银行业倒闭数，20 世纪 50 年代年平均 4.6 家，20 世纪 60 年代年平均 5.2 家，20 世纪 70 年代年平均 7 家，但从 1982 年开始，银行倒闭家数急剧上升，1981 年为 9 家，1982 年为 42 家，1983 年为 43 家，1984 年为 80 家，1985 年为 120 家，1986 年为 145 家，1987 年为 200 家。这种状况已引起西方国家重新看待金融创新的净利益，并开始担忧由此引起的社会管理成本。

3. 金融业的经营风险增大

金融创新和放松管制后，银行融资成本大大增长，这一方面迫使银行去承担风险更大的贷款，以获取更多收益；另一方面，商业银行也越来越多地运用"资产负债表表外项目"（off-Balance Sheet Finance）来经营，如银行承兑汇票、信用证、衍生金融交易和从事其他套利活动，这些经营项目都不表现在银行的资产负债表内，从而避开了中央银行的常规监督和控制，同时使银行增加收入。当银行资产负债表表外项目发生时，银行并无资金外借，但银行承受了风险，一旦债务人不履行其承诺，银行就要承担债务人的责任。由于金融创新和放松管制，银行和金融机构的经营风险已大大提高，这对整个经济体系的稳定也是一个极大的威胁。

总之，金融创新对西方金融制度和整个社会经济的影响是深刻的，它既有促进的一面，也有负作用的一面，对此需要有全面的评价。

思 考 题

1. 什么是直接融资？什么是间接融资？两者之间有何区别？
2. 请分析金融市场的基本构成要素。金融市场有何特点？金融市场的功能有哪些？
3. 股票与债券的定义是什么？试分析它们之间的联系与区别。
4. 简述证券交易所的交易程序。
5. 简述金融远期、金融期货、金融期权和互换的定义。
6. 简述期货合约与远期合约的区别。
7. 简述债券收益的计算方法有哪些。
8. 什么是货币市场和资本市场？短期金融工具和长期金融工具分别有哪些？

第五章 | 商业银行

第一节 | 商业银行概述

一、商业银行的产生与发展

银行是金融机构最典型的形态，银行的产生和发展经过了漫长的岁月，在金融机构的发展中最有代表性。商业银行不仅是历史最悠久的银行形态，而且现代商业银行作为综合性、多功能的金融企业，在现代金融体系和国民经济运行中占据着特殊地位，起着举足轻重的作用。商业银行在我国社会主义市场经济的发展中，同样发挥着重要的作用。

1. 货币经营业的产生

货币产生后，逐渐出现了经营货币业务的行业——货币经营业。起初货币经营商仅从事货币（金属铸币）鉴定和兑换业务，即对不同成色的金银和金属铸币进行鉴定和折算，把不同国家、不同地区的铸币兑换成金块或银块，或兑换成本国（或本地区）铸币，因此也被称为货币兑换业。早在古巴比伦和中世纪的一些文明国家，尤其是古罗马，这种货币兑换业就已经存在，这时的货币经营商又称为货币兑换商。历史上的货币经营业就是在货币兑换业的基础上逐渐形成的。随着时间的推移，货币经营商又开始为各种商人办理货币保管业务，这时的保管业务不仅没有利息，还收费。同时受商人委托，办理货币收付、结算、汇兑等业务。金属货币的鉴定和兑换、货币的保管和汇兑业务就是货币经营业的主要业务活动，也是近代银行产生的基础。近代银行是由货币经营业演变而来的，可以说，货币经营业是近代银行的前身。货币经营业与银行的主要区别在于有无信用活动，银行是专门经营货币信用业务的金融机构。中国古代也曾经有过钱庄、银号、票号，从事汇兑、放债业务，但由于封建社会的漫长，未能实现向现代银行业的转化。

2. 近代银行业的产生

随着货币经营业务的扩大，在货币经营者手中聚积起大量货币，这就为发展货款业务提供了前提，贷款业务自然而然产生。货币经营者发现手中聚积的大量货币中总是有一部分并不需要立即支付，于是他们就将这部分货币贷出去赚取利息。同时，随着货款业务的发展，货币经营者需要越来越多的货币，为了获得更多的货币，他们开始向为其提供货币的人支付利息，社会上一部分人便将货币存放在货币经营者手中，以便带来利息收入。这样保管业务也逐步变成存款业务。当货币活动与信用活动结合时，在货币经营业务基础上产生的货币存贷业务的发展，使货币经营业转变为近代银行业。

根据历史考证，近代银行的出现是在 13 世纪的欧洲，意大利是银行的发源地，此后扩展到欧洲其他国家，当时的意大利处于欧洲各国国际贸易的中心地位。英文 Bank 来自于意大利文

Banco 一词，原意是指柜台，长凳。早在 12 世纪，意大利一些城市的货币经营业就相当发达，但货币经营商的工作条件却比较简陋，只凭借一把长凳和一个柜台便可营业。13 世纪中叶，居住在意大利北部伦巴第地区的意大利人因逃避战祸，迁居英国，在那里仍以原来的工作条件经营货币业务，英文把 Banco 转化为 Bank 后，最早的意思是存放钱的柜子，后来就泛指专门从事经营存款、贷款、结算和汇兑等业务的金融机构。但在历史上首先以"银行"为名，却是 1580 年建立的威尼斯银行，它是最早的近代银行。此后，又相继出现了米兰银行、阿姆斯特丹银行、汉堡银行、纽伦堡银行等。这些近代银行主要从事存、放款业务、汇兑业务，它们经营的贷款业务主要面向政府，并具有高利贷的性质。商人很难从这些银行获得低利息的贷款。因此，近代的银行是高利贷性质的银行，而不是现代意义上的商业银行。

英国的银行是从替顾客保管金银首饰的金匠店发展而来的。16 世纪到 17 世纪，英国有许多从事金银生意的金店，做存贷款业务。当时的货币完全是金币和银币。伦敦的金匠和金商，经常应顾客的委托，代为保管金银，并签发保管收据。起初，这些收据只作收据本身的用途，但久而久之，它们进入流通，成为变相的支付手段，成为银行钞票的前身。此外，金匠也可以遵照顾客的书面指示，将其保管的金银移交给第三方，这种书面指示即是银行支票的前身。在长期的经营中，金匠们发现，所有顾客在同一时间来要求兑现的可能性很小，因此并不需要保持十足的贵金属准备，这又成为现代银行存款部分准备制的起源。这些银行的贷款同样大部分面向政府，并具有高利贷的性质。

在我国，银行一词出现于清朝咸丰年间。我国之所以将经营货币信用业务的金融机构翻译为银行，是因为在相当长的时间内，我国以白银作为货币，而又把经商的店铺称"行"。

3. 现代商业银行的产生

随着资本主义生产关系的确立和资本主义商品经济的发展，高利贷性质的银行业已不能适应资本扩张的需要。因为资本的本质是要获取尽可能高的利润，利息率只能是平均利润率的一部分，同时资本主义经济工业化的过程需要资金雄厚的现代银行作为其后盾。高利贷性质的近代银行已成为资本主义经济发展的障碍。一方面，近代银行提供的贷款数量有限，以政府为主要对象、难以满足资本主义工商业对信用的需求，另一方面，由于利息高，使资本主义工商业即使借款从事生产经营，在偿还高额利息后，则无利可图。这就客观上要求建立能够服务于资本主义生产的银行业，使工商企业有利可图、利率适度、贷款规模大、真正发挥中介作用的现代资本主义银行。

这一变化首先出现在英国。1694 年在英国政府的支持下，由私人创办的英格兰银行在伦敦成立，英格兰银行世界第一家按照资本主义的原则建立的私人股份制银行。马克思认为，这是一家真正的资本主义银行。该行一开始就把向工商企业的贷款利率定为 4.5% ~ 6%之间，而当时的高利贷利率高达 20% ~ 30%。英格兰银行是第一家资本主义私人股份银行，它的成立标志着现代商业银行的诞生。

英格兰银行成立后，很快动摇了高利贷银行在信用领域的地位，也因此成为现代商业银行的典范。欧洲其他主要资本主义国家也先后于 18 世纪末至 19 世纪初，按英格兰银行的组建模式，建立了规模巨大的现代股份制商业银行。现在商业银行逐渐在世界范围内得到普及。这些股份银行资力雄厚、业务全面、利率较低，建立了规范的信用货币制度，极大地促进了工业革命的进程，同时也使它们自己成为现代金融业的主体。马克思在《资本论》中说，"现代银行制度，一方面把一切闲置的货币准备金集中起来，并且把它们投入货币市场，从而剥夺了高利贷资本的垄断，另一方面又建立信用货币，从而限制了贵金属本身的垄断"。

现代资本主义银行是通过两条途径产生的：一是旧的高利贷性质的银行转变为资本主义银行；二是按资本主义组织原则组建现代股份银行。其中起主导作用的是后一条途径。

二、商业银行的基本定义

在历史上，最初使用"商业银行"这个概念，是因为这类银行在发展初期，只承做"商业"短期放贷业务，专门融通短期商业资金。放款期限一般不超过一年，放款对象一般为商人和进出口贸易商。人们将这种主要吸收短期存款、发放短期商业贷款为基本业务的银行，称为商业银行。

目前商业银行已经发展为多功能的综合性银行，成为"金融百货公司"，业务经营已远远超出了传统的范围，与其名称相去甚远。现在，人们之所以还使用这一名称，一方面是因为传统的习惯；另一方面实际上是对综合性银行的一种理论上的称谓。也就是说，"商业银行"一词在金融业中已成为一个约定俗成的服从于习惯的抽象概念，世界各国的大多数综合性银行往往并不直呼为"商业银行"，不见"商业"二字，但实际上就是商业银行。

商业银行是以追求利润最大化为经营目标，以多种金融资产和金融负债为经营对象，为客户提供多功能、综合性服务的金融企业。它是以吸收活期存款、经营短期工商业贷款为主的，并以利润为其主要经营目标的信用机构。

我国的商业银行是指依照《中华人民共和国商业银行法》和《中华人民共和国公司法》设立的吸收公众存款、发放贷款、办理结算等业务的企业法人。

三、商业银行的性质和职能

（一）商业银行的性质

商业银行的性质是自负盈亏、以营利为目的的金融企业。

1. 商业银行是企业，具有企业的一般特征

商业银行与一般企业一样，按法定程序设立，拥有业务经营所需要的自有资本，并达到管理部门所规定的最低资本要求；依法经营，照章纳税，实行自主经营、自担风险、自负盈亏、自我约束；以利润最大化为经营目标。所以，商业银行是企业群体中的一个重要组成部分，具有企业的基本特征。

2. 商业银行是特殊的企业

商业银行又不同于一般的企业，是一种特殊的企业即金融企业。第一，一般企业经营的是具有一定使用价值的商品，而商业银行的经营对象不是普通商品，商业银行经营的是货币资金这种特殊的商品。第二，商业银行业务活动的范围不是生产流通领域，而是货币信用领域。商业银行不是直接从事商品生产和流通的企业，而是为从事商品生产和流通的企业提供金融服务的企业。第三，它和普通企业取得利润的方式不同，其利润不是直接从生产和销售过程中取得，而是作为信用中介，在货币资本的供给者与需求者之间，通过信用媒介活动来取得。正因为如此，各国对商业银行监管更为严格。

3. 商业银行是一种特殊的金融企业

商业银行也不同于其他金融机构。首先，在经营性质和经营目标上，商业银行与中央银行和政策性金融机构不同。商业银行以盈利为目的，在经营过程中讲求盈利性、安全性和流动性原则，不受政府行政干预。而中央银行是一国金融业的监管机构，是具有银行特征的政府机关，所从事的金融业务与商业银行所从事的金融业务存在根本性的区别，其从事金融业务的目的也

不是为盈利。政策性金融机构本质上也是不以盈利为目的。其次，商业银行与各类专业银行和非银行金融机构也不同。商业银行作为"金融百货公司"，其业务范围广泛，功能齐全、综合性强，尤其是商业银行能够经营活期存款业务，它可以借助于支票及转账结算制度创造存款货币，使其具有信用创造的功能。各类专业银行和非银行金融机构，如投资银行、抵押银行、保险公司、证券公司、信托投资公司等金融机构，只能从事某些方面的金融服务，业务经营范围相对来说比较狭窄。

（二）商业银行的职能

商业银行的职能是由商业银行的性质决定的。商业银行具有以下几方面的职能。

1. 信用中介职能

信用中介职能是指商业银行通过办理负债业务，将社会上各种闲散的货币集中起来，再通过办理资产业务，将所集中的货币投放到国民经济各部门中。商业银行是作为货币资本的贷出者与借入者的中介人或代表，来实现资本的融通，并从吸收资金的成本与发放贷款利息收入、投资收益的差额中，获取利益收入，形成银行利润。商业银行中介职能的发挥，克服了借贷双方之间直接融资的局限性，实现资本盈余单位和短缺单位之间的融通，并不改变货币资本的所有权，改变的只是货币资本的使用权，使货币资本得到充分利用，为社会再生产过程提供了金融支持。商业银行通过信用中介职能，提高了社会总资本的使用效率，加速了经济的发展。商业银行信用中介职能的发挥，实现了对经济过程的多层次调节，从而优化了经济结构。所以，信用中介职能成为商业银行最基本、最能反映其经营活动特征的职能。

2. 支付中介职能

支付中介职能指商业银行为客户办理各种货币结算、代理货币支付和转移存款等业务活动。商业银行通过办理这些业务，成为工商企业、团体和个人的货币保管者、出纳或支付代理人。以商业银行为中心，形成经济过程中无始无终的支付链条和债权债务关系。商业银行之所以能成为企业的支付中介，是因为它具有较高的信誉和较多的分支机构。支付中介职能的发挥，一方面扩大了商业银行的资金来源，另一方面又通过转账结算，节约了流通费用，增加了生产资本的投入。

商业银行的支付中介职能与信用中介职能是紧密联系的。从历史上看，支付中介职能的产生先于信用中介职能。商业银行的支付中介职能实际上是古代货币经营业从事货币保管和办理货币支付等业务的延续，而正是这些业务的发展，为信用中介职能的产生创造了条件。但支付中介职能也有赖于信用中介职能的发挥，因为只有在客户确有存款的前提下，商业银行才能为客户办理支付。所以，这两个职能的相互依赖和相互推进，促进了商业银行基本业务的发展。

3. 信用创造职能

商业银行的信用创造职能，是在信用中介和支付中介职能的基础上产生的。信用创造职能是指商业银行吸收活期存款后，在根据日常经验留足存款准备金后，用其所吸收的各种存款，通过发放贷款和从事投资业务，在支票流通和转账结算的基础上，贷款又转化为存款，从而衍生出更多的存款，在这种存款不提取现金或不完全提现的基础上，就增加了商业银行的资金来源，最后在整个银行体系，形成数倍于原始存款的派生存款，扩大货币供应量。长期以来，商业银行是各种金融机构中唯一能吸收活期存款，开设支票存款账户的机构，在此基础上产生了转账结算和支票流通，而这种存款不提取现金或不完全提现是信用创造职能的基础之一。

商业银行并不能无限制地创造信用，它要受以下因素的制约：①商业银行的信用创造，要以存款为基础。整个商业银行体系的信用创造限度，取决于原始存款的规模。②商业银行的信用创造，要受到中央银行法定存款准备金率、商业银行自身的超额存款准备金率及现金漏损率等因素的制约。③信用创造的前提条件是要有贷款需求。如果没有足够的贷款需求，存款就贷不出去，从而就谈不上信用创造；如果收回贷款，派生存款也会相应地收缩。

必须指出的是，整个信用创造过程是商业银行和中央银行共同完成的。中央银行运用货币发行的权力调控货币供应量，而商业银行在自身体系内具体完成信用创造。这些问题本书将在后面第八章货币供给中详细分析，这里就不再赘述。

4. 金融服务职能

现代化的经济生活，从各方面对商业银行提出了金融服务的新要求，银行也通过开展广泛的金融服务来扩展自己的资产负债业务。

随着经济的发展，工商企业的业务经营环境日益复杂化，银行间的业务竞争也日益剧烈化，商业银行由于与社会的广泛联系及拥有的丰富信息资源，特别是电子计算机技术和网络技术的广泛应用，使其具备了为客户提供信息服务和咨询服务的条件，对企业"决策支援"等服务应运而生，为商业银行提供了广阔的服务空间。现代工商企业生产和流通专业化的发展，又要求把许多原本属于自己的货币业务交给商业银行代为办理，如代发工资、代理支付费用等。商业银行对个人消费的各种服务项目也日益增多。个人消费也由原来的单纯钱物交易，发展为消费转账结算和消费信用。

总之，现代化的社会生活从多方面给商业银行提出了金融服务的要求，金融服务已成为当代商业银行的重要职能。在强烈的业务竞争压力下，各商业银行也不断开拓服务领域，通过金融服务业务的发展，进一步促进资产负债业务的扩大，并把资产负债业务与金融服务有机结合起来，开拓新的业务领域。

5. 变储蓄为资本的职能

商业银行的运行机制具有社会资金转化功能。商业银行运行机制的作用可动员社会闲散资金和企业暂时闲置资金，通过银行存款集中起来，再把它们贷放出去，这样就可变闲散和闲置资金为周转金，变社会各阶层的积蓄和收入为资本，这可以扩大社会资本总额，用以扩大再生产的规模，使得经济发展加速。

6. 调节经济职能

调节经济是指商业银行通过其信用中介活动，调剂社会各部门的资金短缺，同时在央行货币政策和其他国家宏观政策的指引下，实现经济结构，投资消费比例，产业结构等方面的调整。此外，商业银行通过其在国际市场上的融资活动还可以调节本国的国际收支状况。

商业银行因其广泛的职能，使得它对整个社会经济活动的影响十分显著，在整个金融体系乃至国民经济中位居特殊而重要的地位。随着市场经济的发展和全球经济的一体化发展，商业银行已经凸显了职能多元化的发展趋势。

四、商业银行的类型与组织

（一）商业银行的类型

一个国家的商业银行体系是否健全，是否有效率，对一个国家的经济和金融发展具有十分重要的意义。为了深入研究商业银行，必须先认识其类型。对商业银行可以从不同角度进行分类。

1. 按资本所有权划分

按资本所有权不同，可将商业银行划分为私人商业银行、股份制商业银行以及国家所有商业银行 3 种。私人商业银行一般是指由若干个个人出资人共同出资组建的商业银行，其规模较小，抗风险的能力弱，在现代商业银行中所占比重很小。股份制商业银行是指按股份公司原则建立的商业银行，股份制银行是现代商业银行的主要形式。国家所有商业银行是由国家或地方政府出资组建的商业银行。

我国目前的商业银行体系中，中国工商银行、中国银行、中国农业银行和中国建设银行 4 家商业银行是银行业的主体。这 4 家商业银行原先均为国有独资商业银行，目前通过股份制改造，4 家银行均已转化为股份制商业银行并成功上市交易。此外，我国还有许多按股份制原则组建起来的股份制银行，如交通银行、华夏银行、招商银行、光大银行和兴业银行等，它们也在经济中发挥着越来越重要的作用。

2. 按业务覆盖地域划分

按业务覆盖地域不同，可将商业银行分为地方性银行、全国性银行和国际性银行。

地方性商业银行是指商业银行以所在地区的客户为服务对象，业务经营活动范围有明显的地域性特征。例如我国的城市商业银行和农村商业银行。

全国性商业银行是指这类商业银行以国内所有客户为服务对象，业务覆盖全国。与地方性商业银行相比，设立全国性商业银行的门槛更高。

国际性商业银行主要是指那些以国际性大企业客户为主要对象，在国际金融中心占据重要地位、国际影响力较大的商业银行。

近年来，中国多元化、多层次的金融格局发生了微妙的变化，在全国性商业银行和地方性商业银行这两个层次之间出现了一个新的中间层次，即区域性商业银行。其经营的地域弹性较大，往往摆脱了以往只能在某个城市经营业务的地域限制，如浙商银行、晋商银行、江苏银行、徽商银行等。

3. 按经营模式划分

按经营模式不同，可将商业银行分为职能分工型银行和全能型银行。

（1）职能分工型商业银行，又称分离型商业银行，主要存在于实行分业经营体制的国家。其基本特点是法律规定银行业务与证券、信托业务分离，商业银行不得兼营证券业务和信托业务，不能直接参与工商企业的投资。金融机构必须分门别类从事各自特定的金融业务，各有专司。这类商业银行以经营工商企业短期存放款和提供结算服务为基本业务，而长期资金融通、信托、租赁、证券等业务由长期信用银行、信托公司、租凭公司、投资银行、证券公司等金融机构承担。美国、日本等国家的商业银行在 1929—1933 年经济大危机后长达 60 多年的时间里都采用这种模式。职能分工体制下的商业银行，与其他金融机构的最大差别在于两方面，一是只有商业银行能够吸收使用支票的活期存款；二是商业银行一般以发放 1 年以下的短期工商信贷为其主要业务。

20 世纪 60 年代以来，由于银行竞争的加剧和金融创新不断涌现，分离型银行体制受到严峻挑战。商业银行的业务范围不断扩展，呈现出向全能型商业银行发展的趋势。其原因在于在金融业竞争日益激烈的条件下，商业银行面对其他金融机构的挑战，利润率不断降低，这就促使商业银行必须从事更广泛的业务活动以加强竞争实力。此外，随着负债业务结构不断向长期、稳定的方向发展，银行也逐渐从事长期信贷和长期投资的活动。在此形势下，实行分离型商业银行的国家相继放宽对商业银行业务分工的限制，从而出现了向全能型商业银行制度方向发展的趋势。以美国为例，随着美国金融业的发展和扩张，1933 年曾经确立美国金融业形成了银行和证券分业经营模式的《格拉斯—斯蒂格尔法案》（Glass-steagall Act）已经成为发展的障碍。1999

年，由克林顿政府时期形成的《金融服务现代化法案》废除了1933年制定的《格拉斯—斯蒂格尔法案》有关条款，从法律上消除了银行、证券、保险机构在业务范围上的边界，结束了美国长达66年之久的金融分业经营的历史。

而在我国，根据1995年颁布的《中华人民共和国商业银行法》的规定，我国实行分业经营和分业管理，商业银行的业务仅限于银行业务，不得从事政府债券以外的证券业务和非银行金融业务。

（2）全能型商业银行，又称综合型商业银行，可以经营一切银行业务，包括各种期限和种类的存款与贷款以及全面的证券、保险、信托、支付清算、金融衍生业务等金融业务。始终采用全能型模式的国家以德国、奥地利和瑞士等国为代表。

在日益激烈的市场竞争中，全能型银行具有以下显而易见的优势。

第一，能够快速适应市场，更有利于分散风险。全能型银行的多元化经营为银行开发金融产品和开拓业务市场提供了巨大的潜在发展空间，从而极大增强了商业银行对金融市场变化的适应性，以及抗风险能力，使其能及时根据金融市场的发展变化调节自身的经营管理活动。全能型商业银行业务多元化，某一领域金融业务的亏损可由其他金融业务的盈利来弥补，资产组合的多样化使银行的风险得以分散，使银行经营更加稳健，有利于整个银行体系保持稳定。

第二，全能型银行作为"金融百货公司"，提供全方位、最广泛的金融服务，从而降低服务成本，更有利于占据市场份额。客户可以也愿意在同一家银行办理各项存款、贷款及代理事务，以节约大量的时间、精力和资金调拨费用。因此，全能型银行能够吸引更多的客户，从而占据更大的市场份额。

第三，全能型银行和客户之间的关系更加全面，有利于稳定的资金来源和客户关系。一方面，全能型银行模式有利于形成银企之间的利益制衡关系。双方都不会轻易破坏双方间的信任关系，有利于建立一种双方内在的守信机制，这是一种建立在双方共同利益基础之上的持久信用机制。另一方面，因为全能型银行可以开展投资银行业务，持有或承销工商企业的各类有价证券，甚至作为股东代理机构行使股东权利（如德国、日本的银行），银行与公司客户之间建立了紧密持久的联系。

第四，更有利于增加盈利。全能型商业银行从事大量的投资、保险、信托、租赁及其他中间业务，盈利渠道多元化，有利于增加利润。

（二）商业银行的组织形式

商业银行的组织形式，即商业银行在社会经济中的存在形式，是指国家用法律形式所确定的商业银行的体系结构以及组成这一体系的各类银行的职责分工和相互关系。它受所在国政治、经济、法律等多方面因素的影响，同时也受到国际金融发展的影响。各国商业银行的组织形式各有其特征。一般而言，主要有以下几种形式。

1. 单一银行制

单一银行制，又被称为单元银行制，是指银行业务只有一个独立的银行机构经营而不设立分支机构的银行制度。最典型的代表就是美国。美国曾长期实行完全的单一银行制，不许银行跨州经营和设立分支机构，甚至在州内也不准设立分支机构。

美国商业银行分为在联邦政府注册的国民银行和在州政府注册的州银行两种。在1863年《国民银行法》颁布之前，美国没有联邦注册银行，只有州注册银行，各州政府严格禁止本州银行设立分支银行，任何银行都以单一的形式在一限定地区经营。1863年的《国民银行法》把这种单一银行制法制化。《国民银行法》规定，禁止国民银行在任何地方、以任何形式设立分支银行。这项规定既包括禁止国民银行跨州建立分支银行，也包括禁止国民银行在本州建立分支银行，形成了一种极为典型的单一银行制。美国建立单一银行制的历史原因有两个：一是美国实行联邦制，各州的独立性较大，州与州之间的经济发展水平又有很大的差距，为均衡发展经济，反对各州之间的相互渗透，各州都通过州银行法，禁止或限制银行开设分支银行，特别是禁止在其他州开设分支银行；二是为了限制垄断，鼓励竞争。银行的生命力在于竞争，只有在竞争中，一国的银行体系才能提供灵活多样的金融服务，才能不断提高银行的服务效率。如果银行可以任意开设分支行将会导致银行的集中和垄断，势必出现金融托拉斯吞并小银行的现象。

一般而言，实行单一银行制的主要优点在于：①由于不许或限制设立分支机构，商业银行业务规模的扩大受到制约，可防止银行业的过度集中和垄断；②单一银行制只在本地区营业，有利于地区经济的发展，也有利于与地方政府协调；③银行管理层次少，具有独立性和自主性，其业务经营具有较大的灵活性。

但是，单一银行制也有其不利的一面：①在单一银行制下，银行规模较小，经营成本高，难以取得规模经济效益；②在单一银行制下，银行组织资金、运用资金的能力有限，业务又相对集中，风险较大；③不利于提供全方位的服务，限制业务发展和金融创新。单一银行制没有设立于各地的分支机构，与经济的外向发展、商品交换范围的不断扩大存在矛盾，不利于商业银行为社会经济的运行提供更多更好的服务。在电子计算机普遍推广应用的条件下，单一银行的业务发展和金融创新受到限制，不利于银行的发展。

正因为如此，随着经济的发展，地区经济联系的加强以及金融业竞争的加剧，美国从 20 世纪初就开始逐步放宽对商业银行开设分支机构的限制，银行的组织结构发生了巨大的变化，其发展趋势是分支机构增加，银行分支网络发展。部分州准许银行在本州范围内开设分支机构，部分州允许银行在同一城市开设分支机构，但还有一些州仍然实行严格的单一银行制度。

2. 分支行制

分支银行制又称总分行制，它是指允许银行在银行总行之下，在国内外、本地或外地普遍设立若干分支机构的一种银行组织制度。实行分支银行制的商业银行，其总行一般都设在各大中心城市，下属分支机构由总行领导，分支银行的业务和内部事务统一遵照总行的规章和指示办理。

分支银行制按总行管理方式的不同，又可进一步划分为总行制和总管理处制。总行制指总行除管理各分支银行外，本身也对外营业，办理银行业务。总管理处制则指总行作为管理处，只负责管理各分支银行，不对外办理银行业务，总行所在地另设对外营业的分支银行或营业部。

目前世界各国一般都采用分支行制，其中尤以英国、德国、日本等为典型。由于分支行制更能适应现代市场经济发展的需要，因而成为当代商业银行的主要组织形式。我国银行也主要采取总分行制。

分支银行制有许多优点：①实行分支银行制的商业银行，其分支银行遍布各地，有利于迅速发展各种银行业务，为社会提供多样化的金融服务；②实行分支银行制的商业银行，其规模可以按业务发展的需要而扩张，使银行经营取得较好的规模经济效益；③实行分支银行制的商业银行规模较大，分支机构较多，业务范围较广，易于组织资金，资金实力较强；分支行之间可以相互调剂资金，能增强银行总体的安全性，又能提高银行资金的运用效率，银行资产可以在地区之间实行有效的组合，从而大大降低银行风险；④实行分支银行制的商业银行可以实行高度的专业化分工，从而大幅度提高工作效率；⑤分支银行制在一定程度上克服了地方干预，促进了银行业务开展，并使金融业突破地域界限，更好地为经济运行提供服务。

当然，分支银行制也有其缺点：①从整体上看，分支银行制不利于竞争、易于加速大银行对小银行的吞并，形成金融垄断；②从银行内部管理看，分支银行制管理层次较多，管理的难度较大；③独立性自主性削弱，分支银行的业务经营状况依赖于总行，其对地方经济的发展缺乏较高的关切度，而且是在较大范围内调度资金，不利于地方经济的发展。

3. 持股公司制

持股公司制又称集团银行制，是指由某一集团成立控股公司，再由该公司控制或收购若干银行而建立的一种银行制度。在法律上这些银行是独立的，但实际上控股公司往往已直接或间接拥有并控制了这些银行25%的股权，控制了银行董事会的选举，对银行的管理决策和经营政策有着决定性的影响。这些独立银行的业务和经营决策统属于控股公司控制。表面上看是控股公司控制众多银行，而实际上控股公司是某一大银行或大企业建立并受大银行或大企业操纵的组织。这样，大银行或大企业通过控股公司把许多银行置于自己的控制之下。持股公司制有两种类型，即非银行性持股公司和银行性持股公司。前者是非银行的大企业通过控制银行的大部分股权而组织起来的，后者是大银行通过控制小银行的大部分股权而组织起来的。按照控股公司控制的银行的数量，又可分为单一银行控股公司和多元银行控股公司。前者指仅拥有或控制一家商业银行的控股公司，后者指拥有或控制两家以上银行的控股公司。

持股公司制在美国最为流行。由于持股公司制可以回避开设分支机构的限制，因而在美国得到快速发展，已经成为美国一种非常重要的银行组织形式。美国对持股公司的限制逐步放宽，从只能从事银行业务以内的经营活动，到可以从事与银行有关的业务。1984年初又批准个别银行持股公司可以经营证券、信托、保险等其他业务。1984年年底，美国拥有4 643家单一银行控股公司和698家多元银行控股公司，它们控制着美国商业银行存款的90%。银行控股公司已成为美国商业银行最基本的组织形式。经过20世纪80～90年代的金融改革，美国银行制度已从法律上终结了"单一制"，银行持股公司已发展成为"金融银行"的巨型金融集团。事实上，银行持股公司已经成为金融资本和产业资本高度结合的组织形式。

持股公司制的优越性很明显。①和小银行相比，大银行的资金利用的效率更高，母公司可以统观全局，统一调配资金。②持股公司可以同时控制大量的非银行企业，这就为它所控制的银行提供了稳定的资金来源和客户关系。③通过持股公司的方式，集团可以同时经营非银行业务，增加盈利。但持股公司制也加重了金融垄断的程度。

4. 连锁银行制

连锁银行制是指由某一个人或某一集团拥有若干银行的股权，但又不以股权公司的形式出现的一种银行组织形式。这些连锁银行制的成员银行在法律上是独立的，保持独立的法人地位，但其所有权、经营权和业务由某一个人或某一集团控制，形成连锁银行。连锁银行往往是围绕一个地区或一个州的大银行组织，成员银行的董事会由同一批人组成，其中的大银行为集团确立银行业务模式，并以大银行为中心，形成集团内部的各种联合。由此可见，连锁银行之间有一种类似于总分行之间的分工协作关系，正因为如此，连锁银行制与银行控股公司一样，都是为了弥补单一银行制的不足，回避对设立分行的种种限制而采取的一种银行组织形式。它与银行控股公司制的区别在于它不需设立控股公司。与银行控股公司制相比，连锁银行制下，银行容易受到某个人或某集团的控制，并且不易获取银行所需要的大量资本。为此，连锁银行制的存在比例远小于银行控股公司制，其重要性远远不如目前发展的持股公司制。连锁银行制在美国的中西部较为发达。

5. 代理银行制

代理银行制也称为往来银行制，是指银行相互间签订代理协议，委托对方银行代办指定业务的一种组织形式。被委托的银行为委托行的代理行，相互间的关系则为代理行关系。一般地说，银行代理关系是相互的，因此互为对方代理行。在国际之间，代理银行制非常普遍。至于在各国国内，代理制最为发达的是实行单一银行制的美国。美国的代理银行制往往是大银行和小银行之间私下所形成的一种业务网络关系。小银行将各种存款存入自己的代理行，大银行（代理行）则为小银行提供各种银行业务。这种代理银行制下大银行与小银行之间的关系类似于分支银行制下总行与分支行之间关系。因而，美国商业银行普遍采用代理银行制突破单一银行制的限制，解决不准设立分支机构的矛盾。不过，就是在实行分支银行制的国家中，银行之间也存在着代理关系，这种代理往往是平等的、双向的，是扩展银行业务领域的一种有效选择。

五、现代商业银行的发展趋势

自英格兰银行建立以来，现代商业银行已有 300 余年的发展历史。在这期间，随着国际经济环境和各国金融管制等因素的不断变化，商业银行的业务经营和管理模式也进行了不断调整。特别是 20 世纪 70 年代以来，由于经济全球化浪潮的不断推进，现代高科技的迅猛发展以及西方国家金融管制的逐渐放松等因素的深刻影响，现代商业银行的业务经营和管理模式发生了一系列的根本变革。这些变革主要表现在以下几个方面。

1. 银行业务经营全能化

商业银行与其他金融机构的业务相互交叉、相互渗透，突破了传统业务的分工界限，向全能化发展。商业银行与其他金融机构之间的经营界限和经营范围已很难严格划分。

实行分离型商业银行的国家相继放宽对商业银行业务分工的限制。其代表是美国。1990 年，美国财政部《关于金融体系全面改革的报告》建议，允许商业银行从事包括证券业务在内的所有金融业务；《1991 年联邦存款保险公司改建条例》开始允许商业银行按其资本规模的 100% 获得和持有普通股和有限公司股份，这表明长期以来限制商业银行和工商业之间相互渗透的禁区已经被突破；1994 年，美国又通过了《1994 年跨州银行法》，允许商业银行充当保险和退休基金的经纪人，从而表明对商业银行涉足保险业的限制也被突破。特别是 1999 年由克林顿政府时期形成的《金融服务现代化法案》，从法律上消除了银行、证券、保险机构在业务范围上的边界，结束了美国金融分业经营的历史，商业银行开始能够从事全能银行的业务。20 世纪 80 年代以来，特别是进入 90 年代，国际银行业跨行业收购兼并活动更是如火如荼。这一系列购并直接导致集商业银行、投资银行和保险业务于一身的"全能银行"的产生。

2. 金融工具多样化

20 世纪 60 年代以来，西方各国掀起了前所未有的金融创新浪潮，商业银行也进行了大量的金融工具的创新，推出了许多新的金融工具。传统金融工具和创新金融工具的综合运用，对商业银行的业务经营和管理模式产生了极为深刻的影响。

3. 银行机构集团化

随着银行业务竞争的日益加剧和经营风险的不断提高，西方国家商业银行之间的收购、兼并和联合越来越频繁。

20 世纪 80 年代以来，特别是 20 世纪 90 年代以后，全球银行的收购、兼并和联合活动更是风起云涌，呈迅猛增长态势，收购兼并事件此起彼伏。1997 年 4 月起，美国国民银行收购蒙哥马利证券公司；纽约银行家信托银行兼并艾利斯·布朗投资银行；美国银行兼并罗伯逊·斯蒂芬基金管理公司。1998 年，银行业发生了一系列重大并购案。1998 年 4 月 6 日，美国花旗银行（Citibank）的母公司花旗公司（Citicorp）和旅行者集团（Travelers Group）宣布合并，成为仅次于大通曼哈顿银行的全美第二大金融集团。这是震动全球金融界的最大的一次跨行业合并。紧接着，美国国民银行与美洲银行宣布合并，美国第一银行与第一芝加哥银行结成联盟。同年12月1日，德意志银行宣布收购美国第八大银行——信孚银行的全部股权，合并后成为以资产排名全球最大的银行。在欧洲和日本，银行业兼并浪潮也盛况空前。国际银行业进入了一个变革的时代，以兼并求发展，正成为20世纪90年代国际银行战略调整的一个突出特点，巨型的金融超市成了所有银行追求的目标。

目前，银行业的购并浪潮仍在继续。银行机构的集团化，形成银行业的"巨无霸"，导致银行资本不断集中，也使商业银行增强了抗风险的能力，拓宽了业务范围，提高了金融服务质量。

4. 银行业务经营证券化

20世纪80年代以来，商业银行金融业务中证券化业务的比重不断增大。由于在国际金融市场上证券化的融资迅速发展，这就迫使商业银行调整业务经营策略，直接参与证券化融资活动，提高流动性好、风险相对分散的资产在银行总资产中的比例，以便在金融业的激烈竞争中，降低经营风险，保证和提高业务经营的收益。西方国家金融管制的逐渐放松和较低的利率水平，也为商业银行业务经营证券化提供了有利的条件和宽松的环境。

5. 银行业务经营国际化

随着全球经济一体化过程的推进以及信息技术的发展，企业界正在融为一体，一个全时区、全方位的一体化国际金融市场正在形成，国际各大商业银行都以全球眼光来发展业务，无一例外都是国际化的银行。商业银行的业务经营超越国界，在海外广设分支机构，形成规模庞大，集零售、批发银行业务与各种金融服务三位一体的全能式跨国银行，使银行业务的触角伸向世界各地。同时，在对等的条件下，各国允许外国商业银行进入本国，开放本国的金融市场。由于商业银行业务经营的国际化，形成了一个国际间银行资本流动机制和信息网络，从而又加速了经济全球化的进程。

6. 银行业务经营电子科技化

金融业务与现代高科技相结合，是现代金融发展的必由之路。由于现代计算机技术、网络通信技术、信息处理技术在银行业务经营中的具体应用，使商业银行的业务处理趋于自动化、经营管理网络化以及客户服务全面化。

20世纪90年代以来，人类步入信息革命的时代，信息技术每天都在改变着我们的生活。银行业也融入了信息技术发展的潮流，商业银行加快了向"网上银行"发展的步伐，世界各大商业银行强化了信息技术的投入，普及自动机系统，开拓家居电子银行服务，发展电子货币，构思电子货币联网系统等，信息技术的应用愈来愈决定着银行经营的成败，使商业银行的业务经营又面临一次更为深刻的革命。

六、中国的商业银行发展历程[①]

我国银行业的产生可追溯到1 000多年前的唐代，当时出现了一些兼营银钱的机构，如邸店、质库等；随后，宋代有钱馆、钱铺，明代有钱庄、钱肆，清代有票号、汇票庄等。这些机构虽还称不上是真正的银行，但已具备了银行的某些特征。鸦片战争后，一些外商银行纷纷进入我国开展金融业务，并凭借其特权攫取了巨额的利润。1845年在上海由英国人创办的丽如银

---

① 成思危，《中国经济改革与发展研究（第二集）》，北京：中国人民大学出版社，2008。

行，是出现于我国的第一家银行；1897 年成立的中国通商银行，是我国自办的第一家银行。

20 世纪 30 年代，统治旧中国的国民党政权建立了以中央银行、中国银行、交通银行、中国农民银行、中央信托局、邮政储金汇业局、中央合作金库（简称"四行二局一库"）为主体，包括省、市、县银行及官商合办银行在内的金融体系。此外还有一批民族资本家兴办的私营银行及钱庄，其中约三分之一集中在上海，但多半规模不大且投机性强，在经济运行中所起的作用十分有限。

随着中国人民解放战争的节节胜利，1948 年 12 月 1 日在石家庄成立了中国人民银行，并开始发行人民币。1949 年 2 月，中国人民银行迁入北平。新中国成立前后，根据 1948 年 4 月在北平召开的中国人民政治协商会议第一届全体会议通过的《共同纲领》，对官僚资本银行进行了接管，并分不同情况进行停业清理或改组为专业银行；将官商合办的 4 家银行改组为公私合营银行；对私营银行则进行整顿和改造；还取消了在华外商银行的一切特权，并禁止外国货币在国内流通。

新中国成立后，我国在计划经济体制下形成了由中国人民银行"大一统"的银行体系，即银行不划分专业系统，各个银行都作为中国人民银行内部的一个组成部分，从而使中国人民银行成为既办理存款、贷款和汇兑业务的商业银行，又担负着国家宏观调控职能的中央银行。"文化大革命"期间，在"左"的思想指导下，银行的独立性日渐消失，1969 年 9 月甚至将中国人民银行并入财政部，成为财政部所属的二级机构，使其基本上沦为政府的"大钱库"和"出纳员"。不少领导人不懂银行工作的重要性，把银行当作一个办理收收付付的"大钱库"，需要钱的时候才想到银行，有的甚至把财政资金和信贷资金混同起来，靠行政手段办事，做了许多违反经济规律的事。

从 1977 年至今，我国商业银行的发展大体上可以分为以下几个阶段。

1. 体系重建阶段（1977—1986 年）。尽管在 1978 年 3 月中国人民银行总行恢复了其独立的部级单位的地位，但其所担负的商业银行与中央银行的双重职能并未改变。从 1979 年年初开始，在改革开放方针的指引下，相继恢复了主管农村金融业务的中国农业银行，从中国人民银行中分设出了主管外贸信贷和外汇业务的中国银行，从财政部中分设出了主管长期投资和贷款业务的中国人民建设银行，1981 年年底又成立了负责接受国际金融机构贷款及其他资金转贷给国内企业的中国投资银行。1983 年 9 月 17 日，国务院发文明确规定中国人民银行专门行使中央银行的职能，同时决定成立中国工商银行，接办中国人民银行原有的信贷和储蓄等商业银行业务。至此我国基本形成了以中央银行为领导、以四大国家专业银行为骨干所组成的银行体系。1984 年 10 月，中国共产党十二届三中全会做出了《中共中央关于经济体制改革的决定》。为了发展"有计划的商品经济"，我国银行体系迅速扩张。1985 年人民银行出台了专业银行业务可以适当交叉和"银行可以选择企业、企业可以选择银行"的政策措施，鼓励四家专业银行之间开展适度竞争，从而打破了银行资金"统收统支"的"供给制"，四家专业银行还开始将其触角伸向农村，为当时正在蓬勃发展的乡镇企业提供贷款。

2. 扩大发展阶段（1987—1996 年）。随着改革开放的进展，为银行业的改革和发展提供了动力。1986 年 12 月，邓小平要求"金融改革的步子要迈大一些。要把银行真正办成银行"。1987 年中国人民银行提出要建立以中央银行为领导，各类银行为主体、多种金融机构并存和分工协作的社会主义金融体系。在 1987 年中共"十三"大和 1992 年中共"十四"大精神的指引下，我国银行业在改革中不断扩大发展。尽管在改革开放初期就已经提出国家专业银行要进行企业化改革，实行商业化经营，但由于这些专业银行既从事政策性信贷业务，又从事商业性信贷业务，既难以办成真正的商业银行，又不利于进行金融宏观调控。1993 年 11 月中共十四届三中全会提出要"建立政策性银行，实行政策性业务与商业性业务分离"之后，在 1994 年内相继成立了专门办理政策性信贷业务的国家开发银行、中国进出口银行及中国农业发展银行，从而为国家专业银行向国有独资商业银行的转变创造了有利的条件。1995 年 5 月 10 日，第八届全国人大常委会第 13 次会议通过了《中华人民共和国商业银行法》，明确了商业银行的性质、地位及与其他金融市场主体之间的关系，并为商业银行自主经营、提高资产质量提供了法律保障。最终建立了适应社会主义市场经济发展需要的以中央银行为领导、政策性金融和商业性金融相分离、以国有独资商业银行为主体、多种金融机构并存的现代金融体系。

与此同时，在改革开放的推动之下，其他类型的银行也迅速发展。在交通银行于 1986 年 7 月重组成以公有制为主的股份制全国性综合银行之后，相继成立了中信实业银行、招商银行、深圳发展银行、烟台住房储蓄银行、蚌埠住房储蓄银行、福建兴业银行、广东发展银行、中国光大银行、华夏银行、上海浦东发展银行、海南发展银行、民生银行 12 家股份制银行。

3. 深化改革阶段（1997 年—2002 年）。经过近 20 年的改革和发展，到 1996 年年底，我国已形成了一个以四大国有商业银行为骨干的庞大的商业银行体系，在支持我国经济和社会发展方面起到了重要的作用。但是由于计划经济时期遗留下来的陈旧观念和历史包袱一时难以化解，再加上社会主义市场经济建设初期的制度缺陷，改革的任务十分繁重。1997 年年中发生的东亚金融危机，对我国的金融业敲响了警钟，商业银行的风险防范问题受到关注。

尽管自 1998 年以来，中国政府不断推进商业银行改革，加强对商业银行的监管。但在 2002 年以前，我国商业银行的改革主要是在转变经营机制、健全管理制度、变更业务范围、调整营业网点等较浅的层次上，对国有商业银行的监管也比较薄弱。2002 年，第二次全国金融工作会议召开，明确国有独资商业银行改革是中国金融改革的重中之重，改革的方向是按现代金融企业的属性进行股份制改造。这为国有独资商业银行进一步改革指明了方向。

4. 改革攻坚阶段（2003 年至今）。2003 年年底，党中央、国务院决定，选择中国银行、中国建设银行进行股份制改革试点，并于 12 月 30 日通过汇金公司注资 450 亿美元，这为两家试点银行股份制改革提供了可能性。2005 年，两家银行上市，银行业改革开始进入国家控股的股份制商业银行改革阶段。2006 年 10 月 27 日，中国最大的商业银行——中国工商银行在上海和香港两地成功实现 A+H 同步上市，发行募集资金刷新全球 IPO 纪录。2010 年 7 月 15 日中国农业银行正式登陆上海交易所。随着中国农业银行上市，标志着四大国有银行已全部顺利完成股份制改造，并且成功上市，中国银行业发展从此掀开新的一页。

第二节 商业银行业务

一、商业银行的资产负债表

要想了解商业银行的经营活动，首先要看商业银行的资产负债表。

资产负债表是银行的主要会计报表之一，它反映银行总的资金来源和资金运用情况。资产负债表包括三大类项目：资产、负债和所有者权益（或股东权益）。它们满足下列关系：

$$资产=负债+所有者权益$$

商业银行的业务活动一般可分为负债业务、资产业务和中间业务三大类。商业银行通过负债业务取得资金，再利用这些资金进行资产业务。银行的资产业务的收益率应高于负债业务的成本，两者的差异构成银行的利润来源。我们可以通过考察商业银行的资产负债表的各个项目来分析商业银行的业务。另外，并非所有的银行业务都能在资产负债表中得到反映，这部分称为中间业务，后文将进行分析。

由于各国银行法规不同，银行面临的经济背景和开办的业务种类各有其特点，在具体细目划分和科目设置上，不同国家的银行甚至同一国家的不同银行也有所区别。但从总体看还是大同小异。分别以一家美国的银行（见图 5-1）和一家中国的银行（中国工商银行）（见图 5-2）为例来说明。

美国某商业银行资产负债表

资产（资金用途）	%	负债（资金来源）	%
现金资产		支票存款	23
准备金	2	非交易存款	
应收现金项目	2	储蓄存款	20
在其他银行的存款	2	小额定期存款	16
证券		大额定期存款	9
美国政府及其附属机构	19	借款	24
州和地方政府及其他证券	5	银行资产	8
贷款			
工商业	16		
不动产	25		
消费者	10		
银行间	4	总额	
其他	8		
其他资产（如实物资产）	7		
总额	100		100

图 5-1　美国某银行的资产负债表

中国工商银行资产负债表

单位：（亿元）

资产	2000 年	负债及所有者权益	2000 年
现金	295.02	存款	32 458.19
存放中央银行款项	2957.66	短期	16 039.86
存放同业	238.51	长期	16 445.33
拆放同业	1207.48	同业存款	3 086.35
贷款	24135.91	同业拆放	151.08
短期	15371.69	借入款项	240.01
中长期	8764.22	发行债券	0.21
减：呆账准备	103.77	短期	
证券投资	7925.37	长期	0.21
短期		其他负债	1 900.87
中长期	7925.37	所有者权益	1 873.66
减：投资风险准备	1.49	实收资本	1 674.17
固定资产投资	926.16	资本公积	12.04
减：累计折旧	200.01	盈余公积	135.09
其他资产	2356.53	未分配利润	52.36
资产总计	39737.37	负债及所有者权益总计	39 737.37

图 5-2　2000 年中国工商银行的资产负债表

从图 5-1 和图 5-2 可以看出，无论是美国的商业银行还是我国的商业银行，其负债业务主要包括存款业务、借款业务和其他负债业务。商业银行的资产业务主要包括现金资产业务、证券投资业务、贷款业务以及其他资产业务。

二、商业银行的负债业务

（一）商业银行的负债业务的概念

商业银行负债指银行存款、借款等一切非资本性的债务，由存款负债、借入负债和其他负债构成。相应地，其负债业务可分为存款业务和非存款性负债（借款业务和其他负债业务）。

商业银行的负债业务是商业银行最主要的资金来源，是商业银行经营活动的基础。商业银行的全部资金来源包括自有资本（所有者权益）和吸收外来资金（负债）两部分，其中负债又可以分存款、借款或其他负债。与一般工商企业不同的是，商业银行的自有资本在其全部资金来源中只占很小的比例。商业银行的全部资金来源中，90%以上来自于负债。负债结构和成本的变化决定着银行资金转移价格的高低，从而极大地影响着银行的盈利水平和风险状况。而银行负债的规模和结构，大体决定了整个银行的经营规模和经营方向，进而决定了商业银行开展资产业务、获得利润的能力。

负债业务是商业银行开展资产业务与中间业务的基础与前提，对商业银行的经营具有重要意义，这种重要性主要从以下几方面表现出来：①负债业务是商业银行吸收资金的主要来源，是银行经营的先决条件；②银行负债是保持银行流动性的手段；③银行负债构成社会流通中的货币量；④负债业务是商业银行同社会各界建立广泛联系的主要渠道；⑤负债业务也是银行业竞争的焦点之一。

（二）存款业务

存款是商业银行最主要的负债和最主要的经常性资金来源。所以在商业银行负债业务中，存款业务始终是其最基本、最主要的业务。在金融业激烈的竞争中，商业银行把争取存款放在一个很重要的地位，根据社会上各种需求和偏好，设计了多种类型的存款品种。传统的划分方法将存款分为活期存款、定期存款和储蓄存款三大类。在实际生活中，虽然存款名目繁多，但都不外乎是这 3 类存款的变种。

1. 活期存款（Demand Deposit）

活期存款是商业银行传统的存款，是指那些不规定期限，可以由存户随时提取的存款。这种存款在支用时须使用银行规定的支票，因此也称支票存款。这种存款没有确定的期限规定，银行也无权要求客户取款时做事先的书面通知。银行有义务对客户签发的支票即时付款。该账户的支票可用于支付并可以经背书后转让。开立这种存款账户的目的是为了通过银行进行各种支付结算。由于活期存款存取频繁，而且还要提供多种服务，因此活期存款的营业成本较高，所以活期存款较少或不支付利息。虽然活期存款的平均期限很短，流动频繁，但在大量此存彼取、此取彼存的流动过程中，银行总能获得一些较为稳定的存款余额用于对外放款，成为商业银行低成本的资金来源。活期存款是密切银行与客户关系的桥梁。银行通过与客户频繁的活期存款的存取业务建立比较密切的业务往来，从而争取更多的客户，扩大银行的经营规模。

事实上，当支票用于向开户银行提款的时候，它只是作为一种信用凭证发挥职能；但当支票被用来履行支付义务时（包括开户人向第三方开支票支付，以及任何支票持有人向另一方背书转让），支票已经充当流通手段和支付手段发挥作用。也就是说，支票被当作货币使用，因此活期存款成为货币供应量的重要组成部分。更重要的是，支票多被用于转账而非提现，因此商业银行可以周转使用，进行信用扩张，创造派生存款，商业银行因而得以对货币供应量产生影响。关于商业银行通过派生存款创造货币的过程，将在第八章货币供给中详细地描述。

对于客户而言，活期存款的优点在于流动性很强，可以随时开支票付款。缺点在于受到货币当局的利率管制，不能支付利息，盈利性较差。当市场利率上升、金融市场日益发达时，活期存款的吸引力就会不断下降。

值得注意的是，我国一般只有企事业单位才在商业银行开有活期存款账户，这种账户依照人民银行公布的活期存款利率按季计取利息的存款，可以开支票。而日常生活中所谓的"活期存款"实际指的是居民活期储蓄存款。而在国外，企业、个人、政府机构、金融机构本身都能开立活期存款账户。

2. 定期存款（Time Deposits）

定期存款是指客户与银行预先约定存款期限的存款，一般期满前不能提款的有息存款。定期存款存入时，银行向存户出具可转让或不可转让存单、存折等，多采用不可转让定期存款单的形式。利率视期限长短而高低不等，但定期存款的性质使其流动性很低，故定期存款的利率较高，要高于活期存款，以补偿客户的流动性损失。为了吸收客户，商业银行提供了各种存款期限的定期存款，从 30 天到若干年不等，通常为 3 个月、6 个月和 1 年，期限最长的可达 5 年或 10 年。定期存款一般要到期才能提取，对于到期未提取存单，按惯例不对过期的这段存款支付利息，我国目前则以活期存款利率对其计息。储户不能随时支取，若提前支取，西方国家对提前支款一般要罚款，我国没有对定期存款提前支取的罚款规定，过去是按原存单利率计付利息，但要扣除提前日期的利息；现在则以国际惯例全部按活期存款利率计息，并扣除提前日期的利息。和活期存款正相反，定期存款对客户来说，是一种盈利性强、流动性差的投资方式；对商业银行而言，由于期限较长，按规定一般不能提前支取，因而是银行稳定的资金来源。

3. 储蓄存款（Savings Deposits）

储蓄存款主要是针对个人积蓄货币并取得利息收入之需而开立的存款。储蓄存款分活期和定期存款两大类。储蓄存款多数是个人为了将来的消费，将暂时不用的收入积蓄起来，为积蓄购买力而进行的存款，因而各国对经营储蓄存款业务的商业银行有严格的管理规定，并要求银行对储蓄存款负有无限清偿责任。有些国家只准专门的金融机构经营储蓄存款业务，不准商业银行以及其他金融机构经营这项业务。这种存款是一种非交易用的存款，通常由银行发给存户存折，以作为存款和取款的凭证，不能签发支票。利息被定期加到存款余额上。储户凭存折到银行提取现金。随着科技的发展，银行为了争取客户，一方面推出通存通兑服务，另一方面纷纷将储蓄存款改为使用提款卡的形式，即银行在公共场所以及银行内安装"自动出纳机"（Automatic Teller Machine，ATM），也叫自动柜员机，储户可以在各地的"自动出纳机（ATM）"上 24 小时方便地自助存取款项。

4. 存款品种创新

由于商业银行之间以及商业银行和其他金融机构之间竞争日益激烈，为了适应激烈的金融竞争，吸收存款，近年来西方商业银行纷纷开发出一些新的账户存款形式。其特点是既能灵活方便的支取，又能给客户计付利息，这些新型的账户存款，为客户提供了更多的选择，充分满足了存款者对安全性、流动性和盈利性的要求，从而吸引了更多的客户，为商业银行扩大了资金来源。美国具有代表性的一些存款工具创新如下。

（1）可转让支付命令账户（Negotiable Order of Withdraw Accounts，NOW a/c）。可转让支

付命令账户是一种对个人和非盈利机构开立的、计算利息的支票账户，也称为付息的活期存款。它以支付命令书取代了支票，实际上是一种不使用支票的支票账户。开立这种账户的存户，可随时开出支付命令书，或直接提现，或直接向第三者支付，对其存款余额可取得利息收入。该账户的特点是，存款者可以利用有息储蓄存款账户签发可转让支付命令书。但这种账户只适用于个人和非营利性组织。

1970 年，可转让支付命令账户最早产生于美国马萨诸塞州的一家互助储蓄银行，该银行在1972 年 5 月正式获准开办此业务，1973 年美国国会批准在若干州使用，1980 年美国新银行法允许全国储蓄机构和商业银行开办 NOW 账户。1982 年美国一些银行又创立了超级 NOW 账户，它具有更方便签发支票和享受货币市场利率的好处。

（2）自动转帐服务账户（Automatic Transfer Service Account，ATS ac）。自动转帐服务账户设有两个账户，一个是含利息的储蓄存款账户，另一个是无息的支票存款账户。支票存款账户的余额始终保持 1 美元，其余额转入储蓄账户可获得利息收入。在开户时，由存户预先授权银行，存户可利用其支票账户进行支付，当银行收到存户开出的支票付款，而支票账户的存款余额不足时，由银行自动地从该存户的储蓄存款账户中把相应金额转入支票账户，及时支付支票上的款项。而存户对于银行提供的转账服务需要支付一定的服务费。这种账户使得客户既可利用支票账户的便利，又可以获得一定利息收入，很受欢迎。美国商业银行于 20 世纪 70 年代开办这种存款，日本都市银行于 1983 年也开办此类存款，称之"综合户头调整服务"账户。

（3）货币市场存款账户（Money Market Deposit Accounts，MMDAS）。前面几类交易存款的利率受到较严格的限制，在市场利率不断上升的情况下，这无疑会降低银行吸收支票存款的吸引力。为了提高银行在资金市场上的竞争力，一些西方国家法律有所松动，允许部分交易账户的利率可以按货币市场利率调整。如美国 1982 年的银行法允许商业银行增设货币市场存款账户。

其性质介于储蓄存款和活期存款之间，主要特点是：①要有 2 500 美元的最低限额；②没有利率上限，其存款利息是以公布的每日利率为基础随时计算的；③10 万美元的存款额可得到联邦存款保险公司的保险；④存款者每月可办理 6 次自动转账或电话转账，其中 3 次以下可使用支票，但个人取款不受限制；⑤对存款不规定最低期限，但银行有要求客户提款时应提前 7 天通知的权利。

（4）可转让定期存款单（Negotiable Certificates of Deposit，或 CDs）。可转让定期存单是一种固定期限、固定利率、可在市场上转让的大额银行存单，它是西方国家商业银行执行负债管理政策的主要金融工具。可转让定期存单面额较大，在美国为 10 万美元以上，日本为 5 亿日元以上。利率一般高于同期储蓄存款，且可随时在二级市场出售转让，因此对客户颇具吸引力。

1961 年 2 月，美国花旗银行首创可转让大额存单，同年，美国一家重要的政府证券经纪商（即纽约贴现公司）为大额存单开辟了次级市场，这就使大额存款单同时具有了高利率和高流动性相结合的特点，成为货币市场上投资者喜爱的投资对象。这种金融工具产生后很快就在美国和西方国家流行起来，并且不断有所改进，突出的改进表现在：第一，期限缩短。美国最初对 CDs 规定的最短期限为 6 个月，现为 1 个月。第二，面额缩小，1979 年 5 月日本开办 CDs 业务时，最低面额为 5 亿日元，1985 年改为 1 亿日元。第三，固定利率改为浮动利率，如日本的 CDs 利率由发行银行与购买者之间按市场利率相互磋商确定。美国银行的 CDs 利率，6 个月期的每月调整一次，1 年期的每 3 个月调整一次，通常比普通定期存款利率高 1.5%～3%。

可转让定期存款单的出现也给商业银行经营管理带来巨大变化，致使银行资金管理思想从资产管理转向负债管理。

（5）货币市场利率连动存款单（Money Market Certificates of Deposits，MMCs）。该存款属于定期存款，利率随市场利率调整，但 MMCs 与 CDs 不一样，它不具有可转让性，而且面额较小，主要是为个人和家庭设计的。

（6）特种储蓄存款。特种储蓄存款是商业银行针对客户某种特殊需求而设计的存款创新工具，品种繁多，包括养老金储蓄、存贷结合储蓄、旅游账户、教育账户、假期账户、宠物账户等，这些账户充分满足了客户的不同个性化需要，获得了快速发展。

此外，存款品种创新还有协定账户（Agreement account）、个人退休金账户（Individual Retirement Account，IRA）和股金提款单账户（Share Draft Account，SDA）等。

（三）商业银行非存款性负债业务

1. 借款业务

各类非存款性借款也是商业银行负债的一个重要构成，而且其地位越来越重要。商业银行的对外借款根据期限不同，可分为短期借款和中长期借款。银行对外借款渠道主要有以下几方面。

（1）短期借款。短期借款是指期限在一年以内的对外借款，包括同业借款、向中央银行借款和其他渠道的短期借款。

短期借入负债对商业银行经营具有重要意义：①可以为商业银行提供非存款资金来源；②是满足商业银行周转金需要的重要手段；③同时提高了商业银行的资金管理效率；④扩大了银行的经营规模，又加强了外部的联系和往来。短期借入负债主要用于弥补短期头寸的不足，对时间和金额上的流动性需要非常明确，利率风险较高。

商业银行的短期借款有同业拆借、向中央银行借款、回购协议以及向金融市场借款等主要渠道。

① 同业借款。同业借款是指金融机构之间的短期资金融通活动，主要有银行同业拆借、转贴现和转抵押。

同业拆借是指金融机构之间的短期借款，主要用于临时性调剂资金头寸的需要，支持日常性的资金周转。同业拆借一般是通过商业银行在中央银行的存款账户而完成的。最初，同业拆借是商业银行用于调节自己在中央银行存款账户上的法定准备金头寸而融通资金的主要渠道。按银行法规定，各商业银行必须向中央银行交纳一定比例的存款准备金，同时保持一定量的库存现金以应付提款要求。如果某家银行在中央银行的存款超过了法定准备金的要求，而另一家银行在中央银行的存款降到法定准备以下，此时准备金不足的银行就会向准备金盈余的银行借款，以达到法定准备的要求。这种借款通过中央银行进行，拆出银行通知央行将相应的款项从自己的账户转到拆入银行的账户，央行据此借记拆出行账户，贷记拆入行账户。随着资金转移技术的进步和经济环境的变化，同业拆借市场已实际上成为商业银行解决短期资金余缺问题的筹资场所。同业拆借的期限较短，多为 1~7 个营业日。大商业银行和城市银行多为资金的拆入行，而边远地区小银行和长期业务居多的金融机构，多为资金的拆出行。同业拆借有两种形式，一种是拆借双方通过专门的短期资金公司或经纪人来安排，另一种是银行之间直接进行交易。同业拆借往往利用通信网络系统进行，交易的完成则通过中央银行借记和贷记双方账户。银行同业拆借在各国的作法不一样，美国称之为联邦基金，其交易额一般在 100 万美元以上，实行无担保制度。日本的同业拆借则实行有担保原则，国债和优良票据是主要的担保物。

转贴现借款是指商业银行在资金紧张、周转不畅的情况下，将已经贴现、但仍未到期的票据，出售给其他商业银行或贴现机构以取得借款的方法。它实际上是中央银行以外的投资人在二级市场上进行票据交易的行为。

转抵押借款是商业银行在资金紧张，中央银行控制很严，周转不畅时，也可以通过抵押的方式，向其他同业银行取得资金。作为抵押的资产，大部分是客户的抵押资产（包括动产和不动产），银行将其转抵押给其他银行。

② 向中央银行借款。向中央银行借款是中央银行向商业银行提供的信用，主要有再贴现和再贷款两种形式。再贴现是经营票据贴现业务的商业银行将其买入的未到期的贴现汇票向中央银行再次申请贴现，也称间接借款。再贷款是中央银行向商业银行的信用放款，也称直接放款。再贴现和再贷款是中央银行宏观金融调控的重要手段。

在市场经济发达的国家中，由于商业票据和贴现业务广泛流行，再贴现就成为其商业银行向中央银行借款的主要渠道；而在商业信用不太发达，商业票据不太普及的国家，则主要采取再贷款的形式。

中央银行是一般银行的最后贷款人。因此当社会上资金紧张时，商业银行可以向中央银行借款，以维持资金周转。西方国家中央银行向商业银行所提供的贷款一般是短期性的，无论对于商业银行还是对中央银行而言，向中央银行借款都只占一个很小的比重。但在我国，由于历史体制的原因，向央行借款一直是国有商业银行的一项比较重要的资金来源。长期以来我国商业银行向中央银行借款主要采取再贷款这一直接借款形式，今后，随着我国票据贴现市场的不断发展，逐步以再贴现取代再贷款，将是历史发展的趋势。

③ 回购协议。回购协议是指资金需求者在通过出售证券购入资金时，同时安排在将来一个约定的日期按事先确定的价格买回这些证券。在这种融资方式下，金融证券实际起到了担保的作用。

西方商业银行普遍采用回购协议借入资金的原因主要有：第一，回购协议可以充分利用金融市场，成为银行调节准备金的灵活工具；第二，有些国家不要求对政府证券担保的回购协议资金持有准备金，从而可以大大降低融资成本；第三，这种融资方式的期限很灵活，短则 1 天，长可至几个月。

④ 向金融市场借款。近二三十年来，各国商业银行在国内或国际货币市场上通过直接借款、发行可转让大额定期存单 CDs、发行短期银行债券、出售商业票据、出售银行承兑票据等方式广泛地获取资金。

从欧洲货币市场借款。在国内银根紧缩或告贷无门的情况下，西方各国商业银行还可以从欧洲货币市场上借到欧洲货币。欧洲货币是指在本国境外被交易的以本国货币计价的金融资产，它们大多数是存入境外外国银行或本国银行驻外分支机构的本国货币存款。欧洲美元市场是最大的欧洲货币市场，欧洲美元是指存于美国境外的美元存款。对于美国的银行而言，从美国之外借入欧洲美元，可以不用保留法定准备金，并且也不用受 Q 项条例的限制，这样就在扩大银行负债的同时，提高了资金盈利能力。因此，欧洲美元市场发展非常迅速。除此外，还有欧洲马克、欧洲英镑、欧洲日元、欧洲法郎等市场。欧洲货币存款期限很短，对利率极为敏感，已在国际金融市场上形成巨大的"游资"。在欧洲货币市场上，可以不受利率管制，在税收及存款方面的要求也较宽松，还可以逃避一些国家金融法规的管制。西方国家的商业银行在欧洲货币市场上借入短期负债的方式，主要是通过吸引固定利率的定期存款来实现的。

商业银行还可以通过在金融市场上发行短期金融债券来筹资，其中可转让大额定期存单是其主要形式。大面额存单兼有活期存款流动性和定期存款盈利性的优点，可以转让，具有较高的利率。

此外，商业银行还可以在货币市场上出售商业票据、银行承兑票据等来筹集短期资金。

（2）长期借款。长期借款是指偿还期在一年以上的对外借款。商业银行的长期借款一般采用发行各种类型的中长期金融债券的形式，增加了负债的稳定性。

发行中长期金融债券的优点有以下几个方面。第一，突破了银行原有存贷关系的束缚，拓宽了商业银行的负债渠道，促进了银行负债来源的多样化。它面向社会筹资，筹资范围广泛，既不受银行所在地区资金状况的限制，也不受银行自身网点和人员数量的束缚。第二，债券的高利率和流动性相结合，对客户有较强的吸引力，有利于银行提高筹资的数量和速度。第三，发行债券所筹的资金不用缴纳法定准备金，这也有利于提高银行资金的利用率。第四，发行中长期金融债券作为商业银行长期资金的主要途径，使银行能根据资金运用的项目需要，有针对性地筹集长期资金，使资金来源和资金运用在期限上保持对称，从而成为商业银行推行资产负债管理的重要工具。

但与存款相比，金融债券的局限性也相对比较明显。第一，金融债券发行的数量、利率、期限都受到管理当局有关规定的严格限制，银行筹资的自主性不强。第二，金融债券除利率较高外，还要承担相应的发行费用，筹资成本较高，受银行成本负担能力的制约。第三，债券的流动性受市场发达程度的制约，在金融市场不够发达和完善的发展中国家，金融债券种类少，发行数量也远远小于发达国家。

2. 其他负债

其他负债是指商业银行利用除存款负债和借款负债以外的其他方式形成的资金来源。主要包括代理行的同业存款负债、客户结算资金占用等。

同业存款是指其他银行和金融机构存放在本行的资金。国内各银行还有其他金融机构为了方便结算，在各自有关的结算地点开立存款账户，存入资金。同业存款是针对于接纳该笔存款的银行和金融机构而言，是资金的来源，是负债。由于商业银行同业间所开立的存款账户都属于活期性质，可随时支用，因此将其视为现金资产。

结算资金占用是指商业银行在为客户办理转账结算等业务过程中可以暂时占用客户的一部分资金。银行办理转账结算业务，实行先收款后付款的原则，即要求付款单位先将应付资金交给银行，然后银行才向收款单位进账。由于有一部分付款单位同收款单位不在同一城镇或虽在同一城镇但不在同一银行开户，银行从付款单位收取款项，经过联行划转到收款单位账户，需要一段时间。在这段时间里，结算资金就停留在银行，成为银行的结算中占用资金。从任一时点上看，总会有那么一些处于结算过程之中的资金，构成商业银行可资运用的资金来源。其特点是时间短，但是由于周转金额巨大，占用的资金数量相当可观。

结算中占用资金的规模，取决于社会生产、商品流转规模和银行、邮电部门业务工作的状况。生产和商品流转扩大，银行转账业务量增加，结算中占用资金也就增加；银行和邮电部门的业务操作改进，工作效率提高，结算过程缩短，结算中占用资金相对减少。尽管银行占用这部分资金不支付利息，对银行增加收入十分有利，但银行从加快社会资金周转出发，必须努力改进结算和联行工作，缩短结算过程。

三、商业银行的资产业务

商业银行的资产业务是指是其资金运用业务，也是商业银行主要的利润来源。商业银行在以自有资本和负债的方式形成资金来源以后，只有将它们运用出去，并取得收益，方能维持经营开支并获取利润。因而资产业务也就成为商业银行最基本的业务。但由于商业银行资金来源的特殊性，即商业银行资金来源主要以负债为主，所以银行的资金运用要把盈利性和流动性有机结合。商业银行的资产业务主要包括现金资产业务、证券投资业务和贷款业务。

（一）现金资产

现金资产是商业银行所有资产中最具流动性的资产。商业银行经营的对象是货币，其资金来源的性质和业务经营的特点，决定了商业银行必须保持合理的流动性，以应付存款提取及贷款需求。商业银行要维持资产的流动性，保持清偿力和获取更有利的投资机会，必须持有一定比例的现金资产，并对其进行科学管理。直接满足流动性需求的现金资产管理是商业银行资产管理最基本的组成部分。现金项目虽然盈利性很低，但它是银行资产流动性的重要保证，也称为银行的"一线准备"。随着银行管理水平的提高，现金项目在资产业务中所占的比例不断缩小。

现金资产是银行持有的库存现金以及和那些与现金等同的、可以迅速转变为现金、随时用于支付的金融资产组成的。商业银行的现金资产一般包括以下几类。

1. 库存现金

库存现金是指商业银行保存在金库中的现钞和硬币。库存现金的主要作用是银行用来应付客户提取现金和银行本身的日常零星开支。库存现金最能及时满足银行流动性需要。但从经营的角度讲，库存现金不宜太多。库存现金的经营原则就是保持适度的规模。

2. 在中央银行存款

这是指商业银行存放在中央银行的资金，即存款准备金。规定缴存存款准备金的最初目的，是为了银行备有足够的资金以应付存款人的提取，避免流动性不足而产生流动性危机，导致银行破产。目前，存款准备金已经演变成为中央银行调节信用的一种政策手段。缴存法定比率的准备金具有强制性。在中央银行存款由两部分构成，一是法定存款准备金，二是超额准备金，而只有超额准备金才是商业银行的可用资金。法定存款准备金是按照法定准备率向中央银行缴存的存款准备金。

3. 存放同业存款

存放同业存款是指商业银行存放在代理行和相关银行的存款。在其他银行保持存款的目的，是为了便于银行在同业之间开展代理业务和结算收付。由于存放同业的存款属于活期存款的性质，可以随时支用，因此可以视同银行的现金资产。

4. 在途资金

在途资金，也称托收未达款或托收中现金，是指银行应收而尚未收到的清算资金。在支票清算过程中，商业银行每天会收到大量支票，其中有些是需要本行付款的，有些是要求本行向其他付款银行收取款项的，这类需向其他银行收取的款项称为"托收中现金"，由于这些款项已计入商业银行的负债，但实际上商业银行还未收到的这部分资金，这些支票所载金额在未划入本行收款账户前也被称为在途现金。在途资金在收妥之前，是一笔占用着的资金，又由于通常在途时间较短，收妥后即成为存放同业存款或者增加该银行在中央准备金账户上的存款余额，所以将其视同现金资产。

（二）证券投资

商业银行的证券投资（Investment）是指对有价证券的购买。证券投资是商业银行重要的资金运用业务，也是收入的主要来源之一。由于有价证券的流动性较强，因此它可以兼顾资产的盈利性和流动性，也称为"二线准备"。

商业银行的投资与通常所说的投资不同。普通投资是指以资本从事工商业的经营活动，而商业银行的投资是指证券投资业务，即商业银行以其资金在金融市场上购买各种有价证券的业务。商业银行从事证券投资业务的目的主要是为了增加收益和提高资产的流动性。商业银行主要以各类债券特别是政府债券为投资对象，如美国商业银行的投资总额中，有60%以上是联邦政府债券。

至于投资于股票，情况比较复杂，各国的规定也有所不同。在金融分业经营的国家中，对商业银行的股票投资，管理极为严格，或严禁商业银行涉足此类业务，不允许购买和持有股票；或对个别可以涉足此类投资的特殊情况给予苛刻的限制，如只允许商业银行以其自有资金及盈余的一个极小比例投资于股票，不能超比例和不能动用存款负债去从事股票投资。在金融混业经营的国家，对商业银行的股票投资并无严格的管理，但不少国家在投资数量上也有限制性的规定，商业银行的证券投资仍以各类债券，特别是以政府债券为主要类别。

我国目前实行的是金融分业经营管理制度，按照《商业银行法》和《证券法》的有关规定，商业银行不得从事境内信托投资和股票业务。我国商业银行证券投资的对象主要是政府债券和政策性银行发行的金融债券等。

商业银行作为经营货币资金的特殊企业，其经营的总目标是追求经济利益，商业银行投资的基本目的是在一定风险水平下使投资收入最大化。围绕着这个基本目标，商业银行证券投资具有以下几个功能。

（1）形成资产组合多样化，以分散风险。降低风险的一个基本做法是实行资产分散化以分散风险。而且银行证券投资在分散风险方面有特殊的作用。第一，证券投资为银行资产分散提供了一种选择。第二，与贷款相比，证券投资选择面广，可以使资金分散，证券投资风险比贷款风险小，更有利于资金运用。另外，证券转让市场发达，证券投资比较灵活，银行可以根据需要随时买进卖出，可以随时收回资金。

（2）获取收益。从证券投资中获取收益是商业银行投资业务的首要目标。商业银行证券投资的收益包括利息收益和资本收益。利息收益是指银行购买一定量的有价证券后，依证券发行时确定的利率从发行者那里取得的利益。资本收益是指银行购入证券后，在出售或偿还时收到的本金高于购进价格的余额。此外，证券投资为银行提供一种逆经济周期调节手段，当贷款需求扩大时，银行可以卖出证券，扩大贷款，当贷款需求疲软时，银行可以买入证券，从而有助于稳定银行收入。

（3）保持流动性。商业银行保持一定比例的高流动性资产是保证其资产业务安全的重要前提。尽管现金资产具有高度流动性，但现金资产无利息收入。在现金作为第一准备使用后，银行仍然需要有二级准备（指银行的短期证券投资）作为补充。可销性很强的短期证券是商业银行理想的流动性准备，它们既有利息收入，又可随时出售，以满足银行的资金需求。此外，银行购入的中长期证券也可在一定程度上满足流动性要求，只是相对短期证券其流动性要差一些。

在1929—1933年资本主义世界经济大危机以前，西方国家对商业银行证券投资的对象没有限制。大危机后，西方分析家普遍认为，这场由金融业危机引发的全面经济危机，与银行业大量从事股票投资有关，致使以短期资金为主的商业银行资金周转不灵。为了保证金融秩序，西方国家纷纷立法对银行业务严格限制，其中最有影响的是美国 1933 年颁布的格拉斯-斯蒂格尔法案（Glass-steagall Act），它对一般银行业务与证券业务实行严格的分离，不允许商业银行经营公司股票。几十年来，西方商业银行为了获取更多的利润，寻找一切可能的方式进行业务扩展。从 20 世纪 60 年代开始，并于 80 年代达到顶峰的金融创新，使西方商业银行证券投资范围不断扩大，美国、西欧，甚至日本都纷纷修改银行法，商业银行证券投资的种类和期限都大大增加。目前，商业银行投资的证券主要有国库券、中长期国债券、政府机构债券、市政债券和高等级公司债券等。然而，商业银行从事股票投资仍被大多数国家银行法所不允许。

商业银行证券投资的主要种类分为：①国库券。国库券是政府发行的短期债券，期限在 1 年以内，所筹资金主要用于弥补中央财政预算暂时性的收支不平衡。②中长期国家债券。中长期国家债券是政府发行的中长期债务凭证，期限在 1 年或 1 年以上、10 年以下（包括 10 年）为中期国家债券，10 年以上为长期国家债券，所筹资金可用于平衡中央财政预算长期缺口（即赤字）。③政府机构债券。政府机构债券是指除中央财政部门以外其他政府机构所发行的债券，如中央银行发行的融资债券、国家政策性银行发行的债券等。④市政债券或地方政府债券。市政债券是由地方政府发行的，所筹集的资金多用于地方基础设施建设和公益事业发展。

（三）贷款（Loan）

贷款是商业银行作为贷款人按照一定的贷款原则和政策，以还本付息为条件，将一定数量的货币资金提供给借款人使用的一种借贷行为。贷款是商业银行的传统核心业务，也是商业银行最重要的资产业务，同时还是商业银行取得利润的主要渠道，而又是一种风险较大的资产，是商业银行经营管理的重点。贷款是商业银行资金运用业务，贷款占总资产的比重和贷款利息占经营收入的比重与其他业务相比都是比较高的。贷款在资产组合中对银行风险结构和收益结构影响极大，贷款比重的提高会增加银行预期盈利，但同时也增加了银行的风险。所以，盈利与风险是贷款业务中考虑的核心。

根据不同的标准，贷款可以分为不同种类。按照贷款期限，可以分为短期、中期和长期贷款。按照贷款有无担保，可以分为担保贷款和信用贷款。按照贷款的定价，可以分为固定利率贷款和浮动利率贷款。按照贷款对象，可以分为工商业贷款、农业贷款、消费者贷款、同业贷款等。下面将逐一加以介绍。

1. 按贷款期限分类

商业银行贷款按期限分类可分为短期贷款、中期贷款和长期贷款。短期贷款是指期限在 1 年以内（含 1 年）的各项贷款；中期贷款是指期限在 1 年以上（不含 1 年），5 年以内（含 5 年）的各项贷款；长期贷款是指期限在 5 年（不含 5 年）以上的各项贷款。也有观点认为 7 年是区分中期贷款和长期贷款的依据。近年来，商业银行发放的中长期贷款增加很快，这虽然可以使银行获得较多的利息收入，但由于资金被长期占压，流动性差，风险较大。按期限划分贷款种类，一方面有利于监控贷款的流动性和资金周转状况，使银行长短期贷款保持适当比例；另一方面，也有利于银行按资金偿还期限的长短安排贷款顺序，保证银行信贷资金的安全。

2. 按贷款的保障条件分类

商业银行贷款按保障条件分类可分为信用贷款、担保贷款和票据贴现。按保障条件划分贷款的种类，可以使商业银行依据借款人的财务状况和经营业绩选择不同的贷款方式，以提高贷款的安全性。

（1）信用贷款是指银行完全凭借客户的信用而无需提供抵押物或第三者担保而发放的贷款。发放信用贷款，银行所承担的风险较大，因而利息率较高，对借款人的条件有较高的要求。

（2）担保贷款是指具有一定的财产或信用作还款保证的贷款。根据还款保证的不同，具体又分为抵押贷款、质押贷款和保证贷款。抵押贷款是指按规定的抵押方式以借款人或第三者的财产作为抵押发放的贷款；质押贷款是指按规定的质押方式以借款人或第三者的动产或权利作为质物发放的贷款；保证贷款是指按规定的保证方式以第三人承诺在借款人不能偿还贷款时，按约定承担一般保证责任或者连带责任而发放的贷款。在我国，抵押贷款、质押贷款和保证货款都按《中华人民共和国担保法》规定的方式办理。

（3）票据贴现是贷款的一种特殊方式。票据贴现是指银行应客户的要求，以现款或活期存款买进客户持有的未到期的商业票据的方式发放的贷款。收款人或持票人在资金不足时，将未到期的银行承兑汇票向银行申请贴现，银行按票面到期值扣除贴现利息后将余额支付给收款人的一项银行授信业务。也就是说，票据贴现实行预扣利息，票据到期后，银行可向票据载明的付款人收取票款。其中两个重要的概念就是贴现利息和实付贴现金额。贴现利息（Discount Charges）是指持有人向银行申请贴现票据面额而付给银行的利息；实付贴现金额是指票据到期值减去应付贴现利息后的净额，也叫贴现净额，或贴现付款额，即票据持有人办理贴现后实际得到的款项金额。

实付贴现金额和贴现利息的计算公式如下：

$$实付贴现金额 = 票据到期值 - 贴现利息$$

$$贴现利息 = 票据到期值 \times 年贴现率 \times 未到期天数/360$$

$$实付贴现金额 = \frac{票据}{到期值} \times \left(1 - 年贴现率 \times \frac{未到期天数}{360 \, 天} \right)$$

关于式中的票据到期值，对于不带息票据，票据到期值就是票据面值，但是对于带息票据，票据到期值即为票据到期本利和，计算如下式：

$$票据到期值 = 票据面值 \times （1 + 票面年利率 \times 票据期限）$$

上式中票据期限应该是年数，如果不是年数，是月数或天数，则应该先转化为年数。

而未到期天数等于票据到期日减去企业已持有票据期限（贴现日），或者用贴现日到票据到期日的实际天数减去1，也就是"算头不算尾"或"算尾不算头"。

3. 按照贷款对象与目的分类

按照贷款对象与目的分类，主要可分为工商业贷款、农业贷款、消费贷款、不动产贷款、对金融公司贷款、对经纪人或交易商的证券购买和周转贷款以及国际信贷等。这种分类有利于银行安排贷款结构，防范贷款风险。

（1）工商业贷款。工商业贷款（Commercial and Industrial Loans）一直是商业银行的主要贷款业务，其适用对象很广泛，从工商企业生产和流通中短期存货资金需求、季节性流动资金需求直至设备投资和建筑投资中的长期资金需求都可能涉及。在西方发达国家，由于贷款市场竞争激烈，对于工商企业借款大户，银行往往提供贷款承诺、循环贷款等优惠的条件。

在中国，工商业贷款是商业银行最主要的贷款种类。工商业贷款一般可分为三类。第一类是短期流动资金贷款，又称季节性流动资金贷款，属于短期放款，用于支持工商企业对一般流动资金的临时需要或季节性需要。第二类是长期流动资本贷款，属于中期放款，主要用于工商企业长期流动资本的周转需要。第三类是项目放款，属于长期放款，通常用于风险大、成本高的建设项目，放宽数额巨大。

（2）农业贷款。农业贷款（Agricultural Loan）亦称农业放款，简称"农贷"。它是指金融机构针对农业生产的需要，提供给从事农业生产的企业和个人的贷款。在现代农业中，随着农工一体化的发展，许多国家把为农业生产前生产资料供应、生产后农产品加工和运输销售等提供的贷款也归入农业贷款，还有的把银行为农村信用合作组织提供的贷款也归入农业贷款。

（3）消费者贷款。消费者贷款（Consumer Loans）是向个人或家户提供的、以满足他们对商品购买和其他消费支出的贷款。消费者贷款项目繁多，主要有私人住宅购买和修缮贷款、汽车贷款、学费贷款和其他生活支出贷款，以及信用卡等。

在消费者贷款中，短期贷款为一次性偿还，而长期贷款多为分期偿还。例如，消费者在购买住宅和汽车时，只需向经纪人付商品价格 20%～30%的现款，其余资金由银行贷款解决，还款期限可长达 20 多年，并采取分期偿还的方式。

消费者贷款在传统上是以私人产权抵押并采取固定利率的方式，但进入 20 世纪 80 年代后，为了减轻利率波动对银行的压力，消费者贷款增加了浮动利率定价的项目。例如，美国商业银行对消费者发放的抵押贷款增加了调整利率抵押贷款，其利率定期调整；累进偿还抵押贷款，即贷款偿还额每月递增，同时对利率进行调整；升值分担抵押贷款，它的利率随市场利率调整，但允许借款人在财务状况转好时偿还利息。

值得一提的是，信用卡作为消费者贷款一种特殊形式获得了极大发展。目前国际上比较流行的主要是维萨卡、万事达卡、美洲运通卡，美国的信用卡持卡者占世界之首。

（4）不动产贷款。不动产贷款（Real Estate Loans）是贷给借款人用于建造房屋、开发土地、购置大型设施等项目或以农田和住房为担保的贷款。不动产贷款有三类。第一类是直接不动产贷款，指由商业银行直接贷给借款人用于购置不动产用的贷款。第二类是间接不动产贷款，指不直接发放贷款给不动产的最后购买者，而是通过其他金融机构所发放的不动产贷款。第三类是其他不动产贷款，如商业银行为其他贷款人代办、出借和抵押的贷款，或者商业银行通过其信托部门的业务活动，间接经营不动产贷款等。这类贷款收益很高，但期限较长，风险较大，为了安全起见，商业银行多采取抵押贷款的形式。不动产贷款利率在 20 世纪 70 年代后也改为以浮动利率计息为主。各国金融当局对不动产贷款也有严格控制。在 80 年代后，随着西方国家对银行业管制的放松，商业银行的不动产贷款业务有了较快发展。

（5）对金融公司贷款。对金融公司贷款（Loans to Financial Companies）是商业银行对各类金融公司发放的无担保短期贷款，其贷款利率以优惠利率为基础。这种贷款不同于同业拆借，它有几个特点：①贷款银行通常要求借款金融公司在该行保持一部分补偿性余额，补偿余额的水平由信贷额所决定；②由于客户对金融公司的资金需求极不稳定，所以金融公司经常与好几家商业银行签订使用信贷额度的协议，其目的有两个方面：第一，可以及时满足借款要求，第二，可以利用银行信贷额度来保证金融公司所发行的融资性商业票据的偿还；③对信贷额度的未使用部分，金融公司要向银行缴纳承诺费。

（6）对经纪人或交易商的证券购买和周转贷款。证券购买和周转贷款（Loans to Purchase and Carry Securities）是商业银行对证券自营商、经纪人、投资银行和证券公司等发放的短期贷款。专门从事证券业务的金融机构，在证券交易中往往会出现短期资金需求而求助于商业银行。例如，新证券的包销和分销要求证券公司立即对客户支付证券价款，但购入的证券还没有全部售出，这就有可能需要获取短期贷款来购买这些待销证券存货。又如证券交易商和经纪人也有可能需要借款为以信用交易方式买卖证券的客户提供短期融资。证券交易贷款的风险很大，因此商业银行要求这类贷款必须有证券作为其抵押品。为了避免损失，银行发放证券贷款时都实施垫头（保证金）比率控制，即发放贷款的额度要低于所抵押证券的市值，以其差额作为保证金。

（7）国际信贷（International Loan）。西方不少商业银行是国际性银行，除了本国业务外，还对国际贸易进行资金融通，对外国企业、银行、政府机构提供贷款。其中最为重要的是出口融资。由于在第二章国际信用中已经分析，这里不再赘述。

4. 按贷款金额大小不同分类

按贷款金额大小不同，可分为批发贷款和零售贷款。

（1）批发贷款是指数额较大、对工商企业、金融机构等发放的贷款，借款者的借款目的是经营获利。批发贷款可以采用抵押贷款，也可以是信用贷款，借款期限也可以是短期的、中期的或长期的。主要包括工商业贷款、对金融机构贷款、不动产贷款（消费者不动产贷款除外）、经纪人或交易商的证券交易贷款和农业贷款等。

（2）零售贷款是指商业银行以个人为对象发放的贷款。主要包括对消费者个人发放的、用于购买耐用消费品或支付各种费用的消费贷款；向个人（不包括经纪人和证券交易商在内）发放购买或储存证券贷款；为消费者个人提供的用于购买住宅等不动产的不动产贷款。零售贷款一般采用抵押贷款方式。

批发贷款与零售贷款的贷款对象是不同的，批发贷款的对象是大的工商企业和机构，零售贷款的对象是消费者个人和私营小企业。由于批发贷款可以是抵押贷款或无抵押贷款，期限可以是短期、中期或长期的，因此对于数额大、期限长的批发贷款来说，比零售贷款面临着更大的利率风险，从而较多地采用浮动利率。零售贷款也有短期、中期或长期的，由于零售贷款大部分是中短期的，长期的比较少，所以大部分采用抵押贷款和固定利率，近年来也发展了一些无抵押的浮动利率个人消费贷款。

5. 按利率调整方式不同分类

按利率调整方式不同，可分为固定利率贷款和浮动利率贷款。

固定利率贷款是指在贷款期限内，不论银行利率如何变动，借款人都将按照合同签订的固定利率支付利息，不会因为利率变化而改变还款数额。浮动利率贷款是指在整个借款期内利率随市场利率或法定利率等变动定期调整的贷款，调整周期和利率调整基准的选择，由借贷双方在借款时议定。采用此浮动利率的优点是，一方面，利率贴近市场利率水准，当利率下滑时，可节省发行成本；另一方面，锁定利差，可避免利率风险。

6. 按贷款的偿还方式分类

商业银行贷款按偿还方式分类可分为一次性偿还和分期偿还两种方式。一次性偿还贷款是指在贷款到期日一次性还清贷款本金的贷款，其利息可以分期支付，也可以在贷款到期时一次性付清。短期贷款一般采用一次性偿还方式。分期偿还贷款是指借款人按规定的期限分次偿还本金和支付利息的贷款。中长期贷款大都采用分期偿还方式。按偿还方式划分贷款的种类，一方面有利于银行监测贷款到期和贷款收回情况，准确测算银行头寸的变动趋势；另一方面，也有利于银行考核收息率，加强对应收利息的管理。

7. 按贷款的质量（或风险程度）分类

商业银行贷款按质量或风险程度分类，可以分为正常贷款、关注贷款、次级贷款、可疑贷款和损失贷款5类。正常贷款是指借款人能够履行合同，没有足够理由怀疑贷款本息不能按时足额偿还的贷款。关注贷款是指尽管借款人目前有能力偿还贷款本息，但存在一些可能对偿还产生不利影响因素的贷款。次级贷款是指借款人的还款能力出现明显问题，完全依靠其正常营业收入无法足额偿还贷款本息，即使执行担保，也可能会造成一定损失的贷款。可疑贷款是指借款人无法足额偿还贷款本息，即使执行担保，也肯定要造成较大损失的贷款。损失贷款是指在采取所有可能的措施或一切必要的法律程序之后，本息仍然无法收回，或只能收回极少部分的贷款。按质量或风险程度划分贷款的种类，有利于银行及时发现贷款发放后出现的问题，能更准确地识别贷款的内在风险、有效地跟踪贷款质量，便于银行及时采取措施，从而提高信贷资产质量。

我国银行业长期以来一直采用的是"一逾两呆"分类方法监督和评估贷款质量，即依据借款人的还款状况将贷款划分为正常、逾期、呆滞、呆账 4 类。这是一种事后监督的方法，具有很大的局限性。2001 年 12 月 24 日，中国人民银行发布了《贷款风险分类指导原则》，决定从 2002 年 1 月 1 日起，在中国银行业全面推行贷款风险五级分类管理。这对于建立现代银行制度，加强银行信贷管理，提高信贷资产质量具有非常重要的意义。

四、商业银行的中间业务

根据 2001 年 7 月 4 日人民银行颁布《商业银行中间业务暂行规定》，商业银行中间业务广义上讲"是指不构成商业银行表内资产、表内负债，形成银行非利息收入的业务"。由于广义的表外业务是指商业银行从事的，按通行的会计准则不列入资产负债表内，不影响其资产负债总额，但能影响银行当期损益，改变银行资产报酬率的经营活动。所以可以看出，我国的中间业务等同于广义上的表外业务。它包括两大类业务，一类是不形成或有资产、或有负债的中间业务（即一般意义上的金融服务类业务）。另一类是形成或有资产、或有负债的中间业务（即一般意义上的表外业务，狭义的表外业务）。前者是传统的无风险的中间业务，而后者是有风险的。

为了规避资本管制，增加盈利来源，转移和分散风险，并适应客户对银行服务多样化的要求，商业银行除了经营存款、贷款和投资等基本资产业务和负债业务外，还利用自己在信誉、机构设置、技术手段等方面的综合优势和高新技术大力发展中间业务。这是在金融国际化、金融自由化和金融证券化条件下，商业银行追求发展的一种选择。在银行业竞争激烈、存贷利差不断缩小的今天，这些中间性业务显得十分重要，成为银行利润的重要来源。

20 世纪 80 年代以来，在金融自由化的推动下，西方国家的商业银行在生存压力和发展需求的推动下，纷纷利用自己的优势大量经营中间业务，以获取更多的非利息收入。随着中间业务的大量增加，商业银行的非利息收入也迅速增加。近 30 年来，西方国家商业银行的中间业务有了相当惊人的发展，这首先表现在商业银行中间业务金额上。随着中间业务的大量增加，商业银行的非利息收入也迅速增长。从中间业务的收入来看，目前西方发达国家商业银行的中间业务收入占银行总收入的 60%以上，花旗银行等大银行的中间业务收入占比甚至达到了 80%。中间业务已成为西方商业银行最主要的盈利来源。而且由中间业务所提供的服务种类也在迅速增加。

近年来，虽然我国商业银行的中间业务有所发展，但从总体上看，我国商业银行基本上仍以传统银行业的存贷款业务为主，中间业务还比较落后，有些甚至是空白，中间业务收入占全部收入的比重不超 10%。这说明，一方面我国商业银行中间业务的发展极具迫切性；另一方面，中间业务的发展有巨大的潜力。可以预见，我国商业银行的中间业务在今后的发展中将会有良好的市场前景。

（一）金融服务类业务

金融服务类业务是指商业银行并不需要运用自己的资金而以代理人的身份为客户办理收付和其他委托事项，并据以收取手续费的业务。这些业务具有收入稳定、风险度较低的特点，它集中体现了商业银行的服务型功能。主要包括：支付结算类业务、信托业务、租赁业务、代理类中间业务、咨询顾问类业务、基金托管类业务和其他类中间业务如保管箱业务等。

1. 支付结算业务

根据结算方式的不同，支付结算可以划分为现金结算和银行转账结算两大类。现金结算是指当事人直接用现金进行货币收付，了结其债权债务的行为。我们这里分析的支付结算业务是指银行转账结算，它是银行应客户要求为其经济往来所引起的货币收付关系进行了结和清算。现行的银行转账结算方式包括：银行汇票、商业汇票、银行本票、支票、汇兑、委托收款、异地托收承付结算方式 7 种，如图 5-3 所示。

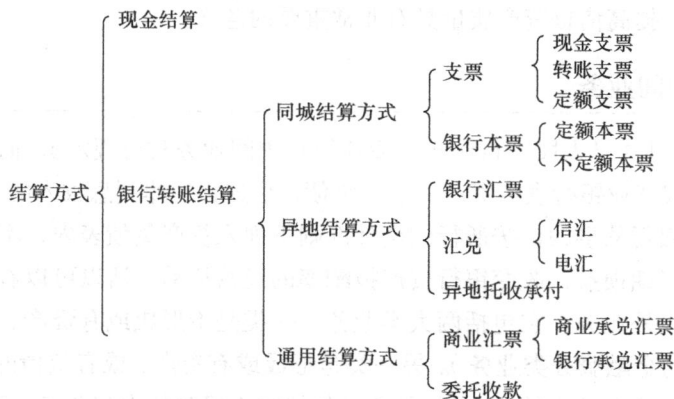

图 5-3　支付结算方式

这 7 种结算方式根据地域范围不同，可以划分为通用结算方式、同城结算方式和异地结算方式三大类。其中，通用结算方式是指既适用于同一城市范围内的结算，又适用于不同城镇、不同地区的结算，具体包括商业汇票结算方式和委托收款结算方式，其中商业汇票结算方式又可分为商业承兑汇票结算方式和银行承兑汇票结算方式。同城结算方式是指在同一城市范围内各单位或个人之间的经济往来，通过银行办理款项划转的结算方式，具体有支票结算方式和银行本票结算方式，其中又以通过票据清算所进行支票结算为主。各家银行的代表每天在约定的时间集中交换票据一次或两次，各银行彼此间抵消债权债务后，仅有应收应付净差额部分才用现金支付或由中央银行转账。异地结算方式是指不同城镇、不同地区的单位或个人之间的经济往来通过银行办理款项划转的结算方式，具体包括银行汇票结算方式、汇兑结算方式和异地托收承付结算方式等方式。

依结算使用的工具不同，支付结算分为票据结算和非票据结算两类。票据结算是以票据（汇票、本票和支票）作为支付工具来结清货币收付双方的债权债务关系的行为；非票据结算是客户间以结算凭证为依据来结清债权债务关系的行为。如汇兑、托收、信用证、银行卡（信用卡）等。因为票据结算前面第二章已有介绍，这里主要分析非票据结算。

（1）汇兑业务。汇兑业务是客户（汇款人）以现款交付银行，由银行把款项支付给异地收款人的一种业务。使用的汇兑凭证主要是邮信或电报的付款委托书。汇兑结算适用范围广，手续简便易行，灵活方便，因而是目前一种应用极为广泛的结算方式。依汇出行将付款命令通知汇入行的方式不同，可分为电汇、信汇和票汇三种方式。汇兑业务作为非票据结算方式，包括电汇和信汇。票汇属于票据结算。这三种方式，在当今银行业务广泛使用电子技术的情况下，除小额款项使用电汇、信汇或票汇方式外，大笔资金基本上都是通过电子资金调拨系统处理。

电汇是汇款人将一定款项交存汇款银行，汇款银行通过电报或电传给目的地的分行或代理行（汇入行），指示汇入行向收款人支付一定金额的一种汇款方式。

信汇是汇款人向银行提出申请，同时交存一定金额及手续费，汇出行将信汇委托书以邮寄方式寄给汇入行，授权汇入行向收款人解付一定金额的一种汇兑结算方式。

票汇是汇出行按汇款人的申请，开立以其分行或代理行为付款行的银行票据给汇款人，由汇款人自己把汇票寄给收款人或自己携带给收款人，凭票到付款行领取汇款的一种方式。

在电汇和信汇这两种汇兑结算方式中，信汇费用较低，但速度相对较慢，而电汇具有速度快的优点，但汇款人要负担较高的电报电传费用，因而通常只在紧急情况下或者金额较大时适用。另外，为了确保电报的真实性，汇出行在电报上加注双方约定的密码；而信汇则不须加密码，签字即可。

（2）托收业务。托收是由债权人或销货人向银行提出委托收款申请，由银行通知债务人或购货人所在地的本行分支机构或有代理行关系的他行代收款项，当委托银行（托收银行）收到被委托行（代理银行）收妥款项的通知后，即将托收款项付给委托人。

根据委托人是否提交货运单据等委托收款的依据，分为跟单托收和光票托收两种。光票托收是指委托人开立的汇票不附带货运单据。跟单托收是指委托人将附有货运单据的汇票送交托收银行代收款项的托收方式。目前在国内的托收结算中有托收承付和委托收款两种方式。

跟单托收根据交单条件的不同，可分为付款交单和承兑交单两种。付款交单（Documents against Payment，D/P），出口人的交单是以进口人的付款为条件。即出口人发货后，取得装运单据，委托银行办理托收，并在托收书中指示银行，只有在进口人付清货款后，才能把装运单据交给进口人，具体业务流程图如图 5-4 所示。承兑交单（Documents against Acceptance，D/A），出口人的交单以进口人在汇票上承兑为条件，进口人在汇票到期时，方履行付款义务。

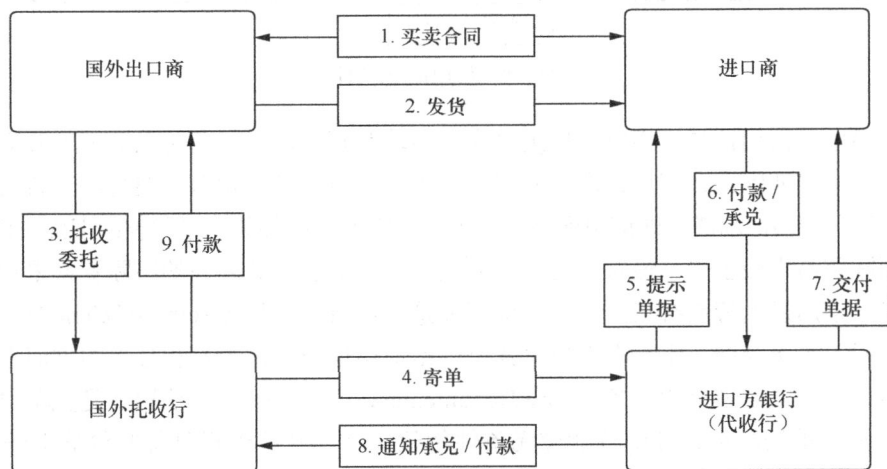

图 5-4　出口跟单托收的流程图

当前对支票的清算主要采取委托代理行托收的方式，即银行之间互相设有支票存款账户，它们被称为"代理行清算余额"（Correspondent Balance）。中央银行在异地支票托收中起着重要作用，它通过在清算双方账簿上借记和贷记银行的准备金而使得支票得以清算和托收。为了加快异地资金的转划，西方国家于20世纪50年代创造了支票快速清算的"磁性墨水符号识别"（Magnetic Ink Character Recognition，MICR）标准系统，它能使支票通过高速识别处理得到分类。随着计算机大型化和远距离通信网络化，现在又出现了电子通信资金转划系统。参加清算系统的银行的终端机直接与清算中心的计算机联网，系统内银行之间的任何资金转划可以在一瞬间完成。西方国家比较有名的全国性电子资金划拨系统有美国的"银行通信系统"（Bank Wire）、"联邦储备通信系统"（Fed Wire）。跨国的电子资金划拨系统有中心位于纽约的"票据清算所同业支付系统"（Clearing House Inter bank Payment System，CHIPS）和总部设在布鲁塞尔的"全球同业金融电信协会"（Society for Worldwide Interbank Financial Telecommunications，SWIFT）。

（3）信用证业务。信用证（Letter of Credit，L/C）是由银行保证付款的业务，是银行应客户（购货单位）的要求，按其所指定的条件开给销货单位的一种保证付款的凭证。信用证既不占用开证银行的自有资金，还可以得到开证手续费收入。这种业务在异地采购，尤其在国际贸易中得到广泛的开展。信用证业务的具体业务流程如图5-5所示。

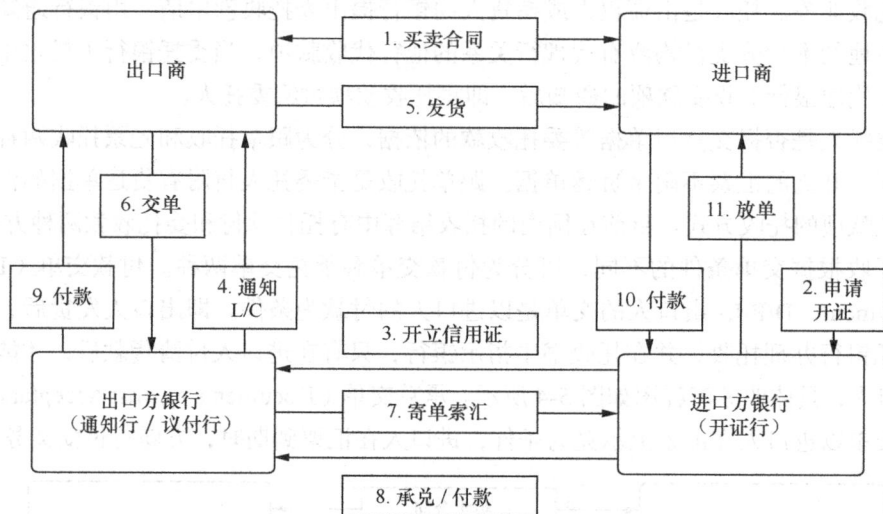

图5-5　信用证流程图

国际贸易中，信用证是指银行根据进口商的请求和指示向出口商（受益人）开立的在具有一定金额，在一定期限内，当出口商按所规定的条款提供各种单据时，银行以其自己的信用保证履行付款的一种书面承诺，即信用证是一种银行开立的有条件的承诺付款的书面文件。目前，信用证是国际贸易中最主要、最常用的支付方式。世界上有三分之一的国际贸易采用了信用证支付的方式。信用证的特点有三点：一是信用证是一项自足文件（Self-sufficient Instrument）。信用证不依附于买卖合同，银行在审单时强调的是信用证与基础贸易相分离的书面形式上的认证。二是信用证方式是纯单据业务（Pure Documentary Transaction）。信用证是凭单付款，不以货物为准。只要单据相符，开证行就应无条件付款。三是开证银行负首要付款责任（Primary Liabilities for Payment）。信用证是一种银行信用，它是银行的一种担保文件，开证银行对支付有首要付款的责任。

（4）银行卡（信用卡）业务。银行卡（信用卡）是由经授权的金融机构（主要指商业银行）

向社会发行的具有消费信用、转账结算、存取现金等全部或部分功能的信用支付工具。按是否提供信用透支功能，银行卡主要分为借记卡和信用卡。

借记卡，人们通常称为储蓄卡，其主要作用是储蓄存款，持卡人通过银行建立的电子支付网络、卡片所具有的磁条读入和人工密码输入，可实现刷卡消费、ATM 提现、转账、各类缴费，通过卡片进行的费用支出等于储蓄账户余额的减少。当账户余额为零，该卡的支付作用也降为零。借记卡的申办十分简单，开立一个储蓄账户即可申办一张借记卡，无需银行进行审批，一般可实现即办即取。借记卡不具备透支功能。

信用卡，其主要作用是小额透支贷款，可用于消费或提现。其申办要符合一定的条件，透支余额的大小由银行根据申请人的个人资信情况而确定。信用卡按是否向发卡银行交存备用金又可分为贷记卡和准贷记卡两类。贷记卡是指发卡银行给予持卡人一定的信用额度，持卡人可在信用额度内先消费、后还款的信用卡；准贷记卡是指持卡人须先按发卡银行要求交存一定金额的备用金，当备用金账户金额不足支付时，可在发卡银行规定的信用额度内透支的信用卡。

随着经济的不断发展，银行卡的品种和功能已有了很大变化，从最初单一的借记卡发展到今天的信用卡、提款卡、转账卡、储蓄卡、专用卡、签账卡、联名卡、智能卡等多种银行卡系列，同时银行卡的服务功能也从最初的存取款、消费等功能发展到转账、融资贷款、电话银行、代收代付、证券资金自动划拨等多种业务内容。

2. 信托业务

信托即信任委托，是指委托人为了自己或第三者的利益将自己的财产或有关事物委托别人管理、经营的一种经济行为。信托业务一般牵涉到三个方面的当事人：授人信用的委托人，受信于人的受托人和受益于人的受益人。其运作的基本程序是：委托人依照契约的规定，为自己或第三者（受益人）的利益，将财产的权力转让给受托人，由受托人依据谨慎人原则（即像一个小心谨慎的人处理自己的财产那样）占有、管理和使用信托财产，并处理其收益。

商业银行主要从事的是金融信托业务，即商业银行作为受托人接受客户的委托，为了委托人的利益，代为管理、经营、处理有关钱财方面的事项。金融信托、银行信贷和保险被看做是现代金融业的三大支柱。商业银行信托部虽然是其一个业务部门，但委托财产并非商业银行的资产，商业银行在其业务中仅收取手续费和佣金。商业银行开展信托业务，有利于增加银行收益，而且也扩大了银行的业务范围，丰富了银行的业务种类，从而分散了银行的经营风险，提高了银行资产的安全性。但是由于我国实行的是分业经营模式，根据《商业银行法》的规定，我国的商业银行不得从事信托业务。

商业银行的信托业务基本是以接受委托者的货币资金作为信托财产的资金信托，主要有以下几种形式。

（1）信托存款。是指银行信托机构根据客户的存款申请，为特定目的吸收存款并代为管理和运用的业务。信托存款与一般银行存款相比，具有存期较长、数额较大、利率较高、用途有一定限制、不能随意提取本金等特点。

（2）信托贷款。是指作为受托人的银行接受委托人的委托，由委托人存入的资金，在保证受益人能获得应有收益的前提下，由受托人自行选定项目和对象发放贷款，并负责到期收回贷款本息的一项金融业务。

（3）信托投资。是银行信托机构运用信托存款、自有资金、发行债券所得资金，以投资者的身份对生产、经营企业进行投资。

（4）委托存款。是委托人按规定向银行信托机构交存的，由银行信托机构按委托人指定的对象、用途，代为运用和管理交付的资金。

（5）委托贷款。是银行信托机构接受委托人的委托，在委托人存入的委托款额度内，按其指定的对象、用途、期限、利率和金额等发放贷款，并负责到期收回本息的一项金融信托业务。

（6）委托投资。是委托人将资金事先存入银行信托机构作为委托投资基金，委托银行信托机构向其他指定的联营或投资单位进行投资，并对投资的使用情况、投资单位的经营状况及利润分红等进行管理和监督的一种金融信托业务。

（7）公益基金信托、劳保基金信托。公益基金是指由政府、社会团体、单位或个人资助、赞助、捐赠的，用于社会进步和社会福利等公益事业的基金。劳保基金是指由劳动部门或街道办事处组织，实行退休金、福利金统筹的国有企业或集体企业每月从公益金及职工工资中各提出一部分，用于职工退休金或其他福利劳保费用的基金。

（8）个人特约信托。是指银行信托机构接受个人委托，代为管理、经营或处理其财产，以实现其指定目的的信托业务。个人特约信托分为生前信托和遗嘱信托两种。

（9）证券投资信托。是由商业银行将个人、企业或团体的投资资金集中起来，代替投资者进行有价证券投资，最后将投资收益和本金偿还给受益人的信托业务。

（10）动产或不动产信托。是指委托人出于管理或增值的目的，将动产和不动产作为信托财产委托给银行信托机构，后者依据信托合同的约定，对信托财产进行管理、运用和处分的信托业务。

3. 租赁业务

租赁业务是由银行垫付资金购买商品再出租给承租人，并以租金的形式收回资金的业务，它是指收取租金为条件并出让物件使用权的经济行为。传统租赁业务的源远流长，在资本主义经济高速发展之后，租赁在西方国家成为工业资本、商业资本和银行资本在高层次结合，发展国内外贸易、促进资金融通的新形式。

银行的租赁主要分为以下两大类。

（1）经营性租赁，即银行作为出租人购买设备、车辆、船只、电子计算机等大型设备，然后向承租人提供短期使用服务，这种方式通常适用于那些技术更新较快或使用次数不多的设施和仪器等。

（2）融资性租赁也称金融租赁，是以融资为主要目的一种租赁活动。即客户需添购或更新大型设备、仪器，但一时资金不足，于是由银行出资购买这些设备，客户使用它们并按时交纳租金。就租赁目的而言，承租人是为了进行设备投资而进行租赁的；承租人在租赁期满后，对租赁设备有停租、续租的权利，也有留购的选择权，即可以按一定的名义价款取得设备的所有权；出租人提供的租赁物一般不是通用设备，而是承租人根据自己的生产需要而选定的具有一定规格、性能和型号的生产设备；从租赁期限上看，融资租赁的期限较长，并且是不中断的，承租人必须按合同定期交付租金，不得中途解除合同。

融资性租赁是具有融资和融物双重性能的信用交易，它是企业进行长期资本融通的一种手段。由于融资性租赁是以"融物"的形式进行"融资"，采取的是金融和贸易相结合的方式，因此不同于银行借款、发行公司债券、分期付款等长期信贷方式，而成为一种独立的信用形式。

4. 代理类中间业务

指商业银行接受政府、企业单位、其他银行或金融机构以及居民个人等客户委托，以代理人的身份代为办理客户指定的经济事务、提供金融服务并收取一定费用的业务。从事代理业务的银行不使用自己的资产，不为客户垫款，不参与收益的分配，只收取代理手续费。

代理类中间业务包括代理政策性银行业务、代理中国人民银行业务、代理商业银行业务、代收代付业务、代理买卖业务、代理有价证券业务、代理保险业务、代理融通以及其他代理业务等。

（1）代理政策性银行业务，指商业银行接受政策性银行委托，代为办理政策性银行因服务功能和网点设置等方面的限制而无法办理的业务，包括代理贷款项目管理等。

（2）代理中国人民银行业务，指根据政策、法规应由中国人民银行承担，但由于机构设置、专业优势等方面的原因，由中国人民银行指定或委托商业银行承担的业务，主要包括财政性存款代理业务、国库代理业务、发行库代理业务、金银代理业务。

（3）代理商业银行业务，指商业银行之间相互代理的业务，如为委托行办理支票托收等业务。

（4）代收代付业务，是指商业银行利用自身结算便捷的优势，接受客户委托，代为收付款项的业务。在收付款之前，委托人要向银行出具收付款项的合法依据及有关单据。代理付款时，委托人还必须先将代付款项交存银行。代理收付款项时，商业银行只负责按规定办理具体的收付手续，不负责收付双方的任何经济纠纷。商业银行开展代理收付业务，既能帮助企业单位和居民个人从繁杂的款项收付中解脱出来，又可以取得手续费收入。

目前，我国商业银行的代理收付业务主要有：代理发放工资和离退休人员退休金；代理企事业单位和个人收付公用事业费、税款、劳务费、学费、有线电视费等各项费用；代理个人或单位收取医疗保险费，并管理支付医疗保险费；受保险公司委托，代其办理财产保险和人身保险业务；为消费者购买住房、汽车等耐用消费品办理个人分期付款业务等。

（5）代客买卖业务。代客买卖业务是商业银行接受客户委托，代替客户买卖有价证券、贵金属和外汇的业务。

（6）代理有价证券业务，是指银行接受委托办理的代理发行、兑付、买卖各类有价证券的业务，还包括接受委托代办债券还本付息、代发股票红利、代理证券资金清算等业务。此处有价证券主要包括国债、公司债券、金融债券、股票等。

（7）代理保险业务，是指商业银行接受保险公司委托代其办理的保险业务。商业银行代理保险业务，可以受托代个人或法人投保各险种的保险事宜，也可以作为保险公司的代表，与保险公司签订代理协议，代保险公司承接有关的保险业务。代理保险业务一般包括代售保单业务和代付保险金业务。

（8）代理融通是一种应收账款的综合管理业务，又称代收账款、代客收账、出口账款保理。代理融通是指商业银行或专业代理融通公司购买借款企业的应收账款，并在账款收回前提供融通资金之外的其他服务项目。其实质是指的是由商业银行代客户收取应收账款，并向客户提供资金融通的代理融通。

（9）其他代理业务，包括代理财政委托业务、代理其他银行银行卡收单业务等。

5. 信息咨询服务

信息咨询业务是指商业银行运用自身积累的大量信息资源，以专业的知识、技能和经验为客户提供所需信息和多项智能服务的业务。信息咨询业务主要包括工程项目评估、企业信用等级评估、验证企业注册资金、资信咨询、专项调查咨询、企业管理咨询、投资咨询等内容。

大商业银行的机构网络遍及全国甚至全世界，在信息获取方面具有得天独厚的条件。银行通过对资金流量的记录和分析，对市场商情变化有着灵敏的反应，再加上商业银行先进的计算机设备和齐备的人才，使得银行成为一个名符其实的信息库。现代市场经济是信息社会，谁掌握有信息，谁就会在竞争中立于不败之地。因此，社会上对市场信息、商业情报的需求以及对市场趋势分析的需求十分广泛。商业银行利用自己在信息方面的优势，大力发展信息咨询服务，给商业银行带来了丰厚的利润。

6. 基金托管业务

基金托管业务是指有托管资格的商业银行接受基金管理公司委托，安全保管所托管的基金的全部资产，为所托管的基金办理资金清算、款项划拨、会计核算、基金估值、监督管理人投资运作。它包括封闭式证券投资基金托管业务、开放式证券投资基金托管业务和其他基金的托管业务。

7. 保管箱业务

保管箱业务是商业银行利用本身安全可靠的商誉和条件，设置各种规格的保险专柜，供客户租用以保管贵重物品的业务。

（二）表外业务

通常所说的表外业务主要是指狭义的表外业务，它是指那些未列入资产负债表，但同表内资产业务和负债业务关系密切，并在一定条件下会转为表内资产业务和负债业务的经营活动。通常把这些经营活动称为或有资产和或有负债，它们是有风险的经营活动，应当在会计报表的附注中予以揭示。主要包括担保或类似的或有负债、承诺类业务和金融衍生业务三大类。

（1）担保类业务。它是指商业银行接受客户的委托对第三方承担责任，为客户债务清偿能力提供担保，承担客户违约风险的业务。也就是，银行应客户的申请，承诺当申请人不能履约时由银行承担对交易中另一方的全部义务的行为。主要包括担保（保函）、备用信用证、银行承兑等。

（2）承诺类业务。它是指商业银行在未来某一日按照事先约定的条件向客户提供约定信用的业务。包括贷款承诺、票据发行便利等。

（3）金融衍生工具交易类业务。它是指商业银行为满足客户保值或自身头寸管理等需要而进行的货币互换、利率互换、远期合约、期货、期权等金融衍生工具交易的业务。

第三节 商业银行的资本

商业银行作为一种金融企业，和一般的工商企业一样，其存在和发展也必须拥有一定数量的自有资本。自有资本占商业银行资金来源的比重很小，却是吸收外来资金的基础。商业银行的自有资本的意义在于，它是商业银行实力强弱的标志；是银行设立和开展业务活动的基础性资金和前提条件；是银行承担经营风险，保障存款人利益，维持银行信誉的重要保证。

一、银行资本的构成

商业银行自有资本，又称银行资本金、银行股东资本、银行所有者权益，指银行投资者为了正常营运而自行投入的资本以及由此形成的资本公积金、盈余公积金和未分配利润等其他权益，是属于股东而留存入银行中的资金，这是其开展各项业务的初始资金。目前，商业银行的资本除所有者权益外，还包括一定比例的债务资本。具体来说，商业银行资本构成主要包括股本、盈余、债务资本和其他资金来源（各类损失准备金）。

银行自有资本主要特点有三。其一，银行自有资本属银行产权范畴，是银行投资者对银行净资产的所有权，投资者据此可参与银行的管理，享受相应的权益；其二，自有资本是银行业务活动的基础性资金，只要不违反法律规定，银行可以自由支配使用；其三，自有资本与银行共存，在银行经营期间无需偿还。

1. 股份资本（Equity Capital）

股本是商业银行通过发行股票所形成的资本，是最基本，最稳定的银行资本，是由银行永久性占有的资本。股份制商业银行发行的股票包括普通股和优先股。其中普通股构成银行股份资本的主要部分。普通股股金是银行通过发行普通股票获取的股本金。银行普通股的持有人享有分配银行税后利润，通过股东大会表决，任免银行董事会成员、决定银行经营大政方针等权利。商业银行在组建时，发行普通股是银行筹集资本金的主要方式，而且商业银行还可以通过再次发行来增加资本金。优先股股金是银行通过发行优先股票而筹集到的资金。一般而言，银行优先股的持有人按固定股息率取得股息，对股息和剩余资产的分配权优先于普通股持有人，不拥有对银行的表决权。发行优先股是国外大银行常用的筹集银行资本的方式。

2. 银行盈余

银行盈余也是银行资本的重要组成部分。主要包括资本盈余和留存盈余。

（1）资本盈余（Capital Surplus）指已发行的普通股票的实际价值与其账面价值或设定价值之间的差额，即通常所说的股票溢价部分。资本盈余主要由投资者超缴资本、资本增值和捐赠所组成。

（2）留存盈余（Retained Earnings）也称保留盈余、留存收益，是银行在经营过程中所创造的，但由于银行经营发展的需要或由于法定的原因等，没有分配给所有者而留存在银行的盈利。它包括盈余公积和未分配利润两部分。留存盈余是银行从历年实现的利润中提取或留存于银行的内部积累，它来源于银行的生产经营活动所实现的净利润。留存盈余的大小取决于银行的盈利状况、股息政策及税率等因素。其中，盈余公积金是指银行按照规定从净利润中提取的积累资金，包括法定公积金、任意公积金等，是有特定用途的累积盈余。未分配利润是指银行实现的税后净利润经过弥补亏损、提取盈余公积和向投资者分配利润（优先股股息和普通股红利）后留存在企业的、历年结存的利润。未分配利润是没有指定用途的累积盈余。

3. 债务资本（Debt Capital）

商业银行在其经营活动中，通过发行长期债券筹集的资金，属债务资金。这些债务资金和严格意义上的资本金相比，在本金偿还关系、收益关系、责任关系、期限关系等方面都有着原则性的区别，但从业务活动来看，它们在规定的期限内可由银行自由支配使用，银行可将其用于偿付即期或短期债务、支持短期信贷活动，所以可以视其为准资本金，即债务资本。

在20世纪60年代以前，银行资本基本上由股本资金和银行盈余所构成。20世纪60年代中期后，这种资本结构发生了变化，部分债务所形成的资金进入资本账户。当前商业银行的资本金除了包括股本、资本盈余、留存盈余在内的所有者权益外，还包括一定比例的债务资本，如资本票据、资本债券等。造成这种变化的主要原因有：①银行经营规模迅速扩张，使得银行已不可能从内部产生足够的资金来满足金融管理当局所规定的适量资本要求。②社会上对长期债务可以发挥股本功能认识的进步。③金融管理当局对资本法律的调整。20 世纪 70 年代以来，债务资本成为被西方发达国家的银行广泛使用的一种外源资本。债务资本只能作为补充资本，其求偿权仅次于存款者。

4. 其他资本

其他资本来源主要是指各类储备金。储备金是商业银行为了防止意外损失而从收益中提留的资金，主要包括资本准备金和放款与证券损失准备金。由于银行收益、股利政策及金融管理部门的管制均对这种资本进行约束，因而银行不能大量筹集该类资本。资本储备是银行为应付偶然事件或预料中的突然事件引起股东资本的减少而保持的储备。放款和证券损失储备是银行为应付放款的倒账、证券本金的拒付和价格的下跌而保持的储备。这两部分可以用来应付银行资产的损失，在一定程度上与股东资本所起的作用相同，因此，西方国家的金融管理部门在计算银行资本量时，把这部分资金也包括在内。

综上所述，商业银行的资本具有双重特点，除了所有者权益外，还包括一定比例的长期债务。因此，根据 1988 年《巴塞尔协议》，常将所有者权益称为一级资本和核心资本，而将非公开储备、各类准备金和长期附属债务称为二级资本和附属资本。

核心资本包括永久性股东权益和公开储备。永久性股东权益包括已经发行并全额缴付的普通股和永久性非累积的优先股，也就是前文中的股本资本。公开储备是以公开的形式，通过保留盈余和其他盈余，反映在资产负债表上的储备，也就是前文中的银行盈余。公开储备一般是从商业银行税后利润中提留，由留存盈余和资本盈余等组成，是通过如股票发行溢价、保留利润（凭国家自行处理，包括在整个过程中用当年保留利润向储备分配或储备提取）、普通准备金和法定准备金的增值而创造和增加的反映在资产负债表上的储备。

附属资本包括非公开储备、重估储备、普通准备金、混合资本工具和长期附属债务等，也就是前文中债务资本和其他资本。

① 非公开储备。该储备不公开在资产负债表上标明，但却反映在损益表内，并为银行的监管机构所接受。

② 资产重估储备。包括物业重估储备和证券重估储备。

③ 普通准备金。指用于防备目前尚不能确定的损失的准备金或呆账准备金。

④ 混合资本工具。指带有股本性质的债券工具，既有股本性质又有债务性质的混合工具。

⑤ 长期附属债务。包括普通的、无担保的、初次所定期限最少五年以上的次级债务资本工具和不许购回的优先股。

另外，《巴塞尔协议》还规定，在核定银行资本实力时应从核心资本中扣除商誉；从核心资本与附属资本之和中扣除对不合并报表的附属银行和财务附属公司的投资，扣除对其他银行和金融机构资本部分的投资。

二、银行资本的功能

商业银行是自负盈亏的企业，自有资本在银行的经营中起着十分重要的作用，它主要有以下三大功能：①保护性功能。即当银行资产业务发生损失时，银行自有资本可以及时补偿，起到缓冲垫的作用，以便保护存款者的利益。保护性功能是银行自有资本的传统性功能。②管理性功能。货币当局通过建立适量资本标准，作为限制银行任意扩张其资产规模的工具。③经营性功能。银行资本在银行经营所需的固定资产和基本流动资产方面提供了最初的投入。

自有资本的功能决定了它在商业银行的经营中具有十分重要的地位，但不同的利益集团对商业银行应持有多少资本金为恰当有不同的看法，因此，西方各国货币当局大都规定了适量资本标准。日本、原联邦德国商业银行以及法国和意大利的国营商业银行的自有资本比率标准较低，而美国和英国商业银行的自有资本比率比较高。

三、资本充足性及其测定

资本充足性是对商业银行安全经营的要求。存款人、社会公众、银行自身均对此有要求。银行持有充分的资本是风险管理的要求，也是在安全经营基础上追求更多利润的保障。银行资本充足性测定是一项复杂的工作，常用的方法有最为直观的比率分析法以及综合诸多因素的综合分析法。

商业银行资本充足度包括数量充足与结构合理两个方面的内容。数量充足是指银行资本数量必须超过金融管理当局所规定的能够保障正常营业并足以维持充分信誉的最低限度。资本结构的合理性指各种资本在资本总额中占有合理的比重，以尽可能降低商业银行的经营成本与经营风险，增强经营管理与进一步筹资的灵活性。资本结构还受银行经营情况变动的影响，贷款需求和存款供给是否充足会大大影响资本结构。

（一）《巴塞尔协议》1988 年版

由于各个国家对银行资本金的内含及计算方法有着不同的规定，为消除各国银行之间的不平等竞争，1987 年 12 月 10 日，国际清算银行在瑞士巴塞尔召开了包括美国、英国、法国、联邦德国、意大利、日本、荷兰、比利时、加拿大和瑞典（"十国集团"）以及卢森堡和瑞士在内的 12 个国家中央银行行长会议。会上通过了《关于统一国际银行的资本计算和资本标准的建议》（以下简称《巴塞尔协议》）。《巴塞尔协议》对银行的资本结构，风险加权资产和资本比率等方面作了统一规定。该协议把商业银行的资本分为"核心资本"和"附属资本"。核心资本包括已发行并完全缴足的普通股、永久性非累积优先股以及公开储备；附属资本包括债务资本以及未公开储备等。巴塞尔协议规定，从 1987 年年底到 1992 年年底为实施过渡期，到 1992 年年底，所有签约国从事国际业务的银行其总资本与风险加权资产的比率应达到 8%，其中核心资本比率至少为 4%。

《巴塞尔协议》对国际银行业的统一资本要求包括以下几点。

（1）核心资本（一级资本）与风险加权资产总额的比率不得低于 4%，即：

$$核心资本比率=核心资本/风险加权资产总额×100\% \geqslant 4\%$$

其中，风险加权资产总额=表内风险加权资产总额+表外风险加权资产总额

表内风险加权资产总额=∑（表内相应项目资产额×相应风险权数）

表外风险加权资产总额=∑（表外资产×信用转换系数×表内相应性质资产的风险权数）

（2）总资本（一级资本与二级资本之和）与风险加权总资产的比率不得低于 8%，其中二级资本不得超过一级资本的 100%，即：

$$资本充足比率=总资本/风险加权资产总额$$
$$=总资本/（表内风险加权资产总额+表外风险加权资产总额）×100\% \geqslant 8\%。$$

也就是说，包括股本和公开储备在内的"核心资本"，这部分至少占全部资本的 50%，从

测算公式或以看出，风险权重占了一个很重要的位置，不同的风险权重可能使银行在资本、资产总额相同的条件下，其比率不同。对此《巴塞尔协议》对银行资产负债表内、表外的不同资产作了权重的规定，将银行面临的信用风险（包括国家风险）的风险权重分为五档：0、10%、20%、50%、100%；将表外业务的信用风险转换系数根据其业务类别分为四级：0、20%、50%、100%。

当要计算一家银行的资本充足率时，就要按照协议规定的资产风险加权系数乘以银行资产负债的表内项目和表外项目。对于表内项目，以其账面价值直接乘以对应的风险权数即可；对于表外项目，则要根据《巴塞尔协议》规定的信用转换系数，首先将其账面价值乘以对应的信用转换系数，转换为表内相应性质的资产，然后再乘以相应的风险权数。

（二）巴塞尔新资本协议（即《巴塞尔协议II》）

1998 年巴塞尔委员会开始起草新资本协议。2004 年 6 月 26 日，十国集团央行行长和银行监管当局负责人一致同意公布《资本计量和资本标准的国际协议：修订框架》，即巴塞尔新资本协议（New Basel Capital Accord）。

巴塞尔新资本协议的基本内容由三大支柱组成。

1. 支柱之一：最低资本金要求

新协议保留了 1988 年巴塞尔协议中对资本的定义以及相对风险加权资产资本充足率为 8% 的要求，但风险范畴有所拓展，不仅包括信用风险，同时覆盖市场风险和操作风险。在具体操作上与 1988 年协议相同，计算风险加权资产总额时，将市场风险和操作风险的资本乘以 12.5 （即最低资本比率 8%的倒数），将其转化为信用风险加权资产总额。

银行资本充足率=总资本/［信用风险加权资产+（市场风险资本+操作风险资本）×12.5］

2. 支柱之二：外部监管

目的是要通过监管银行资本充足状况，确保银行有合理的内部评估程序，便于正确判断风险，促使银行真正建立起依赖资本生存的机制。

3. 支柱之三：强化信息披露，引入市场约束

要求银行不仅要披露风险和资本充足状况的信息，而且要披露风险评估和管理过程、资本结构以及风险与资本匹配状况的信息；不仅要披露定量信息，而且要披露定性信息；不仅要披露核心信息，而且要披露附加信息。

在具体风险的度量方法上，新资本协议也对旧资本协议的方法作了完善和发展。除了沿用区分不同类型资产风险权重的标准法（Standard Approach）外，还提出了两种基于银行内部自测的评级方法内部评级法（IRB 法）包括基础内部评级法（Foundation Internal Rating Based Approach）和高级内部评级法（Advanced Internal Rating Based Approach）。

（三）《巴塞尔协议III》

2010 年全年，全球各大银行都在与国际监管机构就推行新的监管规则进行讨论。主要是这些机构认为实施严格的资本金标准将对其信贷业务造成抑制，并可能阻碍经济复苏。2010 年 9 月 12 日，由 27 个国家银行业监管部门和中央银行高级代表组成的巴塞尔银行监管委员会就《巴塞尔协议III》的内容达成一致，全球银行业正式步入《巴塞尔协议III》时代。在多方博弈之中，12 月 16 日，巴塞尔委员会公布了《巴塞尔协议III》的最终版本，拟从 2013 年开始在银行业金融机构引入该协议，并计划于 2019 年完全生效。终稿最终确认了所有关键监管比率指标和生效时间，这必将为国际银行业运营树立新的标杆和游戏规则。

协议核心内容有三个方面。

（1）提高监管资本要求，注重强化银行资本的数量和质量。

经过 2007—2009 年的全球金融危机，国际上在银行监管的核心价值观选择上，在安全与效率之间，已经将前者置于优先位置，加强银行资本的监管成为各方共识。基于此，巴塞尔委员会强化了资本充足率监管，这体现在资本的质量和数量两方面。就监管资本的质量而言，巴塞尔委员会在金融危机后修改了资本的定义，通过强调普通股在监管资本中的主要地位，大幅度提高银行交易业务、资产证券化业务、交易对手信用风险的资本金要求，扩大了资本监管对于银行各个业务领域的风险覆盖。就监管资本的数量而言，按《巴塞尔协议Ⅲ》的要求在 2015 年 1 月 1 日前银行普通股与风险加权资产的比例至少达到 4.5%，包括普通股在内的一级资本与风险加权资产比例（即一级资本充足率）至少达到 6%，总资本充足率维持在 8%。此外，各银行还需增设"资本防护缓冲资金"，总额不得低于银行风险加权资产的 2.5%，商业银行的核心一级资本充足率最低要求将由此从 2% 提高至 7%。这一变化集中反映了国际社会对加强资本监管的共识和决心。

此外，作为一种正式的缓解银行内在新经济周期效应的制度安排形式，《巴塞尔协议Ⅲ》还要求商业银行建立逆周期超额资本，防范银行体系信用风险过大可能引发的系统性风险。逆周期超额资本由普通股和其他高质量资本构成，监管标准为 0 ~ 2.5%。监管部门可以根据经济的波动情况进行动态设置，用于吸收经济陷入衰退和系统性金融危机发生时所导致的损失。

为防止金融机构出现"大而不倒"的情况，《巴塞尔协议Ⅲ》还对系统重要性金融机构提出了额外的监管要求。具体表现在巴塞尔委员会对系统性重要金融机构实施了更为严格的监管指标和监管方式，如要求这些机构定期上报"生前遗嘱"（Living Wills）等。这一更为慎重的监管安排主要是为了保证一旦危机到来，金融机构可以按照此前的安排快速有序地退出市场体系。

（2）引入杠杆率监管标准，避免银行受到内在脆弱性因素的影响。

2007—2009 年的金融危机期间商业银行的去杠杆化过程，放大了金融体系脆弱性的负面影响。危机也凸显了银行的杠杆率与资本充足率同等重要，仅仅强调资本充足而忽视杠杆率将无法保证银行体系的稳健。吸收了有关教训，金融危机后的国际金融监管新规扩大了风险资产的覆盖面，即资本相对应的风险资产必须包括表内和表外，既包括银行账户，也包括交易账户。鉴于此，《巴塞尔协议Ⅲ》引入了杠杆率指标，杠杆率是核心资本与银行表内外总资产的比例。这一指标将作为最低风险资本比例监管指标的补充，以防范银行内部计量模型存在偏差而带来的风险。通过设置与具体资产风险无关的杠杆率监管指标，一定程度上可以防止银行从事大量表外产品交易引发的风险，特别是复杂衍生品投资所带来的风险。目前，巴塞尔委员会已经就杠杆率监管标准达成了共识。自 2013 年起将按照 3% 的标准检测该指标的有效性，并从此进入该指标的过渡期，2018 年起正式将杠杆率指标纳入巴塞尔协议第一支柱框架。杠杆率监管指标的提出，为银行体系的杠杆经营设置了风险底线，缓释了去杠杆化行为可能对金融体系和金融稳定带来的负面冲击，有效避免了银行内在脆弱性的负面影响。

（3）建立流动性风险监管标准，增强银行体系维护流动性的能力。

2007—2009 年的全球金融危机表明，即便在银行资本充足和资本质量得到保证的前提下，流动性出现问题也容易造成不可收拾的局面。为此，巴塞尔委员会引入了两个流动性监管新指标，即流动性覆盖率（Liquidity Coverage Ratio，LCR）和净稳定融资比率（Net Stable Funding Ratio，NSFR）。

具体而言，流动性覆盖率指银行优质流动性资产储备与压力情景下未来 30 日内净现金流出量之比，用于度量短期（30 日内）单个银行流动性状况，目的是提高商业银行短期应对流动性停滞的敏感性。这个公式的意义在于确保单个银行在监管当局设定的流动性严重压力情景下，能够将变现无障碍且优质的资产保持在一个合理的水平，这些资产可以通过变现来满足其 30天期限的流动性需求。

净稳定融资比率指可用的稳定资金与业务发展所需资金之比，用于衡量银行在中长期内可供使用的稳定资金来源是否足以支持其资产业务发展，也可以反映中长期内银行所拥有的解决资产负债期限错配的资源和能力。

这两个指标的提出，将能够进一步增加银行维护流动性的能力。根据《巴塞尔协议Ⅲ》的建议，流动性覆盖率（LCR）要不低于 100%，而净稳定融资比率（NSFR）必须要大于 100%。

四、银行资本管理与对策

商业银行资本管理是资产负债管理的重要基础。商业银行必须在法律允许的范围内，综合考虑各种资本供给渠道的可能性及其成本，解决资本的供给问题。

商业银行资产结构和资本结构的差异直接影响资产风险的大小及核心资本的数量。银行在满足资本充足率要求时，须充分考虑资产结构和资本结构，分别采取分母对策和分子对策。分母对策有压缩银行的资产规模、调整资产结构等；而分子对策有内源资本策略和外源资本策略。

（一）分子对策

分子对策是指通过增加核心资本和附属资本以提高资本金总额，即通过提高资本充足率指标的分子来提高资本充足率。

首先是增加核心资本，主要方法有以下几方面。

（1）财政注资。财政注资是由国有商业银行国有独资的性质决定的，即国家财政从每年的财政预算中切块或选择发行特别国债的方式向国有商业银行注资。

（2）利润留成。利润留成即从利润中留存积累，通过法定程序转增资本金。但是这必须以商业银行拥有较高的利润为前提。

（3）从股票市场募集资本金。在经济发达的国家和地区，上市融资是商业银行扩大资本规模的基本途径。

（4）营业税返注。除了直接注资外，政府还有一种间接注资方式，即营业税返还。目前看来，我国商业银行承担着较高的税赋。因此可以降低商业银行的营业税及附加。

其次是增加附属资本。从我国商业银行的资本构成可以看出，国有商业银行的附属资本在银行资本金中的比重极低，因此通过增加附属资本来提高资本充足比率操作空间应该很大。

（1）增提准备金。准备金分为普通准备金和特殊准备金，普通准备金是用于防备目前尚不能确定的损失的；特殊准备金是用于弥补某类特别资产或已知负债所遭受的确定损失的。

（2）发行长期金融债券。从国际银行业的发展趋势和我国现实情况分析，目前通过发行长期次级金融债券补充国有商业银行附属资本是提高资本充足率的可行途径之一，它不仅可以增加商业银行的资本金，提高资本充足率，还能够促使其增强资本金管理的主动性和灵活性。

（二）分母对策

分母对策是指通过降低资本充足率指标的分母来提高资本充足率，即降低风险资产的规模。降低风险资产主要两种途径，一种是调整资产的风险分布结构；另一种是从整体上提高资产质量，降低贷款的不良比率。

（1）调整资产的风险分布结构。由于目前国内银行业实行的是银行、保险、证券分业经营分业管理的架构，而且境内资本市场上可以运用的资本工具又非常有限，因此国内商业银行的资产投向比较单一。突出表现在信贷资产占总资产的比重较高。另外，为提高资本充足率，许多银行采取了信贷资产证券化的形式，信贷资产从表内转到表外，以达到降低风险资产的目的。

（2）降低资产的不良率。大量的不良贷款是导致国有商业银行风险资产较大的另一个重要因素。不良贷款不仅使风险资产增大，同时作为资本扣减项的呆账贷款，对资本充足率的影响更是举足轻重。大量呆账贷款的存在使种种增加资本的努力苍白无力，可以说大量的不良贷款是影响我国商业银行资本充足率提高的根源。

资产内部风险结构的调整对资本充足率的影响只是一个渐进的过程，并且跟外部政策，有很大的关系。如何处理好风险和赢利的关系，是衡量商业银行经营管理水平高低的标尺。

五、我国商业性银行的资本金管理

我国商业性银行的核心资本包括实收资本、资本公积金、盈余公积金和未分配利润四大类。实收资本是指投资者实际投入银行经营活动的各种财产物资，即所有者对银行的原始投入。实收资本根据所有者主体的不同，可以划分为国家投资、其他单位投资和社会个人投资以及外商外资等。实收资本按其筹资形式的不同，可以是货币投资，即银行投资者以人民币、银行存款或外币等货币资金作为投入银行资本进行的投入；也可以是实物投资，即投资者以房屋、建筑、机器设备等实物形式的投资；还可以是无形资产投资，即投资者投入专利权、专有技术、场地使用权及商誉等无形资产。资本公积金是银行在非经营业务中发生的资产增值，包括银行在筹集资本金时的资本溢价；银行接受的现金、实物捐赠；银行财产重估的增值等。盈余公积是银行业按照有关规定从税后利润中提取的公积金，它既可用于弥补亏损，也可用于转增银行资本。未分配利润是银行截至年底，在经过各种形式利润分配后所剩余的利润部分。

我国商业性银行的附属资本包括商业银行的贷款呆账准备金、坏账准备金、投资风险准备金、五年及五年期以上的长期债券。贷款呆账准备金是商业银行在从事放款业务过程中，按规定以贷款余额的一定比例提取的，用于补偿可能发生的贷款呆账随时的准备金。坏账准备金是按照年末应收账款余额的 3‰提取，用于核销商业银行的应收账款损失。投资风险准备金是按照规定，我国商业银行每年可按上年末投资余额的3‰提取，如达到上年末投资余额的1%时可实行差额提取。五年及五年以上的长期债券是属于金融债券的一种，是由商业银行发行并还本付息的资本性债券，用来弥补商业银行的资本金不足。

第四节
商业银行的经营与管理

一、商业银行的业务经营原则

商业银行是私有股份制的经营性企业，股东财富最大化是经营的总目标。但是，商业银行作为一种特殊的金融企业，它是经营货币资金的企业，资金来源中绝大部分是负债，即利用他人的资金经营获利，商业银行如果把追求利润作为经营的唯一目标，进行冒险经营，那将面临极大的风险。营运对象的特殊性使商业银行的经营原则和管理方法有别于一般工商企业。商业银行经营管理是一个权衡利害、趋利避害的过程，在长期的经营实践中，形成了三大商业银行的经营管理原则，即是在保证资金安全、保持资产的流动性的基础上争取最大的盈利，即通常所说的安全性原则、流动性原则、盈利性原则。所以我国的《商业银行法》中也规定，商业银行应以效益性、安全性、流动性作为经营原则。

（一）盈利性原则

1. 盈利性的概念

盈利性是指商业银行在其经营活动中获取利润的能力。追求最大限度的利润，既是商业银行业务经营的内在动力，也是商业银行经营活动的最终目标。银行盈利能力的大小，不仅会直接影响股东红利的分配，还会引起股票市场价值的变动。坚持贯彻盈利性原则，有利于增强银行的信誉和实力，降低经营风险，提高竞争能力。因此，盈利性是商业银行经营的基本原则。

2. 盈利性的衡量

常用的盈利性衡量指标如下。

（1）净资产收益率=净利润/当年平均净资产（权益）

净资产收益率也称为权益报酬率，这是银行股东最关心的指标，也是反映银行经营管理能力的最重要指标。它除了反映资产净利率的内容之外，还体现了经营的效率。一般此比率越高，盈利性越高。

（2）资产净利润率=净利润/当年平均资产总额

这是反映资产总体盈利水平的主要指标。在总资产中，包括盈利资产和非盈利资产；而净利润受存贷规模、利差、管理费用、税收等因素的影响。因此，这一指标可以比较全面地反映银行的经营水准。一般此比率越高，盈利性越高。

（3）利差收益率=（利息收入-利息支出）/盈利资产

这是银行企业特有的盈利能力重要指标。盈利资产指那些能带来利息收入的资产。银行总资产中，除去现金资产、固定资产外，均可看作盈利资产。一般此比率越高，盈利性越高。

（4）资金成本率=（利息支出+其他负债费用）/总负债

这是衡量银行成本的主要指标，也可以按具体的负债类别分别计算其成本率。一般此比率越高，盈利性越低。

3. 商业银行增加盈利性的途径

商业银行的盈利是指业务收入减去业务支出的净额。商业银行的业务收入主要包括贷款利息收入、证券投资收入、各种手续费收入等。因此要增加收入，渠道包括：第一，提高贷款利率。只要银行拥有一定的利率自主权，只要贷款出现需求大于供给，只要客户存在某种劣势，银行就可以相应提高贷款的利率。第二，扩大贷款数量，这取决于客户需求和银行资金。银行应该主动实行贷款营销，扩大贷款；同时扩大资金来源作为保证。第三，增加各种手续费收入，主要指大力发展中间业务，积极拓展各种服务业务。第四，增加投资收入。

商业银行的业务支出主要包括吸收存款支付的利息；借入资金支付的利息；贷款与证券投资的损失；支付工资、办公费、设备维修费、税金支出等。银行减少支出的手段有：第一，降低负债的利息水平。主要是指降低存款利息和借款利息。可以通过改善服务来间接达到这一目的。第二，提高管理水平，降低经营成本。降低各种管理费用，减少非经营性支出，尽可能把事故、差错损失降低到最低限度。

当然，商业银行不能为了追求盈利而不顾流动性和安全性。

（二）流动性原则

1. 流动性的概念

银行的流动性指的是一种在不损失价值情况下的变现能力，一种足以应付各种支付的、充分的资金可用能力，即指银行资产在不受损失的前提下能够随时满足客户提现和必要的贷款需求的支付能力。商业银行必须要使资产具有足够的流动性，以便随时应付客户提现及满足客户借贷的需要。流动性的高低对商业银行的业务经营至关重要，流动性过低会加大经营风险，而流动性过高又会影响银行的盈利。这就要求商业银行在流动性不足时，及时予以补充和提高；而当流动性过高时，尽快安排资金运用，提高盈利能力。商业银行主要通过留存适度的准备金、保持一定比例的短期资产、投资于能及时变现的有价证券、积极利用同业拆借市场等途经来保持适度的流动性。

商业银行的流动性包括资产的流动性与负债的流动性两重含义。资产的流动性是指资产在不发生损失的情况下迅速变现的能力。负债的流动性是指银行能以较低的成本随时获得所需要的资金。衡量资产流动性的标准有两个：一是资产变现的成本，某项资产变现的成本越低，该项资产的流动性就越强；二是资产变现的速度，某项资产变现的速度越快，则该项资产的流动性就越强。负债的流动性是指银行以适当的价格取得可用资金的能力。衡量银行负债流动性的标准也有两个：一是取得可用资金的价格，取得可用资金的价格越低，该项负债的流动性就越强；二是取得可用资金的时效，取得可用资金的时效越短，则该项负债的流动性就越强。

值得一提的是，流动性不足和资不抵债是两个不同的概念。流动性不足（Illiquidity）是指银行无力立即支付它应该支付的款项，但资产未必小于负债。资不抵债（Insolvency）是指资产总量小于负债总量，但流动性可能是充分的。但是两者也有一定的联系，即银行可能会因流动性不足而导致资不抵债、甚至破产。

2. 流动性的衡量

流动性缺乏普遍适用的衡量标准。在银行经营实践中，通常以下列指标来粗略衡量流动性。

（1）贷款对存款的比率。它是指存款资金被贷款资产所占用的程度。这一比率高，说明银行存款资金被贷款占用比率高，急需提取时难以收回，银行存在流动性风险。一般比率越高，流动性越低。然而这一比率和银行的大小、经营管理水平的高低都有关，并且它未能反映存贷的期限、质量，未能说明贷款之外的其他资产的情况。

（2）流动性资产对全部负债的比率或流动性资产对全部贷款的比率。比率越高，流动性越充分。其中，前者反映负债的保障程度，后者反映银行资金投放后的回收速度。它忽略了负债方面的流动性因素。

（3）超额准备金。绝对值越高，流动性越强。其局限在于超额准备金不能全面对流动性加以体现。

（4）流动资产减易变性负债。所谓易变性负债是指季节性存款、波动性存款和其他短期负债。其差额大于零，表明有一定的流动性，其数值越大，表明流动性越高；若其差值小于或等于零，表明了流动性短缺的程度，说明有信用风险。它在理论上比较恰当，但在项目划分和定量测算上存在一些问题。

（5）存款增长额（率）减贷款增长额（率）。该数值大于零，表示流动性上升；该数值小于零，表明流动性下降。这是一种趋势性的指标，但是没有考虑具体存款、贷款在结构和性能上的差异。

（6）资产结构比率。这一指标反映流动性资产和非流动性资产在数量上的比例关系，说明商业银行整体性流动水平。该比率越高，表明流动性越高。

上述指标体系能综合反映银行的流动性状况，其中个别指标难以准确全面反映银行整体流动性状况并说明其流动性高低的原因，只有对各种指标加以综合分析，并相互印证，才能正确地判断流动性状况，并进行相应的调整。

3. 流动性管理

（1）资金汇集法。在 20 世纪 30～40 年代，资金汇集法是资金管理中普遍运用的方法。这种办法把所有资金来源汇集到同一个"资金池"里，将"资金池"中的资金视为同质的单一来源，然后将其按照资产流动性的大小顺序分配资金运用，如图 5-6 所示。

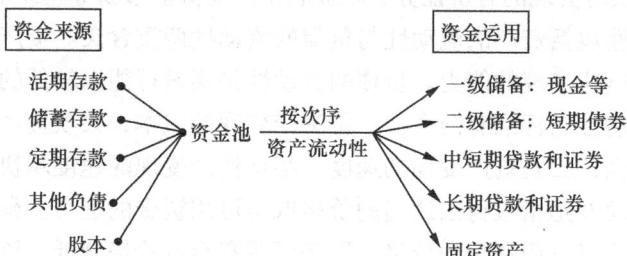

图 5-6　资金汇集法

先保证足够的一线准备，一线准备是用来满足日常、即付的、可预期的现金和贷款需求，包括现金、在央行的存款、同业存款及托收中的现金等。其次满足二线准备，二线准备用来满足短期（一年以内）但不是即付的或不可预期的流动性需求，包括短期公开债券。之后是中长期证券投资和贷款，贷款和证券投资在为银行提供主要收益的同时，也从本身的偿还中为银行提供了一定的流动性。最后则是固定资产投资。

这一方法优先保障了资产方面的流动性，但忽略了负债方面的流动性，忽略了不同来源的资金具有不同的流动能力和需求，没有在资产负债两方面统筹考虑流动性问题。

（2）资金匹配法。20 世纪 50 年代，针对资金汇集法的缺点，发展出了资金匹配法。资金匹配法认为资产的流动性和分配的数量与获得的资金来源有关。资金分配方法的主要内容是：把现有资金分配到各类资产上时，应使这些资金来源的流通速度或周转率（Turn over Rate）与相应的资产期限相适应，即银行资产与负债的偿还期应保持高度的对称关系。那些具有较低的周转率的存款主要应分配到相对长期、收益高的资产上；反之，周转率较高的存款则主要应分配到短期的、流动性高的资产项目上。因此，这种方法也被称为期限对称方法。例如，股本一般不要求法定准备金，且周转率极低，这部分资金主要用来购置建筑物和设备。定期存款的法定准备金比率较低，周转率也较低，银行主要用它们进行放款或投资于高收益证券，少部分用于准备金。活期存款有较高的周转率和法定准备金比率，其偿还期较短且不确定，从对称原则出发，应主要分配用于一线和二线准备金，少部分用于贷款。

具体操作时，首先按照资金来源的稳定性分配几个"流动性—盈利性"中心，银行在选择资产的种类时，考虑负债结构的特点，接着按法定准备金比率的高低和资金周转速度来划分负债的种类，把资金分配到每个中心，然后再按每个中心的特征分配资金于不同的领域，确定相应的资金投向，如图 5-7 所示。

资金分配方法的优点是：从资产负债两方面统筹安排，并以流动性为中心来配置。它通过对称原则来确定各种资金来源应保持的流动性的合理比重，从而减少了银行对现金资产和短期证券的持有，提高了银行盈利性资产的比重。

资金分配方法最主要的缺点是：一方面，这种方法很可能导致一种偏误，即简单地把活期存款作为短期中心的来源，并主要用于一线准备，其他的以此类推。另一方面，该方法以周转率作为判断资金易变性的标准，并不精确。也不可能精确区分特定存款的周转率与该存款最低存款余额之间的关系。例如，活期存款一年可能周转许多次，但它们的平均最低存款余额却可能是相当稳定的，存款周转率高并不一定意味着存款的易变性高。此外，它与资金汇集法一样，在资金管理中都属于资产管理的思想，即承认现有的负债结构和水平，通过调整资产负债表的资产方项目来实现银行流动性、安全性、盈利性的经营方针。

（3）缺口监察法。这是分析资产负债之间的流动性差额，来表示现有流动性状态和预期流动性需要之间关系的方法，如图5-8所示。

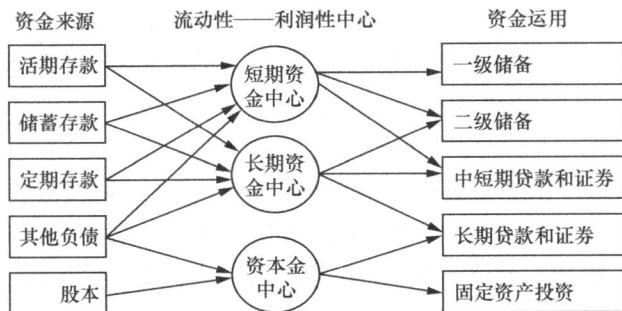

图 5-7 资金匹配法

资产	负债	
流动性资产		易变性负债
非流动性资产	流动性缺口	
		稳定性负债

图 5-8 缺口监察法

在图 5-8 中，现有的流动性资产小于易变性负债，流动性缺口为负，即流动性不足。因此，要使预期的流动性资产增长大于易变性负债的增长，其差额用以弥补缺口。

这一方法的缺陷在于资产负债要重新按照流动性划分，在操作上比较麻烦，并且缺乏统一的标准。

（三）安全性原则

1. 安全性的概念

安全性是指商业银行的资产、收益、信誉及经营生存发展条件免遭损失的可靠程度。相反的涵义就是风险性，即遭受损失的可能性。由于银行的业务经营受客户、宏观环境以及自身管理水平等复杂因素的影响，因而如何避免或降低风险性，保证银行经营的安全性，是商业银行经营管理面临的永恒课题。为了保证安全性，商业银行在资产业务中实施严格的管理，必须要合理安排资产规模，提高资产质量；不断补充自有资本，提高自有资本在全部负债中的比重；遵纪守法，合法经营。

对于商业银行，安全性原则是其生存和发展的基础和前提。究其原因在于商业银行经营对象的特殊性。商业银行经营的特殊性在于以下几个方面。

首先，商业银行实行的是负债经营，自有资本的比例较低，由此使得商业银行承受风险的能力比一般企业小得多，为了保证银行的正常经营，必须重视商业银行经营的安全性。

其次，商业银行以货币为经营对象，以及商业银行不寻常的负债结构，使它们不可能将大量资金全部投放于高收益资产。与其他类型企业相比，商业银行负债中有相当大部分是即期支付的活期存款和储蓄存款。对于商业银行而言，负债业务是硬性约束，如果不能保证安全经营，不能按时收回本金和利息，则负债的按期清偿就没有保证，则不能及时满足客户提款要求，会使银行信誉降低，接受更多负债的可能性也将失去，严重时甚至会导致商业银行倒闭。

此外，由于商业银行业务具有广泛的社会性，一家商业银行倒闭会引起连锁反应，甚至有可能触发金融危机，最终影响整个国家的经济发展。商业银行失去安全性会导致整个银行体系混乱，伤及整个宏观经济的正常运转。

最后，商业银行在经营过程中面临着比一般企业大得多的风险，如信用风险、利率风险、汇率风险等。

因此，商业银行的经营必须高度重视安全性原则。安全性原则不仅是银行盈利的客观前提，也是银行生存和发展的基础，不仅是银行经营管理本身的要求，也是社会发展和安定的需要。

在商业银行经营中，往往面临以下几种风险。

（1）信用风险，又称违约风险。是指交易对手未能履行约定契约中的义务而造成经济损失的风险。这是对银行的存亡至关重要的风险。这种违约主要源于两种情况，既可能是银行的客户违约，即银行的客户作为受信人不能履行还本付息的责任而使作为授信人的商业银行预期收益与实际收益发生偏离的可能性，导致贷款逾期不能归还，出现呆账、坏账，导致银行资产损失。另一种情况是银行违约，即出现存款者挤兑而银行没有足够的现金进行及时支付。

（2）利率风险。这是一种因市场利率变化引起资产价格变动或银行业务使用的利率跟不上市场利率变化所带来的风险。当市场利率上升时，银行持有现金的机会成本上升，原长期贷款由于利率相对下降蒙受损失。同时存款资金的成本也会上升，如果不提高存款利率，将面临存款流失。

（3）外汇风险，也称汇率风险，是指经济主体持有或运用外汇的经济活动中，因汇率变动而蒙受损失的可能性。银行面临的外汇风险主要是外汇买卖风险、外汇信用风险以及外汇借贷风险。外汇买卖风险指外汇银行在经营外汇买卖业务中，持有外汇多头头寸或空头头寸时，因汇率变动而蒙受损失的可能性。外汇信用风险指外汇银行在经营外汇业务时因对方信用问题所产生的外汇风险。外汇借贷风险指外汇银行在以外币计价进行外汇投资和外汇借贷过程中所产生的风险。

（4）购买力风险，又称通货风险。这是因通货膨胀引起的货币贬值而带来的风险。银行具有借款者和放款者的双重身份，通胀带来的损益可以相互抵消，但不会完全抵销，因为存货不会完全相等。同时，通胀导致实际利率下降，可能影响银行的资金来源。

（5）内部风险，又称管理风险。主要有战略决策失误风险，新产品开发风险，营业差错风险，贪污盗窃风险。它们主要与经营管理不当有关。

（6）政策风险，也称国家风险。国家政府的更替、政策的变更都可能导致银行经营大环境的变化，直接影响到银行的效益。

在以上6种风险中，信用风险是时常发生的；利率风险在经济波动时较明显；外汇风险对于浮动汇率下有大量外汇业务的银行的影响尤其大；购买力风险体现在高通胀时期；管理水平低下的银行面临较大的内部风险；而政局动荡下的政治风险影响最为重大。

2. 风险的衡量

风险具有不确定性，对它的衡量是很复杂的。下面介绍几个简便的风险评价指标，即用财务比率衡量风险。

（1）贷款对存款的比率。由于贷款一旦贷出，不能随意收回，而存款则面临客户任意时刻的提款需要，因此这一比值越大，风险越大，安全性越小。一般而言，银行的存款总是大于贷款，即存差，因为银行要保留足够的法定准备金和超额准备金。

（2）资产对资本的比率。也称杠杆乘数。资本是银行的自有资金，资产对资本比率越高，银行资产中自有资本的比重越小，银行经营的风险越大。

（3）负债对流动资产的比率。流动资产包括现金、存放央行、存放同业、短期证券等，它们可以用来迅速地清偿债务。这一比率越高，风险越大。可以使用流动负债、或全部负债来计算各自的比率。

（4）有问题贷款对全部贷款的比率。比率越大，说明银行贷款不能收回的风险越大。这一比率延伸到有关贷款风险分类。我国的不良贷款多年以来一直是"一逾两呆"的分类法；即指逾期贷款（贷款到期限未还的贷款）、呆滞贷款（逾期两年以上的贷款）和呆账贷款（需要核销的收不回的贷款）。自 2002 年 1 月 1 日起在我国商业银行内全面推行贷款风险分类管理。按借款人的最终偿还贷款本金和利息的实际能力，确定贷款受损失的风险程度，将贷款质量分为正常、关注、次级、可疑和损失 5 类的管理方法。其中后三类被称为不良资产。这种贷款风险分类方法被称为五级分类法。

① 正常：借款人能够履行合同，没有足够理由怀疑贷款本息不能按时足额偿还。

② 关注：尽管借款人当前有能力偿还，但存在可能影响其清偿力的不利因素。

③ 次级：借款人还款能力有明显问题，依靠其正常经营收入已无法保证按时足额偿还本息。

④ 可疑：借款人无法足额偿还本息，即使执行抵押或担保，也肯定会有损失。

⑤ 损失：在采取所有可能的措施和一切必要的法律手段后，贷款本息仍无法收回或只能收回极少部分。

这种分类有利于银行估计贷款的信用风险的大小，并据此计提专项呆账准备金。

3. 风险管理的主要策略

（1）准备策略。所谓准备策略就是对风险设置多层预防线的方法。现金项目包括准备金、存放同业等称为一线准备，一些流动性较大的盈利性资产包括短期证券、可转让贷款、短期贷款等充当第二、第三线准备。另外还有为弥补已转化为现实损失的风险的专项准备金，包括专门弥补贷款损失的贷款坏账准备和补偿灾害、失窃、贬值等的资本损失准备金。

对于一线准备，基本要求是保留在最低限度，对于第二、第三线准备，要求资产的形式与期限同可能出现的资金需求的方式和时间相适应。

（2）规避策略。主要包括以下几方面。

① 避重就轻的资产选择原则，即权衡项目时要注重风险，尽量选取低风险的项目。避免只注重收益，忽视风险。

② 收"硬"付"软"、借"软"贷"硬"的币种选择原则。"硬"指硬通货，指汇率比较稳定，甚至升值的货币，"软"指软通货，指汇率比较容易变动，甚至会贬值的货币。如果银行未来要收到外汇，尽量选择硬通货作为计价结算的货币，如果未来要支付外汇，尽量选择软通货作为计价结算的货币，当然，这要以银行在业务谈判中的实力地位为前提。

③ 扬长避短的债务互换策略。关于互换，在第四章金融市场第四节金融衍生工具中已有较详细的介绍。

④ 资产结构短期化策略。短期资产既利于提高流动性以应付信用风险，又利于及时调整利率定价来应付市场风险。

（3）分散策略。分散策略是针对难以回避的风险的一种防范手段，即实现资产结构的多样化，尽可能选择多样的、彼此相关性低的资产进行搭配，以降低资产组合的风险。

多样化包括资产性质的多样化，在资产形态、种类、期限、利率等多方面力求差异；也包括授信对象的多样化，在不同的个人、不同的企业、不同的行业和地区之间分散业务；还包括数量上的分散化，即不将较大比例的资金贷给同一个企业或投资于同一种证券。

（4）转移策略。包括：①通过金融衍生品交易锁定风险，把风险转移给对方，或转移给金融市场上的投机者。这在前文已有叙述。②定价时计算风险因素，使价格包括风险报酬。③通过保险化解银行风险。

（四）三性的对立统一

盈利性、安全性和流动性之间是既相互矛盾又相互统一的。

盈利性和后二性呈反向变动，这种矛盾来源于具体的概念界定。盈利性是对利润的追求，这种要求越高，往往风险越大，安全性、流动性越低。后二性意味着期限短，易转让，显然，这使盈利性降低。因此追求盈利目标，往往保证不了流动性和安全性，而这又反过来影响着盈利目标的实现，保证了流动性和安全性，又使盈利受到一定的影响。

盈利性和后二性的统一体现在几个方面。其一，在某个范围内，三性可以达到某种可被接受的程度。在保本和资产较小可能损失的区间之内，三性可以都令人满意。其二，在一定条件下，盈利性和后二性可以同向变化。例如，得到政府担保或可靠保险的项目，盈利性和安全性都很高；对行政干预要求支持，但经营管理水平又很低的企业贷款，其盈利性和后二性都很低。

安全性和流动性通常是统一的，安全性越高，流动性越大。不过在一定条件下，它们也会有反向变动的可能。例如，由政府担保的长期贷款，虽然安全性较高，但流动性不足。

对于三性的矛盾和统一，银行经营的总方针就是谋求三性的尽可能合理的搭配协调，在保证安全性的前提下，通过灵活调整流动性，来致力于提高盈利性。三性的相对地位是盈利性为银行的目标，安全性是前提，而流动性是手段。因此，商业银行经营管理的原则是保证信贷资金流动性、安全性和盈利性的有效统一，在保证流动性、安全性的前提下，尽可能达到盈利的目标，这是银行管理者决策的依据。商业银行经营管理的核心就是平衡三者关系，寻求盈利性、流动性和安全性之间的最佳组合。在这三者的组合方面，要真正达到一种令人满意的程度，这主要取决于商业银行的管理艺术。

二、商业银行经营管理理论

资产负债管理指商业银行按一定的策略进行资金配置，来实现银行流动性、安全性和盈利性的目标组合。它既不单纯站在资金运用，如信贷、证券投资等角度，也不单纯站在资金来源，如资本金、存款、借款等角度，而是考虑银行整体资金的配置状态，以实现银行的经营目标。

商业银行是处在高度竞争状态中的自负盈亏的私有企业，银行按照自我利益最大化的原则进行资金来源和资金运用的配置，力图在保证流动性和安全性的同时，追求尽可能高的利润。在漫长的历史发展过程中，在资产负债管理过程中，商业银行总结出了许多经营管理经验，创立并发展了经营管理理论。资产负债管理理论按其经历的过程，可分为资产管理理论、负债管理理论、资产负债综合管理理论和中间业务管理理论。

（一）资产管理理论

1. 资产管理理论的发展

资产管理理论产生于商业银行建立初期，一直到 20 世纪 60 年代，它都在银行管理领域中占据着统治地位。这种理论认为，从资金来源的角度看，一方面，由于在 20 世纪 60 年代以前，银行资金的来源大多是吸收活期存款，负债取决于客户的意愿，在银行看来，存否、存多少及存期长短的主动权在客户手中，银行管理起不了决定作用，因而是一种被动业务。另一方面，此时金融市场不发达，银行资金来源渠道固定，从金融市场借款比较困难。但是从资金应用的角度看，一方面银行掌握着资金运用的主动权，银行能够主动加以管理的是资产业务，另一方面，银行利润主要来自资产运用。于是，银行就将经营管理的重点放在资产业务方面，关注于如何合理安排资产结构，致力于在资产上协调盈利性、安全性和流动性的要求。随着经济环境的变化和银行业务的发展，资产管理理论的演进经历了 4 个阶段，即商业贷款理论，资产可转换理论和预期收入理论以及超货币供给理论。

（1）商业贷款理论。商业性贷款理论又称真实票据理论，源于亚当·斯密 1776 年发表的《国富论》一书。这一理论认为，银行资金来源主要是吸收流动性很强的活期存款，为应付存款人事先难以预料的提存，满足客户兑现的要求，所以商业银行必须保持资产的高流动性，才能确保不会因为流动性不足给银行带来经营风险。因此，银行只适宜发放短期的、与商品周转相联系的商业贷款。这种贷款具有自偿性，即随着物资周转、产销过程完成，贷款自然地从销售收入中得到偿还。据此，该理论强调贷款必须以商业行为为基础，以真实的商业票据为抵押；一旦企业不能偿还贷款，银行即可根据所抵押的票据处理有关商品。商业银行的资产业务应主要集中于以真实票据为基础的短期的、商业性的、自偿性贷款，以保持与资金来源高度流动性相适应的资产的高度流动性。短期自偿性贷款主要指的是短期的工商业流动资金贷款。在相当长的时期内，真实票据理论占据着商业银行资产管理理论的支配地位，对于自由竞争条件下银行经营的稳定起到了一定的作用。

商业贷款理论是在商业银行发展初期产生的，它侧重于银行资产的流动性和安全性方面的管理，为银行保持流动性和安全性提供了理论依据。这种理论在商业银行发展过程中有过很广泛的影响，并在很长的历史时期内占有统治地位。

然而，随着经济的发展，这一理论的缺陷也越来越明显。首先，它未考虑到短期存款的沉淀部分和长期存款比重的上升，忽略了银行扩展自身资金来源的潜力。其次，它对贷款多样化的否定不利于经济增长。再次，自偿性贷款未必能保证贷款的收回，有时长期贷款更可靠。最后，自偿性贷款随商业周期而波动，将影响金融体系的稳定。

（2）资产可转换理论。资产可转换理论又称资产转移理论，产生于 20 世纪初。这一理论认为，银行保持资产流动性的关键在于资产的变现能力，因而不必将资产业务局限于短期自偿性贷款上。如果银行持有的资产可以转让或出售给他人而变成现金资产，银行就能保持其资产的流动性，而保持资产流动性的最好办法是购买那些随时可以出卖的资产。因此，银行也可以将资金的一部分投资于具有转让条件的证券上，作为银行资产的二级准备，在需要满足存款支付时，把证券迅速而无损地转让出去，兑换成现金，保持银行资产的流动性。但是这类资产必须满足质量高、期限短、易出售的要求。

这一理论为银行的证券投资、不动产贷款和长期贷款打开了大门，在转换理论的影响下，银行资产范围显著扩大，业务经营更加灵活多样。资产可转换理论的出现与短期证券市场的发展有关。高度市场化的有价证券成为商业银行的主要购买对象，尤其是政府发行的国库券，为银行提供了可靠的流动性资产。这种理论的重要意义在于为银行提出了保持资产流动性的新方法，因而曾得到广泛流行。

但转换理论片面强调证券的转手，而忽略证券和贷款资产的真正质量，忽略了物质保证，为信用膨胀创造了条件。同时，它没有重视经济发展状况的影响，未考虑到在危机期间，在人们竞相抛售证券的时候，银行也很难不受损失地将所持证券顺利转让以达到保持流动性的预期目的，没有考虑到证券的大量抛售和价格暴跌而引发银行资产的巨额损失的可能性。

（3）预期收入理论。20世纪40年代末，第二次世界大战之后，战争期间景气的消失使经济危机的阴影加深，为了刺激投资和扩大市场，带来多样化的资金需求，预期收入理论在商业贷款理论的基础上，进一步扩大了银行资产业务的选择范围。预期收入理论认为，应该强调的不是贷款能否自偿，也不是担保品能否迅速变现，而是借款人的确有可用于还款付息的预期收入。银行放款的安全性和流动性取决于借款人将来的收入即预期收入。如果将来收入没有保证，即使是短期贷款也可能发生坏账或到期不能收回的风险；如果将来的收入有保证，即便是长期放款，仍可以按期收回，保证其流动性。银行贷款应当以根据借款人预期收入制定的还款计划为基础，只要借款人有定期的固定收入，预期收入有保证，商业银行不仅可以发放短期商业性贷款，也可以发放中长期贷款，甚至可以发放非生产性消费贷款。总之，只要预计银行的资产能够按期收回并有收益，不管什么业务银行都可以经营。这就为商业银行开拓新业务提供了理论依据。

预期收入理论的积极意义在于：①它明确提出贷款清偿取决于借款人的预期收入，这是银行信贷经营管理的一个重大进步，深化了对贷款清偿的认识。②促进了贷款形式的多样化，加强了商业银行的竞争力和在经济活动中的重要地位。③促进了生产的发展和消费的扩大，加强了商业银行对经济的渗透力。

不过，预期收入理论也有缺陷。首先，银行将资产经营建立在对借款人未来收入的预测上，而这种预测不可能完全准确。其次，在资产期限很长的情况下，尤其是在长期放款和投资中，不确定性增加。债务人收入状况可能会恶化，未来的偿付能力可能比预期的要小。因此，预期收入理论必须慎重使用。

（4）超货币供给理论。商业银行购买资产，从来都被视作提供货币的行为，因此商业银行通常被认为仅仅是用信贷方式供给货币的机构。但随着货币形式的多样化，能够提供货币的非银行金融机构越来越多，银行的信贷市场竞争的压力日益加剧，银行再也不能就事论事地提供货币了。20世纪六七十年代以来，出现了超货币供给理论。该理论认为，银行信贷提供货币只是达到它经营目标的手段之一，除此之外，银行还可以在其他领域从事经营，它不仅有多种可供选择的手段，而且有广泛的同时兼达的目标，因此，银行资产管理应超越货币的狭隘眼界，提供更多的服务，而不是局限于从事提供货币的业务。根据这一理论，银行的经营范围进一步扩大，进入了许多银行传统业务领域以外的领域，中间业务的发展在银行的业务中的份额越来越大。银行在购买证券和发放贷款以提供货币的同时，积极展开投资咨询、项目评估、市场调查、信息分析、管理顾问、计算机服务、委托代理等多方面配套业务，使银行资产管理达到了前所未有的广度和深度。在非金融企业侵入金融竞争领域的时候，超货币供给理论使银行获得了相抗衡的武器，从而改善了银行的竞争地位。总体来说，银行资产管理理论是随着对银行经营的认识加深而不断发展的，这也伴随着银行资产业务范围的不断扩大。实际上，超货币供给理论就是提倡大力发展中间业务的理论。

2. 资产管理的方法

只要是强调负债是前提，资产受负债制约，银行管理只是在既定的负债下，努力实现资产同负债相匹配的管理方法都属于资产管理方法，例如前文中安全性原则中讲到的准备策略、流动性管理中的资金汇集法和资金匹配法都属于资产管理的方法。

资产管理的方法除了总体上与负债的结构（性质、期限、流动性等）相匹配的管理方法之外，还包括对具体的贷款的管理、对投资的管理、对信用的评估分析等。在此我们介绍商业银行对于债务人资信状况的评估原则，即放款审查的"6C"原则。所谓"6C"是指以下 6 个方面。

（1）品德（Character）：主要考察借款人是否具有清偿债务的意愿以及是否能够严格履行合同条件。还款的愿望是否强烈，是否能够正当经营，包括作风、观念、责任心及还款记录。如果借款人是个人或代理人，其品德主要表现在道德观念、个人习惯和偏好、经营方式、经营业务、个人交往以及在企业和社区中的地位与声望等方面。如果借款人是公司法人，其品德主要体现在管理的完善、在企业和金融界的地位和声望、经营方针和政策的稳健等方面。不论借款者是个人还是公司，其履行合同条款的历史记录，在评价其品德情况上，具有非常重要的意义。

（2）能力（Capacity）：主要指借款人的偿还能力。偿还能力用借款者的预期现金流量来测定。能力不仅反映预期的现金收入，而且反映建立在这些收入之上的其他需求。如果其他的承付款项、债务或优先索赔款有可能消耗掉预期的收入，那么也就没有资金来偿还贷款了。

（3）资本（Capital）：即借款者的自有资本、货币价值，通常用净值来衡量。资本反映借款者的财富积累，并在某种程度上表明了借款者的成就。需要注意的是账面价值有时不能准确反映市场价值。

（4）担保或抵押（Collateral）：指贷款申请者可以用作还款担保和抵押品的任何资产。有时由保证人保证贷款归还，作为资产抵押的补充，或替代资产抵押。在这种情况下，还要考虑保证人的信誉。担保的设立提供了一种保护，是偿还贷款的后备力量，而非偿还贷款的主要来源。

（5）环境（Condition）：指厂商得以在其中运营的经济环境或贷款申请者的就业环境。必须将厂商经营所面临的经济环境、整个贷款使用期间的经济规划，以及使借款者对经济波动特别敏感的任何特征都包括在信用评估分析之内。

（6）连续性（Continuity）：事业的连续性指借款企业持续经营的前景。现代科技飞速发展，产品更新换代的周期越来越短，产业结构的调整也日趋迅速，市场竞争异常激烈。企业只有适应经济形势以及市场行情的变化，才能继续生存发展下去。只有这样，银行的贷款才能如愿收回。

（二）负债管理理论

资产管理理论虽然长期盛行，但随着时代的变迁，这种理论在银行界的统治地位也开始动摇。第二次世界大战后，从资金供给角度看，银行资金来源明显不足。一方面，西方各国对商业银行利率严格控制，另一方面，随着金融体系的发展、非银行金融机构的不断涌现、证券市场的成熟以及各种金融机构对资金的争夺，金融市场上较高利率的各种金融工具对银行资金来源造成了很大冲击，商业银行的资金来源无论在渠道上或数量上，都遭到严重的竞争威胁。出现了"脱媒"（Disintermediation）状况。从资金需求角度看，第二次世界大战后，经济处于发展黄金时期，资金需求缺口变大，尤其到20世纪60年代，通货膨胀困扰各国。因此，银行已不可能再忽视资金来源的性质、成本和易变性，来进行资金运用决策。为了寻求资金，扩大负债，美国的花旗银行于1961年推出了一种创新金融工具即可转让大额定期存单，取得显著效果，使银行的存款迅速上升。由此，导致了商业银行经营管理思想的转变，出现了负债管理理论。

负债管理理论盛行于20世纪五六十年代的西方商业银行。负债管理理论在很大程度上缓解了商业银行流动性与盈利性的矛盾。

负债管理的基本内容就是银行可根据资产的需要，通过金融市场主动性负债或者"购买"资金来保持银行流动性和清偿能力，增加银行收益，以适应或支持资产业务，从而实现银行盈利性、流动性、安全性三原则的最佳组合。

负债管理理论认为，银行资金的流动性不仅可以通过强化资产管理获得，还可以通过灵活地调剂负债达到目的。商业银行保持资金的流动性无需经常保有大量的高流动性资产，从而减少银行持有的高流动性资产，最大限度地将资产投入到高盈利的贷款中去。而商业银行根据资产的需要调整和组织负债，让负债适应和支持资产，通过发展主动型负债的形式，扩大筹集资金的渠道和途径，也能够满足多样化的资金需求，以向外借款的方式也能够保持银行资金的流动性。商业银行完全可以主动地负债，在金融市场上争夺资金。只要有了更多的负债，才会有更多的资产从而获利，并要求银行的经营管理重点应从资产管理转向负债管理。

1. 购买理论

首先出现的是购买理论。在20世纪六七十年代，停滞和通货膨胀并存，购买理论兴起并得到银行界的普遍认同。购买理论认为，银行对于负债并非消极被动、无能为力，银行完全可以采取主动，主动地负债，主动地购买外界资金，变被动的存款观念为主动的借款观念，这是购买理论的精髓。购买理论的主要内容是：银行购买资金的主要目的是增强流动性，而资金的供应者是十分广泛的，抬高资金价格是实现购买行为的主要手段；面对日益庞大的贷款需求，通过购买负债，摆脱存款数额对银行的限制。

购买理论的盛行代表了富于进取心和冒险精神的新一代银行家的崛起。购买理论被称为银行负债思想的创新、银行业的革命。然而，这种理论的效果也有两面性：一方面，商业银行更加积极主动地吸收资金，有助于信用扩张和经济增长，增强了商业银行的实力；另一方面，它又刺激商业银行片面扩大负债，盲目竞争，加重债务危机和通货膨胀。

2. 销售理论

到了20世纪80年代，出现了一种新的负债理论：销售理论。销售理论的主题是推销金融产品，它是在金融改革和金融创新风起云涌、金融竞争和金融危机日益加深的形势下产生的，它同以往的负债理论的显著不同之处在于，它不再单纯着眼于资金，而是立足于服务，创造形形色色的金融产品，为范围广泛的客户提供多样化的服务。银行是金融产品的制造企业，银行负债管理的中心任务是推销产品，从中既获得所需的资金，又获得应有的报酬。

销售理论的内容包括：客户至上，以客户的利益和需要作为银行的出发点和归宿。客户及其需要的多样性要求金融产品的多样性。银行要善于通过服务途径，利用其他商品和劳务的配合，来达到吸收资金的目的。要依靠信息的沟通来推销产品。要把资产、负债两方面联系起来考虑设计金融产品。总之贯穿销售理论的是一种市场服务概念。

负债管理理论意味着商业银行经营管理思想的创新，它变被动的存款观念为主动的借款观念，为银行找到了保持流动性的新方法，也为银行扩大业务范围和规模提供了条件。对于传统银行业来说，负债管理理论确实是一场"革命"，它一反银行界传统的稳健保守的作风，强调进取心，更为主动和灵活，鼓励不断地创新。

负债管理使商业银行摆脱了被动负债的制约，扩大了收益性资产，提高了资产的盈利能力。然而，负债管理也加剧了金融业内部的竞争，提高了银行吸收资金的成本，给银行带来了巨大的经营风险。这是因为，第一，银行购买资金的能力和成本与它的经营规模有关，只有在有能力维持银行资金来源的边际成本与资金运用收益之间适当的正差额时，银行才可以负担得起购买资金不断增加的利率压力；第二，实行负债管理，要求存在一个有弹性的资金供应环境，即货币市场上有足够的参与者和资金，并且利率稳定，否则，资金来源的结构和渠道都易发生紊乱。于是在20世纪70年代后形成并流行起来的资产负债管理理论逐步取代了负债管理理论。

（三）资产负债综合管理理论

资产管理过于偏重安全性和流动性，往往以牺牲盈利为代价，这不足以鼓励银行经营的积极进取。负债管理过分强调依赖外部借款，则增大了银行经营风险。实践中，人们日益认识到，无论是资产管理还是负债管理，都只是侧重一个方面来对待银行的盈利性、流动性、安全性，因此是不全面。单靠资产管理、负债管理都难以形成商业银行三性均衡。20世纪70年代以后，当负债管理的局限性在银行经营管理实践过程中显露出来后，商业银行开始把目标转向资产、负债的综合性管理，资产负债综合管理理论概括了这种管理的基本内容。资产负债综合管理理论总结了资产管理和负债管理的优缺点，通过资产与负债结构的全面调整，实现商业银行流动性、安全性和盈利性管理目标的均衡发展。这一理论的产生是银行管理理论的一大突破，它为银行业乃至整个金融业带来了稳定和发展，对完善和推动商业银行的现代化管理具有积极的意义。

资产负债管理理论的基本思想是将资产和负债加以对照并作对应分析，围绕缺口，协调不同的资产和负债在利率、期限、风险和流动性等方面的搭配，进行优化组合。该理论认为，商业银行应根据金融市场的变化，通过资产结构和负债结构的共同调整，对资产和负债关系进行统一协调，以达到盈利性、流动性的均衡，实现其经营目标。它强调的是从资产和负债两方面来整体上考虑商业银行的经营管理问题。

该理论的主要管理方法有利率敏感性缺口管理法、资产负债比例管理法、流动性缺口、期限匹配和利差、金融衍生品交易等。

1. 利率敏感性缺口管理法

20世纪70年代以来，西方国家的市场利率波动加剧，以美国为例，1970—1980年，优惠贷款利率共变动132次，平均27天一次，而1950—1970年优惠利率贷款仅变动23次，平均每8个月一次。在这种环境中，存贷款利率的波动会给银行净利息带来影响。西方商业银行创造了许多控制和操作利率敏感资金的方法，其中最主要的是利率敏感性缺口管理法。

资金缺口管理方法认为，商业银行应根据对市场利率趋势的预测，适时地对资产、负债两者比例进行调节，以保持银行的盈利，同时降低风险。

所谓利率敏感性缺口是指银行资金结构中，利率敏感性资产与利率敏感性负债之间的差额，也就是浮动利率资产与浮动利率负债之间的差额。

它有三种可能的情况：

（1）零缺口，即浮动利率资产等于浮动利率负债。在这种情况下，利率水平上升，资产收益和负债成本都将同比例上升；反之，亦然。所以从理论上讲，银行收益不受利率波动的影响。如图 5-9 所示。

（2）正缺口，即浮动利率资产大于浮动利率负债。在这种情况下，利率水平上升，资产收益增加较大，而负债成本增加较少，所以银行利差收入会扩大，银行利润增加；反之，利率水平下降，银行利差收入会减小，利润减少。如图 5-10 所示。

浮动利率资产	浮动利率负债
固定利率资产	固定利率负债

图 5-9 利率敏感性缺口——零缺口

（3）负缺口，即浮动利率资产小于浮动利率负债。这种情况与正缺口相反，若利率水平上升，银行利润会下降；反之，若利率水平下降，银行利润会上升。如图 5-11 所示。

浮动利率资产	浮动利率负债
固定利率资产	固定利率负债

图 5-10 利率敏感性缺口——正缺口

浮动利率资产	浮动利率负债
固定利率资产	固定利率负债

图 5-11 利率敏感性缺口——负缺口

银行在进行缺口管理时，通过对利率走势的预测，调整计划期内的资金缺口的正负和大小，以维持或提高利润水平。当预测利率将要上升时，银行应尽量减少负缺口，力争正缺口；当预测利率水平将要下降时，则应设法把资金缺口调整为负值。

在利率波动较频繁的环境中，资金缺口管理方法对商业银行增加收益，降低成本的效果是明显的，但这种方法对银行的利率预测能力要求极高，银行必须精确地判断出利率变动趋势和利率周期变动的拐点，否则，银行可能因资金缺口和时间的控制不当而导致更大损失。

2. 资产负债比例管理法

通过一系列资产负债比例指标来对商业银行的资产和负债进行监控和管理的办法。它既可以作为商业银行自身的一种业务管理方式，也可以作为监管当局对商业银行实施监管的一种手段。当然，商业银行从业务管理角度确定比例指标时，应受监管当局确定的比例指标的约束。

在我国，为了适应新的金融管理体制，增强商业银行自我约束和自我发展能力，改进人民银行宏观调控方式，保证银行业的稳定发展，从 1994 年开始，人民银行对商业银行的资金使用实行比例管理。

3. 流动性缺口

与上文缺口分析的实质一样，只是这里分析的是流动性问题。具体内容在前文商业银行经营原则"三性原则"的"流动性管理"中缺口监察法中已有阐述，这里不再赘述。

4. 期限匹配和利差

如果资产负债的期限是匹配的，则只要用到期资产来偿付到期负债，资产、负债之间的利差就是收益。如果期限不匹配（现实中多为这种情况），则银行必须预测利率的变化趋势，调整利率敏感性不同的资产负债的搭配。如果预计利率上升时，吸收固定利率负债，投资浮动利率证券或发放浮动利率贷款，就能增加将来的收益。如果预计利率下降时，吸收浮动利率负债，投资固定利率证券或发放固定利率贷款，就能增加将来的收益。

另外，一定的长期利率和短期利率，固定利率和浮动利率的组合，能够对市场变化作出有利于保持或扩大利差的反应。

5. 金融衍生品交易

在利率频繁波动的时期，使用金融期货进行套期保值交易可以帮助银行对某一项资产或负债进行管理，但不能解决整个资产负债管理问题。银行进行套期保值的一般做法是在期货市场上做一笔与现货市场金额相同但方向相反的交易，这样就可以锁定成本，减小损失，但也同时失去了获得更多利润的机会。

当预计利率将下降时，银行可通过多头套期来抵消资产收益的下降。当前银行通过购入利率期货合约，进行多头套期保值，未来在利率下降时，合约价格会上涨，银行再出售这份合约，通过贱买贵卖，银行就可以通过其在期货市场的盈利，来弥补其在现货市场由于利率下降造成的资产收益下降的损失。

在预计利率将上涨时，银行可通过空头套期来抵消借入成本的增加。银行出售一份合约，此后如果利率上涨，则合约价格下降，这时银行再以较低的价格买进，通过在期货市场的交易，银行获得的利润就可以抵销借款成本的上升。如果与预期的相反，利率下降了，那么银行在期货市场上的损失则可以通过借款成本的下降弥补。这样，无论未来利率水平上升还是下降，银行在很大程度上锁定了借款成本，并避免因利率上升或下降带来的风险。

同样，金融衍生品交易也可以消除汇率波动带来的风险。

（四）中间业务管理理论

时至今日，商业银行主流管理思想仍是资产负债联合管理。20 世纪 80 年代以后，金融外部环境趋向于放松管制，银行业的竞争空前激烈，同时货币政策相对偏紧，通胀率下降，这些都抑制了银行利率的提高和银行经营规模的扩大，迫使商业银行寻找新的经营思路以摆脱困境。因此，西方国家商业银行的表外业务发展迅速，表外业务的金额已超过商业银行的资产总额，表外业务收入已成为商业银行最主要的盈利来源。然而，有风险的表外业务，尤其是投机性的表外业务，很有可能导致银行的经营陷入困境，因而商业银行越来越注重表外业务的管理。在这种情况下，兴起了资产负债表外业务管理理论，即中间业务管理理论。

这种理论思想认为，银行是生产金融产品、提供金融服务的机构，同时也从事提供信息服务的经营活动，因而一切同信息服务有关的领域，银行都应当介入，除了资产负债表内所反映的业务外，银行还应开展表外记录的业务，开拓银行业务新的经营领域。

表外业务是以表内业务为基础的业务延伸，其物质条件是银行所拥有的广泛的客户、庞大的分支机构网络、所掌握的社会经济活动信息、直接拥有或保持联系的专家队伍、先进的计算机系统等。

传统的中间性业务已有信托、保管、代理保险、汇兑结算、兑换等。而新开拓的以信息处理为核心的表外业务日益显示其重要性，这些业务有投资咨询与信托（包括筹资和投资方面），为客户进行调查、谋划、定价、承购承销、项目可行性分析和评估等。其中，贸易调查与介绍，是为客户提供贸易对手的资信调查，为贸易双方牵线搭桥，提供市场环境，提供贸易融资信用担保等；消费引导与服务，主要为客户安排设计重大消费计划、提供财务透支和劳务服务。其他还有利用银行的计算机中心系统为客户提供电脑服务等。

表外业务管理思想着力于新业务领域的开拓，甚至将原属表内的业务转为表外业务，例如商业性贷款转让，即银行在一笔贷款签约后，立即把贷款全部或部分地"出售"给第三者。这样，银行虽然要负责首笔贷款的资信调查、本息收付和监督最终债务人履行合同，但不需为这笔贷款提供全部或部分资金。银行可以从最终债务人所给付的较高利息和银行付给贷款买进者的相对较低的利息之间赚取一笔利差。总之，银行利用其借贷能力和信息优势来获取利润，这反映了银行经营的新动向。

第五节 | 银行服务电子化与网上银行

一、银行服务电子化的产生与发展

现代银行除了利用资金、机构、人才、信息等方面的优势为客户提供服务外，还充分利用高新技术的成果，把电子计算机技术、网络通信技术、信息处理技术广泛引入银行业务处理的过程之中，从而使银行业进入电子化时代。

现代银行对现代信息技术的运用，经历了一个不断发展的过程，大致可分为 3 个阶段。

第一阶段为银行业务的初始"电子化"阶段。从 20 世纪 50 年代起，银行开始利用电子计算机代替人工进行业务处理，主要是用于账务核算。到了 20 世纪 80 年代初，基本实现了利用电子计算机进行各种复杂的内部清算和银行间的资金划拨。在这一阶段，商业银行大都形成了自己的柜面营业计算机应用系统及专有的通信网络系统，一国国内乃至国际之间的银行业务被纳入自动化的处理系统之中。

第二阶段是电子服务外延阶段。20 世纪 80 年代微电子技术有了巨大的突破，以 PC 个人微机为龙头的计算机技术异军突起，带动了世界范围的信息技术进步，银行也随之推出了大量的电子化服务产品。电子化服务向社会的不断延伸，一方面实现了银行零售服务的电子化，这主要是指银行在代理收付、存款和提款、转账服务、银行卡服务、旅行支票服务、支付利息服务、外币兑换服务等方面都广泛借助现代信息技术来完成；另一方面也实现了批发服务的电子化，主要是指银行通过计算机技术、网络通信技术、信息处理技术建立起巨大的信息库、信息网络和数据分析处理系统，为客户提供全方位的电子化服务，包括提供各种资信报告、交易行情分析和预测以及可供选择的决策模型、各种交易的货币收付、资金调拨等服务。这一阶段不仅改变了银行以柜面为唯一营业场所、业务人员与客户面对面的经营模式，而且也给银行带来了新的效益增长点。

第三阶段为网上银行发展阶段。网上银行是今后银行业发展的主流。

二、网上银行

1. 网上银行的概念

网上银行（i-bank），也称网络银行，是指以互联网作为基础的交易平台，在线为公众提供转账、支付结算等服务的商业银行，也可以理解为在互联网上搭建的虚拟银行柜台。用户可以通过微机、手机或其他数字终端设备，采用拨号连接、专线连接、无线连接等有线或无线连接的方式，登录上网，就可以在办公室、家中或旅途中享受到银行的服务。

电子银行（e-bank）和网上银行（i-bank）实际上有不同的含义。凡是提供电子化银行业务的银行都涵盖在电子银行的范畴之内，因而电子银行是一个广义的概念。网上银行仅指通过互联网提供金融服务的银行，因而网上银行是一个狭义的概念。同时，有时人们也把那些拥有自己网站的银行等同于网上银行。实际上，那些虽然拥有自己的网站，但只是对自身形象进行宣传和业务介绍的银行，只能叫它是"上网银行"，而不是真正的"网上银行"。网上银行是在互联网上开展银行实质性业务的银行。

网上银行从存在形式上讲，它是"虚拟"的，它建在网上，经营在网上，但它也是实实在在为客户提供金融服务的银行，是具有支付结算功能的、可以独立存在的"真正"的银行。

网上银行是建立在互联网基础上的电子商务在银行业的具体应用，是电子商务运作的核心，是电子商务整个链条中的货币结算收支系统。在线电子支付是电子商务得以顺利发展的基础条件，没有实时同步的电子支付手段的配合，电子商务只能是电子商情、电子合同，而无法在网上顺利成交。网上银行的实质，就是为各种通过互联网进行电子商务活动的客户提供电子支付结算手段。所以，网上银行产生的和发展，正是适应了电子商务发展的客观要求。

2. 网上银行的业务内容

根据网上银行业务对信息技术的依赖程度，可以将网上银行业务分工为两类：一类是通过因特网提供的传统银行业务，也叫基础网上银行业务，例如转账、贷款、汇款业务等；另一类是依靠信息技术的新产品创新，包括新兴网上银行业务（如电子支票等）和附属网上银行业务。

（1）基础网上银行业务。西方商业银行开办的基础网上银行业务一般分为三类：信息服务、客户交流服务和银行交易服务。

第一类是信息服务，主要是宣传银行能够给客户提供的产品和服务。通过互联网发布银行的经营范围、网点分布、业务品种、存贷利率、汇率牌价查询、投资理财咨询、金融法规、国内外金融新闻等公共信息，使客户可以很方便地了解银行的业务及业务运行规则，为客户进一步办理各项业务提供了有价值的信息。这是银行通过互联网提供的最基本的服务，一般由银行一个独立的服务器提供。这类业务的服务器与银行内部网络无链接路径，风险较低。

第二类是客户交流服务，包括电子邮件、账户查询、贷款申请、档案资料（如住址、姓名等）定期更新。其中账户查询是指网上银行可以充分利用互联网门对门服务的特点，向企事业单位和个人客户提供其账户余额，账户一定时期内的交易明细清单等服务。账务查询的特点是客户可以获得其账户的信息，而不涉及客户的资金交易或账务变动。该类服务使银行内部网络系统与客户之间保持一定的链接，银行必须采取合适的控制手段，监测和防止黑客入侵银行内部网络系统。

第三类是交易服务，包括个人业务和公司业务两类。这是网上银行业务的主体。个人业务包括转账、汇款、代缴费用、按揭贷款、证券买卖和外汇买卖等。公司业务包括结算业务、信贷业务、国际业务和投资银行业务等。银行交易服务系统服务器与银行内部网络直接相连，无论从业务本身或是网络系统安全角度，均存在较大风险。

（2）新兴网上银行业务。具体包括：①电子账单呈示和收款服务；②商户对商户（B to B，B2B，Business to Business）电子商务；③商户对消费者（B to C，B2C，Business to Consumer）网上支付结算。④发行电子货币；⑤账户整合服务。

（3）附属网上银行业务。附属网上银行业务是指网上银行在开发本行业务发展的信息技术产品时，利用已有的开发经验和信息技术产品提供服务。附属业务主要包括：提供身份验证、帮助小企业进入电子商务、出售软件产品、整合 ATM 网络与因特网、开发企业门户网站等。

3. 网上银行的特点

（1）"三 A"服务。"三 A"服务是指网上银行能够在任何时间（Any time）、任何地点（Any where）、以任何方式（Any how）提供金融服务。网上银行利用网络技术把自己和客户连接起来。在各种安全机制的保护下，客户可以随时随地在不同的计算机终端上登录互联网办理各项业务。网上银行是一种在任何时间、任何地点、以任何方式提供金融服务的全天候银行。

（2）银行业务运营电子化。网上银行虚拟化程度高，能适应各种电子业务。网上银行使各种支付工具电子化，在银行业务中，全场使用电子票据、电子钱包等在线支付工具。银行的业务文件、办公文件以及文件、票据的传递、往来结算全面电子化。这就使银行能够为客户提供全方位的金融服务。

（3）银行业务经营优势突出。网上银行依靠科技进步和借助智能资本进行集约经营，大大降低了经营成本，提高了收益水平。有关资料表明，欧美国家每笔传统银行业务成本费平均约为 1.3 美元，而每笔网上银行业务成本费只有 7 美分。到 2000 年底，全球网上银行业务量已占银行业务总量的 40%以上，而利润率则高达 60%左右。

4. 网上银行产生和发展

自世界上第一家网上银行——美国第一安全网上银行于 1995 年 10 月开业以来，由于提供免费网上支付以及操作迅速等优势，全球网上银行业务发展迅速，所占银行业务的比重不断上升，客户群在不断扩大。特别是美国和欧洲的网上银行发展最为迅速，其网上银行业务量已占全球网上银行业务总量的 90%以上。网上银行历经信息网站、通信网站、交易网站 3 个阶段的发展，以几何级数的速度提高着自身的数量和质量。网上银行的出现，将使中小银行和大银行处于同一起跑线上。网上银行开始了一种新的银行运营模式，打开了银行的"虚拟之门"。

1996 年 6 月，中国银行在国内率先设立网站，向社会提供网上银行服务。中国建设银行、中国工商银行、招商银行等银行也陆续推出了网上银行业务。目前中国内地大多数商业银行都提供网上银行业务，但没有一家纯粹的网上银行。中国内地的商业银行提供的网上银行业务也是最基本的业务，所有的网上银行业务都是在传统商业银行的柜台业务分离出来的一部分。然而，大力发展网上银行以及网上银行业务，这是中国商业银行发展的必然趋势，而且发展前景极为广阔。

三、网上银行的安全问题

1. 网上银行安全的隐患

安全性是商业银行经营管理的一项重要原则。在网上银行的发展过程中，对金融业务的安全提出了更高的要求，因为网络会受到国内国际的多方面的攻击。网上银行存在的威胁主要表现在以下几方面。

（1）非授权访问。没有预先经过同意，就使用网络或计算机资源，被看做是非授权访问。有意避开系统访问控制机制，对网络及资源进行非正常使用，或擅自扩大权限，越权访问信息。主要表现为非法用户进入网络系统进行违法操作、合法用户以未授权方式进行操作等。

（2）信息泄露或丢失。指敏感资料在有意或无意中被泄露出去或丢失。主要包括：信息在传输中丢失或泄露（如"黑客"们利用电磁泄露、无线窃听或侵入计算机中心等方式截获机密信息，或通过对信息流量、流向、通信频度和长度等参数的精确分析，推出用户密码、电子账号等重要信息）；信息在存储介质中丢失或泄露；通过建立隐蔽隧道等非法手段窃取敏感信息等。

（3）破坏资料的完整性。以非法手段窃得对资料的使用权，删除、修改、插入、添加或重发某些重要信息，以取得有益于攻击者的实际效果；恶意添加、修改资料，以干扰合法用户的正常使用。

（4）拒绝服务攻击。就是不断对网络服务系统进行干扰，改变正常的作业流程，执行无关程序使系统响应速度减慢甚至瘫痪，影响正常用户的使用，甚至使合法用户被排斥而不能进入计算机网络系统或不能得到正常的服务。

（5）利用网络传播病毒。通过网络传播计算机病毒，具危害性相当大，而且用户很难防范。目前，利用电子邮件传播计算机病毒，已在全球范围内产生了许多不良的后果。如何有效防范计算机病毒是网上银行时代面临的一项重大课题。

2. 网上银行的安全措施

应当从技术、制度、法律等方面来保证网上银行安全经营。

（1）先进的技术保障。掌握并充分利用先进的安全技术是信息安全的根本保障。针对敏感信息泄漏或丢失、黑客对网络的攻击、病毒入侵等问题，要采用防火墙技术、加密技术、鉴别技术、数字签名技术、侦破技术、抗病毒技术等加以防范，并对出现的网络安全问题能够随时提供调查的依据和手段，得到及时解决和处理。

（2）严格的管理制度。主要通过制定和实施全面、综合、系统的内部管理制度，对网上银行业务及存在的风险实施有效管理，保证网上银行的安全运行。如实行软件开发人员与应用操作人员的严格分开、防范外部或内部人员对关键设备的非法接触、控制网上支付风险等。

（3）完善的法律约束。法律、法规的约束是网上银行安全的基石。通过建立健全与信息安全相关的法律、法规，使非法分子慑于法律，不敢轻举妄动。

第六节　商业银行金融创新

金融创新是世界金融业迅速发展的一种趋势。金融创新是在货币经济走向金融经济、货币外延扩大以及金融功能扩张的背景下，金融业的现实反应。创新为金融发展提供了深厚而广泛的微观基础，是推动金融发展的最为直接的动力；金融创新浪潮的兴起和迅猛发展，给整个金融体制、金融宏观调控乃至整个经济都带来了深远的影响。

金融创新的内容十分广泛，各种创新又有着自己的目的与要求。本节主要围绕商业银行，从与商业银行有关的金融制度的创新、商业银行业务的创新以及商业银行金融工具的创新3个角度进行分析论述。

一、与商业银行有关的金融制度的创新

金融制度是金融体系中一个非常重要的方面。在一系列的金融创新与金融自由化的过程中，金融制度的变化是不可避免的。在制度变革的基础上，金融自由化又会在一个更新层面上展开，进而推动金融创新的深入发展。

金融制度的创新最典型的是分业管理制度的改变。长期以来，在世界各国的银行体系中，历来有两种不同的银行经营管理制度，即以德国为代表的"全能银行制"和以美国为代表的"分业银行制"。二者主要是在商业银行业务与投资银行业务的合并与分离问题上的区别。但自20世纪80年代以来，随着金融自由化浪潮的不断升级，这一相互之间不越雷池一步的管理制度已经发生改变，美国于1999年年底废除了对银行业经营严格限制60多年的《格拉斯-斯蒂格尔法案》，

允许商业银行混业经营。从目前来看，世界上大多数国家的商业银行的分业界限已逐渐消失，商业银行的经营范围正不断扩大，世界上的著名大银行实际上已经成为"百货公司"式的全能银行，从其发展动向看，商业银行经营全能化、综合化已经成为一种必然的趋势。

金融监管制度也随着金融市场的发展变化创新。金融市场准入制度趋向国民待遇，促使国际金融市场和跨国银行大发展。在 20 世纪 80 年代以前，许多国家均采取了对非国民进入本国金融市场以及本国国民进入外国金融市场加以种种限制的各种措施，尤以日本为最，在金融自由化浪潮的冲击下，这些限制正逐渐取消。由于金融创新，使各国之间的经济、金融联系更加紧密，但经营的风险也在加大。从而使全球金融监管出现自由化、国际化倾向，各国政府在对国际金融中心、跨国银行的监管问题上更加注重国际间的协调与合作。

二、商业银行业务的创新

商业银行业务创新是指商业银行利用新思维、新组织方式和新技术，构造新型的融资模式，通过其经营过程，取得并实现其经营成果的活动。具体包括负债业务创新、资产业务创新和中间业务创新。

1. 负债业务的创新

商业银行负债业务的创新主要发生在 20 世纪 60 年代以后，主要表现在商业银行的存款业务上。

（1）商业银行存款业务的创新是对传统业务的改造、新型存款方式的创设与拓展上，其发展趋势表现在以下 4 方面：①存款工具功能的多样化，即存款工具由单一功能向多功能方向发展；②存款证券化，即改变存款过去那种固定的债权债务形式，取而代之的是可以在二级市场上流通转让的有价证券形式，如大额可转让存单等；③存款业务操作电算化，如开户、存取款、计息、转账等业务均由计算机操作；④存款结构发生变化，即活期存款比重下降，定期及储蓄存款比重上升。

（2）商业银行的新型存款账户可谓是五花八门，各有妙处，个性化、人性化突出，迎合了市场不同客户的不同需求。比如：可转让支付指令账户（NOW）、超级可转让支付指令账户（Super NOW）、电话转账服务和自动转账服务（ATS）、货币市场互助基金、协议账户、个人退休金账户、定活两便存款账户（TDA）等。

（3）把存款账户与其他账户合并，为客户的一系列交易支付自动提供多种服务，在美国将这种账户称为现金管理账户。现金管理账户综合了证券信用交易账户、货币市场共同基金和信用卡等多项功能，是一种集多种金融功能于一身的金融新产品。客户开设了该账户并存入了一定数额的资金后，这笔资金立即成为货币市场共同基金账户的资金，用于投资高收益的货币市场工具，享受利息收入。如果该账户的持有者需要对于第三者进行大额支付时，他可以就货币市场共同基金账户签发支票。如果客户要买卖证券时，款项自动从货币市场基金中自动地扣除或存入。当客户需要进行日常生活的小额支付时，他可以用信用卡支付，每月结算时再从货币市场共同基金账户中扣除。

（4）商业银行借入款项的范围、用途扩大化。过去，商业银行的借入款项一般是用于临时、短期的资金调剂，而现在却日益成为弥补商业银行资产流动性、提高收益、降低风险的重要工具，筹资范围也从国内市场扩大到全球市场。

2. 资产业务的创新

商业银行的资产业务的创新主要表现在贷款业务上，最重要一项创新是贷款证券化。贷款证券化作为商业银行贷款业务与证券市场紧密结合的产物，是商业银行贷款业务创新的一个重要表现，它极大地增强了商业银行资产的流动性和变现能力。

商业银行贷款业务的一项重要创新是设计贷款利率与市场利率紧密联系、并随之变动的贷款形式。具体形式有：浮动利率贷款、可变利率抵押贷款、可调整抵押贷款等。这些贷款种类的出现，使贷款形式更加灵活，利率更能适应市场变化。

商业银行贷款业务"表外化"也是资产业务的重要创新。为了规避风险，或为了逃避管制，还可能是为了迎合市场客户之需，商业银行的贷款业务有逐渐"表外化"的倾向。具体业务有：贷款额度、周转性贷款承诺、循环贷款协议、票据发行便利等。

3. 中间业务的创新

商业银行中间业务的创新，彻底改变了商业银行传统的业务结构，极大地增强了商业银行的竞争力，为商业银行的发展找到了巨大的、新的利润增长点，对商业银行的发展产生了极大的影响。商业银行中间业务创新的内容主要有：结算业务日益向电子转账发展，信托业务的创新与私人银行的兴起，商业银行信息咨询业的创新与发展，商业银行自动化服务的创新，现金管理、代理证券买卖业务，承诺类业务等创新发展。

中间业务虽然没有利息收入，但却有可观的手续费收入。从世界各国银行业的发展情况看，中间业务发展迅猛，花样品种不断翻新，有些商业银行的中间业务收益已经超过传统的表内业务收益，成为商业银行的支柱业务。

三、商业银行金融工具的创新

金融工具的创新是金融创新的最主要的内容。近三四十年来出现的金融创新中，最显著、最重要的特征之一就是大量的新型的金融工具以令人目不暇接的速度被创造出来。

1. 基本存款工具的创新

众所周知，基本的存款工具有：活期存款、定期存款、储蓄存款等，但是，在金融工具的创新过程中，这些基本存款工具的界限早已被打破，形成了一些新的存款工具。主要包括：可转让支付指令、自动转账服务账户、超级可转让支付指令、货币市场存款账户、个人退休金账户等。这些账户的特点是既能灵活方便地支取，又能给客户计付利息，这些新型存款账户的出现，为客户提供了更多的选择，充分满足了存款人对安全、流动和盈利的多重需求，从而吸引了更多的客户，扩大了商业银行的资金来源。

2. 大额可转让定期存单（CDs）

商业银行的定期存款以其较高的利率而吸引资金，但其最大的弱点在于其流动性差。1961年由美国花旗银行发行的第一张大额可转让定期存单，则既可以使客户获得高于储蓄账户的利息，又可以在二级市场上流通、转让而变现，使客户原本闲置在账上的资金找到了短期高利投资的对象，所以一经面世就大受欢迎。

3. 衍生金融工具的创新

衍生金融工具是伴随着近三四十年来新一轮金融创新而兴起和发展起来的。它的出现，可以说给当代金融市场带来了划时代的贡献。它除了让人们重新认识金融资产保值和规避风险的方式手段之外，它还具有很强的杠杆作用，让人们充分体会到了"四两拨千斤"的快感。同时，人们还把衍生金融工具称之为"双刃剑"，如果运用得当，可给金融业带来许多好处，能起到传统避险工具无法起到的保值、创收作用；但如果运用失当，也会使市场参与者遭受严重损失，甚至危及整个金融市场的稳定与安全。

思 考 题

1. 商业银行的性质是什么？它有哪些职能？
2. 比较分析单一银行制和总分行制的优缺点。
3. 请具体分析商业银行的资产负债业务的主要内容。
4. 请具体分析现代商业银行的发展趋势以及其业务创新表现在哪些方面。
5. 简述商业银行的经营原则及其相互关系。
6. 什么是商业银行的资产负债管理？其主要方法有哪些？
7. 简述商业银行信用分析"6C"原则。
8. 评述商业银行经营管理理论的背景、内容和各自的优缺点。
9. 简述《巴塞尔协议》、《巴塞尔新资本协议》以及《巴塞尔协议Ⅲ》的主要内容，并分析其对我国银行业的启示。

第六章 中央银行

自 17 世纪中央银行出现至今已经有三百余年的历史。随着经济的发展，中央银行的作用日益突出。中央银行制度已成为一国最基本的经济制度之一。因此，从中央银行产生背景和发展过程研究其规律性，就成为中央银行研究的首要问题。

第一节 中央银行的产生和发展

和任何事物一样，中央银行也有一个产生、发展和完善的过程。中央银行的产生有其深刻的历史背景和客观经济原因。

一、中央银行产生的历史背景

（一）商品经济的快速发展

17 世纪下半叶到 18 世纪上半叶，西欧资本主义国家兴起的工业革命极大地促进了社会生产力的发展，使资本主义社会经济发展方式发生了深刻的变化，经济和社会的发展以前所未有的速度进入了迈向现代化社会的快车，为中央银行职能的逐步完善提供了条件。

（二）商业银行的普遍设立

随着商品经济的快速发展，银行业也逐步兴盛起来。传统的货币经营商及高利贷者已不能满足规模不断扩大、数量日益增加的工商企业对资金的巨大需求，这需要实力更为强大的金融机构为工商企业的发展提供信用支持，而工商企业本身也为货币信用提供了大量的廉价资金。因此，银行业应运而生。商业银行产生有两条途径：一是货币经营业发展而来；二是直接设立新银行。13～14 世纪，银行业初步形成，最先出现在经济贸易比较发达的欧洲。14 世纪末，出现一些以"银行"命名的信用机构，如 1397 年成立的麦迪西银行，1407 年建立的热那亚圣乔治银行。15～16 世纪出现的米兰银行、威尼斯银行等已具有现代银行的某些特征。16 世纪后，商业银行的设立和发展出现了一次高潮。17～18 世纪，是欧洲资本主义制度确立的时期，也是社会生产力飞速发展的时期。这一时期商业银行在业务活动方面比之前的银行有了较大进步，如发行银行券、为企业办理转账和为新兴行业提供融资服务等。1609 年的荷兰成立的阿姆斯特丹银行是这时期的杰出代表。此后，大批银行相继涌现。1656 年成立的瑞典银行和 1694 年成立的英格兰银行特别值得一提，这两家银行不但业务上有所创新，而且也是最早转变为中央银行的银行。商业银行的普遍设立，促进了资本主义生产方式的确立，加速了商品经济的发展，为中央银行的产生创造了客观条件。

（三）信用关系的广泛存在

商品经济的快速发展和银行的普遍设立，促进了货币、信用与经济的融合。银行业务创新使货币、贸易、工商企业的发展紧密结合起来。银行把吸收的存款作为可支配的资本来经营，使存款者把货币作为资本来让渡的要求在更广泛的范围内被社会所普遍接受。在现代银行成立之后，货币成为信用的主要载体，信用观念深入人心，促进了资本主义银行业的蓬勃发展。银行可以通过吸收存款和金融创新手段增加其资金来源，还可直接向企业提供贷款扩大企业资金，并通过对商业票据办理承兑、贴现等方式把商业信用转为银行信用，扩大了信用范围和规模。同时，银行还可以为企业的资本联合和社会筹资提供便利条件，如为企业代理股票和债券的发行、转让和付息等，极大地促进了商品经济的发展，商品经济的发展又反过来促进了信用关系的扩展。

（四）经济发展中新的矛盾已经显现

虽然信用制度和银行体系成为商品经济运行的重要支撑，但是此时的银行体系还比较脆弱，银行业的设立、业务活动的创新和信用规模的扩大都缺乏有效、稳定的制度保证。银行体系缺乏统一协调制度和机制，新的矛盾不断产生和积累。例如银行券的分散发行因发行银行的经营和信誉问题而被社会接受程度差异大，票据交换和清算业务量的增长使其交换和清算的速度减缓，银行的破产倒闭使信用体系和经济运行不断受到冲击，缺少统一规则的竞争使金融秩序经常出现混乱。因此，建立一种稳定的信用制度和银行体系就成为当时金融和经济发展最为迫切的问题之一。

二、中央银行产生的客观经济原因

中央银行作为当今各国金融体系的核心和金融机构及金融市场的管理者，在银行业早期的一段时期里并不存在。中央银行是商品经济发展到一定阶段的产物，对其产生的客观经济原因可以从以下几方面分析。

（一）银行券统一发行的需要

在银行业发展的初期，没有专门发行银行券的银行，众多的商业银行均从事银行券的发行。这样分散的银行券发行制度逐步暴露出了很大的缺点：一个国家内部同时流通众多的银行券，这给使用者带来不便；许多小银行信用活动有着地域的限制，它所发行的银行券只能在部分地区使用，这和商品经济发展对统一的大市场的需要是背道而驰的；众多的商业银行良莠不齐，如果其中一部分银行由于经营不善出现信用问题，不能兑现银行券，必将引发信用危机，从而使货币流通陷入混乱状态。

随着银行数量的不断增加，上述货币分散发行给经济带来的问题越来越严重。因此，客观上要求货币的发行权应该走向集中统一，由实力雄厚、全国范围内信誉卓著的银行承担全国的货币发行。1803 年，法兰西银行在巴黎地区获得为期 15 年的货币发行垄断权。1826 年英格兰银行获得伦敦城 65 英里以内地区的货币发行垄断权。

（二）票据交换和清算的需要

随着信用经济的发展，银行业务不断扩大，银行间的债权债务关系日趋复杂，由各个银行自行当日清算已非常困难，而票据交换及清算如不能得到及时、合理的处置，就像交通堵塞，会影响着经济运行的正常进行。企业间的支付由银行来完成，银行间的支付就需要一家银行的银行来为之服务。所以，在客观上需要建立一个全国统一的、有权威的、公正的清算机构来完成这个使命。1770 年伦敦的几家私人银行建立了伦敦票据交换所，但是只有成员银行才能参加，直到 1854 年 6 月才允许其他银行参加。同时，由于英格兰银行货币发行和流通的范围广、信誉好，因此其他银行愿意在英格兰银行保留一些存款用于结算，这为日后英格兰银行成为最终的清算银行奠定了基础。

（三）充当最后贷款人的需要

银行业是一个特殊的行业，是一个对流动性要求很高的行业。银行为满足借款人的资金需要，同时也为了自身获利的需要，会尽量减少支付准备金。但是当贷款不能按期收回或者存款人大量提现时，有些银行就会发生资金周转不灵、兑现困难的情况。如果同业拆借、出售部分资产等方式仍然无法应急时，银行的破产倒闭在所难免。而且随着银行业务规模的扩大和业务活动的复杂化，因一家银行支付困难而波及多家银行甚至整个金融业发生支付危机的现象也可能发生。所以客观上需要一个统一的机构作为其他银行的后盾，在他们出现资金周转困难时给予必要的资金支持，渡过难关，避免出现大量银行破产的现象。

（四）金融监管的需要

随着经济的不断发展，银行业的竞争也日趋激烈，对高额利润的追逐推动着银行从事风险很大的业务，从而使银行破产的可能性大大增加，而银行的破产比普通的企业破产会引起更大的经济动荡和社会的不稳定。如果完全依靠行政手段来监管金融业，则会大大降低金融市场效率，增加金融动荡的可能性，难以发挥金融促进经济发展的作用。因此，客观上也需要一个代表政府意志的专门机构从事对金融业的监督管理和协调工作。

（五）政府融资的需要

在资本主义制度确立的过程中，政府的职能也得到加强。政府职能的加强增加了开支，政府融资就成为一个重要问题。政府虽然通过与多家银行建立融资关系，基本保证资金的来源，但是这种关系并不稳固，为政府融资带来不便。为了保证和方便政府融资，发展或建立一个与政府有密切联系、能够直接或变相为政府筹资或融资的银行机构成为政府要着力解决的重要问题。

上述建立中央银行的客观要求并非同时提出的，中央银行的形成是一个渐进的过程。中央银行是在实践中逐渐成长起来的，随着经济的不断发展，中央银行的功能势必也会不断完善。

三、中央银行的发展

从世界范围看，中央银行产生于 17 世纪后半期，中央银行的产生和中央银行制度的形成与发展迄今已经经历了 300 多年的历史。它的产生主要有两条渠道：一是由信誉好、实力雄厚的大银行逐步演变而成。商业银行在发展过程中不断地密切与政府的关系，不断得到政府的首肯和特权，最终演变成中央银行。二是由政府出面直接组建中央银行。

（一）中央银行制度的初创时期

如果从 1656 年最早成立的中央银行瑞典银行开始算起，到 1913 年美国联邦储备体系建立，中央银行的初创时期经历了 257 年的曲折历程。在这一阶段，最具代表意义的有 3 家，即瑞典银行、英格兰银行和美国联邦储备体系。

瑞典银行是世界上最早执行中央银行职能的银行，成立于 1656 年，最初是一般的私营银行，是最早发行银行券和办理证券抵押贷款业务的银行之一。1668 年，政府出面将其改为国家银行。由于瑞典银行最早享有发钞权，最早由国家经营，因此被公认为中央银行的先驱。1897

年，瑞典政府通过法案，将货币发行权集中于瑞典银行，该行发行的货币为唯一的法偿货币，取消了当时 28 家银行所拥有的货币发行权，并责令逐步收回，使瑞典银行独占了货币发行权，完成了向中央银行转变的关键一步。如果以独占货币发行权作为一家银行转变为中央银行的标志，瑞典银行实际是 1897 年才转变为中央银行，而这一时间落后于英格兰银行。

英格兰银行成立于 1694 年，是现代中央银行的"鼻祖"，是世界上最早全面履行中央银行职能的银行。英格兰银行成立时是私人银行，但它一开始就与政府有着密切的联系，也是根据国王特准法唯一一个由英国议会批准设立的银行，向政府放款、接受政府存款和以政府债券为抵押发行等值银行券等是该行成立之初最主要的业务之一。因此，英格兰银行也成为第一家没有发行保证却能发行银行券的商业银行，但这种特权被限定在伦敦周围 65 英里范围内。1826 年英国国会通过法案准许其他股份制银行成立，并可发行银行券，但限制在伦敦 65 英里范围之外。与此同时，英格兰银行以降低对政府贷款利率为条件，促使国家通过限制其他银行发钞权限的法案，从而使英格兰银行的特权地位得以强化。1833 年，英国议会通过一项法案，规定只有英格兰银行发行的银行券具有无限清偿的资格，这是英格兰银行成为中央银行决定性的一步。1844 年，英国议会通过了《英格兰银行条例》，亦称《皮尔条例》，该条例给英格兰银行更大的特权，增加了没有金银准备作保证的银行券发行限额，同时限制或减少其他银行的银行券发行量。之后，英国的私人银行和股份制银行数量逐渐减少，到 1928 年，英格兰银行成为英国唯一的发行银行。在英格兰银行货币发行权逐步扩大的过程中，该行在银行业的社会地位、信誉和资金实力不断提高，许多商业银行把自己现金准备的一部分存入英格兰银行，商业银行的债券债务和票据交换的清偿都通过英格兰银行来进行。到 1854 年英格兰银行基本取得了清算银行的地位，成为英国银行业的票据交换和清算中心。在 19 世纪出现的多次经济危机中，英格兰银行通过提供贷款有力地支持了其他银行，充当了"最后贷款人"的角色，同时也具有了金融管理机构的特征。

美国早期具有中央银行职能的银行是美国第一银行和美国第二银行。1791 年，北美银行经国会批准改组为美国第一银行，资本金 20%由政府出资，其余个人认购，经营期限 20 年。美国第一银行的业务主要是吸收存款发放贷款，独占货币发行权，为政府融通资金，代理联邦政府基金收付保管业务等，它实际上行使了部分中央银行职能，为当时美国联邦财政困难和经济状况的好转做出了贡献。但是由于遭到各州银行和其他部门的反对，在 1811 年美国第一银行注册期满后被关闭。在此后 5 年间，各州银行承担了货币发行和代理国库的职责，银行数量和货币发行量急速上升，导致货币贬值、物价上涨。因此，1816 年经美国联邦政府批准，美国第二银行成立，经营期限也是 20 年，同样也是由政府、个人、公司、商号、州政府出资认购。第二银行与第一银行一样，行使了中央银行和商业银行的双重职能，并也在经营期满时被撤销。在 1836 年美国第二银行被撤销后，美国金融业进入自由银行时期。在美国大多数州只要有一定资本，任何人都可申请银行执照。这导致银行数量急速增加，资本普遍不足，货币供应波动较大，银行准备金不足，大量银行券不能兑现。因此，1836 年美国通过全国货币法案，建立国民银行，规定了银行最低资本额、法定准备金和贷款条件等限制，提供了银行安全性，有利于金融业的稳定。但是国民银行制度没有提供高效的支付清算体系，存款准备金制度也不健全，缺乏中央银行调节货币供应量的机制，因此在 1873 年至 1907 年间，美国发生 4 次金融危机，几乎每隔 10 年就发生一次金融危机。为了促进美国经济稳定发展和预防银行业危机，美国根据 1913 年 12 月《联邦储备法》建立了中央银行，即美国联邦储备体系，是中央银行初创期最后形成的中央银行制度，标志着中央银行初建阶段的基本结束。

初创期成立的中央银行，除了上面提到的瑞典银行、英格兰银行、美国联邦储备体系外，还有法兰西银行（1800 年）、芬兰银行（1811 年）、挪威银行（1816 年）、丹麦国家银行（1818 年）、西班牙银行（1829 年）、希腊国家银行（1840 年）、意大利银行（1859 年）、德国国家银行（1875 年）、日本银行（1882 年）、埃及国家银行（1898 年）、罗马尼亚国家银行（1883 年）、大清户部银行（1905 年）、朝鲜银行（1909 年）、澳大利亚联邦银行（1911 年）等 26 家中央银行。在中央银行制度形成的初期，绝大部分中央银行产生在欧洲国家，这得益于欧洲经济、金融的发展比其他地区更为发达。从中央银行产生的形式看，除个别例外，基本上是由普通银行通过国家法律赋予集中货币发行权和对其他银行提供清算服务及资金支持而逐步演进成为中央银行的。

（二）中央银行制度的普遍推行时期

中央银行制度的普遍推行时期，是从 20 世纪初第一次世界大战爆发，到第二次世界大战结束为止。

第一次世界大战爆发后，许多国家经济与金融发生了剧烈波动，面对世界性金融危机和当时严重的通货膨胀，1920 年在比利时首都布鲁塞尔召开的国际经济会议上，提出了各国应努力使财政收支平衡，消除通货膨胀的根源，货币发行银行要摆脱政府的控制，未设立中央银行的国家应尽快建立中央银行，实行稳定的金融政策。1922 年在瑞士日内瓦召开的国际经济会议上，又重申和强调了布鲁塞尔会议所形成的决议，由此出现了中央银行形成和发展的又一次浪潮。同时，第一次世界大战后产生了一些新的国家，也先后设立了自己的中央银行。1929—1933 年世界性经济危机使西方各国开始强调中央银行作为"最后贷款者"的职能，强化中央银行对金融体系的集中统一管理。1930 年，在瑞士巴塞尔成立国际清算银行，各国中央银行作为本国金融机构的代表，加强国际合作，中央银行制度又进一步得到强化和完善。

世界上主要国家差不多都在这一时期建立了中央银行。这一时期改组或设立的中央银行约有 43 家，其中欧洲 16 家，美洲 15 家，亚洲 8 家，非洲 2 家，大洋洲 2 家。主要有波兰国家银行（1924 年）、墨西哥银行（1925 年）、新西兰银行（1934 年）、加拿大中央银行（1935 年）、埃塞俄比亚银行（1942 年）等。中央银行作为发行的银行、银行的银行和政府的银行等职能，在这段时期发展迅速并趋于完善。

（三）中央银行制度的强化时期

从第二次世界大战结束后，中央银行制度走向进一步完善的新阶段。这一时期是现代中央银行制度的形成时期，各国更加注重中央银行在宏观调控中的作用，中央银行的存在被看作是一国国家机构是否完善的象征之一，绝大多数国家都建立了中央银行制度。大多数非洲和亚洲国家的中央银行都是在第二次世界大战结束后成立的，其中有些国家是在摆脱了宗主国或殖民者统治获得独立后，把中央银行作为民族独立和国家主权的主要标志而设立的。中央银行的职能进一步完善。这一时期中央银行制度的主要特点如下。

1. 中央银行成为国家调控国民经济的工具

20 世纪 30 年代经济大危机以后，国家对中央银行控制的加强趋势变得更为明显，特别是凯恩斯主义兴起后，人们对市场机制、自由竞争等的看法发生了大的变化，国家干预、调节经济的职能不断加强。许多发达国家从战后到 20 世纪 60 年代中期都是根据凯恩斯模式，以财政政策为主，货币政策为辅，积极地干预和调节国民经济。到了 60 年代末以后，资本主义世界出现了滞涨情况，人们开始重新审视凯恩斯主义。在此背景下，货币学派兴起，强调货币和货币政策的重要性，认为只有通过中央银行有效地控制货币供应量才能解决当代经济中存在的问题。同时，各国充分认识到中央银行作为货币政策的制定与执行者，要充分考虑国家的经济发展状况、社会积累、货币信用规律等，不能完全听命于政府，应保持一定的独立性，避免为了维持政府财政支出而超经济发行货币，使通货膨胀压力增大，经济发展不稳定。

2. 中央银行的国有化

早期中央银行虽然是作为政府的银行出现，但其资本多归私人所有。第二次世界大战后，这些中央银行逐渐被国有化，全部资本收归国家所有。例如 1945 年 12 月，法国公布法令，将法兰西银行收归国有；1946 年英国政府宣布英格兰银行收归国有，英国财政部将股份全部收购。同时，中央银行不再从事普通商业银行业务，维持货币金融稳定是中央银行的主要职责。

有些新建的中央银行一开始就由政府完全出资，即使继续维持私有或公私合营的中央银行，也都通过规定诸如私人持股者只能按规定获取股息，没有决策权和经营管理权等，以加强国家的控制。同时，第二次世界大战后各国纷纷制定新的银行法，明确中央银行的主要职责就是贯彻执行货币金融政策，维持货币金融的稳定。如 1957 年的《德意志联邦银行法》规定，德国联邦银行的主要职责是发行货币、管理货币和货币流通，提供信贷，稳定货币，代理联邦财政收支，保管国营企业的资金及发展同国外的往来关系。

3. 货币政策工具的配套运用，监督管理的手段不断完善

这一时期，中央银行对货币政策工具的运用也得到了重大的发展。西方市场经济发达的国家，由充分运用一般性货币政策工具向货币政策工具的配套运用方面发展，建立起较为完善的货币政策工具体系。发展中国家也在不断地改变其经济运行环境，为货币政策工具的运用创造条件；与此同时，各国中央银行为维护金融体系的稳定，对其金融机构和金融市场进行了严格的监督管理，并形成了一系列的监督管理手段。

4. 各国中央银行金融合作不断增强

1930 年 5 月成立的国际清算银行是增进各成员国中央银行之间合作的良好开端。第二次世界大战后，各国中央银行的合作进一步加强。1944 年 7 月 1 日，由 44 个国家在美国新罕布什尔州布雷顿森林饭店召开了国际金融会议，通过了《国际货币基金协定》，成立了国际货币基金组织；与此同时成立的还有国际复兴开发银行，1956 年成立了国际金融公司，1960 年设立了国际开发协会，这 3 家机构共同构成世界银行集团；20 世纪 70 年代中后期产生的西方七国（美、英、法、德、意、加、日）财长及中央银行行长会议、亚洲与太平洋地区中央银行行长会议等定期或不定期地举行；1974 年 9 月十国集团和瑞士、卢森堡共 12 国中央银行代表在瑞士巴塞尔国际清算银行总部开会，决定成立一个新的组织来加强国际银行的监督和管理问题。1975 年 2 月，成立了银行管理和监督行动委员会，即巴塞尔委员会，就国际银行业的监管问题制定出统一的标准和纲领。1988 年正式通过并颁布了《关于统一国际银行资本计算和资本标准的协议》，简称《巴塞尔协议》，1997 年巴塞尔委员会又推出了《有效银行监管的核心原则》。1998 年以来，十国集团通过长达 6 年的艰难谈判和三稿意见征询，于 2004 年 6 月 26 日一致同意公布了《资本计量和资本标准的国际协议：修订框架》（以下简称《巴塞尔新资本协议》），全面取代 1988 年的《巴塞尔协议》（国际上称《旧巴塞尔协议》），并于 2006 年年底执行。

从上述中央银行的 3 个发展阶段中，我们可以看到，中央银行在国民经济中的地位是一步一步提高的，它的职能和作用也是逐步完善和发挥的。从各国情况看，中央银行可能是在某种

特殊形势下产生的，是为某种特殊目的服务的。但纵观历史，中央银行的产生与发展是世界经济发展的必然趋势，统一全国的货币发行需要中央银行，为政府筹集资金需要中央银行，维护金融体系的稳定需要中央银行，进行宏观经济调节更需要中央银行。

目前，各国的中央银行仍处于不断发展变化之中，因为经济活动和金融业不断向前发展，不断出现新的情况和面对新的问题，中央银行只有不断完善自身的组织结构和体系；调节工具以及监督管理手段，才能适应当今经济发展的需要。

四、中央银行在中国的发展

我国古代就有银钱业的发展，货币起源更可追溯到 4 000 年前，但现代意义上的银行在中国却出现较晚。最早的中央银行要追溯到清朝末年清政府建立的户部银行。当时主要是为了解决因战争赔款所带来的财政困难，统一币制，推行纸币。户部银行于 1905 年 8 月正式成立，是清政府的官办银行，除办理一般业务外，还享有国家授予的铸造货币、代理国库、发行纸币的特权。1908 年更名为大清银行。1911 年，随着清政府的垮台，大清银行改组为中国银行，成为北洋政府的中央银行。

1924 年 8 月，孙中山在广州创建中央银行。1927 年蒋介石在南京成立国民政府，同年颁布《中央银行条例》，1928 年 11 月新成立中央银行，总部设在上海。中央银行成立之初，没有完全独占货币发行权，同时还有中国银行、交通银行和中国农业银行等几家银行可以发行银行券。直到 1942 年 7 月 1 日，中央银行才独占货币发行权，并统一管理国家外汇。1945 年 3 月，当时的财政部授权中央银行检查和管理全国的金融机构，其管理职能得到了强化。1949 年，国民政府的中央银行体系在大陆崩溃了。

随着革命根据地的建立，中国共产党也建立了自己的中央银行。1930 年 11 月在闽西建立闽西工农银行。1931 年在江西瑞金成立苏维埃国家银行，1932 年 10 月正式营业。1948 年 1 月，陕甘宁边区银行和晋西北农民银行合并为西北农民银行。同年 11 月，华北区人民政府在与陕甘宁边区政府、晋绥边区政府和山东省政府协商后发布命令，决定把华北银行、西北农民银行、北海银行合并成立中国人民银行。1948 年 12 月 1 日，中国人民银行在河北省石家庄市正式宣告成立。1949 年 2 月，将总行从石家庄迁入北京。

中国人民银行在成立之初，既是行使货币发行和金融管理职能的国家机关，又是从事信贷、储蓄、结算、外汇等业务的专业银行。这就是所谓的"大一统"的"一身兼二任"的银行机构。从中央银行制度看，这是属于复合型的中央银行制度。这种"大一统"的银行体系是与当时高度集中的计划经济体制相适应的。

党的十一届三中全会以后，伴随着经济体制和金融体制改革的不断深入，各专业银行和其他金融机构相继恢复和建立。1979 年 2 月中国人民银行的农业业务和国外业务分部独立出去，成立了中国农业银行和中国银行。1980 年 1 月，中国人民保险公司从中国人民银行中独立出来，恢复了中断 20 多年之久的国内保险业务。同时，成立的还有信托投资公司和信用合作社等其他金融机构。中央银行的经营性职能逐步减少。

为了强化中央银行的职能，适应商品经济发展的需要，国务院决定从 1984 年 1 月 1 日起，中国人民银行专门行使中央银行职能，不再兼办普通银行业务，而中国人民银行承担的工商信贷、城乡储蓄等非中央银行业务划归工商银行。至此，中国人民银行才真正开始发挥中央银行职能。

1986 年 1 月 7 日，国务院颁布的《中华人民共和国银行管理暂行条例》，首次以法规形式规定了中国人民银行作为中央银行的性质、职能与地位。1995 年 3 月 18 日，第八届全国人民代表大会第三次会议通过了《中华人民共和国中国人民银行法》，标志中国现代中央银行制度正式形成并进入法制化发展的新阶段。这一时期，中国人民银行有了明确的货币政策目标，即"保持货币币值稳定并以此促进经济增长"，其宏观调控方式由直接控制转向间接控制，更多地采用经济手段和法律手段。

1992 年 10 月 26 日，中国证券业监督管理委员会正式成立；1998 年 11 月 18 日，中国保险业监督管理委员会正式成立；2003 年 4 月 28 日，中国银行业监督管理委员会正式成立，至此证券业、保险业和银行业的监管职能从中国人民银行职能中剥离出来。2003 年 12 月 27 日，十届全国人大常委会第六次会议通过了《中国人民银行法》和《商业银行法》的修改决定，通过了《银行业监督管理法》，从法律上分清了中国人民银行和银监会的职责。新修订的人民银行法对中国人民银行的主要职责进行了调整，由"制定和执行货币政策、实施金融监管、提供金融服务"调整为"制定和执行货币政策、维护金融稳定、提供金融服务"。此次调整的主要变化体现在：强化制定与执行货币政策有关的职责；由过去对银行业的直接监管转换为履行金融稳定的职能；增加反洗钱和管理信贷征信业两项职能。

第二节 中央银行的性质与职能

一、中央银行的性质

中央银行的性质是中央银行自身所具有的特有属性，是由其业务活动的特点和所能发挥的作用决定的。

从中央银行业务活动特点看，它是特殊的金融机构。它的业务活动与普通金融机构的不同体现在：第一，业务对象不是一般的企业和居民，而是商业银行等金融机构；第二，中央银行具有国家授予的一系列业务经营活动的特权，如垄断货币发行、管理货币流通、集中存款准备金、维护支付清算系统的正常运行、代理国库、管理国家黄金及外汇储备等。这是一般金融机构所不具有的。

从中央银行发挥的作用看，它是保障金融稳健运行、调控宏观经济的国家行政机构。它与一般的行政机关又有很大不同：第一，中央银行主要采用经济手段对金融和经济进行管理和调控，这与一般的行政机关依靠行政手段进行管理有明显不同；第二，中央银行在政策制定上有一定的独立性。

总之，从中央银行业务活动的特点和发挥的作用看，中央银行既是为商业银行等普通金融机构和政府提供金融服务的特殊金融机构，又是制定和实施货币政策、监督管理金融业和规范金融秩序、防范金融风险和维护金融稳定、调控金融和经济运行的宏观管理部门。

二、中央银行的职能

中央银行的职能是由它的性质和业务活动的特征来决定的，是中央银行本身所具有的功能。

正因为中央银行是一个特殊的金融机构，是国家调节宏观经济的工具，是管理金融的国家机关，所以，中央银行具有"发行的银行"、"银行的银行"和"政府的银行"的职能，这是对中央银行基本职能的典型概括。

（一）中央银行是"发行的银行"

在现代金融体系中，中央银行首先是发行的银行，它的基本职能是垄断货币发行权，是国家唯一的货币发行机构。中央银行集中与垄断货币发行权是作为中央银行最基本、最重要的标志，也是中央银行发挥其全部职能的基础。

目前，几乎所有国家的现钞都是由中央银行发行的，一般辅币的铸造和发行也多由中央银行经营。在现代信用货币制度下，纸币的发行是以国家信用为基础的，纸币的发行量与现实的国民经济发展水平和货币需求量之间必须保持相应的关系。

中央银行独占货币发行权，是中央银行控制全社会货币量的基础，通过对货币供应量的控制，实现对宏观经济的控制。与此同时，中央银行还必须履行保持货币币值稳定的重要职责。中央银行根据一定时期内的经济发展需要以及物价水平等因素，制定与实施货币政策，运用多种手段有效地调控货币供应量，保持货币供应量与客观实际需要量的相对平衡，实现货币币值的基本稳定。

（二）中央银行是"银行的银行"

中央银行在全国金融体系中处于中心的地位，它一方面代表政府对商业银行和其他金融机构行使管理和监督的职能，另一方面又为商业银行和其他金融机构办理各项信用业务，因此，中央银行又称为"银行的银行"。主要表现在以下几个方面。

1. 集中保管商业银行的存款准备金

根据法律的规定，商业银行吸收存款时必须按照一定比例向中央银行缴纳存款准备金，中央银行有权根据宏观经济状况和宏观调控的需要变更和调整存款准备金的上存比例。提取存款准备金的目的，一方面是保证存款机构的清偿能力和清算能力，另一方面有利于中央银行通过调整存款准备金率达到控制商业银行的贷款规模，调节全国货币供应量的目的。因此，存款准备金是中央银行货币政策的重要工具之一。

2. 对商业银行提供信贷

由于商业银行经营的特殊性，一家商业银行会因为流动性不足而陷入破产的边缘，甚至可能导致全社会的恐慌，从而引发经济危机。当商业银行发生资金短缺，而在同业中难以拆借融通时，可向中央银行申请贷款，中央银行则执行最后贷款者的职能。商业银行一般以票据再贴现、证券再抵押方式和回购等方式向中央银行取得贷款。中央银行的最后贷款者的地位决定了它可以对再贴现率和再抵押贷款利率进行调整，以扩张或紧缩信用。

3. 组织商业银行之间的清算

中央银行通过一定的方式和途径，使金融机构之间的债权债务清偿及资金转移顺利完成，并维护支付系统的平稳运行。这一职能是在中央银行执行货币发行和集中存款准备金的基础上发展起来的。各商业银行在中央银行开设自己的账户，并在中央银行拥有存款。这样随着经济交往的日趋频繁，银行之间的债权债务关系日趋紧密，银行收付的票据则可通过其在中央银行的存款账户划拨款项，办理结算，从而清算彼此间的债权债务关系。这一方面节约了资金的使用，减少了清算的费用，解决了单个银行资金清算面临的困难；另一方面，也有利于中央银行通过清算系统，对商业银行体系的业务经营进行全面了解、监督和控制，强化了中央银行对整个银行体系的监督职能。

（三）政府的银行

中央银行一方面为政府提供金融服务，另一方面代表政府贯彻金融政策，对金融机构和金融市场进行监管。其具体职责如下。

1. 代理国库

国家财政收支一般不专设机构，而交由中央银行代理。政府的收入与支出均通过财政部在中央银行开立的各种账户进行，中央银行实质上执行着国库出纳的职能。

2. 代理政府债券的发行

许多国家的政府经常利用发行政府债券的方式来弥补政府收支不足。中央银行接受政府的委托，代理政府债券的发行和债券到期时的还本付息等事宜。

3. 对政府提供信贷

当政府财政出现收不抵支的情况时，中央银行作为政府的银行，事实上负有提供信贷资金支持的义务。这种资金支持主要通过两种方式进行：一是直接向政府财政提供贷款或透支，这大多是用来解决财政先支后收等暂时性矛盾。除特殊情况外，中央银行一般不承担向财政提供长期贷款或透支的责任。这主要是为了约束财政赤字的过度扩大和长期出现，避免出现通货膨胀，保持货币稳定。二是中央银行购买政府公债。目前大多数国家的中央银行主要通过公开市场业务买卖政府债券。这种方式虽不是直接向政府融资，但通过中央银行的买卖行为，扩大了市场的政府债券的容量，增强了社会对政府债券的购买能力。同时，也有利于新的政府债券的发行和货币供应量的调节。

4. 为国家持有和经营管理外汇、黄金和其他国际储备

一国的国际储备一般都是由中央银行持有并进行经营管理。中央银行根据国内和国际经济情况，进行总量和结构的调整，负责储备资产的保值和经营收益，维护国际收支平衡和汇率的基本稳定。

5. 代表政府制定和实施货币政策，制定并监督执行有关金融管理法规

作为政府的银行，中央银行不以盈利为目的，不受某个经济利益集团的控制，处于一个比较超脱的地位。这样就可以较好地保证一国的各种金融货币政策的制定、实施符合国家的利益。中央银行代表政府制定并实施货币政策，利用货币手段调控国民经济的运行。同时，中央银行还是金融机构和金融市场的最高管理当局，负责监督和管理各金融机构和境内金融市场的业务活动。一般除国会之外，中央银行还是全国唯一具有金融立法权的机构。

6. 代表政府参加国际金融组织和从事国际金融活动

在国际金融事务中，各国政府往往授权中央银行作为本国的代表，参加国际金融组织，出席各种国际性会议，从事国际金融活动，代表政府签订国际金融协定。此外，在国内外的经济金融活动中，中央银行还充当政府的顾问，提供经济、金融情报和决策建议。

三、我国中央银行的职责

职责和职能在内涵上基本一致，但二者仍然存在一些区别。职能是指一个部门或机构所具有的可以发挥作用的能力，而职责是指法律或上级主管部门赋予它应履行的责任和任务。职能决定职责，职责是职能的具体化。我国中央银行同其他国家的中央银行一样是发行的银行、银行的银行和政府的银行。依据《中华人民共和国中国人民银行法》，我国中央银行即中国人民银

行的职责如下。

（1）发布与履行其职责有关的命令和规章；

（2）依法制定和执行货币政策；

（3）发行人民币，管理人民币流通；

（4）监督管理银行间同业拆借市场和银行间债券市场；

（5）实施外汇管理，监督管理银行间外汇市场；

（6）监督管理黄金市场；

（7）持有、管理、经营国家外汇储备、黄金储备；

（8）经营国库；

（9）维护支付、清算系统的正常运行；

（10）指导、部署金融业反洗钱工作，负责反洗钱的资金监测；

（11）负责金融业的统计、调查、分析和预测；

（12）作为国家的中央银行，从事有关的国际金融活动；

（13）国务院规定的其他职责。

第三节 中央银行体制比较

目前世界各国基本上都建立了中央银行，中央银行的性质、职能都基本一致，但由于各国的历史传统、文化背景、政治体制、经济发展水平各不相同，中央银行体制存在较大差异。

一、中央银行的制度类型

目前世界各国基本上都实行中央银行制度，但并没有一个统一的模式。归纳起来，主要有以下4种基本类型。

（一）单一式中央银行制度

单一式中央银行制度是指国家建立单独的中央银行机构，使之全面行使中央银行职能的中央银行制度。这种类型又分为以下两种情况。

一元式中央银行制。这种体制是在一个国家内只建立一家统一的中央银行，机构设置一般采取总分行制。总行拥有绝对的权利，地方一级中央银行只是执行机构，不拥有独立的权利。目前世界上绝大多数国家的中央银行都实行这种体制，如英国、法国、日本等。我国的中央银行也实行这种体制。

二元式中央银行制。这种体制是在一国建立中央和地方两级中央银行机构，中央一级机构是最高权力或管理机构，地方一级机构也有一定的独立权力。中央和地方两级机构按照规定分别行使职权，这实际上是一种联邦制的中央银行制度。属于这种制度的国家有美国、德国等。

（二）复合式中央银行制度

复合式中央银行制度是指国家不单独设立专门行使中央银行职能的中央银行机构，而是由一家集中央银行与商业银行职能于一身的国家大银行兼行中央银行职能的中央银行制度。这种制度往往与中央银行初级发展阶段和国家实行计划经济体制相对应。前苏联和1984年前的中国都是实行这种制度。

（三）跨国中央银行制度

跨国中央银行制度是指由若干国家联合组建一家中央银行，由这家中央银行在其成员国范围内行使全部或部分中央银行职能的中央银行制度。这种跨国的中央银行为成员国发行共同使用的货币和制定统一的货币金融政策，监督各成员国的金融机构及金融市场，对成员国的政府进行融资，办理成员国共同商定并授权的金融事项等。实行跨国中央银行制度一般与区域性各国经济的相对一致性和货币联盟体制相对应。例如，西非货币联盟、中非货币联盟、东加勒比海货币区都属于此种形式。1998 年 7 月 1 日正式成立的欧洲中央银行是现代跨国中央银行的典范。

（四）准中央银行制度

准中央银行制度是指有些国家（或地区）只设置类似中央银行的机构，由政府授权某个或某几个商业银行来行使部分中央银行职能的制度。新加坡、马尔代夫、沙特阿拉伯、斐济、我国的香港特别行政区就是采用这种制度。

二、中央银行的所有制形式

中央银行的所有制形式是指中央银行资本金的构成方式，也就是中央银行资本由谁所有。

（一）全部资本属于国家所有

这种形式是目前世界上大多数国家的中央银行所采取的所有制形式。原有的成立较早的中央银行，最初的资本金大多是私人所有或股份合作，国家为了加强经济干预，对这些银行都先后实现了国有化。例如 1945 年法兰西银行、1946 年英格兰银行、1948 年荷兰银行、1958 年德国联邦银行都被本国政府实施了国有化。除此之外，在 1920 年布鲁塞尔国际经济会议要求各国普遍建立中央银行制度之后，许多国家政府直接出资建立中央银行。特别是第二次世界大战以后，欧洲出现中央银行的国有化浪潮。

目前，英国、法国、德国、加拿大、荷兰、挪威、西班牙、瑞典、俄罗斯、罗马尼亚、泰国、印度、尼日利亚、印度尼西亚等国家的中央银行资本都为国家所有。中国人民银行的资本组成也是属于国家所有。

（二）公私股份混合所有

这种资本组成类型，部分股份是由国家持有，部分股份是由私人持有，但国家股份大多占 50%以上。如日本银行，55%的股份由政府掌握，其余 45%由民间认购，其私人股东唯一的权利是按规定每年领取最高为 5%的股息。墨西哥的中央银行，国家资本占 53%，民间资本占 47%。也有些国家如比利时、厄瓜多尔等国家中央银行的资本中政府和民间各占 50%。但是这些国家大多都规定民间股份持有者只有分红的权利而无经营决策权，必须经中央同意其股份才可转让。由于私股持有者不能参与经营决策，所以对中央银行的政策基本上没有影响。

（三）全部资本非国家所有

这种资本类型，国家不持有股份，全部资本由其他股东投入，由法律规定执行中央银行职能，例如美国、意大利和瑞士。美国的联邦储备银行的股本全部由参加联邦储备体系的会员银行出资，会员银行按自己实收资本和公积金的 6%认购所参加的联邦储备银行的股份，先缴付认购股份的一半即 3%，另一半由联邦储备银行董事会根据需要，随时通知缴付。意大利的中央银行即意大利银行，它是由股份公司组织转变为按公法管理的中央银行，资本为储蓄银行、公营信贷银行、保险公司、社会保障机构等所持有，股份转让也只能在上述机构之间进行，并要得到意大利银行董事会的许可。

（四）无资本金的中央银行

这种类型的中央银行，建立时没有资本金，是由国家授权执行中央银行职能。中央银行可以通过发行货币和吸收金融机构的准备金存款获得资金来源。韩国的中央银行是目前唯一没有资本金的中央银行。韩国银行 1950 年成立，注册资本为 15 亿韩元，全部是政府出资。1962 年《韩国银行法》修改使韩国银行成为"无资本的特殊法人"。

（五）全部资本多国共有

这种类型的中央银行，资本不为某一国所有，而是由共同组建中央银行的各成员国按照一定比例认缴中央银行资本，各国按认缴比例拥有对中央银行的所有权。欧洲中央银行的资本是由所有欧元区成员按其人口和国内生产总值的大小向欧洲中央银行认购的。

中央银行的资本组成虽然有上述几种类型，但有一点是共同的，即无论是哪种类型的中央银行，都是由国家通过法律赋予其执行中央银行的职能，资本所有权的归属已不对中央银行的性质、职能、地位、作用等发生实质性影响。

三、中央银行与政府的关系

中央银行与政府的关系，主要是指中央银行对政府的独立程度，即中央银行在多大程度上受制于政府，这是在宏观经济管理中一个不可忽视的问题。由于各国的经济环境、政治体制等情况不同，中央银行的独立性程度也有所区别。根据各国中央银行独立性程度不同，可分为以下 3 类。

（一）独立性较大的模式

这种模式中，中央银行直接对国会负责，可以独立制定货币政策并采取相应措施，政府不得直接对它发布命令、指示，不得干涉货币政策。如果政府和中央银行发生矛盾，通过协商解决。美国和德国属于此种模式。

美国联邦储备体系独立性较强，可直接向国会报告工作，但会计不受国会审核，对国会也有相对独立性。美国总统征得国会参议院同意后任命联邦储备委员会理事、主席和副主席。由于理事任期和总统任期是错开的，总统无法在任期内更换大多数理事，从形式上制约了总统完全控制联邦储备体系委员会的可能性。联邦体系委员会经国会授权，不需总统批准，有权独立制定货币政策，自行决定采取的措施和运用政策工具。总统未经国会授权，不能对联储发布任何指令。美联储没有长期支持财政融资的义务，其业务经费独立，无需财政拨款。

（二）独立性稍次的模式

这种模式中，中央银行名义上隶属于政府，而实际上保持着较大的独立性。如英格兰银行和日本银行就是属于此种模式。英格兰银行表面上隶属于财政部，财政部有权向英格兰银行发布命令，但此项权力财政部从未使用过。英格兰银行和政府始终保持着密切的合作，政府一贯尊重该行的货币政策的意见，不参与理事会的评议，也不过问政策的制定。英格兰银行一般不给政府垫款，只提供少量的隔夜资金融通，主要是通过对国债招标和在证券市场上卖出国债来解决政府融资问题。

（三）独立性较小的模式

这种模式下，中央银行要接受政府的指令，货币政策的制定和采用的货币政策工具要经政府批准，政府有权停止、推迟中央银行决议的执行。意大利银行是此种模式的典型。意大利银行总裁由理事会提名，总统任命。财政部代表出席理事会会议，并在认为会议决议和国家法令不符时，有权暂时停止决议的执行。货币政策措施必须先经信用与储蓄部委员会批准，意大利银行才能执行。如果意大利银行和政府出现意见分歧，双方磋商后仍然不能解决，政府可根据法定权限指示银行执行政府的既定政策，同时向议会汇报。

中国人民银行的独立性也属于此种模式。中国人民银行在国务院领导下，制定和执行货币政策，防范和化解金融风险，维护金融稳定。中国人民银行就年度货币供应量、利率、汇率和国务院规定的其他重要事项作出的决定，报国务院批准后执行。但中国人民银行开展业务，不受地方政府、各级政府部门、社会团体和个人的干涉，也不得向地方政府、各级政府部门提供贷款。近年来，中国人民银行的独立性实际上也在不断增强。

第四节　中央银行的业务

中央银行的各项职责主要是通过各种业务活动来履行的。中央银行特殊的性质与职能，决定了它的业务活动原则、业务范围与业务种类均有其特殊性。

一、中央银行业务活动的一般原则

中央银行业务活动的原则不同于一般商业银行和其他金融机构。从总体来看，中央银行最基本的业务活动原则是必须服从于履行职责的需要。从具体业务活动来看，中央银行一般遵循以下几个原则。

（一）中央银行业务活动不以盈利为目的

由于中央银行特殊的地位和作用，决定了中央银行以调控宏观经济、稳定货币、稳定金融、为银行和政府服务为己任，是宏观金融管理机构而非营业性机构，这就决定了中央银行的一切业务活动不能以追求盈利为目标。只要是宏观金融管理所必需的，即使不盈利甚至亏损的业务也要去做。

（二）中央银行的资产要保持最大流动性

中央银行一般不做期限长的资产业务，在充当金融机构的"最后贷款人"进行货币政策操作和宏观经济调控时，必须拥有相当数量的可用资金，才能及时满足其调节货币供求、稳定币值和汇率、调节经济运行的需要。所以，为了保证银行资金可以灵活调度，及时运用，中央银行必须使自己的资产保持最大的流动性，不能形成不易变现的资产。例如中国人民银行对商业银行贷款的期限不得超过1年。在公开市场买卖有价证券时，也要尽量避免购买期限长、流动性弱的证券。

（三）中央银行的资产负债业务要保持主动性

由于中央银行的资产负债业务直接与货币供应相联系，因此，中央银行必须使其资产负债业务保持主动性，这样才能根据履行职责的需要，通过资产负债业务实施货币政策和金融监管，有效控制货币供应量和信用总量。

（四）中央银行业务活动要保持公开性

中央银行定期向社会公布业务与财务状况，并向社会提供有关的金融统计资料。中央银行的业务活动保持公开化，一是可以使中央银行的业务活动置于社会公众的监督之下，有利于中央银行依法规范其业务活动，确保其业务活动的公平合理性，保持中央银行的信誉和权威；二是可以增强中央银行业务活动的透明度，使国内外有关方面及时了解中央银行的政策、意图及其操作力度，有利于各界分析研究金融和经济形势，也便于他们进行合理预期，调整经济决策和行为。正因为如此，目前各国大多以法律形式规定中央银行必须定期公布其业务状况和金融统计资料。

（五）中央银行业务要保持相对独立性

中央银行的业务活动的目的是对宏观经济进行调控，对金融业进行监管。如果政府干涉太多，不利于其职责的履行，甚至可能使中央银行的业务活动背离其根本职能。因此，中央银行的业务必须保持相对的独立性，不受地方政府、政府部门、社会团体或个人的干扰或干预，依法行使权力开展业务活动，保证制定和执行货币政策的独立性和金融监管职能的履行。

二、中央银行业务种类

由于中央银行的地位和职能的特殊性，它的业务活动的种类与一般金融机构也有很大差别。按中央银行的业务活动是否与货币资金的运动相关，一般可以分为银行性业务和管理性业务两大类。

（一）银行性业务

银行性业务是指中央银行作为发行的银行、银行的银行、政府的银行所从事的业务。这类业务都直接与货币资金有关，都将引起货币资金的运动或数量变化。这类业务又可以分为以下两种。

（1）形成中央银行资金来源和资金运用的资产负债业务。这主要包括货币发行业务、存款准备金业务、其他存款、发行中央银行债券、外汇黄金业务、再贴现业务、贷款业务和公开市场证券买卖业务等。这类业务所形成的债权债务状况综合反映在中央银行的资产负债表内。

（2）与货币资金运动相关但不进入资产负债表的银行性业务。这主要包括清算业务、经理国库业务、代理政府向金融机构发行及兑付债券业务、会计业务等。

（二）管理性业务

管理性业务是指中央银行作为一国最高金融管理当局所从事的业务。这类业务主要服务于中央银行履行宏观金融管理的职责，与货币资金运动没有直接关系，不会导致货币资金的数量和机构变化，同时需要运用中央银行的法定特权。这主要包括金融调查统计业务、对金融机构的稽核、检查、审计等业务。

尽管银行性业务和管理性业务分类界限清晰，但有些银行性业务和管理性业务之间存在着密切联系，不能截然分开。例如，中央银行资产负债业务中对商业银行放款和存款准备金业务，会影响清算业务和统计业务；中央银行的监督管理也会对资产负债业务发生间接影响。因此，中央银行的各业务部门需要分工协作，共同履行职责。

三、中央银行的资产负债表

中央银行的资产负债表是其资产负债业务的综合会计记录。中央银行资产负债业务的种类、规模和结构，都综合地反映在一定时期的资产负债表上。因此，要了解中央银行的业务活动和资产负债情况，必须了解中央银行的资产负债表及其构成。

（一）中央银行资产负债表的一般构成

现代各国中央银行的任务和职责基本相同，其业务活动大同小异，资产负债表的内容也基本相近。为了使各国中央银行资产负债业务能够比较和了解，国际货币基金组织定期编制《国际金融统计》刊物，为人们提供各成员国有关货币金融和经济发展的主要统计数据，中央银行的资产负债表就是其中之一，通常称作"货币当局资产负债表"。表6-1就是货币当局资产负债表的主要项目。

表 6-1　　　　　　　　　　　简化的货币当局资产负债表

资　产	负　债
国外资产 对中央政府的债权 对各级地方政府的债权 对存款货币银行的债权 对非货币金融机构的债权 对非金融政府企业的债权 对私人部门的债权	储备货币 定期储备和外币存款 发行债券 进口抵押和限制存款 对外负债 中央政府存款 对等基金 政府贷款基金 资本项目 其他项目

1. 资产

一国货币当局的资产包括国外资产和国内资产。

（1）国外资产，主要包括黄金储备、中央银行持有的可自由兑换外汇、地区货币合作基金、不可自由兑换的外汇、国库中的国外资产、其他官方的国外资产、对外国政府和国外金融机构贷款、未在别处列出的其他官方国外资产、在国际货币基金组织中的储备头寸、特别提款权持有额等。

（2）国内资产，主要由中央银行对政府、金融机构和其他部门的债权构成。

① 对中央政府的债权，是指中央政府对货币当局的债务，包括中央银行持有的国库券、政府债券、财政短期贷款、对国库的贷款和垫款或法律允许的透支额。

② 对各级地方政府的债权，是指地方政府对中央银行的债务，包括中央银行持有的地方政府债券和其他证券、贷款和垫款等。

③ 对存款货币银行的债权，是指存款货币银行对中央银行的债务，包括再贴现、担保信贷、贷款和回购协议、中央银行对存款货币银行的其他债权等。

④ 对非货币金融机构的债权，其内容与对存款货币银行的债权基本相同，差别在于债权对象是两类不同的金融机构。

⑤ 对非金融政府企业的债权，是指中央银行持有的对"为政府所有和控制并大规模向公众出售工业或商业货物和劳务的企业"的债权，包括票据、证券、国内货币和垫款、外币贷款和垫款、非金融政府企业的出口资金融通、长期发展贷款和其他放款等。

⑥ 对私人部门的债权，是指中央银行对非金融私人企业、家庭及私人非营利组织的债权，

主要包括对私人票据的直接贴现、对企业和个人的直接担保垫款、对中央银行职工提供的抵押贷款和消费贷款以及在公开市场购买的私人企业的证券等。

2. 负债

（1）储备货币，是货币当局负债中的主要项目，是中央银行用来影响存款货币银行的清偿手段，从而影响存款货币银行创造存款货币能力的基础货币。主要包括公众手中的现金、存款货币银行的库存现金、存款货币银行在中央银行的存款（法定存款准备金和超额准备金等）、政府部门以及非货币金融机构在中央银行的存款、特定机构和私人部门在中央银行的存款等，其中私人部门存款许多国家不允许中央银行收存，有些国家允许收存但数量非常小。

（2）定期储备和外币存款，包括各级地方政府、非金融政府企业、非货币金融机构等一个月以上的定期存款和外币存款，还包括反周期波动的特别存款、特别基金以及其他外币债务等。

（3）发行债券，包括自有债务，向存款货币银行和非货币金融机构发行的债券以及向公众销售的货币市场证券等。

（4）进口抵押和限制存款，包括本国货币、外币、双边信用证的进口抵押金以及反周期波动的特别存款等。

（5）对外负债，包括对非居民的所有本国货币和外币的负债，如从国外银行的借款、对外国货币当局的负债、使用基金组织的信贷额和国外发行的债券等。

（6）中央政府存款，包括国库持有的货币、活期存款、定期以及外币存款等。

（7）对等基金，是在外国援助者要求受援国政府存放一笔与外国援助资金相等的本国货币的情况下建立的基金。

（8）政府贷款基金，指中央政府通过中央银行渠道从事贷款活动的基金。

（9）资本项目，包括中央银行的资本金、准备金、未分配利润等。

（10）其他项目，这是一个净额，等于负债方减去资产方的净额。

（二）中国人民银行的资产负债表

中国人民银行从 1994 年起根据国际货币基金组织《国际金融统计》规定的基本格式，编制中国货币当局资产负债表并定期向社会公布。2000 年以后又按照国际货币基金组织公布的新的货币金融统计方法不断进行修订。表 6-2 是 2012 年中国货币当局的资产负债表。

表 6-2　　　　　　　　　　中国人民银行资产负债表　　　　　　　　单位：亿元人民币

项目 Item	2012.12
国外资产　Foreign Assets	241 416.90
外汇　Foreign Exchange	236 669.93
货币黄金　Monetary Gold	669.84
其他国外资产　Other Foreign Assets	4 077.13
对政府债权　Claims on Government	15 313.69
其中：中央政府　Of which: Central Government	15 313.69
对其他存款性公司债权　Claims on Other Depository Corporations	16 701.08
对其他金融性公司债权　Claims on Other Financial Corporations	10 038.62
对非金融性部门债权　Claims on Non-financial Sector	24.99
其他资产　Other Assets	11 041.91
总资产　Total Assets	294 537.19

续表

项目 Item	2012.12
储备货币　Reserve Money	252 345.17
货币发行　Currency Issue	60 645.97
其他存款性公司存款　Deposits of Other Depository Corporations	191 699.20
不计入储备货币的金融性公司存款　Deposits of financial corporations excluded from Reserve Money	1 348.85
发行债券　Bond Issue	13 880.00
国外负债　Foreign Liabilities	1 464.24
政府存款　Deposits of Government	20 753.27
自有资金　Own Capital	219.75
其他负债　Other Liabilities	4 525.91
总负债　Total Liabilities	294 537.19

资料来源：中国人民银行网站公布的调查统计数据。

表 6-1 和表 6-2 相比，主要格式和主要项目基本相同，但是根据我国现行的金融体制和信用方式，表中项目有所增减，各主要项目的概念和界定也有所差异。

1. 资产

（1）国外资产。国外资产是国外资产与国外负债轧抵后的净额，包括中国人民银行所掌握的国家外汇储备、黄金及国际金融机构往来的头寸和外汇交存的人民币存款准备金。其中，外汇储备增长迅速，在国外资产中所占比重最大。

（2）对政府债权。对政府债权主要是对中央政府债权，即中央政府以各种形式向中国人民银行的借款。

（3）对其他存款性公司债权。其他存款性公司包括除中央银行以外的所有常住的存款性公司和准公司，主要从事金融中介活动。具体来说，我国的其他存款性公司包括国有商业银行、股份制商业银行、政策性银行、邮政储蓄银行、农村（城市）商业银行、农村合作银行、农村（城市）信用合作社、外资商业银行、财务公司等。此项目是中国人民银行对这些金融机构发放的贷款、办理的再贴现、持有这些金融机构发行的金融债券以及从这些金融机构买入的返售证券等。

（4）对其他金融性公司债权。我国的其他金融性公司包括保险公司、养老基金（企业年金）、信托投资公司、金融租赁公司、资产管理公司、汽车金融服务公司、金融担保公司、证券公司、投资基金、证券交易所、其他金融辅助机构等。此项目是中国人民银行对其他金融性公司发放的贷款、办理的再贴现以及持有的其他金融性公司发行的债券等。

（5）对非金融性公司的债权。中国人民银行为支持老少边穷地区经济开发等所发放的专项贷款。

（6）其他资产。在本表中未作分类的资产。

2. 负债

（1）储备货币。储备货币包括中国人民银行所发行的货币、其他存款性公司在中国人民银行的准备金存款。

（2）不计入储备货币的金融性公司存款。这个项目反映的是金融性公司在央行的除了"储备货币"存款之外的其他存款。

（3）发行债券。发行债券是指中国人民银行发行的融资债券，包括中央银行票据，是中央银行资金来源之一。

（4）政府存款。政府存款是各项财政在中国人民银行账户上预算收入与支出的余额。

（5）国外负债。国外负债是指外国银行或外国政府存放在中国人民银行的存款，目的是用于贸易结算和清算债务，国外负债的多少取决于外国银行和政府的需要，本国的中央银行处于被动地位，而且外国存款的变动会对本国的外汇储备和中央银行基础货币的投放产生一定的影响。

（6）自有资金。中国人民银行的资本金和信贷基金。

（7）其他负债。属于平衡项目，是其他资产与其他负债轧抵后的差额。

从表6-2可见，我国中央银行最主要的资产项目是国外资产，其中外汇储备所占比重最大；排在第二位的是对金融性公司的债权，即对其他金融性公司债权和对其他存款性公司债权之和。与之形成对比的是，一些发达国家包括美国、日本等中央银行资产项目以有价证券最为重要。在负债方面，最主要的是中央银行的各项存款业务，其中其他存款性公司的存款占比较大。排在第二位的是货币发行。一些发达国家，例如美国和日本，在正常年份中央银行的负债业务中货币发行占比较大。因此，不同国家和地区由于面临的经济、金融环境与条件不同，在具体的资产负债业务上会存在一些差别。

四、中央银行的主要业务

中央银行的业务可分为负债业务、资产业务、支付清算服务和其他业务。

（一）负债业务

中央银行的负债业务是形成资产业务的基础，主要包括资本业务、货币发行业务和存款业务。

1. 资本业务

中央银行的资本业务实际上就是筹集、维持和补充自有资本的业务。中央银行和其他银行一样，为了保证正常的业务活动必须拥有一定数量的自有资本。中央银行自有资本的形成主要有政府出资、私人持股、公私合股等多种类型。为了保持增资以后股权结构不变，中央银行补充自有资本的渠道和方法也受其出资方式所决定。

由于中央银行的特殊地位和法律特权，其资本金的作用很小，有的国家中央银行甚至没有资本金，因此，中央银行资本业务的重要性不如一般金融机构。

2. 货币发行业务

货币发行是中央银行根据国民经济发展的需要，通过信贷形式向流通中注入货币，构成流通领域的现金货币。货币发行有两重含义：一是指货币从中央银行的发行库通过各家商业银行的业务库流到社会；二是指货币从中央银行流出的数量大于流通中回笼的数量。这两者都被称为货币发行。

目前，世界各国中央银行均享有垄断货币发行的特权。货币发行是中央银行的基本职能，也是中央银行主要的负债业务。中央银行的货币发行，是通过再贴现、再贷款、购买证券、收购金银外汇等投入市场，从而形成流通中的货币，以满足国民经济发展对流通手段和支付手段的需求，促进商品生产的发展和商品流通的扩大。

中央银行虽然垄断了货币发行权，但货币发行也是有客观界限的，也就是说，货币发行必须符合国民经济发展的客观要求。因为纸币发行过多，引起纸币贬值、物价上涨，发生通货膨胀，这必然导致一系列的社会经济问题。反之，纸币发行过少，也会妨碍国民经济的正常运行，使国民经济因缺少货币而达不到应有的增长速度。

在此简要介绍一下我国的货币发行程序。

中国人民银行对现金的投放与回笼一直编制现金计划，作为执行的依据。人民币的具体发行是由中国人民银行设置的发行基金保管库（简称发行库）来办理的。所谓发行基金是中国人民银行保管的已印好的但尚未流通的人民币票券。发行库在人民银行总行设总库，一级分行设分库，二级分行设中心支库，县支行设支库；在不设人民银行机构的县，发行库由商业银行代理。

各商业银行对外营业的基层行处设立业务库。业务库保存的人民币是作为商业银行办理日常收付业务的备用金。为避免业务库过多存放现金，通常由上级银行和同级人民银行为业务库核定库存限额。

人民币发行的关键是发行数额的掌握。我国人民币发行计划由国务院审批。人民银行总行与各商业银行总行联合向基层行处下达各基层行处的发行或回笼计划。这就是基层行处据以向发行库领取发行基金的限额。凡货币从发行库出库，必须有上级发行库的出库命令。

具体的发行程序是：当商业银行基层行处现金不足支付时，可到当地人民银行在其存款账户余额内提取现金。这样，人民币从发行库转移到商业银行基层行处的业务库。这意味着人民币进入流通领域。当商业银行基层行处收入的现金超过其业务库库存限额时，超过的部分自动送交人民银行，该部分人民币进入发行库，意味着退出流通领域（见图 6-1）。

3. 存款业务

中央银行作为一个金融机构，吸收存款是其主要业务，不过中央银行吸收存款的目的与一般金融机构不同。

在现代存款准备金制度下，中央银行集中商业银行和其他金融机构的存款准备金。最初，中央银行集中存款准备金只是为了应付商业银行和其他金融机构的存款人大量挤兑存款的需要，以保证银行业的清偿能力和金融业的稳定。

图 6-1　人民币发行程序

后来中央银行利用提高或降低存款准备金率来调节商业银行的放款能力，从而法定存款准备金率和法定准备金存款成为中央银行的货币政策工具。此外，商业银行和其他金融机构通过中央银行办理它们之间的债务清算，所以为了清算需要也必须把一定数量的存款存在中央银行。

中央银行的存款业务主要包括商业银行等金融机构的准备金存款和政府存款。准备金存款主要包括商业银行的库存现金、在中央银行的超额准备金和法定准备金；不同国家政府存款构成有差异，有的国家指中央政府的存款，有的国家将各级地方政府的存款和政府部门的存款也列入其中。中央政府存款一般包括国库持有的货币、活期存款、定期存款及外币存款等。

此外，中央银行存款业务还包括外国存款、非银行金融机构存款、特定机构和私人部门存款等。一些外国政府或中央银行将其资金存放在本国中央银行，即外国存款，其对本国外汇储备和货币投放有影响，但由于外国存款数量较小，影响不大；有的国家中央银行将非银行金融机构存款纳入准备金存款业务，有的国家将其单独作为一项存款业务；特定机构存款是中央银

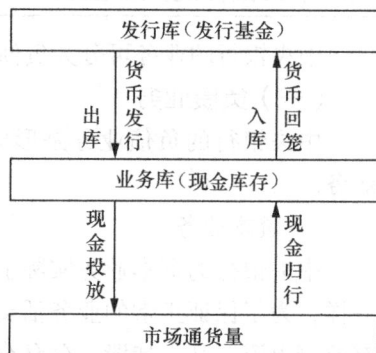

行为了特定目的，对这些机构发放特别贷款而形成的存款，或者是为了扩大中央银行资金来源而对一些特定的机构收存的存款。私人部门存款多数国家不允许中央银行收存，即使允许，也只限于特定对象，并且数量很小。

（二）资产业务

中央银行的资产业务，是指中央银行运用其资金的业务。主要包括贷款业务、再贴现业务、证券业务和黄金、外汇储备业务。

1. 贷款业务

贷款是中央银行运用其资金的重要方式之一。由于中央银行的特殊地位，能够取得中央银行贷款的只有商业银行和经过特殊批准的其他金融机构以及政府。在某种情况下，经过批准，中央银行可以向特定的非金融机构提供贷款。

中央银行对商业银行的贷款，主要是解决其短期资金周转的困难。为了加强宏观金融调控的需要，各国中央银行对商业银行的贷款都做了具体的规定，如规定贷款的最高限额等，或以各种手段予以约束，如提高贷款利率等。这种限制和约束以宏观金融状况为条件。我国的《中国人民银行法》规定，中国人民银行根据执行货币政策的需要，可以决定对商业银行贷款的数额、期限、利率和方式，但贷款的期限不得超过 1 年。

在特殊情况下，中央银行也对财政进行贷款或透支，以解决财政收支困难。中央银行对政府的贷款，也要给予限制，否则就会削弱中央银行的宏观金融调控能力。对此各国也都有具体的规定。

2. 再贴现业务

再贴现是指中央银行买进商业银行已贴现的票据，即当商业银行资金周转困难时，把从客户手中贴现来的票据再拿到中央银行办理贴现，又称重贴现。各国中央银行的再贴现业务在业务对象、申请和审查、再贴现利率、票据种类、再贴现的额度等方面都有明确的规定。中央银行通过办理再贴现，一方面可以向商业银行提供资金，满足商业银行的资金需要；另一方面还可以根据需要决定是否给予贴现或调整再贴现率，以达到控制、引导资金流向和规模的目的，最终实现对国民经济的宏观调控。一般来说，再贴现是中央银行向商业银行融资的重要方式之一。

3. 证券买卖业务

所谓证券买卖业务，也就是中央银行公开市场业务，即在金融市场买卖各种有价证券。

一般来说，中央银行应持有优质且流动性较好的证券。中央银行持有证券和买卖证券的目的并不在于盈利，而是为了调节市场银根松紧和控制货币供求量，中央银行在公开市场上买进证券就是直接投放了基础货币，而卖出证券则是直接回笼了基础货币。为了保证手中握有优质证券，中央银行在公开市场上买卖的证券主要是政府公债、国库券以及其他流动性很高的有价证券。在我国，中国人民银行依法在公开市场上买卖国债和其他政府债券及外汇。证券买卖是中央银行一项重要的货币政策工具，也是中央银行的一项经常性资产业务。

4. 黄金、外汇储备业务

由于黄金、外汇储备是各国进行国际支付和稳定国内货币币值的重要保证，所以各国都把它们作为储备资产，由中央银行保管和经营。黄金外汇储备业务是中央银行的一项重要资产业务。目前，世界各国国内市场上并不流通和使用金币，纸币也不能兑换黄金，而且在多数国家实行不同程度的外汇管制，纸币一般也不能随便地兑换外汇，在国际收支发生了逆差时一般也不直接支付黄金，而采取出售黄金换取外汇来支付。因此，在该业务下，各国的黄金外汇都集中到中央银行储存，需要黄金外汇者，可向中央银行申请购买。中央银行可通过买卖黄金、外汇来集中储备，达到调节货币资金、改善经济和外贸结构、稳定汇率和金融市场的目的。所以，一国的黄金外汇储备是否雄厚，是该国经济实力强弱的一个重要标志。

（三）支付清算服务

商业银行在办理业务的过程中，会产生大量的同业往来以及同业间的债权债务清偿和资金划转。尽管商业银行可以通过建立双边或多边清算机制实现相互间的资金清算，但在一个复杂、金融机构众多的金融体系中，依靠商业银行自行组织清算效率低下，因此需要银行的银行，即中央银行来提供支付清算服务。

由于中央银行集中了商业银行的存款准备金，因而商业银行彼此之间由于交换各种支付凭证所产生的应收应付款项，就可以通过中央银行的存款账户划拨来清算，从而中央银行成为全国清算中心。各国中央银行都设立专门的票据清算机构，处理各商业银行的票据并结清其差额。

中央银行不仅为商业银行办理票据交换和清算，而且还在全国范围内为商业银行办理异地资金转移。中央银行为了提供上述服务，必须设有电子资金划拨系统，并将全国各主要地区的主要政府部门和银行用网络连接起来。

中国人民银行作为中央银行是我国的结算中心。各商业银行和其他金融机构都在中国人民银行总行或分行开设存款账户，这一账户是人民银行组织银行之间清算的依据。无论是同城票据交换，还是异地款项划拨；无论是各商业银行内部，还是各商业银行之间的款项划拨，最终都要通过各商业银行在中国人民银行所开设的存款账户办理转账划拨及资金的清算。

（四）其他业务

中央银行的主要业务，除了负债业务、资产业务、支付清算服务以外，还有一些其他的重要业务活动。例如，通过经理国库，管理国家预算资金的收纳和库款的支拨，代理政府债券的发行与兑付；通过会计核算，反映中央银行办理各项业务及进行金融宏观调控所引起的资金变动状况；通过调查统计、征信管理，获取金融经济信息，为货币政策制定和金融宏观调控提供依据等。这些业务在中央银行业务活动中占有重要位置，是中央银行行使职能的具体体现。

第五节　中央银行与金融监管

随着经济全球化和金融国际化的发展，金融在现代经济体系中的地位显著提高，与此同时，金融领域的风险也在急剧增大。通过金融监管保证金融业的稳健运行越来越成为经济与社会健康运行的关键。因此，中央银行金融监管的重要性越来越突出。

一、金融监管的含义

金融监管有狭义和广义之分。狭义的金融监管是指中央银行或其他金融监管当局依据国家法律法规的授权对整个金融业实施的监督与管理。广义的金融监管是在上述的监管之外，还包括金融机构的内部控制与稽核、同业自律性组织监管和社会中介组织的监管等。

金融监管是伴随近代银行的产生而开始的，在中央银行制度建立以前，金融监管主要体现在商业银行内部管理上。中央银行制度建立后，金融监管成了中央银行的重要职责之一，可以说，正是金融监管的必要性促进了中央银行制度的诞生。

自 17 世纪近代银行产生以来，随着银行业的快速发展，金融风险也一直伴随其中。特别是从 20 世纪 70 年代以来，金融风险明显加剧，金融危机的频率加快，影响也越来越深。同时由于各类金融创新和大量衍生工具的出现，也加大了银行内外部监管的难度。尤其是进入 20 世纪 90 年代以来，世界经济和国际金融市场发生了极大变化，无论是金融商品交易的数量，还是在交易地区的扩展及交易品种、交易方式等方面都是日新月异。但在加速发展的背后，金融风险也大大增加了。例如，1991 年国际商业信贷银行的倒闭；1992 年和 1993 年出现的欧洲金融市场动荡；1994 年年底爆发的墨西哥金融危机；1995 年出现的美元汇率暴跌；英国巴林银行倒闭以及 1997 年开始的东南亚金融危机等。金融业的大动荡反映了世界范围内各国经济在新形势下的调整与剧变，使金融监管的必要性更加突出。

二、金融监管的必要性

金融监管的必要性主要体现在以下 3 个方面。

第一，金融是现代经济的核心，金融体系是全社会货币的供给者和货币运动及信用活动的中心，金融状况对社会经济的运行和发展起着至关重要的作用，具有特殊的公共性和全局性。由于金融业在国民经济中处于特殊的重要地位，决定了对金融业的监管是一个国家社会经济稳定发展的必然要求。

第二，金融业是一个存在诸多风险的特殊行业，又关系千家万户和国民经济的方方面面，如果金融机构出现问题，将对整个经济与社会产生重大的影响。金融机构在经营中面临的风险，主要有信用风险，即到期的贷款可能收不回来；流动性风险，到期不能偿还负债；收益风险，负债成本可能超过资产收入；市场风险，资产现值可能低于购买时的价值；管理风险，管理者不称职带来的风险；还有汇率风险、利率风险和许多其他风险等。一旦金融机构发生危机或破产倒闭，将直接损害众多债权人的利益，后果是十分严重的。金融监管可以帮助管理者将风险控制在一定范围之内，保证金融体系的安全。只有金融机构体系安全运行，才能保持公众对金融体系的信心，从而保证国民经济的健康发展。

第三，维护金融秩序，保护公平竞争，提高金融效率。良好的金融秩序是保证金融安全的重要前提，公平竞争是保持金融秩序和金融效率的重要条件。为了金融业的健康发展，金融机构都应该按照有关法律的规定规范地经营，不能搞无秩序竞争和不公平竞争。这就需要金融主管当局通过金融监管实现这一目的，以保证金融运行有序，竞争公平且有效率。

三、金融监管的目标及原则

（一）金融监管的目标

金融监管作为一项有组织、有目的的活动必须确立其可以操作的目标。金融监管目标既是评价金融监管优劣的标准，也是实现金融有效监管的前提和监管当局采取监管行动的依据。金融监管的总体目标是通过对金融业的监管维持一个稳定、健全、高效的金融制度。具体来讲，金融监管的目标可以分为 4 个层次：一是保护存款人、投资者和其他社会公众的利益；二是保证金融机构的正常经营活动和金融体系的安全；三是创造公平竞争的环境，鼓励金融业在竞争的基础上提高效率；四是确保金融机构的经营活动与中央银行的货币政策目标一致。

不同的国家，经济金融环境不同，金融监管的目标有所差异；相同的国家处于不同的经济金融发展的阶段，金融监管的目标也会有所不同。

20世纪30年代经济大危机之前，经济自由主义占主导地位，金融监管局限于注册登记等行政管理方面，有控制市场准入的倾向。但是监管目标不明确，无专门的监管机构，没有有力的监管措施。金融监管也只处于初创阶段。由于银行券的过度发行导致银行倒闭、金融混乱等问题，各国开始控制商业银行银行券的发行，并通过法律法规的出台来加强监管。1864年美国国会通过《国民银行法》，除规定银行开业的最低资本额外，对流通中的银行券与存款规定了最低储备的要求，还设立了货币监理署，专门签发营业执照并执行有关的银行法律。

1929—1933年，资本主义世界的经济大危机冲垮了多国的金融体系，大量银行纷纷倒闭破产，各国政府和金融监管当局充分认识到金融体系安全与稳定的重要性。危机过后，各国把金融业的稳定作为发展经济、稳定社会的必要条件，对金融业实施了全面而严格的管制，其目的是维护公众对银行的信心，并使金融业通过公平竞争，维持其安全和稳定。

20世纪30年代至90年代初，各国金融监管当局把维护金融业的安全和稳定，维护银行业公平竞争，保证中央银行货币政策的顺利实施作为主要的金融监管目标。

20世纪90年代至今，世界各国的金融监管的目标更加明确和一致，都将维护一个稳定、健全和高效的金融体系，保证金融机构和金融市场健康的发展，维护金融活动各方特别是存款人的利益，积极促进经济和金融发展作为金融监管的目标。

不过，由于国情不同，不同国家金融监管的目标有所差别。例如美国《联邦储备法》具体的监管目标是：维持公众对银行体系的信心；建立一个有效的和有竞争的银行体系；保护消费者；允许银行体系适应经济的变化而调整。《德国银行法》在第六条中授权"联邦金融管理局监管所有的信贷机构，以保证银行资产的安全、银行业务的正常运营和国民经济良好运转"。《韩国银行法》的监管目标是"增进全国银行体系的健全运作，并发挥其应有的功能，以促进经济发展并对全国资源做最有效的利用"。《中国人民银行法》规定："中国人民银行依法监测金融市场的运行情况，对金融市场实施宏观调控，促进其协调发展"。

（二）金融监管的原则

金融监管的原则是由金融监管的目标决定的，尽管由于各国具体情况及法规规定的不同，金融监管的主体、对象及监管的内容和方式存在一定的差异，但其基本原则是相似的。

1. 监管主体的独立性原则

《有效银行监管的核心原则》提出："在一个有效的银行监管体系下，参与银行监管的每个机构要有明确的责任和目标，并应享有操作上的自主权和充分的资源"。近年，世界上一些国家不断发生金融危机，这些国家在酝酿金融体制的重大改革时，都注重加强监管主体的独立性。

2. 依法监管原则

金融机构必须接受国家金融管理当局的审慎监管，金融管理当局实施监管必须依法行政，保持监管的权威化、严肃性、强制性和一贯性，从而达到监管的有效性。要实现这一点，金融法规的完善和依法管理是必不可少的。

3. 安全稳健与经济效益相结合原则

使各金融机构安全稳健经营是金融监管的重要原则。监管当局必须采取各种预防和补救措施，既督促金融机构依法经营、减少风险，又能在倒闭一旦出现时，尽可能地减轻其对金融体系及对社会经济的震动。金融监管本身要为金融业的发展提供更加良好的环境，从而为社会开展优质有效的金融服务。所以效益性原则是金融监管安全性原则的另一个方面。只有安全经营，才能降低风险，进而提高效益；高效益离不开安全性原则，若只单纯强调效益性，则金融监管就无意义而言。

4. 公正、公开和公平竞争原则

首先，要禁止金融领域中各种形式的垄断；其次，监管当局的有关金融法规、制度要公开，监管的内容、方式等也要公布于众，使所有的被监管对象都清楚；最后，要开展平等竞争，金融监管当局的监管要覆盖所有金融机构，不论是国内的还是国外的，不论其性质、规模如何，都能在统一标准下开展公平、合理的竞争。监管当局对金融机构要管而不死，活而不乱，保护竞争又防止过度竞争，不干涉金融业内部管理，使金融机构追求利润而又不疯狂冒险，有风险而又确保安全。

5. 自律与监管相结合原则

外部强制管理再严格也是有限的，要把金融机构自我约束与外部强制监管结合起来。既不能只强调外部强制监管，也不能将希望全部放在金融机构本身自觉自愿的自我监管。

6. 母国与东道国共同监管原则

随着世界经济全球化的发展，跨国银行等金融机构逐渐增多，跨国银行的母国和东道国对其监管应有明确的责任。"核心原则"要求母国监管者的责任是："银行监管者必须实施全球性并表监管，对银行在世界各地的所有业务进行充分的监测并要求其遵守审慎经营的各项原则，特别是其外国银行、附属机构和合资机构的各项业务"。东道国监管当局的责任是："银行监管必须要求外国银行应按东道国国内机构所同样遵循的高标准从事当地业务，而且从并表监管的目的出发必须有权分享其母国监管当局所需的信息"。母国与东道国建立联系，交换信息，共同完成跨国银行等金融机构的监管。

四、金融监管的内容

中央银行的监管对象主要是各类金融机构，监管的内容主要有市场准入、市场运行和市场退出 3 个方面。

（一）市场准入的监管

市场准入监管是指中央银行依据有关法律法规对金融机构设立的监督和管理，是一种预防性监管，防止不合格的金融机构产生。所有国家对金融机构的监管都是从市场准入开始的。

一家银行在允许营业前必须符合多方面要求，最起码要具有最低限度的自有资本。例如美国国民银行的开业资本在扣除筹建开支后须达到 100 万美元；英国授权银行的最低资本为 500 万英镑；日本商业银行的最低开业资本为 10 亿日元；我国规定设立商业银行的注册资本最低限额为 10 亿元人民币，城市合作商业银行的注册资本最低限额为 1 亿元人民币，农村合作商业银行的注册资本最低限额为 5 000 万元人民币。其次，要有素质较高的管理人员。金融业专业性强，风险大，因此要求高级管理人员要有较高的理论水平、丰富的从业经验和良好的信誉；对于一般员工要有一定的业务知识和从业经验。最后，银行业竞争状况和社会经济需要。监管当局在进行审批时要考虑现时的银行业市场竞争状况。当审批机关认为市场的竞争程度已无法容纳时，新银行就很难被批准。

（二）市场运作过程的监管

市场运作过程的监管是指中央银行运用有关政策、法规对金融机构的经营活动进行监管，它是一种事中监管，其主要目标是保证金融机构经营过程健康有序地运行，控制金融风险。

1. 资本充足性监管

资本充足性监管是指监管当局对银行等金融机构除最低资本要求外，还要求银行自有资本与资产总额、存款总额、负债总额以及风险投资之间保持适当的比例。银行在开展业务时要受自有资本的制约，不能脱离自有资本而任意扩大业务。1988年《巴塞尔协议》银行资本与加权风险资产的比率应高于8%以及核心资本比率不低于4%的规定，已经被世界各国普遍接受，是银行监管中资本充足率的最重要、最基本的标准。近年来，这个标准已被逐步提高。

2. 流动性监管

流动性监管又称清偿能力监管。各国金融监管当局对银行的流动性监管同资本充足性一样重视。流动性是指银行根据存款和贷款的变化，随时以合理的成本举债或者将资产按其实际价值变现，随时满足客户资金需求的能力。有些国家不正式规定流动性的具体界限，但经常予以检查监督；有的国家对银行资产负债分别设计比例，来监视银行的清偿能力；有的国家对吸收短期存款而进行长期投资的银行单独进行管理，对长期性投资加以特殊限制。总地来说，各国都依据本国金融业实际情况，考虑到金融环境的变化，适当改进流动性监管的方法。

3. 业务范围的监管

商业银行可经营哪些业务，不可以经营哪些业务一般是有限制的。一些国家把商业银行银行业务和投资银行业务分开，禁止商业银行认购股票；也有国家限制银行对工商企业直接投资；还有国家不允许银行经营非银行业务等。随着金融体制全球化和经营业务多样化、综合化的新形势下，银行业务的种种限制被逐步取消。如今，很多发达国家金融业实行了混业经营，但我国实行的是分业经营模式，我国商业银行在中华人民共和国境内不得从事信托投资和证券经营业务，不得向非自用不动产投资或者向非银行金融机构和企业投资，但国家另有规定的除外。

4. 贷款风险的控制

追求最大限度的利润是商业银行经营的直接目的，因此，商业银行把吸收的资金尽可能地用于贷款和投资，尽可能地集中投向盈利高的方面。由于获利越多的资产，风险相对就越大，因而，大多数国家的监管当局都尽可能限制贷款投向的过度集中，通常限制一家银行对单个借款者提供过多的贷款，以分散风险。分散风险既是银行的经营战略，也是金融监管的重要内容。经验表明，在经济、金融环境不断变化的情况下，任何形式的风险集中都有可能使一个营运正常的银行步入险境。因此，如何对风险集中进行准确的估价和有效的控制，成为近年来备受关注的一个问题。监管当局仅对各种风险进行逐项控制是不够的，还要注意各类风险之间的联系和影响，要有一套科学的考核参数和分析方法。例如，德国规定，每一笔"巨额贷款"不得超过贷款银行资本的15%，一旦超过，必须立即报告监管当局；美国对单个私人借款者的贷款不得超过该银行实收资本和公积金的10%。

5. 外汇风险管理

外汇风险管理包括汇率风险、对特定国家的资产和负债过于集中引起该国国际收支失衡和国家风险。大多数国家对银行国际收支的趋向很重视，并制定了外汇风险管理制度。不同国家监管当局对外汇风险的监管不同，例如美国、法国、加拿大对外汇管制较松，英国、日本、荷兰对外汇管制较严。

6. 准备金管理

银行的资本充足性与其准备金政策之间有着内在的联系，因此对资本充足性的监管必须考虑准备金因素。监管当局的主要任务是确保银行的准备金是在充分考虑谨慎经营和真实评价业务质量的基础上提取的。准备金政策和提取方法的统一是增强国际金融体系稳定性的重要因素，也有助于银行业在国际范围内的公平竞争。

7. 存款保险制度

存款保险制度是指金融机构按吸收存款的一定比例向专门保险机构缴纳保险金，当金融机构出现信用危机时，由存款保险机构向金融机构提供支援，或由存款保险机构直接向存款者支付部分或全部存款，以维护正常的金融秩序。1934年美国政府建立了世界最早的存款保护制度，缓解个别银行经营失败带给整个金融业的冲击，保护了银行和存款者的利益。

（三）市场退出的监管

金融机构市场退出，一般是金融机构由于不能偿还到期债务，或者发生了法律法规和公司章程规定的必须退出事由，不能继续经营，而必须进行拯救或破产清算的过程。金融机构市场退出的原因和方式可以分为两类：主动退出与被动退出。主动退出是指金融机构因分立、合并或者出现公司章程规定的事由需要解散，因而退出市场的，其主要特点是主动地自行要求解散。被动退出则是指由于法定的理由，如由法院宣布破产或因严重违规、资不抵债等原因而遭关闭，监管当局将金融机构依法关闭，取消其经营金融业务的资格，金融机构因此而退出市场。各国对金融机构市场退出的监管都通过法律予以明确，并且有很细致的技术性规定。对金融机构的事后监管有利于维护存款人的利益，保证金融业服务的连续性和防止银行势力操纵市场，鼓励银行正常合并，促进银行业发展。

五、金融监管的方法

金融监管当局综合运用法律手段、经济手段、政策手段和行政手段进行监管，监管方法一般有以下几种。

（一）事前检查筛选

事前检查筛选是指金融监管当局通过对金融机构开业资格的审查和注册登记，把不合格的申请者排除在市场之外。一般注册前审查资本金状况，人员素质状况，管理机构的历史、规模、网点结构等内容，其中人员和资金是最主要的内容。通过事前检测筛选，可减少或杜绝不合格金融机构的产生，从总体上减小金融风险。

（二）现场检查

现场检查是通过检查人员亲临现场，检验银行财务报表数据的准确性和可靠性，评估银行管理和内部控制的质量，检查银行遵守法律法规的情况，考察银行的整体经营管理水平。这种方式的主要特点是能够对具体的监管对象进行比较深入细致的了解，及时发现某些隐蔽性问题，特别是对一些欺诈行为尤为有效，因为许多问题仅仅从金融机构的公开财务报表和业务资料中是很难发现的，只有由具备相当经验和技能的稽核人员进行实地检查才可能弄清事实，查明真相。美国监管当局经常使用现场检查方法，英国很少通过现场检查来监管。不过，1995年巴林银行倒闭之后，英国监管当局开始重视现场检查来进行监管。现场检查的内容主要有金融机构资本充足状况、资产质量、管理质量、收入和盈利水平、清偿能力等。各国对金融机构的现场检查时间间隔不相同，例如加拿大每年进行一次，意大利则每隔3~5年进行一次。

（三）非现场监督

非现场监督是通过对银行财务报表、报告和其他相关资料的分析，检查银行执行审慎监管政策的情况，评估银行的经营管理水平，发现银行的潜在问题并督促解决，确定需优先考虑进行现场稽核与检查的银行，并了解整个银行业的发展趋势。

非现场监督是银行监管过程中的一种重要手段，其与银行的管理报告密切相关，因为它很大程度上取决于银行向监管机构呈送的报表资料。非现场监督有 3 个主要的目标：一是对银行状况进行评估。尽管该银行目前营运正常，但过一段时间可能会出现问题，通过早期预警技术，监管当局可及时采取措施帮助银行纠正问题。二是对有问题的银行进行紧密监控，便于监管当局防止银行问题的蔓延和扩大，也有助于监管当局区分不同的情况采取处置措施。三是对银行业的现状和发展动态作广泛的评估，使银行监管的政策措施稳妥有效。

（四）内、外部稽核结合法

稽核是一种监督检查的系统方法。世界上许多国家的公司法要求公司或企业定期接受国家注册会计师对其账目报表进行审查。内部稽核是企业或银行自己进行的审查与核对。稽查师是企业或银行聘请的，向股东大会负责，审计重点是银行的盈利，而不是银行监管当局关注的风险与安全。因此，各国一般采取外部稽核和内部稽核相结合，以及监管当局的稽核部门对各类金融机构实行强制性稽核和社会对立的稽核机构实行的非强制性稽核相结合的办法。

（五）信用评级

信用评级是指金融监管当局或社会资信评估机构通过对金融机构的资本充足程度、资产质量、管理水平、盈利能力和资产流动性等因素的考察，对金融机构的经营状况按一定的标准进行评级。获得较高评级的金融机构获得更多的发展机会，获得较低评级的金融机构产生改善经营的压力，从而提高金融资源配置的效率，降低经营风险。

（六）行业组织和社会公众监督

许多国家的金融业行业协会在不同程度上发挥着对金融机构的监督作用。行业组织促进了金融机构和信息的交流，有助于降低金融机构的经营风险。另外，通过报纸、杂志、专业报告、学术研究和其他形式，使社会公众获得金融业运行的信息，也是实现有效监管的方法之一。

六、中国人民银行金融监管的发展演变

中国金融监管体制的变迁是与国内经济发展和金融体制改革紧密联系在一起的，从其发展历程看，我国金融监管的发展大体可分为两个阶段。

第一阶段是 1998 年以前由中国人民银行统一实施金融监管。

中国真正意义上的金融监管体制的形成始于 1984 年的金融体制改革。自四大国有银行从中国人民银行完全独立出去之后，交通银行、民生银行、招商银行、深圳发展银行等中小银行也相继成立，同时保险公司、信托投资公司等其他金融机构也不断涌现。因而，建立有效的金融监管体系以对这些金融机构的经营活动进行外部监管就显得尤为迫切和重要。1982 年，中国人民银行设立了金融机构管理司，负责研究金融机构改革，制定金融机构管理办法，审批金融机构的设置和撤并等。1986 年国务院颁布了《中华人民共和国银行管理暂行条例》，明确了中国人民银行作为监管者的法律地位，从而建立起以中国人民银行为唯一监管者的"大一统"的金融监管体制。1990 年和 1991 年，上海证券交易所和深圳证券交易所先后经中国人民银行总行批准成立，拉开了中国资本市场发展的序幕，使中国金融体系格局开始发生重大转变。为了加强对其监管，1992 年，国家成立了专门的证券业监管机构——国务院证券委员会和中国证券监督管理委员会。1993 年，国务院出台了《关于金融体制改革的决定》，要求银行业、保险业、

证券业和信托业实行分业管理，同时要求中国人民银行转变职能，加强监管。不过当时的监管方式基本上是合规性监管，主要依靠行政式的管理手段对金融机构的市场准入、业务审批、经营范围与规模进行管制，缺乏法律手段，主观随意性较大。因此，金融立法不得不被提到议事日程。中国从 1995 年开始相继颁布了《中国人民银行法》《商业银行法》《票据法》《保险法》及《关于惩治破坏金融秩序犯罪的决定》等一系列金融法律法规，进一步明确了中国人民银行的监管职责和各金融机构的经营范围、交易规则及相关责任；同时也以立法形式确立了中国分业经营的金融管理体制。

第二阶段是从 1998 年开始确立分业经营、分业监管的金融监管体制。

东南亚金融危机之后，金融业的风险控制与监管受到了决策层的高度重视，加快了中国金融监管体制改革的步伐。1998 年，中国将原国务院证券委员会和中国证券监督管理委员会合并组成国务院直属正部级事业单位——中国证券监督管理委员会，并通过了《证券法》，同年还成立了中国保险监督管理委员会，对保险业进行监管。至此，银行业、证券业、保险业分业监管的体制得以确立。为摆脱地方政府的干预、增强人民银行及其金融监管的独立性，1999 年人民银行取消了省级分行，跨省区设立了九大区行。2001 年 8 月，国家制定并颁布了《商业银行境外机构监管指引》，同年 12 月又颁布了《外资金融机构管理条例》。2003 年，成立了中国银行业监督管理委员会，将银行业的监管职能从人民银行中分离出来；同年 12 月公布了《银行业监督管理法》，并于 2004 年 2 月实施。至此，中国金融业基本形成了"一行三会"的分业监管体制与格局。但"一行三会"的关系并没有完全理顺，特别是央行的监管职能没有确定。为了避免监管信息交流上的障碍及监管中出现"真空"或重复等问题，监管机构之间的协调合作就显得尤为重要和迫切。2004 年 6 月，银监会、证监会、保监会正式签署在金融监管方面分工合作备忘录，再次明确三会的职责分工：银监会负责统一监督管理全国银行、金融资产管理公司、信托投资公司及其他存款类金融机构；证监会依法对全国证券、期货市场实行集中统一监督管理；保监会统一监督管理全国保险市场，维护保险业的合法、稳健运行。

2008 年 7 月，国务院办公厅转发的国家发展和改革委员会《关于 2008 年深化经济体制改革工作的意见》中也提出，要由人民银行、财政部、银监会、证监会、保监会共同负责，建立健全金融监管协调机制，建立完善金融控股公司和交叉性金融业务的监管制度；同年 8 月国务院公布了《中国人民银行主要职责、内设机构和人员编制规定》，明确提出了在国务院领导下，央行会同银监会、证监会、保监会建立金融监管协调机制，加强货币政策与监管政策之间以及监管政策与法规之间的协调，建立金融信息共享制度，防范、化解金融风险，维护国家金融安全。分业监管协调机制的建立，改进了中国金融业的分业监管体制，形成了与目前中国金融业分业经营状况基本相适应的监管体制。

思 考 题

1. 试述中央银行产生的历史背景和客观原因。
2. 中央银行的发展经历了哪些阶段？

3. 阐述中央银行的性质和职能。

4. 如何分别从制度类型、所有制形式、与政府的关系三方面将西方主要国家的中央银行进行分类？

5. 中央银行的业务活动原则是什么？

6. 资产负债表的大致构成如何？通过中国人民银行网站等渠道收集中央银行资产负债表项目的最新内容，并探讨十年内各项目发生的主要变化及原因。

7. 金融监管的目标和原则有哪些？

8. 金融监管的主要内容有哪些？

第七章 | 货币需求

第一节 | 货币需求及其影响因素

一、货币需求的含义及分类

1. 货币需求的含义

货币需求是指社会各部门在既定的收入或财富范围内能够而且愿意以货币形式持有财产的需要或要求。货币需求量指在某个特定时点和空间内，社会各主体在既定的收入或财富范围内能够而且愿意持有的货币数量。货币需求通常表现为一国在一定时点上社会各部门所持有的货币数量。

在现代发达的商品经济条件下，社会各部门都具有持有一定的货币的偏好，因货币可以作为媒介进行交换、支付费用、偿还债务、从事投资或保存价值等，所以便产生了持有货币的需求。

对于货币需求含义的理解，还需把握以下几点。

（1）货币需求是一个存量的概念。它考察的是在特定的时点和空间内（如：2012 年年底，中国），社会各部门在其拥有的全部资产中愿意以货币形式持有的数量或份额，而不是在某一段时间内（如：从 2011 年年底到 2012 年年底），各部门所持有的货币数额的变化量。因此，货币需求是个存量概念，而非流量概念。

（2）货币需求量是有条件限制的，是一种能力与愿望的统一。有能力而不愿意持有货币不会形成对货币的需求；有愿望却无能力获得货币也只是一种不现实的幻想。

（3）现实中的货币需求不仅包括对现金的需求，而且包括对存款货币的需求。货币需求是对所有商品、劳务的流通以及有关一切货币支付所提出的需求。这种需求不仅现金可以满足，存款货币也同样可以满足。

（4）人们对货币的需求既包括了执行流通手段和支付手段职能的货币需求，也包括了执行价值贮藏手段职能的货币需求，二者差别在于持有货币的动机不同或货币发挥职能作用的不同，但它们都在货币需求的范畴之内。

2. 货币需求的分类

（1）货币需求可分为宏观货币需求与微观货币需求。

宏观货币需求是以宏观经济发展目标为出发点，分析国民经济运行总体对货币的需求，即考虑一个国家在一定时期内所需的货币总量。探讨货币作为交易媒介，完成一定的交易量，需要多少的货币。研究宏观货币需求，有利于货币政策当局制定货币政策，为一国政府在特定时期内经济发展做出贡献，同时能在一定程度上平衡社会的总需求与总供给。

微观货币需求是从微观角度考察的货币需求，是指一个社会经济单位（家庭或个人）在既定的经济条件下所持有的货币量。探讨在拥有一定财富总额的约束条件下，人们愿意以货币形式持有财富的需求。研究微观货币需求，有助于进一步认识货币的职能，对短期货币需求的分析起到重要作用。从剑桥学派提出现金余额学说后，经济学家主要是从这种角度来理解货币需求的。

（2）货币需求可分为名义货币需求与实际货币需求。

所谓名义货币需求，是指社会各经济部门所持有的货币单位的数量，如 1 万美元，5 万元人民币，8 000 英镑等，通常以 Md 表示。实际货币需求则是指名义货币数量在扣除了通货膨胀因素之后的实际货币购买力，它等于名义货币需求除以物价水平，即 M_d/P。两者的根本区别就在于，实际货币需求剔除了物价变动的影响，而名义货币需求则没有。举例来说，假设 T_0 期时的货币需求为 1 000 亿元，T_1 期时生产、流通规模和实际财富水平与 T_0 期相比未变而物价却上涨了 1 倍；也就是说全社会的商品、劳务的名义价值增加了 1 倍。这时如果货币流通速度保持不变，货币存量必须增加 1 倍，以满足社会生产和流通的需要，即名义货币需求量由 T_0 期时的 1 000 亿元增加到 T_1 期时的 2 000 亿元。但这种增加只是适应物价上涨幅度在名义上的增加，就经济成长过程本身所提出的实际货币需求并没有变，仍然是 1 000 亿元。对于货币需求者来说，重要的是货币所具有的购买力的高低而非货币数量的多寡，因此，他们更为关注实际货币需求；但在物价总水平有明显波动的情况下，区分并研究名义货币需求对于判断宏观经济形势和制定并实施货币政策具有重要意义。

（3）货币需求可分为主观货币需求与客观货币需求。

主观货币需求是指人们在主观上所要占用的货币量。经济学中研究的货币需求是客观货币需求，因为主观需求是一种无约束的需求，它可能为无限大，基本上是无效需求。某人梦想有越多越好的人民币的资产，这只是一种欲望，是无效的。而客观货币需求是有支付能力的有效需求。在实际工作中，客观货币需求是研究的主要对象，但是不能忽略对主观货币需求的研究，它有助于货币当局制定和实施货币政策。

二、决定和影响货币需求的主要因素

货币需求取决于人们持有货币的动机和财务约束，因此凡是影响和决定人们持有货币的动机和财务约束条件的因素也就是决定和影响货币需求的因素。决定和影响货币需求的因素主要有以下方面。

1. 收入状况

收入状况是决定货币需求的主要因素之一。这一因素又可分解为收入水平和收入时间间隔两个方面。

在一般情况下，货币需求与收入水平成正比，这是因为人们以货币形式持有的财富是其总财富的一部分，而收入的数量往往决定着总财富的规模及其增长速度。同时，收入的数量对支出数量也有决定性影响，收入多则支出多，而支出多则需要持有的货币量也多。

如果人们取得收入时间间隔越长，则人们的货币需求量就会增大；反之，则减少。因为在一般情况下，收入通常是定期地取得，而支出则是经常陆续地进行，在两次收入的间隔中，人们要持有随时用于支出的货币。两次收入的间隔越长，人们需要持有的货币越多。

2. 市场利率

在正常情况下,货币需求与市场利率呈负相关关系。市场利率上升,货币需求减少;反之,则增大。当市场利率提高时,一方面会增加人们持有货币的成本,另一方面又会使有价证券价格下降,吸引投资者购买有价证券,以便在未来有价证券价格回升时,获取资本利得,所以人们将减少货币需求量。而当市场利率下降时,一方面会减少人们持有货币的机会成本;另一方面会使有价证券的价格上升,人们为避免将来证券价格下降而遭受资本损失,就会抛售有价证券,转而持有货币,从而使货币需求量增大。

3. 信用的发达程度

如果在一个社会信用发达,信用制度健全,人们在需要货币的时候能容易地获得现金或贷款,那么人们所需要持有的货币就会少些,人们可以将暂时不用的货币先投资于其他金融资产,待需要使用货币时,再将其他金融资产出售以换回现金。另外,在信用制度发达的经济中,有相当一部分交易可通过债权债务的相互抵消来结算,这也减少了货币的需求量。而在信用制度不发达,融资不方便的经济中,人们要取得现金或贷款不太容易,于是人们宁愿在手头多持有些货币。一般来说,货币需求量与信用的发达程度成负相关关系。

4. 货币流通速度

货币流通速度与货币需求负相关。从动态角度看,一定时期货币总需求量就是货币的总流量,它是货币平均存量与流通速度的乘积,在商品劳务总量不变的情况下,货币流通速度的加快或减缓势必引起货币需求的减少或增加。

5. 全社会商品和劳务的总量

商品和劳务的供给量越大,对货币的需要量就越多;反之,则越少。

6. 价格水平

从本质上看,货币需求是在一定价格水平上人们从事经济活动所需要的货币量。在商品和劳务量既定的条件下,价格越高,用于商品和劳务交易的货币需求也必然增多。因此,价格和货币需求,尤其是交易性货币需求之间,是同方向变动关系。在现实生活中,由商品价值或供求关系引起的正常物价变动对货币需求的影响是相对稳定的。而由通货膨胀造成的非正常物价变动对货币需求的影响则极不稳定。新中国成立后我国几次通货膨胀期间都曾不同程度地出现了提款抢购、持币待购的行为,造成了这些时期货币需求的超常增长。可见,价格因素对我国货币需求的影响是很大的。

7. 人们的心理预期

货币需求在很大程度上还受到人们的心理预期的影响。影响人们货币需求的心理预期主要有 3 种:一是对市场利率变动的预期;二是对物价水平的预期;三是对投资收益率的预期。当人们预期市场利率要上升时,会增加货币需求,反之,则会减少;当人们预期物价水平要上升时则会减少货币持有,反之,则会增加;当人们预期投资收益率上升时,也会减少货币持有量,反之,则会增加。

8. 人们的资产选择

人们进行资产选择的原因有三:一是保值,二是生利,三是心理偏好。当人们偏好货币或持有货币的收益率高时,就会增加对货币的需求,否则,就会减少货币需求。

9. 消费倾向

货币需求与消费倾向一般呈同向变动关系。即消费倾向越大,所需要用作购买手段的货币持有量就越大,反之,则减少。

10. 其他因素

如体制变化，财政收支引起的政府货币需求的变化、金融服务技术与水平，甚至民族特性、生活习惯等都影响货币需求。

第二节 | 货币需求理论

一、马克思的货币必要量理论

马克思从货币的功能以及货币对经济的作用入手展开论述。概括起来，主要有以下几点。

（1）货币流通是为商品流通服务，符合商品流通客观需要的货币量就是货币必要量，即客观的货币需求量。

（2）商品流通决定货币流通，货币流通的基础和前提是商品流通，货币流通从属于或依附于商品流通。货币流通对商品流通也有一定的反作用。它科学地揭示了流通中为什么需要货币，货币流通应遵循什么样的基本规律。

（3）一定时期内，社会对执行流通手段职能的货币需求量取决于三个基本的因素，即商品可供量、商品的价格水平和货币流通速度（次数）。马克思的货币必要量公式可以简单地理解为：一定时期流通中所必要的货币量与该时期待实现的商品价格总额成正比，与货币流通速度成反比。

用公式可表示为：

$$货币量 = \frac{商品价格总额}{同名货币的流通速度}$$

$$M = PQ/V$$

其中，P 表示商品价格水平；Q 表示流通中的商品数量；V 表示货币流通的平均速度；M 表示货币必要量。

很明显，公式所反映的基本关系是商品的价格决定流通所需的货币量，而不是相反。因为，价格是货币流通的前提，没有价格就谈不上货币的流通。马克思说"商品只有事先观念地转化为货币，即获得价格规定，表现为价格，才能实际地同货币相交换，转化成货币。因此，价格是货币流通的前提，虽然价格的实现表现为货币流通的结果。"

（4）这里公式所分析的货币必要量是指执行流通手段职能的货币必要量。在考察了货币的支付手段职能之后，马克思认为，由于支付手段的实现会引起对货币需求量的增加，在货币周转速度不变的条件下，一定时期到期支付的总额越多，对货币的需求也就越多。也就是说，一定时期的货币需求量是由货币的流通手段量和货币的支付手段量共同构成的，"现在我们来考察一定时期内的流通货币总额。假定流通手段和支付手段的流通速度是已知的，这个总额就等于待实现的商品价格总额加上到期支付总额，减去彼此抵消的支付，最后减去同一货币交替地时而充当流通手段，时而充当支付手段的流通次数。"关于马克思的这段话中最后一个"减去"的理解，一直存在争议，一般认为可以表示为下式，即：

流通中所需货币量=（待实现的商品价格总额−延期支付总额+到期支付总额−相互抵销的支付总额）÷同名货币的流通速度

二、传统货币数量说

货币数量论（The Quantity Theory of Money）是指以货币的数量来解释货币的价值或一般物价水平的一种理论。核心内容是货币数量的变动与物价或货币价值的变动之间，存在着因果关系，即在其他条件不变的情况下，物价水平或货币价值由货币数量所决定。货币数量增加，物价随之正比例上涨，货币价值随之反比例下降；货币数量减少，物价随之正比例下跌，货币价值随之反比例上升。

传统货币数量说又称为古典的货币数量说，包含两部分，即现金交易数量说（费雪方程式）和现金余额数量说（剑桥方程式）。

1. 现金交易数量说（费雪方程式）

美国经济学家费雪于 1911 年出版了《货币的购买力》一书，创立了现金交易说，并提出了著名的交易方程式（Equation of Exchange）：

$$MV=PT$$

其中，M 代表流通中的货币数量，V 代表货币流通速度，T 代表商品和劳务的交易量，P 代表一般物价水平。等式右边 PT 为交易总值，等式左边 MV 为货币总值。显然，就事后观点而论，双方总是恒等。因此，$MV=PT$ 只是一个恒等式，而不是一种理论。为了使交易方程式 $MV=PT$ 具有理论上的价值和意义，费雪分析了决定方程式中 M、V、P、T 的各种因素以及方程式中各项因素的变化情况。

费雪认为，M（流通中的货币数量）是由银行准备金情况、准备金比例、货币政策和借贷情况等条件决定的，因此，费雪做出了 3 个假定。

（1）货币流通速度（V）是由社会惯例（如支付制度）、个人习惯、技术发展状况（如交通运输和通讯技术）以及人口密度等因素所决定的。由于这些因素在短期内是稳定的，在长期内变动也极慢，因此，V 在短期内是稳定的，故可视为不变的常数。

（2）商品和劳务的总交易量（T）则取决于资本、劳动力及自然资源的供给状况和生产技术水平等非货币因素。因而在充分就业条件下，商品和劳务的总交易量或实际国民收入在短期内也将保持不变。商品和劳务的交易量 T 变动极小，故也可视为常数。

（3）一般物价水平 P 完全是被动的，完全由其他因素决定，是一个因变量，P 对 M、V、T 没有影响。

这样，由于 V、T 是常数，而 M 是自变量，因此可得出结论：货币数量 M 的变动导致物价 P 的同比例变动。货币数量的变动是因，一般物价水平的变动是果。由于存在这种因果关系的推论，恒等式 $MV=PT$ 便具有了理论上的价值和意义。因此，费雪的结论是"货币数量决定着物价水平"。

如果将交易方程式改写成货币需求方程式，则为：

$$M=PT/V$$

这表明，人们之所以需要货币，是因为货币是一种交易媒介，因此人们需要货币的目的是为了便利商品或劳务的交易。由于该方程式强调货币的交易功能，故费雪的交易方程式也被称为"现金交易数量说"。

由于商品和劳务的交易量 T 很难得到，一定时期的商品和劳务的交易额（PT）也用名义国民收入（PY）表示。这里的 Y 表示实际国民收入。

$$MV = PY$$

则

$$M = \frac{PY}{V}$$

费雪方程式侧重于宏观分析，即货币总量和总产出及总的价格水平的关系，因而没有注意微观经济主体行为对货币需求量的影响，成为其理论的一大缺陷。

马克思的货币流通规律公式和费雪的交易方程式表面看来有相似之处，但是从实质上看有本质区别。马克思的货币需求理论的最大特点是建立在劳动价值论基础上的货币需求理论。马克思的货币流通规律公式对等的基础是劳动创造的价值，即货币价值或货币符号所代表的价值与商品的价值对等。费雪虽然也认为货币是一种商品，但却不承认商品或货币自身的价值由劳动决定，而认为由商品流通中的供求关系决定。这一根本区别决定了马克思货币流通规律公式的优势和费雪交易方程式的不足。

2. 现金余额数量说（剑桥方程式）

传统货币数量论的另一种形式是现金余额说。现金余额说（Cash-Balance Approach）是以马歇尔和庇古为首的英国剑桥大学经济学家创立的。庇古根据马歇尔的观点，于 1917 年写了《货币的价值》一文，马歇尔则于 1923 年写了《货币、信用与商业》一书。他们都从另一角度研究货币数量和物价水平之间的关系。

剑桥学派经济学家认为现金交易说没有说明使货币流通速度发生变化的原因，而要发现这些因素，就必须考察公众意愿以货币形态保持其购买力的数额，而这又要分析人们持有货币余额的动机，即分析决定货币需求的因素。

剑桥学派十分强调货币的需求，即重视人们持有货币量的多少和动机。个人对货币的需求，实质是选择以怎样的方式保持自己资产的问题。他们认为，经济主体愿意持有的平均货币数量或现金余额，也即人们对货币的需求 Md 在名义国民收入 Y 中保持一个稳定的比例 K，因此货币需求可以用公式表示为：

$$Md=KY$$

由于名义国民收入（Y）是实际产量或实际收入（y）与物价水平（P）的乘积，即 $Y=Py$。因此上述公式又可写为：

$$Md=KPy$$

这样，剑桥学派所建立的实际上是一种货币需求方程式。

由于包括传统货币数量论在内的古典经济学都认为经济可以自动趋于均衡，因此货币供求也趋于均衡，故 $Md=Ms=M$，即 M 的下标可省略。此一替换便得：

$$M=KPy$$

这就是剑桥方程式（Cambridge Equation），该方程式表示人们意愿持有的货币存量 M（实际上是人们的货币需求量），与国民收入保持一固定的或稳定的比例 K。剑桥学派采用 K，是与剑桥方程式强调货币需求有关的。因为研究 K，就要研究人们持有货币的动机，即研究决定人们货币需求的因素，因此，K 的引入开创了对持币动机研究的先河。

剑桥学派认为 K 将由于以下原因而变动：人们的财富有 3 种用途：①投资于生产，以获取利润或利息；②用以直接消费，以得享受；③保持货币形态，使其成现金余额，以得便利与安全。这 3 种用途互相排斥，必须权衡利弊而做出最佳选择。当人们感到保持现金余额所得利益大于因放弃投资和消费而受的损失时，则必然增加现金余额。相反，则要减少现金余额。由此可见，现金余额说的最大特点在于重视了人的行为因素——持币动机对货币需求进而对货币价值或物价水平的影响，它为货币需求理论的发展提供了新思维。无论是后来凯恩斯的货币资产需求论，还是弗里德曼的货币需求稳定论，都受益于剑桥学派的这一重大贡献。

现金余额说的指导思想是马歇尔的均衡价格理论。剑桥学派运用供求原理来说明货币价值的决定，认为货币同普通商品一样，其价格也由供求关系决定。由于货币供应是由货币当局控制的，因此可视为外生变数，这样，货币价值的大小便主要由货币需求决定，这也是剑桥学派注重货币需求的原因。

根据供求均衡价格理论，在货币供应不变条件下，如果人们对货币的实际需求减少，这就表示人们手中持有的货币存量相对过多，结果货币价值趋于下降。由于货币价值与物价成反比。因此货币价值下降即表现为物价上涨。反之，若实际货币需求增加，则意味着人们手中持有的货币存量相对过少，结果货币价值上升，物价下跌。在实际货币需求不变条件下，如果货币供应增加，则人们手中持有的货币存量增多，这就导致物价上涨。反之，若货币供应减少，使人们手中持有的货币存量减少，则使物价下跌。

现金余额学说从供求两个方面说明了物价水平取决人们手中持有的货币存量，这就使货币、物价同个人动机和行为之间发生了联系。

在以上分析的基础上，剑桥学派得出结论：如果 K、y 都为常数，则物价水平与货币存量成同比例且同方向的变化。这就从另一个方面得出了与费雪相同的结论。

3. 现金交易说与现金余额说的比较及两者的共同缺陷

现金交易说与现金余额说的相同之处有两点。一方面，二者都研究了货币数量与商品价格的关系，得出的基本结论相同，即两者都将货币数量作为物价变动的原因，货币数量的变动将导致一般物价水平同方向、等比例的变动。另一方面，两个方程式的实质相通。剑桥方程公式 $Md=KPy$ 中的 Py 相当于交易方程式中的 PT，K 表示国民收入中以货币形式持有的比例，如果 K 与货币流通速度 V 互为倒数，则有 $Md=KPy=PT/V$。但事实上，K 和 V 并不是简单的倒数关系。

现金交易说与现金余额说二者的不同点在于以下几点。

第一，对货币需求分析的侧重点不同。现金交易说（费雪方程式）强调的是货币的交易手段功能，侧重于商品交易量对货币的需求；而现金余额说（剑桥方程式）则重视货币作为一种资产的功能，侧重于收入对货币的需求，除研究了货币的交易数量外，还研究了货币作为贮藏手段的数量。

第二，对货币需求分析的角度不同。现金交易说（费雪方程式）指的货币数量是某一时期的货币流通量，把货币需求与支出流量联系在一起，重视货币支出的数量和速度 V；而现金余额说（剑桥方程式）则是指货币数量是某一时点人们手中所持有的货币存量，它从用货币形式保有资产存量的角度考虑货币需求，重视这个存量占收入的比例 K。前者从货币流量的角度分析，后者从货币存量的角度分析。

第三，两个方程式所强调的货币需求决定因素有所不同。费雪方程式是从宏观角度用货币数量的变动来解释价格；反过来，在交易商品量给定和价格水平给定时，也能在既定的货币流通速度下得出一定的货币需求结论。费雪方程式注重货币流通速度以及经济社会等制度因素。而剑桥方程式则是从微观角度对货币需求进行分析的产物。他们的思路是，出于种种经济考虑，人们对于保有货币有一个满足程度的问题。但保有货币要付出代价，比如不能带来收益的特点就是对保有货币数量的制约。这就是说，重视微观主体持有货币的动机，微观主体要在对各种资产的比较中，决定货币需求。显然，剑桥方程式中的货币需求决定因素多于费雪方程式，特别是利率的作用已成为不容忽视的因素之一。

现金交易说和现金余额说都属于传统的货币数量论，其共同缺陷表现在以下几方面。

第一，传统货币数量论是以充分就业的假定为前提的，而这种假定是不符合现实的。在非充分就业条件下，物价水平并不一定随货币数量的变动而变动。

第二，货币数量论是一种长期的均衡理论和静态的理论。首先，货币数量论以"萨伊定律"即"供给会自行创造它本身的需求"为理论基础，认为商品总供给恒等于商品总需求，短期内经济波动会通过市场机制而自动调节，经济在长期内总会自动趋向充分就业均衡。由于货币只是商品交易的媒介，因此，货币的供给和需求也同样会趋于均衡。基于此，传统货币数量论认为，短期的不均衡现象，经过自动调节，在长期内必然趋于均衡，因此，经济学对短期问题没有深入研究的必要，而应主要分析在长期内货币数量及其他经济因素的变动情况。故这是一种长期的均衡理论。实际上，短期变动却是现实中的经常现象，是导致经济发生问题的主要原因。其次，传统货币数量论常假定某些因素固定不变，如假定产量、货币流通速度及货币持有比例不变，处于静止状态，而不深入探讨这些因素的变化过程和原因。因此，这是一种静态的理论。但实际上，方程式中的每一因素都处于动态的不断变化之中。

第三，传统货币数量论将利率排除在货币分析之外，忽略了利率的作用。

第四，传统货币数量论没有研究方程式中各项因素之间的相互关系。除了认为货币量变动会直接引起物价同比例变动外，传统货币数量论对方程式中的其他各项因素之间的相互关系没有深入探讨。事实上，方程式中的各项因素都是相互作用的。例如，货币数量的增加，会因生产的增加，或因货币流通速度的减少而抵消，结果，物价不因货币数量增加而上涨，或不与货币数量同比例上涨。此外，物价也不是被动的，物价的变动也影响其他因素，例如，物价的上升会使人们产生物价继续上升的预期，因而人们就会加快货币支出，抢购物资，减少货币持有量，结果将使货币流通速度提高。

三、凯恩斯的货币需求理论

该理论由凯恩斯在 1936 年出版的名著《就业、利息和货币通论》一书中系统地提出。凯恩斯继承了现金余额理论的分析方法，从资产选择的角度来考虑货币需求。但是不同的是，它没有在概括的陈述了影响货币需求的各种因素之后，草率地断定，只有名义国民收入才是影响国民收入的主要因素，而是对人们持有货币的各种动机进行了详尽的分析，并进而得出实际货币需求不仅受实际收入影响，而且受利率影响的结论。由于凯恩斯将人们持有货币的动机称为流动性偏好，并因此产生对货币的需求，形成货币需求函数。因此凯恩斯的货币需求理论又被称为流动性偏好理论。

凯恩斯货币需求理论最显著的特点是注重对货币需求的各种动机的分析，他将人们保有货币的动机分为交易动机、预防动机和投机动机 3 类。

（1）交易动机。它是指个人或企业为了应付日常交易需要而产生的持有货币的需要。它决定人们进行交易持有多少货币。

凯恩斯将交易需求看作收入的稳定函数。收入越多，此项货币需求就越大；收入越少，此项货币需求也就越小。

（2）预防动机。又称谨慎动机，是指人们为了应付紧急情况而持有一定数量的货币。它的产生主要是因为未来收入和支出的不确定性。这一货币需求的大小也主要取决于收入水平的多少。

由于交易动机和预防动机的货币需求都主要取决于收入水平，而对利率变化则不很敏感，所以可以把这两种货币需求函数合二为一以下式表示：$M1=L1(Y)$，其中，$M1$ 代表为满足交易动机和预防动机而持有的货币量，Y 代表收入水平，$L1$ 代表 $M1$ 与 Y 之间的函数关系。$M1$ 货币需求是收入水平 Y 的递增函数。

（3）投机动机。是指人们为了在未来的某一适当时机进行投机活动而保持一定数量的货币。这也是凯恩斯货币需求理论中最有特色的内容。投机动机的货币需求的大小决定于 3 个因素：当前利率水平、投机者心目中的正常利率水平和投机者对利率变化趋势的预期。若当前利率高于正常利率，投机者就会预期利率下降；若当前利率低于正常利率，投机者就会预期利率上升；虽然投机者心目中的正常利率水平因人而异，但是从整个经济的发展来看，如果当前利率较高，就会有较多的人预期利率下降，而当前利率较低就会有较多的人预期利率上升。

在一般情况下，市场利率与债券价格反向变动，人们预期利率上升，则意味着预期债券价格下降；而预期利率下降，则意味着债券价格上升，这种预期影响着人们持有资产的决策，从而影响投机性货币需求。具体而言，当前利率较低时，人们预期利率会上升，人们将抛出债券，持有货币；而当前利率较高时，人们预期利率下跌，人们将抛出货币而持有债券。所以，投机动机的货币需求是当前利率水平的递减函数。公式表示即是：$M2=L2(r)$，其中，$M2$ 代表为满足投机动机而持有的货币量，r 代表市场利率，$L2$ 代表 $M2$ 与 r 之间的函数关系。

综合而言，货币总需求函数是：$M=M1+M2=L1(Y)+L2(r)$ 即货币的总需求是有收入和利率两个因素决定的。

凯恩斯认为，一般情况下，由流动偏好决定的货币需求在数量上主要受收入和利率的影响。其中交易性和预防性货币需求是收入的递增函数；投机性货币需求是利率的递减函数，所以，货币需求是有限的。但是当利率降到一定低点之后，由于利息率太低，所有的人们都会预期利率上升，人们不再愿意持有没有什么收益的生息资产（债券），而宁愿以持有货币的形式来持有其全部财富。这时，货币需求便不再是有限的，而是无限大了。这时，不论中央银行增加多少货币供应量，都将被人们无限大的投机性货币需求所吸收，将其储藏起来，利率不会再下降，这就像存在着一个大陷阱，中央银行的货币供给都落入其中，在这种情况下，中央银行试图通过增加货币供应量来降低利率的意图就会落空。如图 7-1 所示，当利率降到 r_0 点时，货币需求曲线 L 就会变成与横轴平行的直线，后人把这一直线部分称作"流动性陷阱"。所谓"流动性陷阱"是凯恩斯分析的货币需求发生不规则变动的一种状态。对于这种情形是否真的存在，经济学界存在广泛的争论。

关于凯恩斯货币需求理论的评价：第一，他强调了货币作为资产或价值储藏的重要性；第二，提出了"流动性偏好"和"流动性陷阱"的思想。

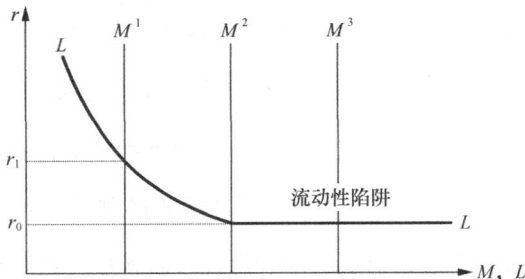

图 7-1　凯恩斯流动性偏好理论

流动性偏好是指人们对货币的流动性的偏爱。流动性陷阱是指当一定时期的利率水平降低到不能再低时，人们就会产生利率上升从而债券价格下跌的预期，货币需求弹性就会变得无限大，即无论增加多少货币，都会被人们储存起来。

四、凯恩斯货币理论的发展

凯恩斯的发现对经济学家产生了革命性的冲击，引起了很多经济学家的重视和兴趣。他们分别就自己熟悉的角度，对凯恩斯货币理论做了研究和探索，补充和丰富了凯恩斯货币理论，这些理论也被称为后凯恩斯学派的货币需求理论。主要有以下研究。

1. 鲍莫尔模型

凯恩斯认为，交易性货币需求取决于收入，而同利率无关。但早在19世纪40年代末，美国经济学家汉森（A. H. Hansen）在《货币理论和财政政策》一书中，就对凯恩斯的这一观点提出了质疑。他指出，当利率上升到相当的高度时，货币的交易余额也会具有利率弹性。

1952年，美国经济学家鲍莫尔（William Baumol）发表了《现金的交易需求——存货的理论分析》一文，第一次深入分析了交易性货币需求同利率之间的关系，从而提出了著名的"平方根定律"（The Square Root Formula），这一定律也称为鲍莫尔模型。

鲍莫尔将管理科学中最优存货控制理论，运用于对货币需求的研究。根据存货理论，企业持有存货是为了满足各种生产和交易活动的需要，但存货是要耗费成本的（如仓租、利息、管理费用等），由于企业的目的是追求最大利润，因此，企业必然在不妨碍生产和交易的前提下，力图降低存货量，从而将保持存货的成本降至最低限度。同样，经济主体（企业或个人）为满足交易需求而持有的货币（现金）余额，也可视为一种存货。货币并无利息收益，故持有货币也意味着承担一定的机会成本，即放弃将货币投向有价证券或其他资产所能获得的利息收入。因此，具有理性动机的经济主体也必然会使作为交易用途的货币余额尽量减少。

鲍莫尔认为，有理性的经济主体为了获得最大收益，必然会将暂时不用的货币转化为生息资产，以获得利息收益，然后在需用货币时再将生息资产变现为货币。但是，要将生息资产变现为货币，需要一定的手续费。鲍莫尔将之称为"佣金"，这就构成一种交易成本。因此，有理性的经济主体就要在利息收益和交易成本两者之间权衡得失而做决策，但只要利息超过手续费，这样做就是有利可图的。利率越高，利息超过手续费的机会就越多，从而就可以更多次地把货币变为生息资本，即降低货币持有额。因此，即使是基于交易动机的货币需求，也同样是利率的减函数。

根据以上分析，鲍莫尔假定，设某一时期内可预见的交易支出为 T，每次出售证券变现而获得的货币量均为 C。如果全部交易支出均需使用货币，则变现次数为 T/C。设每次出售证券获取现金所需支出的手续费为 b，则为了融通整个交易活动而获取货币所需的总手续费为 $b \times \dfrac{T}{C}$。同时，假设支出是连续和均匀的，即每次出售证券变现获得货币以后，以固定的比例和平均的速度支出，则经济主体手中平均持有的货币余额为 $C/2$。由于货币没有利息收入，当市场利率为 i 时，持有货币所牺牲的利息收入，即机会成本为 $\dfrac{C}{2} \times i$。而获取货币所支付的手续费和持有货币所牺牲的利息收入就构成持有货币的总成本，以 K 表示。综合以上，经济主体为满足交易需求而持有货币的总成本 K 可由下式表示：

$$K = \frac{bT}{C} + \frac{iC}{2}$$

显然，任何有理性的经济主体都务必会使其持有货币的总成本降至最低限度，即使 K 值最小。为求 K 的极小值，则应对该式求 C 的一阶导数，并令其为零。最后可得到持有货币的总成本最小时的货币持有额。

$$C = \sqrt{\frac{2bT}{i}}$$

由于平均持有的现金余额是每次变现额的一半，即 $C/2$，因此平均交易余额可写成：

$$\frac{C}{2} = Md = \sqrt{\frac{bT}{2i}}$$

这就是著名的"平方根公式"。它表明：（1）货币的交易需求，并不与交易（或收入）总量依同一比例变化，而是与交易总量的平方根依同一方向变化，这称为"平方根定律"；（2）货币的交易需求与利率有关，这就补充和发展了凯恩斯的货币需求理论；（3）由于存在着交易成本 b，所以就需要持有一定的货币。相反，若 $b=0$，即在没有交易成本的情况下，也就没有持有货币的必要，这就印证了货币作为交易媒介的功能。

如设 $\alpha = \sqrt{\frac{b}{2}}$，则上式变为：

$$\frac{C}{2} = Md = \alpha T^{0.5} i^{-0.5}$$

将上式两边取自然对数，得：

$$\text{Ln} \frac{C}{2} = \text{Ln} Md = \text{Ln}\alpha + 0.5\text{Ln}T - 0.5\text{Ln}i$$

再求该函数分别对 $\text{Ln}T$ 和 $\text{Ln}i$ 的偏导数，得：

$$\frac{\text{dLn}Md}{\text{dLn}T} = 0.5 \qquad \frac{\text{dLn}Md}{\text{dLn}i} = -0.5$$

这就得出了两种不同的弹性，其中 $\frac{\alpha \text{Ln}Md}{\alpha \text{Ln}iT}$ 是货币需求对收入的弹性，而 $\frac{\text{dLn}Md}{\text{dLn}i}$ 是货币需求对利率的弹性。由所得的数值可知：货币需求的收入弹性为 0.5，它表明收入增加后，货币需求量虽也增加，但增加的幅度较小，这是因为货币的交易需求具有"规模经济"的特点，即经济主体会因收入规模增大而尽量节省货币持有额；货币交易需求的利率弹性则为-0.5，这表明利率变动后，货币的交易需求会向相反方向变动，但变动的幅度也较利率变动的幅度小。

总之，鲍莫尔将存货管理理论应用于货币需求理论，使货币需求理论有了重大发展，其贡献如下：

（1）鲍莫尔的理论论证了即使是最基本的货币需求——交易动机的货币需求也受到利率变动的影响，这一论证不仅为凯恩斯主义的以利率作为传导机制的理论进一步提供了证明，而且向货币政策的制定者们指出，货币政策如果不能影响利率，那么它的作用就会很小，甚至无效。

（2）根据"平方根定律"，假定其他条件不变，货币需求的变动在比例上小于收入水平的变动，这意味着，增加一定比例的货币供应量，将会导致收入的更高比例的增长，即货币政策对国民收入的作用远比预期大，鲍莫尔的理论由此强调了货币政策的重要性。

然而，鲍莫尔模型却存在着一些明显的缺陷如下。

第一，西方一些经济学家运用经济计量分析对鲍莫尔理论中的利率变动、收入变动与交易性货币需求变动的数量关系进行了检验，并根据有关统计数据认为，货币需求对收入的弹性并不是一个常数，而是在 1/3 至 2/3 之间，甚至在更大的范围内波动的变数。因此他们指出，鲍莫尔理论的最大弱点，是货币需求的收入弹性固定为 1/2 的推论。还有人计算出，在资本主义国家中，交易性货币需求的利率弹性总是明显地低于-0.5。因此，鲍莫尔的理论与实证研究的结论出入甚大。

第二，该理论假设任何企业和个人的收支都是已知的、可预料的和完全有规律的，这并不符合实际情况。意料之外的收入超过支出或支出超过收入是现实中的常事。前者往往使货币余额迅速增加，后者则可能使货币余额急剧减少。所以，平均货币余额并不是很稳定的。

第三，该模型没能区分交易性货币需求对于不同收入的家庭或不同规模的企业所具有的不同的利率弹性。

2. 惠伦模型

如前所述，凯恩斯认为，人们出于预防动机而产生的货币需求同出于交易动机所产生的货币需求一样是由收入所决定的，它们与利率无关。1966 年美国经济学家惠伦（Whalen）发表了《现金的预防需求的合理化》一文，提出预防性的货币需求同样受利率变动的影响。

惠伦认为，预防性的货币需求来自事物的不确定性。这与交易性的货币需求以收入和支出为确定或可预料作为前提刚好相反。一个人无法保证他在某一时期内的货币收入和货币支出同事先预料的完全一致，也不能排除实际支出超过实际收入或发生意外之事以及临时需要现金的可能性。因此，为稳妥起见，人们实际持有的货币总是比预期的需要量多一些，其中的超额部分就是出自于预防动机的货币需求。

那么，人们出于预防动机的货币需求究竟受哪些因素的影响呢?惠伦认为，决定人们预防性货币需求大小的因素主要有两个：一是收入和支出的状况。因为只有当支出与收入的差额（即净支出）超过持有的预防性货币余额时，才需要将非货币性资产转化为货币。而这种可能性出现的概率分布受每次收入和支出数额、次数变化的影响。所以，收入和支出状况会引起预防性货币需求的变化。二是持有货币的成本。这又包括两项内容：一项是持有预防性货币余额的机会成本，即利息收益的损失；另一项是将非货币性资产转化为货币的手续费。

惠伦在分析了决定预防性货币需求的因素之后，提出了确定预防性货币需求的最佳值公式，即惠伦模型。

所谓预防性货币需求的最佳值是指能够使持币总成本最小的持币量。它与 3 个因素有关：①持币的机会成本；②变现（将非货币性资产转化为货币）的手续费；③变现的可能次数。

如果设 M 为预防性货币平均持有额，r 为利率，则 $M \cdot r$ 为预防性货币需求的机会成本。以 P 代表变现的可能次数，P 取决于净支出大于 M 的概率，设净支出的概率分布以 0 为均值，并以 S 代表净支出分布的标准差，则变现次数的公式为：$P=S^2/M^2$。再设 b 为每次变现所需支付的手续费，则所有的变现所需支付的总手续费为：$Pb=(S^2/M^2)b$。而变现所需支付的总手续费和持有货币的机会成本就构成持有货币的总成本。若以 C 代表经济主体为满足预防动机而持有货币的总成本，则有下式：

$$C = M \times r + \left(\frac{S^2}{M^2}\right)b$$

为使 C 最小，对上式求 M 的一阶导数，并令其为 0，则有：

$$\frac{\partial C}{\partial M} = r - \frac{2S^2}{M^3}b = 0$$

由上式可解出：

$$M = \sqrt[3]{\frac{2S^2 b}{r}}$$

上式中，M 是使持币总成本 C 最小的平均货币持有额。该式说明，预防性货币余额的最佳值为 $\sqrt[3]{\frac{2S^2 b}{r}}$。这就是惠伦模型的基本公式。

惠伦模型的结论如下。

（1）最佳预防性货币余额的变化与货币支出分布的方差（S^2），变现的手续费（b）和持有货币的机会成本（利率 r）成立方根的关系，故惠伦模型又称为"立方根定律"。

（2）假定一种净支出的正态分布确定后，最佳预防性货币余额将随着收入和支出的平均额的立方根的变化而变化。

（3）预防性货币需求与利率呈反方向变动关系：利率越高，则持币的机会成本越大，此项货币需求就越小。

对于惠伦模型，西方经济学界认为其基本结论比较符合经济中的一般情况。但也认为该模型把预防性货币需求看作固定的，只作静态的定量分析是不够的。一些学者认为，预防性货币需求实际上是一个随机变量，与影响其变化的因素不存在固定的立方根关系，其收入和支出弹性、利率弹性也不应是一个固定的数值，而应在一个弹性区间内变动。

3. 托宾理论

托宾认为，收益的正效用随着收益的增加而递减，风险的负效用随风险的增加而增加。若某人的资产构成中只有货币而没有债券时，为了获得收益，他会把一部分货币换成债券，因为减少了货币在资产中的比例就带来收益的效用。但随着债券比例的增加，收益的边际效用递减而风险的负效用递增，当新增加债券带来的收益正效用与风险负效用之和等于零时，他就会停止将货币换成债券的行为。同理，若某人的全部资产都是债券，为了安全他就会抛出债券而增加货币持有额，一直到抛出的最后一张债券带来的风险负效用与收益正效用之和等于零时为止。只有这样，人们得到的总效用才能达到最大。这也就是所谓的资产分散化原则。这一理论说明了在不确定状态下人们同时持有货币和债券的原因，以及对二者在量上进行选择的依据。

利率越高，预期收益越高，而货币持有量比例越小，证实了货币投机需求与利率之间存在着反方向变动的关系。"托宾模型"还论证了货币投机需求的变动是通过人们调整资产组合实现的。这是由于利率的变动引起预期收益率的变动，破坏了原有资产组合中风险负效用与收益效用的均衡，人们重新调整自己资产组合的行为，导致了货币投机需求的变动。所以，利率和未来的不确定性对于货币投机需求具有同等重要性。

五、现代货币主义的货币需求理论

1956 年，弗里德曼发表了题为《货币数量论——一种重新表述》的论文，这标志着货币数量论的重新复活。弗里德曼认为，现代货币数量论并不像传统货币数量论那样，假定充分就业条件下的产量不变，并把货币流通速度也作为固定的常数，然后研究货币数量同物价的关系。而是认为，物价水平或名义收入（货币收入）是货币需求同货币供应共同作用的结果，决定货币供应的是货币制度，即法律和货币当局的政策，而货币需求的决定则是货币数量论所要研究的问题。这样，弗里德曼便认为，货币数量论并不是关于产量、货币收入或物价水平的理论，而是货币需求的理论，即货币需求是由何种因素决定的理论。因此，弗里德曼对货币数量论的重新表述是从货币需求入手的。

弗里德曼将货币看作资产（财富）的一种形式，也就是说货币同债券、股票、耐用消费品、房屋及机器一样都是资产。因此，人们在考虑如何保有自己的财富时，就要选择是用货币形式，还是用其他形式来持有资产。这样，就能运用消费者的需求和选择理论，来分析人们对货币的需求。消费选择理论认为，消费者在选择消费品时，须考虑 3 类因素：①收入，这构成预算约束；②商品价格以及替代品和互补品的价格；③消费者的偏好。

影响人们货币需求的第一类因素是预算约束，也就是说，个人所能持有的货币以其总财富量为限。总财富是各种资产形式的总和。由于在实证研究中，很难获得总财富的估计数，因此，弗里德曼便用收入作为财富的代表。但是，可以表示财富状况的当期收入又常常增减变动，无一定的规律，故不适于代表总财富，这样，弗里德曼就采用较稳定的"恒久性收入"作为总财富的代表。所谓叫"恒久性收入"指的是过去、现在和将来收入的平均数，即长期收入的平均数，用符号 Y 表示，货币需求与它正相关。

总财富包括人力财富和非人力财富两类。人力财富是指个人获得收入的能力，非人力财富即物质财富。由于人力财富不能像非人力财富那样可随时在市场上买卖以转换成收入或其他资产，因此，人们需要经常持有一定数量的货币。例如，当对劳动力的需求很小，即出现失业时，就很难把人力财富变成收入。因此，若总财富中人力财富所占比例较大，人们为了对人力财富的需求不足做好准备，以备失业时维持生活，也为了应付紧急需要，就会持有较多的货币；反之，则只需持有较少的货币。基于这些考虑，弗里德曼便将非人力财富占个人总财富的比率 w，作为影响人们货币需求的一个重要变量，它与货币需求为负相关关系。

影响货币需求的第二类因素是货币及其他各种资产的预期收益率，它有些类似于消费理论中的商品与其替代品和互补品之间的价格关系。货币能否产生收益，决定于货币种类。货币的名义收益率可以为零（现金），也可为正（定期存款的利息），或为负（活期存款的各项费用）。债券名义收益率和股票名义收益率则由两部分构成，一是现期支付的收益，如利息、股息；二是这些资产的名义价格变动所导致的资本利得或资本损失。实物资产的名义收益率是物价水平的变动率，因为物价水平变动，会使实物资产的名义收益率发生变动。这些资产（除货币外）的名义收益率就是人们持有货币的机会成本，因此，它们自然会影响人们的货币需求。

影响货币需求的第三类因素是财富持有者的偏好。此类因素是指收入以外的影响货币效用的其他因素或变量，用 u 表示。

根据以上分析，可得到最终财富持有者个人的货币需求函数。

$$M = f\left(Y, w, r_m, r_b, r_e, \frac{1}{P} \cdot \frac{\mathrm{d}P}{\mathrm{d}t}, P, u\right)$$

其中：M 表示名义货币需求量，即财富持有者个人持有的货币量；P 表示一般物价水平；Y 表示表示名义恒久性收入；W 表示非人力财富占总财富的比率；r_m 表示货币的预期名义收益率；r_b 表示债券的预期名义收益率，包括债券价格的变动；r_e 表示股票的预期名义收益率，包括股票价格的变动；$\frac{1}{P} \cdot \frac{\mathrm{d}P}{\mathrm{d}t}$ 表示预期物价变动率，因而是实物资产的预期名义收益率；u 表示主观偏好以及其他影响货币效用的非收入变量。

由于货币本身的预期名义收益率 r_m 一般为 0，因此上式也可以写成：

$$M = f\left(Y, w, r_b, r_e, \frac{1}{P} \cdot \frac{\mathrm{d}P}{\mathrm{d}t}, P, u\right)$$

弗里德曼认为这一名义货币需求函数是关于 P 和 Y 的一阶齐次函数，即

$$\lambda M = f\left(\lambda P, r_b, r_e, \frac{1}{P} \cdot \frac{\mathrm{d}P}{\mathrm{d}t}, w, \lambda Y, u\right)$$

令 λ 为 $\frac{1}{P}$，则得到实际货币需求函数，则：

$$\frac{M}{P} = f\left(r_b, r_e, \frac{1}{P} \cdot \frac{\mathrm{d}P}{\mathrm{d}t}, w, \frac{Y}{P}, u\right)$$

由于各种资产的实际收益取决于物价水平，货币需求函数又可分为名义和实际货币需求函数两种。则 $\frac{M}{P}$ 即为实际货币需求量，上式即为实际货币需求函数。

以上是财富持有者个人的货币需求函数。至于企业对货币的需求，弗里德曼认为，只须将 w 排除在外（将财富区分为人力财富和非人力财富对企业来说没有什么意义，因为企业均须通过市场购买这两种财富，因此 w 对企业的货币需求没有影响），则上述函数同样适用于企业。弗里德曼还认为，如果略去 y，w 在分配上的影响，而将 M、Y、w 分别视为人均货币持有量、人均实际收入和人均财产收入，那么，上述函数也可适用于整个社会。

上面所列的货币需求函数就是弗里德曼对货币数量论的"重新表述"。从弗里德曼所提出的货币需求函数来看，弗里德曼的货币需求理论一方面以传统货币数量论为基础，另一方面又吸收凯恩斯的流动性偏好理论加以发展。因为，弗里德曼的货币需求函数虽然复杂，但如经简化，就与 $MV=PT$ 或 $M=KPy$ 相似，只不过弗里德曼并不将 K 或 V 当作一个固定的常数，而是当作某些变量（如各种金融资产的收益率，预期的物价变动率等）的一个稳定的函数。另外，y 也不是当期收入，而是指恒久性收入，并作为财富的代表。同时，弗里德曼的货币需求函数又是在凯恩斯的货币需求函数 $M_d=L(Y, r)$ 的基础上的进一步发展，只不过弗里德曼货币需求函数中的 r 不只限于债券利息率，而是包括各种金融资产以及实物资产的收益率。由此可见，弗里德曼的货币需求函数是传统货币数量论与凯恩斯流动性偏好理论的混合物。

尽管如此，弗里德曼的货币需求函数仍有自己鲜明的特点，其主要特点是强调恒久性收入对货币需求的主导作用。弗里德曼认为，一个人的消费支出不是取决于他现在的收入水平，而是取决于他一生中间、或较长时间的平均收入水平，由此提出了反映长期因素影响的恒久性收入概念。货币需求也同消费需求一样，主要由恒久性收入决定。由于恒久性收入具有高度的稳定性，所以受恒久性收入支配的货币需求也是稳定的，货币流通速度的变化也是不大的。既然如此，就必须以稳定的货币需求函数为基础，从货币供应的变动来研究货币对产量和物价的影响。可见，弗里德曼货币需求函数在理论上的关节点是恒久性收入概念的引入。

思 考 题

1. 评述古典学派的货币需求理论。
2. 评述凯恩斯和后凯恩斯学派的货币需求理论。
3. 比较弗里德曼和凯恩斯的货币需求理论。
4. 评述马克思的货币需求理论。
5. 比较马克思货币需求理论与西方货币需求理论。
6. 在今天的中国，影响货币需求的因素主要有哪些？

第八章 货币供给

第一节 货币供给概述

一、货币供给的定义

货币供给是指某一国或货币区的银行系统向经济体中投入、创造、扩张（或收缩）货币的金融过程。货币供应量是指一个国家在一定时点上流通中的现金和银行存款货币的总和，它包括个人、企业、政府及各金融机构等持有的货币总量，是存量的概念。

理解这个定义需要掌握以下几个要点。

（1）货币供给是向生产和流通过程注入货币。

生产和流通过程需要货币作为润滑剂和血液才能正常进行。在古代，甚至出现过因货币无法满足生产和流通的需要而导致社会经济出现梗阻的现象。古代由于信用的局限，人们能普遍接受的货币只能是贵金属。而贵金属的供给量受贵金属产量的刚性限制。所以，能注入生产和流通过程的货币数量极其有限。货币供给不足是经常困扰古代社会者的一个难题。这个问题，直到资本经济形成后，普遍的信用体系建立后，才得到解决。

（2）注入货币是通过信用活动实现的。

前面已经提到，货币供给是在普遍的信用体系建立后才发生变化的。这种变化主要表现在货币的供给摆脱了贵金属生产的制约，可以自由增长。信用体系最先带来的是货币形态的变化——纸币的产生。这一点中国仍然走在了世界的前面。北宋时期，我国就已经出现了一种名叫"交子"的纸币。但是真正的纸币却是在西方的现代概念上的银行出现以后才大范围流通。有了纸币，银行就能创造货币了，而不再局限于贵金属的生产。

（3）货币是广义的。

有了信用后，货币的概念也不再是现金，不必要是真金白银。货币的职能开始扩大，除了价值尺度外，只要能充当支付手段、流通手段的信用凭证，都可以充当货币使用。例如，人们签出的支票、汇票、本票、银行的大额存单等，只要真实可行，便都可以成为货币。这样一来，货币供给的数量就很容易扩大。这一事实一方面解放了生产和流通，但另一方面也为货币供给失控埋下了伏笔。

（4）名义货币供给量与实际货币供给量。

名义货币供给是指一定时点上不考虑物价因素影响的货币存量，以货币单位来表示的货币供给量，人们日常使用的一般都是名义货币供给。实际货币供给是指剔除了物价影响之后的一定时点上的货币存量。若将名义货币供给记做 Ms，则实际货币供给就为 Ms/P。

二、货币的供给主体

由于货币供应量包括通货与存款货币，货币供给的过程也分解为通货供给和存款货币供给两个环节。其中通货（现金）是由中央银行供给的。国家赋予中央银行发行现金的特权，凡是从中央银行流出的现金，都是中央银行的负债，它构成中央银行的资金来源。存款形式的货币供给，是由商业银行和中央银行共同作用完成的，它是通过派生存款机制向流通中供给货币的过程。中央银行在存款货币的创造机制中起着基础性作用。因此，在现代经济中，货币供给的主体就是发行流通中货币（现金）的中央银行和经营存款业务的商业银行。

三、货币层次及其划分

（一）货币层次的内涵

所谓货币量层次划分，即把流通中的货币量主要按照其流动性的大小进行相合排列，分成若干层次并用符号代表的一种方法。货币量层次划分，目的是为了把握流通中各类货币的特定性质、运动规律以及它们在整个货币体系中的地位，进而探索货币流通和商品流通在结构上的依存关系和适应程度，以便中央银行拟订有效的货币政策。货币发展历史的进程证明，货币概念的确定会增强中央银行宏观控制的有效性。

货币层次的划分不是从来都有的，部分发达国家从 20 世纪 60 年代开始才划分货币层次。而划分的目的主要是为了便于中央银行控制货币供给，而且在划分的标准的问题上，各国经济学者都有不同的见解和说法。

要讨论货币层次的问题，首先必须弄明白的是货币的范围。在很多国家的货币统计指标中，货币的范畴不仅囊括了流通中的纸币和辅币，并且包括银行存款，甚至包括有价证券和电子货币等。一般情况下，银行存款、有价证券等，与货币定义颇为相似但又被排除在货币定义之外，均称为准货币，而通货又只是货币的一部分。可见货币包含的范围很大很广，因此货币可以划分为许多层次。

关于货币层次划分，各国有各自的划分标准，而且就是同一国家在不同时期的货币层次划分方法也有可能有差别。基本的思路是按照货币的流动性来划分的。

（二）货币层次划分比较

1. 西方国家的一般划分

货币的流动性在大部分西方经济学家眼里实质上就是货币的变现能力。根据大部分西方经济学家对货币层次的归纳，货币一般情况下可分为以下几个层次。

M1=现金+活期存款；

M2=M1+在银行的储蓄存款+在银行的定期存款；

M3=M2+各种非银行金融机构的存款；

M4=M3+金融机构以外的所有短期金融工具。

以上只是一般情况，具体到每个国家都是不完全相同的。例如有些国家只是很简单地划分为 M1（狭义货币量）和 M2（广义货币量）。但某些大经济体，如美国、欧盟和日本等，对货币的划分却复杂很多。

2. 美国对货币层次的划分

M1=通货+活期存款+其他支票存款；

M2=M1+小额定期存款+储蓄存款+货币市场存款账户+货币市场基金份额（非机构所有）+隔日回购协议+隔日欧洲美元+合并调整；

M3=M2+大面额定期存款+货币市场基金份额（机构所有）+定期回购协议、定期欧洲美元+合并调整；

M4=M3+短期财政部证券+商业票据+储蓄债券+银行承兑票据。

3．欧盟对货币层次的划分

欧盟在货币层次划分方面，相对于美国有很大的差别。欧洲中央银行将货币分为狭义货币、中间货币和广义货币 3 个层次，具体划分如下。

狭义货币：M1=流通中现金+隔夜存款；

中间货币：M2=M1+期限为两年以下的定期存款+通知期限三个月以内的通知存款；

广义货币：M3=M2+回购协议+货币市场基金（MMF）+货币市场票据+期限为两年以内的债券。

4．日本对货币层次的划分

M1=现金+活期存款；

M2+CD=M1+准货币+可转让存单；

M3+CD=M2+CD+邮政、农协、渔协、信用合作和劳动金库的存款以及货币信托和贷方信托存款。此外还有广义流动性等于"M3+CD"加回购协议债券、金融债券、国家债券、投资信托和外国债券。

5．国际货币基金组织的货币划分

M0=流通与银行体系外的现金通货；

M1=M0+商业银行活期存款+邮政汇划资金+国库接受的私人活期存款；

M2=M1+储蓄存款+定期存款+政府短期债券。

（三）我国货币层次的划分及依据

1．我国的货币层次划分

在我国关于货币量层次的划分，目前学术界也不统一，有主张以货币周转速度划分的，有主张以货币变现率高低划分的，也有按货币流动性划分的。若是按流动性划分，其依据是：

（1）相对能更准确地把握在流通领域中货币各种具体形态的流通特性或活跃程度上的区别；

（2）在掌握变现能力的基础上，把握其变现成本、自身价格的稳定性和可预测性；

（3）央行在分析经济动态变化的基础上，加强对某一层次货币的控制能力。

我国从 1990 年起开始编制货币供应量统计口径，从 1994 年 10 月开始由中国人民银行向社会定期公布货币供应量统计数据。根据 2001 年 7 月最新修订的统计口径，中国目前的货币供应量层次如下。

M0=流通中的现金；

M1=M0+单位活期存款+个人持有的信用卡存款；

M2=M1+城乡居民储蓄存款+单位定期存款+单位其他存款+证券公司客户保证金；

M3=M2+金融债券+商业票据+大额可转让定期存单等。

在我国，M1 是通常所说的狭义货币供应量，M2 是广义货币供应量，M3 是为金融创新而增设的。最新修订的口径将证券公司客户保证金计入广义货币 M2，是因为证券公司客户保证金主要来自居民储蓄和企业存款，认购新股时，大量的居民活期储蓄和企业活期存款转为客户保证金，新股发行结束后，未中签资金又大量流回上述存款账户，将客户保证金计入 M2，有利于准确监测货币供应量。与发达国家相比，我国的现金在交易中所占比重较大，把现金单独监测和管理具有重要意义。

2. 我国的货币划分依据

回到流动性这个划分标准，不难看出，我国货币层次划分的流动性标准是局限于该金融资产的国内流动性为基础的。中美之间货币分层存在一些区别，中美两国的 M 系统，若 M1 数值相同，则美国的有实际经济意义的现钞就是 M1，而中国有实际经济意义的现钞则要远远小于 M1。这个差别使中国经济单位没有足够的流通货币，而美国相对于中国则有充裕的货币。造成这个差别的原因在于，中国的支票不能直接兑换成现钞，尽管它是货币。

再比如，在 M2 项目下，若 M2 相同，则中国的储蓄额很大，但流通的、有实际经济意义的货币却很少，因为中国的 M2 被高额储蓄占掉了，而美国却几乎全部是 M1（美国储蓄率很低）实际也就是全是 M0，即绝大部分是现钞，市场有经济意义的货币充足。而中国却是市场严重缺少有实际经济意义的货币。这就是为什么美国一直倾向于使用 M2 来调控货币的原因。因此，同样的 M2、M1、M0 水准，美国的 M 体系有大量的具有实际经济学意义的货币，而中国则是严重货币短缺。

此外，我国把流通中的现金单独列为一个层次的原因是：与西方国家相比，我国的信用制度还不够发达，现金在狭义货币供应量 M1 中占30%以上，流通中现金的数量对我国消费品市场和零售物价的影响很大，现金的过度发行会造成物价上涨。

如果中国金融改革仅仅改变这个 M 系统，则中国实际有经济学意义的货币就将增加十万亿元以上（储蓄转成支票，支票可自由兑换现钞），而货币总量却不需要任何改变。

四、货币供给的内生性和外生性

在经济学中，有内生变量和外生变量这两个基本的经济学范畴。外生变量通常又被称为政策性变量，是指这种变量的变动最主要受政策的影响，而不由经济体系内部因素所决定，税率就是一个典型的外生变量。内生变量又称非政策性变量，是指在经济体系内部由诸多纯粹经济因素影响而自行变化的量，通常不为政策所控制，如市场经济中的价格、利率、汇率等变量。

货币供给内生性指的是货币供应量是在一个经济体系内部由多种因素和主体共同决定的，中央银行只是其中的一部分，因此，并不能单独决定货币供应量；而微观经济主体对现金的需求程度、经济周期状况、商业银行、财政和国际收支等因素均影响货币供应。货币供给外生性指的是货币供应量由中央银行在经济体系之外，独立控制。其理由是，从本质上看，现代货币制度是完全的信用货币制度，中央银行的资产运用决定负债规模，从而决定基础货币数量，只要中央银行在体制上具有足够的独立性，不受政治因素等的干扰，就等从源头上控制货币数量。

如果说货币供给量是一个外生变量，这就意味着中央银行可以控制货币供给量的多少，货币供给量随着货币政策工具的操作而相应的改变，货币政策的效果较好，货币政策的目标能够得到较好的实现。如果说货币供给量是一个内生变量，则意味着货币供给量是经济体系内诸多因素共同作用的结果，中央银行难以有效控制货币供给量的多少，进而会影响到货币政策的效果。

至于货币供给量到底是内生变量还是外生变量，中外经济学者有着广泛的争论。分析思路基本都是从"货币供给量=基础货币×货币乘数"的货币供给模型入手。主张内生货币供应论观点的经济学者认为，虽然中央银行可以控制基础货币，但货币乘数受居民和企业部门持币行为、商业银行放贷意愿的影响，中央银行对此无法控制，因此，货币供给量不是由中央银行所能够完全决定的一个外生变量。而主张外生货币供应论观点的经济学者则认为，在货币供给量的两个决定因素中，基础货币是最主要的决定因素，而基础货币的增减是由中央银行的资产和负债业务所控制的，货币乘数虽然受居民、企业和商业银行等经济主体经济行为的影响，但中央银行的货币政策操作对它们的经济行为具有影响作用，因此，货币乘数也在中央银行的宏观调控之下，因此，中央银行有能力按照既定的目标运用货币政策工具对货币供给量进行扩张或收缩。

应该说，货币供给的内生性或外生性是一个很复杂的问题，很难简单地用非此即彼的逻辑进行判断。争论仍在继续，但越来越多的经济学者认为，货币供给具有内外共生性：从总体上看，中央银行对货币供给量具有相当的调控能力，这说明货币供给量存在着较强的外生性，但这种外生性又不是绝对的，因为货币供给量还要受经济运行中其他经济主体行为的影响，因而货币供给量又具有一定的内生性质。货币供给量所具有的这种双重性质，虽然不是严格合乎计量经济学的要求，但却比较客观地反映了现实状况。

随着我国改革开放的推进和经济市场化进程的加快，当前中国人民银行虽然对货币供给量仍然具有相当的控制力，但货币乘数对货币供给量的作用力度越来越大，微观经济主体的行为通过货币乘数对货币供给量的影响越来越大，我国货币供给的内生性在不断增强。货币供给量的内外共生性既决定了中央银行应该承担起对货币供给量不可推卸的调控责任，又削弱了中央银行对货币供给量的调控能力，增加了调控难度。这对中央银行的货币调控提出了更高的要求，中央银行应适时调整方式和手段，不断提高调控能力和操作艺术。

第二节　存款货币的创造

一、原始存款和派生存款

银行的存款来源不外乎两种：一是原始存款，二是派生存款。原始存款是指商业银行吸收的现金存款或商业银行从中央银行获得再贷款、再贴现而形成的存款，是银行从事资产业务的基础。这部分存款不会引起货币供给总量的变化，仅仅是流通中的现金变成了银行的活期存款，存款的增加正好抵销了流通中现金的减少。

原始存款对于银行而言，是现金的初次注入，是银行扩张信用创造存款通货的基础。由于现金和中央银行签发的支票都属于中央银行向流通中投入的货币量，所以，商业银行能吸收到多少原始存款，首先取决于中央银行发行多少货币，其次取决于商业银行对中央银行发行货币的吸收程度。

派生存款是指由商业银行发放贷款、办理贴现或投资等业务活动而创造出来的存款，与原始存款相对应，是原始存款的派生和扩大。派生存款产生的过程，就是商业银行吸收存款、发放贷款，形成新的存款额，最终导致银行体系存款总量增加的过程。用公式表示：

$$派生存款=原始存款×（1÷法定存款准备金率-1）$$

二、存款准备金

存款准备金，是指商业银行在吸收存款后，以在中央银行的存款的形式保留的，为保证存款人随时提取存款和资金清算的需要而准备的那部分流动资产储备。按种类不同划分，存款准备金可分为法定存款准备金和超额存款准备金两种。法定存款准备金是指按央行的规定，商业银行依照一定的比例保留在中央银行的准备金。这个比率（比例）就是法定存款准备金率。超额存款准备金是指商业银行超过法定存款准备金而保留的准备金,其金额由商业银行自主决定。超额存款准备金与存款总额的比例是超额存款准备金率。

$$法定存款准备金=法定的准备金率×存款总额$$
$$超额存款准备金=存款准备金总额-法定存款准备金$$
$$存款准备金总额=法定存款准备金+超额存款准备金$$

三、商业银行创造存款货币的前提条件

现代银行采用的部分准备金制度和非现金结算制度构成商业银行创造信用的基础，也是商业银行存款创造的前提条件。

部分准备金制度是相对于全额准备金制度而言的。它是指商业银行留下一部份准备金，把其余的资金全部贷出的制度。银行不用把所吸收的存款都作为准备金留在金库中或存入中央银行；如果是在 100%的全额准备金制度下，则银行不可能用所吸收的存款去发放贷款，银行就没有创造存款的可能。部分准备金制度是银行信用创造能力的基础，对一定数量的存款来说，准备金比例越大，银行可用于贷款的资金就越少；准备金比例越小，银行可用于贷款的资金就越多。所以部分准备金制度，是银行创造信用的基本前提条件。

非现金结算制度可以使人们能够以开出支票的形式进行货币支付，银行之间的往来进行转账结算，不需要使用现金。如果不存在非现金结算，银行不能用转账的方式去发放贷款，一切贷款都必须付现，则无法派生存款，银行也就没有创造信用的可能。因此，非现金结算制度也是商业银行创造信用的前提条件。

四、商业银行创造存款货币的过程

在采用部分准备金和非现金结算制度的情况下，商业银行会将其吸收的存款扣除掉准备金之后，全部用于对外发放贷款，而客户在取得贷款之后，并不提取现金，而是存入其在银行的账户中。接受了这笔新存款的银行，在扣除了准备金之后，又可以将剩余部分用于发放贷款，这样，又会产生新的存款和新的贷款，不断地循环延续下去，就可以创造出大量的存款。下面举例说明商业银行存款创造的过程。

为了便于分析商业银行创造存款的过程，假设：①整个银行体系由一家中央银行和至少两家商业银行所构成；②活期存款的法定准备金率为20%；③商业银行只有活期存款，无定期存款；④商业银行无超额准备金，即每家商业银行只保留法定存款准备金而不持有超额准备，其余部分全部贷出；⑤银行的客户不持有现金，即客户收入的一切款项均存入银行，而不提取

现金。

现在假设甲客户将 10 000 元人民币存入 A 银行，该行增加原始存款 10 000 元，按照 20% 的比例提取 2 000 元法定存款准备金，将剩余 8 000 元全部贷给乙客户，乙客户将 8 000 存入 B 银行，B 银行存款增加 8 000 元。该银行按照 20% 的比例提取 1 600 元法定存款准备金后，又将剩余 6 400 元贷给丙企业，丙企业将 6 400 存入 C 银行，该行继续提取准备金并进行贷款。这样一直循环下去，最后递减为零，存款创造过程终结，这时整个银行体系的存款将达到 50 000 元，具体过程见表 8-1。

表 8-1　　　　　　　　　　　　　　　　存款创造过程

银　行	活期存款	法定准备金	贷　款
A	10 000	2 000	8 000
B	8 000	1 600	6 400
C	6 400	1 280	5 120
D	5 120	1 024	4 096
…	…	…	…
合计	50 000	10 000	40 000

上述过程的代数表达如下。

银行活期存款总额

$= 10\ 000 + 10\ 000(1-20\%) + 10\ 000(1-20\%)^2 + \cdots + 10\ 000(1-20\%)^n = 10\ 000 \times 1 \div 20\% = 50\ 000$（元）

法定准备金总额

$= 10\ 000 \times 20\% + 10\ 000 \times (1-20\%) \times 20\% + 10\ 000 \times (1-20\%)^2 \times 20\% + \cdots + 10\ 000 \times (1-20\%)^n \times 20\%$

$= 10\ 000 \times 1 \div 20\% \times 20\%$

$= 10\ 000$（元）

贷款总额=银行活期存款总额-法定准备金总额=50 000-10 000=40 000（元）

如果以 B 代表原始存款，ΔB 表示原始存款的变动；D 表示活期存款总额；ΔD 表示活期存款的变动总额；r_d 代表活期存款的法定准备率。上述过程可以用表 8-2 表示。

表 8-2　　　　　　　　　　　　　　　　存款创造过程中的公式

n	支票（活期）存款	法定准备金	贷　款
1	ΔB	$r_d\Delta B$	$\Delta B(1-r_d)^1$
2	$\Delta B(1-r_d)^1$	$r_d\Delta B(1-r)^1$	$\Delta B(1-r_d)^2$
3	$\Delta B(1-r_d)^2$	$r_d\Delta B(1-r)^2$	$\Delta B(1-r_d)^3$
⋮	⋮	⋮	⋮
n	$\Delta B(1-r_d)^{n-1}$	$r_d\Delta B(1-r)^{n-1}$	$\Delta B(1-r_d)^n$
总计	$\Delta D = \Delta B\sum_{n=1}^{\infty}(1-r_d)^{n-1}$ $= \Delta B\dfrac{1}{1-(1-r_d)}$ $= \Delta B\dfrac{1}{r_d} = \Delta R\dfrac{1}{r_d}$	$\Delta R = r_d\Delta B\sum_{n=1}^{\infty}(1-r_d)^{n-1}$ $= r_d\Delta B\dfrac{1}{1-(1-r_d)}$ $= \Delta B$	$\Delta L = \Delta B \times \sum_{n=1}^{\infty}(1-r_d)^n$ $\Delta D \cdot r_d = \Delta R$ $\Delta L = \Delta D - \Delta R$

因此，可见由原始存款增加（ΔB）引发的存款扩张过程实际也就是这笔原始存款（ΔB）全部转化为法定准备金（ΔR）的过程。

并且，由于 $\Delta D = \Delta B \cdot 1/r_d$

可知，活期存款的变动与原始存款的变动之间明显存在着一种倍数关系，用 d 来表示，则可以写为公式：

$$\Delta D = \Delta B \cdot d = \Delta R \cdot d$$

由上式可知，$d = \Delta D / \Delta R = 1 / r_d$。

假定公式中的 ΔB 为已知量，则银行由原始存款所创造的存款货币的最大扩张倍数为 d，称为存款乘数，或者派生倍数、派生乘数。它是 r_d 的倒数，银行创造的派生存款与法定准备率成反比，或者说，存款乘数与法定准备率反方向变动。

存款乘数 d 值是原始存款能够扩大的最大倍数，但是实际过程的扩张倍数往往达不到这个值，这是因为货币乘数还会受到其他一些因素的影响。如现金漏出、定期存款、超额准备等。也就是说前面我们假设客户不持有现金、没有超额准备金、没有定期存款是不符合现实情况的。所以下面将对存款乘数进行修正。

决定存款乘数的因素包括以下几项。

1. 现金漏损率（c）

现金漏出也叫现金漏损，是指客户从银行提取或多或少的现金，使一部分现金流出银行系统。现金漏损率是指公众提取现金所形成的现金漏损额与活期存款总额之比，也称现金比率或提现率，用 c 代表，即活期存款每增加 1 元，其中 c 元就漏出为现金。如果 ΔC 代表现金漏损额，则有 $c = \Delta C / \Delta D$；$\Delta C = c \cdot \Delta D$。

在现实经济生活中，由于公众对流动性最好的现金的偏爱和非现金支付不发达等原因，活期存款总会有一部分以现金形式被提走，流出银行体系。此外，从接受银行贷款的一方来说，其一般也不会将所贷款项悉数转存或投入生产，也可能会产生一定的现金漏损。银行就不能利用这些资金来进一步扩张贷款，则活期存款的扩张倍数会受到制约。现金漏损率 c 的提高会使存款乘数下降，派生存款的数量下降。也就是说，现金漏损率 c 与法定存款准备金率一样，与存款派生乘数呈反方变动，成为影响商业银行派生能力的又一个重要因素。这是因为漏出银行体系的现金已经脱离银行的掌控，银行可用于发放贷款的资金相应减少，派生的存款也会减少。

2. 超额准备金率（e）

一般来讲，银行并不会将其全部超额准备金用来发放贷款或购买证券。为了保持资金的流动性，商业银行除了持有中央银行规定的法定存款准备金外，经常会持有超额准备金。超额准备金是指银行没有将到手的存款及时地贷出去，形成了超过法定准备金的部分准备金，用符号 E 表示。而且，银行所保持的超额准备金总额 E 与活期存款 D 有一个稳定的比率，称为超额准备金率 e，即有 $e = \Delta E / \Delta D$。因此活期存款每增加 1 元，其中 e 元成为超额准备金，银行就不能利用它们来进一步扩张贷款。

超额存款准备金率对商业银行存款派生能力的影响机理与法定存款准备金率相同，也与存款派生乘数呈反向变动关系。超额准备金的出现，将使存款乘数变小，也就是说超额准备金率的高低与派生存款能力成反比。即超额准备率 e 上升，存款乘数变小；反之，存款乘数则变大。

3. 定期存款

存在定期存款对存款创造也会产生制约。定期存款的准备金率为 r_t，活期存款为 D_d，定期存款为 D_t，定期存款法定存款准备金为 R_t，则有 $r_t = R_t / D_t$。定期存款占活期存款的比例为 t，即 $t = D_t / D_d$。

由此可知：

$$R_t = D_t \times r_t = D_d \times t \times r_t$$
$$R_t / D_d = t \times r_t$$

也就是活期存款每增加 1 元，其中（$t \times r_t$）元成为定期存款准备金，银行就不能利用它们来进一步扩张贷款。

综上所述，显然现金漏出、定期存款、超额准备这 3 个因素的出现都会使存款乘数变小，考虑到这 3 个因素的影响，对前面的存款乘数进行修正。

$$\Delta D_d = \Delta B + \Delta B(1 - r_d - c - e - t \cdot r_t) + \Delta B(1 - r_d - c - e - t \cdot r_t)^2 + \Delta B(1 - r_d - c - e - t \cdot r_t)^3 + \cdots$$

$$\Delta D_d = \Delta B[1 + (1 - r_d - c - e - t \cdot r_t) + (1 - r_d - c - e - t \cdot r_t)^2 + (1 - r_d - c - e - t \cdot r_t)^3 + \cdots]$$

$$= \Delta B \sum_{n=1}^{\infty} (1 - r_d - c - e - t \cdot r_t)^{n-1}$$

根据等比数列求和公式，可以得到：

$$\frac{\Delta D_d}{\Delta B} = 1 \Big/ (r_d + c + e + t \times r_t)$$

因此，$d = 1 \Big/ (r_d + c + e + t \times r_t)$。

除此之外，存款乘数还受社会公众行为、商业银行经营活动和中央银行的控制力等诸方面的影响，这一切给存款乘数在实际运用中增加了困难。

银行创造货币的机制也可以说明中央银行发行的货币通过银行的作用，将数倍地扩大，这是存款货币的多倍扩张的过程。需要指出的是，上述商业银行派生存款倍数扩张的原理，在相反方向上也是适用的，即派生存款的紧缩也呈现倍数缩减的过程。某一商业银行减少了一定数额的准备金存款或现金存款，则会通过各相关银行减少活期存款、收回贷款、减少准备金的系列过程，使银行系统的派生存款发生倍数缩减的过程，这个过程和其扩张过程是相对称的。存款货币多倍收缩的过程与多倍扩张的过程正好相反。在前述假设下，多倍收缩的倍数等于多倍扩张的倍数。理解这一点，对于理解中央银行实施紧缩性货币政策将产生社会货币供给总量的乘数缩减效应是十分重要的。中央银行可以运用这一机制来调节市场上流通的货币量。当经济衰退时，利用存款货币的多倍扩张的过程，调节利息率，刺激经济增长，提高就业率。当经济过热时，利用存款货币的多倍收缩的过程，抑制通货膨胀。

第三节 基础货币

现代货币供给决定模型的基本模式是货币供给（M）等于基础货币（B）与货币乘数（m）之积，即 $M = B \cdot m$。因此，本节和下节将分别来研究基础货币与货币乘数这两个重要概念。

一、基础货币内涵

1. 基础货币定义

基础货币，也称货币基数（Monetary Base）、强力货币，因其具有使货币供应总量成倍放大或收缩的能力，又被称为高能货币（High-powered Money），它是中央银行发行的现金货币（即流通中现金）以及对各商业银行负债的总和。实际上是中央银行对社会大众的负债总额。

基础货币的构成常用下式表达：

$$B=R+C$$

其中，B 代表基础货币，有时也用符号 H 来表示，意指高能货币；R 表示商业银行的存款准备金；C 表示通货，流通中的现金。

2. 基础货币的特征

基础货币是整个商业银行体系借以创造存款货币的基础，是整个商业银行体系的存款得以倍数扩张的源泉。

从质上看，基础货币具有几个最基本的特征：一是中央银行的货币性负债，而不是中央银行资产或非货币性负债，是中央银行通过自身的资产业务供给出来的；二是通过由中央银行直接控制和调节的变量对它的影响，达到调节和控制供给量的目的；三是支撑商业银行负债的基础，商业银行不持有基础货币，就不能创造信用；四是在实行准备金制度下，基础货币被整个银行体系运用的结果，能产生数倍于它自身的量，从来源上看，基础货币是中央银行通过其资产业务供给出来的。

3. 基础货币的属性

（1）可控性，是中央银行能调控的货币；

（2）负债性，是中央银行的负债；

（3）扩张性，能被中央银行吸收作为创造存款货币的基础，具有多倍创造的功能；

（4）初始来源唯一性，即其增量只能来源于中央银行。

中央银行通过调节基础货币的数量就能数倍扩张或收缩货币供应量，因此，基础货币构成市场货币供应量的基础。在现代银行体系中，中央银行对宏观金融活动的调节，主要是通过控制基础货币的数量来实现的。其具体操作过程：当中央银行提高或降低存款准备金率时，各商业银行就要调整资产负债表，相应增加或减少其在中央银行的法定准备金，通过乘数效应，可对货币供应量产生紧缩或扩张的作用。社会公众持有现金的变动也会引起派生存款的变化，从而导致货币供应量的扩大或缩小。当公众将现金存入银行时，银行就可以按一定比例（即扣除应缴准备金后）进行放贷，从而在银行体系内引起一系列的存款扩张过程；当公众从银行提取现金时，又会在银行体系内引起一系列的存款收缩过程。

4. 基础货币的计算公式

从用途上看，基础货币表现为流通中的现金和商业银行的准备金。从数量上看，基础货币由银行体系的法定准备金、超额准备金、库存现金以及银行体系之外的社会公众的手持现金等4部分构成。其公式如下。

基础货币=存款准备金+流通中的现金

=法定准备金+超额准备金+银行系统的库存现金+社会公众手持现金

二、基础货币的影响因素

（一）基础货币的影响因素的基本分析

表 8-3 是一张中央银行的资产负债表，根据会计恒等式的原理，将中央银行的资产和负债进行移项合并，则可推导出以下式子：

表 8-3 中央银行的资产负债表

资　产	负　债
证券（A1）	发行在外的现金（L1）
再贴现、再贷款（A2）	商业银行存款（L2）
财政借款或透支（A3）	财政存款（L3）
黄金外汇和特别提款权（A4）	外国在央行的存款（L4）
在途资金（A5）	其他负债（L5）
其他资产（A6）	资本金（L6）
合计	合计

基础货币=流通中现金+商业银行存款准备金

$$B=C+R=L1+L2=(A1+A2+A3+A4+A5+A6)-(L3+L4+L5+L6)$$

因此可以得到以下结论：①除基础货币外的中央银行负债不变的条件下，任何中央银行资产的增加都会引起基础货币的增加；②在中央银行资产不变的条件下，除基础货币外的中央银行负债减少将引起基础货币的增加。

基础货币直接表现为中央银行的负债，中央银行可以通过资产、负债业务调控基础货币。

（1）国外资产业务与基础货币。国外资产是中央银行的一项重要资产业务。当中央银行在金融市场上买入外汇和黄金时，就向经济体系投放了基础货币；反之，当中央银行在市场上卖出外汇和黄金时，就从经济体系收回了相应的基础货币。

外汇储备是中国人民银行近些年来投放基础货币的主要渠道。1994 年外汇管理体制改革后，我国实行的是有管理的浮动汇率制，为了避免人民币汇率的大幅波动，中国人民银行通过在外汇市场上买卖外汇影响外汇市场的供求关系，保持人民币汇率的相对稳定。伴随着我国出口的快速增长，市场中外汇供给增加，人民币升值压力加大。为了减轻或消除这种升值压力，中国人民银行进入银行间外汇市场进行干预，买进外汇，增加外汇储备，与此同时，购买外汇付出的人民币直接进入商业银行的准备金存款账户，基础货币相应增加。由此可见，当外汇储备增加时，基础货币也相应增加；反之，当外汇储备减少时，基础货币也相应减少。

（2）对政府债权业务与基础货币。如上所述，作为中央银行的另一项重要资产业务，对政府债权表现为中央银行持有的政府债券和向财政透支或直接贷款。市场经济落后的国家多是由中央银行直接贷款或透支给政府用于弥补财政赤字；而追求货币稳定的国家通常不允许财政透支或中央银行向政府直接贷款，这些国家中央银行对政府的债权主要集中在中央银行持有的政府债券上。中央银行虽可代理政府发行债券，一般却不直接认购，而是从公开市场上购买，因此，买卖政府债券成为中央银行本币公开市场业务的重要内容。由于中央银行持有政府债券的目的不是谋取盈利，而是调控货币供给量，故中央银行一般只与商业银行等参与存款货币创造的金融机构进行政府债券的买卖。只要中央银行买进政府债券，就将款项存入商业银行等金融机构的准备金存款账户，基础货币就会相应增加；当中央银行卖出政府债券时，金融机构也是用准备金存款来支付，基础货币就会相应减少。因此，中央银行如果增加持有对政府的债权，就意味着投放了相应的基础货币；中央银行若减少对政府的债权，则意味着其收回了相应的基础货币。

（3）对金融机构债权业务与基础货币。中央银行对商业银行等金融机构债权的变化是通过办理再贴现或再贷款等资产业务来操作的。当中央银行为商业银行办理再贴现或发放再贷款时，直接增加了商业银行在中央银行的准备金存款，负债方的基础货币就会相应增加；相反，当中央银行减少对商业银行等金融机构的债权时，基础货币也会相应减少。

中央银行的再贷款曾经是我国基础货币投放的主要渠道。1994 年以后，随着我国金融体系日益完善，金融市场特别是货币市场的迅速发展，通过再贷款投放的基础货币规模越来越小。截至 2009 年年底，我国的再贴现市场不发达，再贴现没能成为中国人民银行收放基础货币的主要渠道之一。

总体来说，中央银行作为一个特殊的金融机构，由于垄断货币的发行权，因此，其资产负债业务具有一个突出的特点，即资产业务决定负债业务。也就是说，中央银行增加资产业务，负债业务总量也随着资产业务的增加而相应增加。基础货币体现在中央银行的负债项，从上面3 项中央银行资产业务的增减变化可以看出：当 3 项中央银行的资产业务增加时，基础货币量也随之增加；反之，当 3 项中央银行的资产业务减少时，基础货币量也随之减少。

（4）负债业务与基础货币。基础货币量的增减变化不仅受中央银行资产业务的影响，也受中央银行负债业务结构变化的影响。发行央行票据是中央银行调节基础货币的另一种手段。

以我国为例，中央银行票据只向商业银行等存款性金融机构发行，商业银行购买央行票据、支付款项后，直接的结果是其在中央银行账户上的准备金存款减少，即基础货币数量减少。这样，中国人民银行在负债总额不变的情况下，通过对负债结构的调整，即增加央行票据发行，减少准备金存款，从而调节了基础货币数量。中国人民银行从 2002 年开始通过发行央行票据对冲由于外汇储备增长所导致的基础货币投放，增强了调节基础货币的能力。

（二）影响基础货币变化的根本原因

1. 政府的财政收支

为改善政府的收支状况，有一系列的方法，如增加税收、发行新的公债、增发通货、向中央银行透支。其中税收融资（增加税收）和债务融资（发行新的公债）对基础货币影响的净结果是零。发行融资（增发通货）直接影响到基础货币的发放量，扩大基础货币构成中的通货总量。所谓发行融资就是通过发行货币获得资金的方法，很明显将直接引起基础货币的增加。对政府来说发行融资是最简单易行的方法，既不用征税引起公众的反感，也不必为债务而还本付息。如果不加限制的话，很多国家政府都会采用该方法，历史上也曾经如此。但是基础货币增发的后果是通货膨胀，因此很多国家都在法律上限制发行融资。向中央银行透支弥补财政赤字也同样增加了基础货币的总投放量。

2. 黄金存量变化、外汇存量变化和国际收支状况

黄金是中央银行的资产项目，当中央银行向财政部购买黄金时，资产和负债同时增加，即放出了部分的本币通货，增加了基础货币量；同样，国际收支出现持续性顺差，或者中央银行为了调节汇率，在外汇市场上购入外汇，也使中央银行的资产和负债同时增加，中央银行买进外币，放出本币，基础货币投放量增加。反之，国际收支出现赤字，中央银行在外汇市场上卖出外汇，收回本币，基础货币减少。

一般情况下，若中央银行不把稳定汇率作为政策目标的话，则对通过该项资产业务投放的基础货币有较大的主动权；否则，中央银行就会因为要维持汇率的稳定而被动进入外汇市场进行干预，以平抑汇率，这样外汇市场的供求状况对中央银行的外汇占款有很大影响，造成通过该渠道投放的基础货币具有相当的被动性。

3. 技术和制度性因素

典型的例子是在途票据，结算中的票据事实上是中央银行为结算而向存款机构提供的短期

信贷。若收款机构贷记该票据，而中央银行没有及时借记出票机构的准备金账户，总准备金则暂时增加，导致基础货币暂时增加。当票据最终清算时，准备金的暂时增加会消失，基础货币减少。随着计算机网络和通信技术的发展，将会减少在途票据金额，从而减少基础货币。

4. 中央银行的行为

中央银行能通过公开市场业务的操作来达到影响基础货币投放量的目的。中央银行在公开市场上买进政府债券，放出本币，中央银行的资产和负债同时等量增加，基础货币量也由于中央银行放出本币而增加。卖出有价证券，基础货币减少。这种操作的前提是要存在一个活跃的政府债券二级市场。同样中央银行也可以调整再贴现率来达到影响基础货币投放量的目的。中央银行降低再贴现率，将带来中央银行对商业银行再贴现资产增加，同时也说明通过商业银行注入流通的基础货币增加，使货币供给量得以多倍扩张。反之，提高再贴现率，基础货币减少。

三、基础货币与央行的关系

1. 基础货币是中央银行不可兑现的负债

不兑现货币的应用，离不开早期使用商品货币习惯的形成和发展，因为不兑现货币是由可兑现货币发展而来的，而货币发行的垄断权为不兑现货币的实行铺好了道路。一国转向不兑现货币，一般是由中央政府赋予单个机构具有垄断发行货币的特权开始的。中央银行的负债如同黄金白银被广泛接受，并且成为其他银行的储备。然后，政府持久性地取消了中央银行负债的可赎回性，中央银行发行的基础货币也就成为不可兑现的货币。中央银行资产负债表虽然也将此列入负债，但在一般情况下，却是一种长期无需清偿的债务。

2. 中央银行通过垄断对基础货币的铸造为政府获取铸币税

在不兑现货币制度下，基础货币的黄金含量为0，生产成本也几乎为0，在不考虑物价水平变化的情况下，每年的名义铸币税即为基础货币存量的变化。在现代金融体系下，基础货币是中央银行控制并发行的，中央银行通过增加基础货币即可增加铸币税。由于中央银行与政府的特殊关系，铸币税大部分为政府获得。如果政府将获取的铸币税再投入基础设施等公共领域，既带动了经济的发展，又能通过基础设施等的建设为公众谋福利，那么这部分铸币税对公众来说是乐意接受的。但是政府本来就有为其公民提供各种设施的义务，在通过制定十分复杂完备的税法向公民征收各种税收后，它就不应该再征收铸币税这种隐性税收，这样的重复征税牺牲了公民的福利。假如这部分铸币税用于清偿自己的债务或其他用途，那更是对公民福利的巨大牺牲。

中央银行在向市场注入基础货币时具有一定的独立性，可根据经济发展的需要，使市场的货币供应具有一定的弹性，但作为政府的银行，在政府出现财政赤字时，有责任为政府筹措资金和提供信贷。如果中央银行简单地通过印刷纸币直接为政府偿债，因增加基础货币量而获取的铸币税有助于为政府弥补赤字，但却容易造成通货膨胀，所以很多国家从法律上对央行向政府的贷款加以限制。

3. 基础货币是形成中央银行资产的主要来源

虽然不同的国家，中央银行的组织形式不同，资本构成也不同。不过，从中央银行的资产负债表来看，其资金来源大体由资本金、流通中货币、各种存款等构成。资本金包括中央银行实收资本（初始资本金）和在经济活动过程中所得利润进行分配和上交财政税金后剩余的公积金。有些国有化的中央银行还包括财政增拨信贷基金。按照资本金所有的形式，中央银行可分为全部资本金国家所有、公私股份混合所有、全部股本私人所有、资本金没有等类型。

中央银行既然能自己发行货币，并且其货币即负债能为社会公众和各商业银行广泛接受，这样它发行的基础货币，即自己无须清偿的负债则成为其资产的主要来源。

4. 中央银行通过控制基础货币投放量来调控经济

基础货币是银行体系存款扩张、货币创造的基础，是中央银行各政策措施与最终目标之间关系的重要中介指标之一。在现代银行体系中，中央银行对经济的调节，主要是通过控制基础货币的数量来实现的。

中央银行供给基础货币有 3 种途径：中央银行变动对政府的债权，买进有价证券；中央银行变动对商业银行的债权，向商业银行提供再贷款、对票据的再贴现；中央银行变动其储备资产，收兑黄金和外汇。

而中央银行在使用存款准备金率、公开市场业务和再贴现率等货币政策时，都是通过影响基础货币中的准备金而发挥作用的。中央银行若提高存款准备金率，各商业银行在中央银行的准备金将增加，它们在其他情况不变时可动用的基础货币量相应减少，信贷规模减少，从而通过乘数效应减少了货币供应量，造成通货紧缩，抑制投资的增长和经济的发展。中央银行若在公开市场上从商业银行或公众手中买进证券，便向市场投放了基础货币，虽然各商业银行在中央银行的准备金将增加，但可动用的基础货币较之增加更大，信贷规模增大，从而通过乘数效应增加了货币供应量，促进投资的增长和经济的发展，并可能引发通货膨胀。

第四节 货币乘数

一、货币乘数的含义

所谓货币乘数，也称为货币扩张系数或货币扩张乘数，是指在基础货币（高能货币）基础上货币供给量通过商业银行的创造存款货币功能产生派生存款的作用产生的信用扩张倍数，是货币供给扩张的倍数。在实际经济生活中，银行提供的货币和贷款会通过数次存款、贷款等活动产生出数倍于它的存款，即通常所说的派生存款。货币乘数的大小决定了货币供给扩张能力的大小。

其基本意义是表示中央银行创造或减少一单位的基础货币，能使货币供给量增加或减少的数额。或者说，货币乘数就是货币供给量对基础货币的倍数。货币乘数的这个定义可用公式简要表示为：

$$m = \frac{M_s}{B} = \frac{C+D}{C+R}$$

式中，m 代表货币乘数，B 代表基础货币，M_s 代表货币供给量，活期存款为 D，流通中的现金为 C，商业银行的存款准备金为 R。

基础货币与货币供给量的关系可以用图 8-1 表现出来。基础货币中的通货，即处于流通中的现金 C，它本身的量，中央银行发行多少就是多少，不可能有倍数的增加；引起倍数增加的只是存款准备金 R。

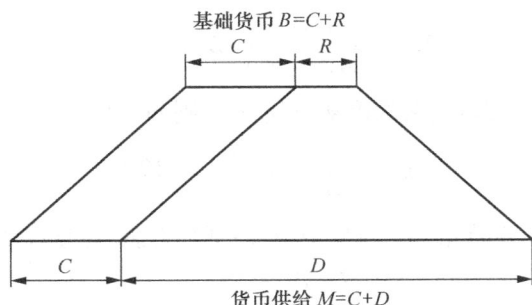

图 8-1　基础货币与货币供给量的关系示意图

　　某一时点的货币供给量，由流通中的现金与存款货币所构成，两者分别为中央银行和商业银行的货币性负债，流通中的现金量的多少由中央银行的资产业务以及社会的现金偏好所决定，而存款货币量的多少则由商业银行持有的准备金及社会公众的资产选择行为来决定。这就是说，一定时期的货币供给量是由中央银行，商业银行及社会公众等三个部门共同决定的。如果货币乘数的变动能预测，且其值的变动比较稳定时，中央银行就可以通过控制基础货币的各种措施，适度地创造或减少基础货币量，以调整和控制货币供给量，适应经济运转的正常需要，实现其货币政策目标。

二、货币乘数的推导

　　假定活期存款为 D，流通中的现金为 C，则一定时期内的狭义货币供应量 M1 为：

$$M1=D+C \quad （1）$$

　　因为 M_1，是流通中的货币量，是最重要的货币层次，我们在这里考察 M1 的货币乘数决定问题。

　　假定商业银行的存款准备金总额为 R，它由活期存款的法定准备金 Rd，定期存款的法定准备金 Rt 和超额准备金 E 两部分组成。假定活期存款准备率为 r_d，定期存款准备率为 r_t，定期存款为 T，则：

$$R=Rd+Rt+E=D \cdot r_d+T \cdot r_t+E \quad （2）$$

　　假定流通中的现金 C 与活期存款、定期存款 T 与活期存款、超额准备金 E 与活期存款分别维持较稳定的比例关系，其系数分别用足 c、t、e 表示，则：

$$C=D \cdot c \quad （3）$$

$$T=D \cdot t \quad （4）$$

$$E=D \cdot e \quad （5）$$

　　基础货币 B 由商业银行的总准备金和流通中的现金两部分构成，即：

$$B=R+C \quad （6）$$

　　若将式（2）、式（3）代入式（6）中，则基础货币公式为：

$$B=D \cdot r_d+T \cdot r_t+E+D \cdot c \quad （7）$$

　　再将式（4）、式（5）代入式（7）式中，得：

$$B=D \cdot r_d+D \cdot r_t \cdot t+D \cdot e+D \cdot c=D \cdot (r_d+r_t \cdot t+e+c) \quad （8）$$

或 $$D=B/(r_d+r_t \cdot t+e+c) \quad （9）$$

其中 $1/(r_d+r_t \cdot t+e+c)$ 便是活期存款扩张倍数。

　　根据式（3），得

$$M_1=C+D=D \cdot c+D=D \cdot (c+1) \quad （10）$$

　　将式（9）代入式（10），则得出货币供应量 M_1 的一般模式为：

$$M_1 = \frac{c+1}{r_d + t \times r_t + e + c} \cdot B \qquad (11)$$

其中，B 为基础货币，假定狭义货币乘数为 m_1，则 m_1 为：

$$m_1 = \frac{c+1}{r_d + t \times r_t + e + c} \qquad (12)$$

广义货币 M_2=流通中现金+活期存款+定期存款

$$=C+D+T$$

$$=m_2 \times B$$

广义货币乘数 $m_2 = \dfrac{M_2}{B} = \dfrac{C+D+T}{Rd+Rt+E+C} = \dfrac{(C+D+T)/D}{(Rd+Rt+E+C)/D} = \dfrac{c+1+t}{r_d+t \times r_t+e+c}$

三、影响货币乘数的诸因素分析

由上述论证可见，一国货币供应量大小取决于基础货币和货币乘数两个因素。而货币乘数的大小取决于现金漏损率（c）、定期存款比率（t）、超额准备金比率（e）、活期存款法定准备率（r_d）和定期存款法定准备率（r_t）。以上各因素都对货币乘数负相关。

1. 现金漏损率（c）

现金漏损率即流通中的现金占商业银行活期存款的比率。其大小主要取决于社会公众的资产偏好。一般来讲，影响 c 值的因素有以下几方面。

（1）公众可支配的收入水平的高低。可支配收入越高，需要持有现金越多；反之，需持有现金越少。

（2）公众对通货膨胀的预期心理。预期通货膨胀率高，c 值就高；反之，c 值则低。

（3）持有通货的机会成本，即其他金融资产相对预期报酬率的变动。预期报酬率越高，机会成本越高，e 值越小。

（4）公众流动性偏好程度、社会支付习惯、银行业信用工具的发达程度、社会及政治的稳定性等都影响到 c 值的变化。

在其他条件不变的情况下，c 值越大，货币乘数越小；反之，货币乘数越大。

2. 超额准备金率（e）

超额准备金率的大小完全取决于商业银行自身的经营决策。商业银行愿意持有多少超额准备金，主要取决于以下几个因素。

（1）持有超额准备金的机会成本大小，即生息资本收益率的高低。如果市场利率低，e 就高，反之，e 就低。

（2）借入准备金的难易程度及成本大小，主要是中央银行再贴现率的高低。如果再贴现率高，意味着借入准备金成本高，商业银行就会保留较多超额准备金，以备不时之需；反之，就没有必要保留较多的超额准备金。

（3）经营风险和资产的流动性。如果经营风险较大，而现有资产的流动性又较差，商业银行就有必要保留一定的超额准备金，以备应付各种风险。

（4）银行拆入资金的能力。银行获取短期借款的能力越强，e 就越低。反之，e 就越高。

（5）贷款投资机会。贷款投资机会越多，e 就越低，反之，e 就越高。

一般来说，e 值越大，货币乘数越小；反之 e 值越小，货币乘数越大。

3. 活期存款法定准备金率（r_d）和定期存款法定准备金率（r_t）

法定准备率 r_d 和 r_t 的大小是由中央银行直接决定的。若 r_d、r_t 值大，货币乘数就小；反之，若 r_d、r_t 值小，货币乘数则大。

4. 定期存款与活期存款间的比率（t）

由于定期存款的派生能力低于活期存款，各国中央银行都针对商业银行存款的不同种类规定不同的法定准备金率，通常定期存款的法定准备金率要比活期存款的低。这样即便在法定准备金率不变的情况下，定期存款与活期存款间的比率改变也会引起实际的平均法定存款准备金率改变，最终影响货币乘数的大小。一般来说，在其他因素不变的情况下，定期存款对活期存款比率上升，货币乘数就会变大；反之，货币乘数会变小。

影响 t 的主要因素有以下几点。

（1）银行的定期存款利率。一般来说，如果定期存款的利率上升，则会导致活期存款向定期存款转化，从而使 t 值增大，反之 t 值减小。

（2）通货膨胀预期。t 值的大小同人们的通货膨胀预期有较密切的关系，预期通货膨胀率高时，t 降低。

（3）其他资产相对预期报酬率的变动。其他资产预期报酬率越高，t 越小。

总之，货币乘数的大小主要由法定存款准备金率（r_d 和 r_t）、超额准备金率（e）、现金比率（c）及定期存款与活期存款间的比率（t）等因素决定。而影响我国货币乘数的因素除了上述 4 个因素之外，还有财政性存款、信贷计划管理两个特殊因素。

中央银行主要通过控制基础货币（B）和调整法定存款准备率（r_d 和 r_t）来影响货币供给。而现金漏损率（c）和超额准备率（e）及定期存款与活期存款的比率（t）等，则主要由商业银行和社会公众的行为所决定。

综合上述分析说明，货币乘数受到中央银行、商业银行和其他金融机构、财政、企业、家庭、个人各自行为的影响。因此，只有中央银行、商业银行和其他金融机构、财政、企业、家庭、个人等各自的经济行为维持较为稳定的趋势，货币乘数值的变动幅度和变动方向才能保持。

四、货币乘数对货币供给的影响

根据现代货币供给理论，货币乘数是影响货币供给的又一个重要的因素，而且甚至是比基础货币更重要的因素。在基础货币一定的条件下，货币乘数与货币供给成正比。也就是说，货币乘数越大，则一定的基础货币所引起的货币供给量也就越多；而货币乘数越小，则同样的基础货币所引起的货币供给量也就越少。

由于中央银行主要通过控制基础货币（B）和调整法定存款准备率（r_d 和 r_t）来影响货币供给。而现金漏损率（c）和超额准备率（e）及定期存款与活期存款的比率（t）等，则主要由商业银行和社会公众的行为所决定。因此，货币供给量是由中央银行、商业银行及社会公众这 3 个经济主体的行为共同决定的。这就说明，在现代经济中，货币供给并不完全由中央银行所决定和控制，它在一定程度上也要受到商业银行和社会公众行为的影响，而商业银行和社会公众的行为又要受到经济运行的内在规律的影响。

五、货币供给量的决定因素

概括起来，货币供给量是由中央银行、商业银行体系、财政机构、企业及社会公众共同决定的。

1. 中央银行的行为影响

中央银行既是一国金融活动的调节者，又是基础货币的供给主体，中央银行在货币供给中的作用主要体现在垄断货币发行权上。流通中的现金全部是中央银行发行的具有无限清偿能力的支付手段，中央银行根据货币政策和经济发展的需要确定现金的发行数量。中央银行通过法定存款准备金率，再贷款和公开市场业务等手段影响商业银行的原始存款和派生存款，进而影响货币供给总量。

2. 商业银行的行为影响

商业银行既是基础货币的接受者，又是存款货币创造的主体。商业银行创造的货币是派生存款，派生存款和原始存款共同构成了商业银行的活期存款总额。通过存款的创造，增加了货币供给量。

3. 财政机构的行为影响

财政机构是通过改变它在中央银行和商业银行的存款来影响基础货币和货币供给的。在基础货币总量既定的前提下，财政机构若增加在中央银行的存款，则会引起基础货币的减少，并进而引起其在商业银行的存款减少，从而减少货币供给量。反之，当财政机构取出在中央银行的存款，基础货币和根据货币乘数而得出的货币供给量就会增加。

4. 企业的行为影响

企业的行为对货币供给的影响是通过它们对货币资金的需求来实施的。货币供给总是以企业、社会公众等存在相应的货币需求作为前提的。比如，企业对资金需求增加，如果追加投入是靠自身积累，则不会影响货币供给；如果是靠增资发行有价证券，则会影响货币供给的结构；如果申请银行贷款，则会影响货币供给。

5. 社会公众的行为影响

社会公众也是通过对货币需求的行为引起不同存款类型之间的转换，以及影响现金与存款的比率，从而影响货币乘数。现实中，影响社会公众货币需求决策的因素主要有：利率、社会公众对流动性资产的需求、资产最佳组合的决策、国民经济的运行状况以及中央银行的货币政策取向等因素。

六、货币乘数理论

（一）弗里德曼-施瓦茨的货币乘数

弗里德曼与施瓦茨于 1963 年出版了《1867—1960 年美国货币史》一书，通过对美国近百年货币史的实证研究，提出了一种货币供给决定模型，分析了各种主客观因素对货币供给的影响。

根据相关定义有以下公式：货币存量(M)=通货(C)+活期存款(D)

基础货币(H)=通货(C)+总准备金(R)

总准备金(R)=活期存款法定准备金(R_d)+定期存款法定准备金(R_t)+超额准备金(R_e)

根据弗里德曼和施瓦茨的分析，现代社会的货币存量大致可分为两部分：一部分是货币当局的负债，即社会公众所持有的通货；另一部分则是银行的负债，即银行存款，当中既包括活期存款，也包括定期存款和储蓄存款。

如设 M 为货币存量，C 为公众所持有的通货，D 为商业银行的存款，则：$M=C+D$ 在货币存量中，只有一部分货币可为中央银行所直接控制，弗里德曼和施瓦茨称之为高能货币，它由两部分构成：一是社会公众所持有的通货；二是商业银行的准备金（包括库存现金与存在中央银行的准备金存款）。

如以 H 表示高能货币，R 表示商业银行的准备金，则：$H=C+R$。由于 $M=C+D$，因此以 M 除以 H。可得：

$$\frac{M}{H}=\frac{C+D}{C+R}=\frac{\dfrac{D}{R}\left(1+\dfrac{D}{C}\right)}{\dfrac{D}{R}+\dfrac{D}{C}} \text{ 或 } M=H\times\frac{\dfrac{D}{R}\left(1+\dfrac{D}{C}\right)}{\dfrac{D}{R}+\dfrac{D}{C}}$$

如以 m 代表 $\dfrac{\dfrac{D}{R}\left(1+\dfrac{D}{C}\right)}{\dfrac{D}{R}+\dfrac{D}{C}}$ 则：$M=H\times m$ 式中，m 为货币乘数。

由上述货币供给乘数模型可知，货币存量是由 3 个因素决定的：①高能货币（H）；②商业银行的存款与准备金的比率（D/R）；③商业银行的存款与社会公众持有的通货的比率（D/C）。上面的第二、第三两个因素共同决定了货币乘数。在高能货币一定的条件下，这两个因素就决定了货币存量，它们与 M 同向变动。

由此模型可知，决定货币供给的经济主体有 3 个：一是货币当局，它决定高能货币（H）；二是商业银行，它决定存款对准备金的比率（D/R）；三是社会公众，它决定存款对通货的比率（D/C）。

弗里德曼和施瓦茨没有考虑其他因素的影响。所以，如果用同一案例，可以得到与传统理论相一致的乘数。不过仍然可以看出他们的思路与传统的乘数理论有一些差别。这就是，他们更强调对信用货币（D）的观察。影响货币乘数的因素在弗里德曼和施瓦茨那里，集中在了两个要点上。一是信用货币与准备金的比率（D/R），另一个是信用货币和现金的比率（D/C）。如果要确定货币供给量，还要考虑高能货币，即基础货币（B）。这 3 个因素分别受货币当局、银行和公众的行为的影响。

弗里德曼和施瓦茨利用上述分析框架检验了美国 1867 年到 1960 年的货币史得出结论：基础货币（B）是广义货币量长期变化和主要周期性变化的决定因素；存款与准备金的比率（D/R）的变化对金融危机条件下的货币运动有着决定性影响，而存款与现金的比率（D/C）则对货币的温和的周期性变化有重要作用。

（二）卡甘（P. Cagan）的分析

几乎在弗里德曼和施瓦兹《1867—1960 年美国货币史》问世的同时，美国著名经济学家卡甘也系统地分析了美国 1985 年货币的变化规律和影响因素。他也出版了自己的著作《1875—1960 年美国货币存量变化的决定及其影响》。他的乘数公式以如下方法推导：

$$M=\frac{B}{\dfrac{B}{M}}=\frac{B}{\dfrac{BD}{MD}}=\frac{B}{\dfrac{(C+R)D}{MD}}=\frac{B}{\dfrac{CD+RD}{MD}}=\frac{B}{\dfrac{CD+R(M-C)}{MD}}=\frac{B}{\dfrac{CD+MR-RC}{MD}}$$

$$=\frac{B}{\dfrac{C}{M}+\dfrac{R}{D}-\dfrac{C}{M}\cdot\dfrac{R}{D}}$$

因此，卡甘的货币乘数就是

$$K_m = \cfrac{1}{\cfrac{C}{M} + \cfrac{R}{D} - \cfrac{C}{M} \cdot \cfrac{R}{D}}$$

在卡甘的分析中,决定货币乘数的变量有两个,即现金与货币存量之比(C/M)和准备金与信用货币量之比(R/D)。决定货币存量的因素是上两个因素加上基础货币(B)。

卡甘的结论是货币增长有 90%是由基础货币的增长引起的。而现金与货币存量的比率(C/M)和准备金与信用货币量的比率(R/D)所起的作用很小,大约只有10%。因为在大部分时间里,这两个比率的作用都相互抵消了。但在货币周期性变化中现金与货币存量的比率是最重要的,它差不多是货币存量周期性变化50%的来源,剩下的一半则受另两个因素的影响。

由于卡甘的观点和弗里德曼-施瓦茨非常接近,所以,也有人将他们的乘数理论合称为"弗里德曼-施瓦茨-卡甘模型"。

(三)乔顿乘数

20 世纪 60 年代末,美国经济学家乔顿对货币供给模型作了进一步的发展,推导出了较为复杂的货币乘数模型。在他的分析中,货币只包括公众手持通货和私人活期存款,即狭义的货币定义 M1。他还区分了中央银行成员银行和非中央银行成员银行,区分不同法定准备金率要求的存款。乔顿称这些区分为"货币分析家能准确估计银行体系追加 1 元准备金将'创造'多少货币"的关键。根据乔顿的分析,决定货币存量的要素为基础货币(B)、商业银行的准备金与存款之比(r)、通货与活期存款之比(c)、定期存款与活期存款之比(t)、政府存款与私人活期存款之比(g)。乔顿的推导如下:

$$m = \frac{M}{B} = \frac{C+D}{C+R} = \frac{\dfrac{C}{D} \cdot D + D}{\dfrac{C}{D} \cdot D + R} = \frac{cD+D}{cD+r(D+T+G)}$$

$$= \frac{cD+D}{cD+r(D+tD+gD)} = \frac{c+1}{c+r(1+t+g)}$$

其中,D、T 和 G 分别代表商业银行的私人活期存款、私人定期存款和政府存款,商业银行的全部准备金(R)可以表示为全部存款的一定的百分比 r,公式为 $R=r(D+T+G)$;公众期望持有的通货(C)与活期存款(D)的比例以 c 表示;T 和 t 分别表示定期存款和定期存款与活期存款之比;G 和 g 分别表示政府存款和政府存款与私人活期存款之比。

根据乔顿的货币乘数模型,货币乘数 m 是行为参数 r、t 和 g 的递减函数。这意味着,商业银行各种存款的平均准备金率、定期存款比率和政府存款比率的变化将对货币乘数产生反方向的影响。然而,该式却无法直接判断行为参数 c,即通货比率的变化对货币乘数的影响。对此,乔顿也未予以说明。乔顿的货币乘数模型还表明,各行为参数对货币乘数的决定并不是完全独立的,而是互相影响的。例如,若 t 因活期存款增加或定期存款减少而下降,平均准备金比率(r)就会上升,因为活期存款的准备金率高于定期存款的准备金率。t 的下降使货币乘数扩大,而 r 的上升则使货币乘数缩小。所以究竟货币乘数是扩大还是缩小,即活期存款与定期存款的相对变动对货币乘数的最终影响,将取决于这两种比率的变化对货币乘数影响的相对大小。乔顿模型在弗里德曼-施瓦茨模型和卡甘模型的基础上,把他们模型中笼统的存款细分为不同性质的长短期存款,更接近现实,也便于进行货币量决定分析。

20 世纪 80 年代以来,人们越来越深刻地认识到货币量变动对经济的巨大影响,货币供给问题的研究也越来越重视货币政策操作的实际需要，即中央银行控制货币供给的需要。中央银行控制货币供给的能力大小，取决于它能否准确地预测货币乘数及其决定因素的变化；而中央银行能否准确地作此预测，又取决于这些变化是否稳定。这些变化越稳定，中央银行的预测就越准确，其控制货币供给的能力也就越大。所以当前西方货币供给问题的研究已转向对货币乘数及其决定因素的稳定性和可测性的研究了，单纯研究货币供给量已不多见。

（四）货币供给新论

货币供给新论的主帅是美国耶鲁大学经济学教授托宾（J. Tobin）。他在 1963 年发表的《作为货币创造者的商业银行》一文中将以前的货币供给理论统称为"旧论"而将自己的理论称为"新论"。他认为旧论的主要问题是将商业银行与其他金融中介机构严格区分。商业分行是唯一能够吸收活期存款的金融机构，固成为唯一能创造货币的金融中介机构，而其他金融机构不具备创造信用货币的能力。银行创造货币的能力仅仅受法定准备金的约束。托宾认为，旧理论的最大失误即在于此。商业银行为什么只追求最大货币供给量而不追求利润最大化？公众或居民一定会无条件接受商业银行创造出来的信用货币吗？

如果商业追求利润最大化，或者居民不肯无条件接受商业银行的信用货币（不那么强烈需要贷款），这样一来，货币乘数公式也就不存在或发生根本性改变。在这里银行的行为、非银行金融机构的行为以及公众的行为都会对货币乘数产生巨大影响。这就是"新论"所要研究的内容。

首先，讨论银行行为。一方面，银行如果追求利润最大化，就会将眼睛盯上市场利率。存贷利率差是银行利润的主要来源。如果贷款利率下降，那就说明市场的货币供给已经大于货币需求，那么银行就会停止信用货币的供给（停止贷款）。也就是说，信用货币（D）是市场利率的函数。另一方面，银行追求利润率最大化，还会动员客户将活期存款转为定期存款。因为定期存款的法定准备金率低于活期存款。问题是，这样做是否能得到客户的响应。如果客户响应，则意味着法定准备金率下降，货币乘数也会改变。为了实现这个目标，银行会进一步提高固定存款的利率而降低活期存款的利率。在事先策划的条件下，这种利率变动不会影响银行的利润率。

其次，要提到的是非银行金融机构的影响。第二次世界大战后，西方各种非银行金融机构蓬勃兴起，它们的各项负债业务，无论是形式还是规模都有全面的发展，打破了银行垄断信用市场的格局。货币新论的支持者们认为，非银行金融机构这时已经和银行一样，具备了信用货币创造能力。

"新论"派的经济学家通常采用一般均衡法，分析非银行金融机构的行为和货币供给与利率等经济变量之间的复杂关系。以尼翰斯（J. Niehans）模型为主要代表。由于模型比较抽象复杂。这里不做更多的介绍。

第五节 | 货币均衡及其实现

一、货币均衡和货币失衡

（一）货币均衡

1. 货币均衡含义

货币均衡是指社会的货币供应量与客观经济对货币的需求量的基本相适应的货币流通

状态。

在现代商品经济条件下，一切经济活动都必须借助于货币的运动，社会需求都表现为拥有货币支付能力的需求，即需求都必须通过货币来实现。货币把整个商品世界有机地联系在一起，使它们相互依存、相互对应。整个社会再生产过程，就其表象而言，就是由各种性质不同的货币收支运动构成的不断流动的长河，货币的运动反映了整个商品世界的运动。因此货币供求的均衡，也可以说是由这些货币收支运动与它们所反映的国民收入及社会产品运动之间的相互协调一致。

关于货币均衡的理解，有以下几点要注意。

首先，货币均衡是一种状态，是货币供给与货币需求的基本适应，而不是简单地指货币供给与货币需求的数量上的相等。

其次，货币均衡是一个动态过程。它通常是指在一定利率水平下的货币供给同货币需求之间相互作用后所形成的一种状态。它并不要求在某一个时点上货币的供给与货币的需求完全相适应，它承认短期内货币供求不一致状态，但长期内货币供求之间大体上是相互适应的。

最后，货币均衡在一定程度上反映了国民经济的平衡状况。在现代商品经济条件下，货币不仅是商品交换的媒介，而且是国民经济发展的内在要素。货币收支的运动制约或反映着社会生产的全过程，货币收支把整个经济过程有机地联系在一起，一定时期内的国民经济状况必然要通过货币的均衡状况反映出来。

2. 货币均衡实现的条件

市场经济条件下货币均衡的实现有赖于多种条件，如健全的利率机制、发达的金融市场以及有效的中央银行调控机制等。

货币均衡最主要的实现机制是利率机制。在市场经济条件下，利率不仅是货币供求是否均衡的重要信号，而且对货币供求具有明显的调节功能。因此，货币均衡便可以通过利率机制的作用而实现。

就货币供给而言，当市场利率升高时，一方面社会公众因持币机会成本加大而减少现金提取，这样就使现金比率缩小，货币乘数加大，货币供给增加；另一方面，银行因贷款收益增加而减少超额准备来扩大贷款规模，这样就使超额准备金率下降，货币乘数变大，货币供给增加。所以，利率与货币供给量之间存在着同方向变动关系。就货币需求来说，当市场利率升高时，人们的持币机会成本加大，必然导致人们对金融生息资产需求的增加和对货币需求的减少。所以利率同货币需求之间存在反方向变动关系。当货币市场上出现均衡利率水平时，货币供给与货币需求相等，货币均衡状态便得以实现。当市场均衡利率变化时，货币供给与货币需求也会随之变化，最终在新的均衡货币量上实现新的货币均衡。

（二）货币失衡

1. 货币失衡含义

货币失衡是同货币均衡相对应的概念，又称货币供求的非均衡，是指在货币流通过程中，货币供给偏离货币需求，从而使二者之间不相适应的货币流通状态。其基本存在条件可以表示为：$M_d \neq M_s$。

2. 货币失衡的类型

货币失衡主要有两大类型：总量性货币失衡和结构性货币失衡。

（1）总量货币失衡

总量性货币失衡是指货币供给在总量上偏离货币需求达到一定程度从而使货币运行影响经

济状态。这里也有两种情况：货币供应量相对于货币需求量偏小，或货币供应量相对于货币需求量偏大。在现代信用货币制度下，前一种货币供给不足的情况很少出现，即使出现也容易恢复，经常出现的是后一种货币供给过多引起的货币失衡。造成货币供应量大于货币需求量的原因很多，例如政府向中央银行透支以融通财政赤字，一味追求经济增长速度而不适当的采取扩张性货币政策刺激经济等，其后果之一就是引发严重的通货膨胀。

（2）结构性货币失衡

结构性货币失衡是另一大类货币失衡，主要发生在发展中国家，是指在货币供给与需求总量大体一致的总量均衡条件下，货币供给结构与对应的货币需求结构不相适应。结构性货币失衡往往表现为短缺与滞留并存，经济运行中的部分商品、生产要素供过于求，另一部分又求过于供。其原因在于社会经济结构的不合理。因此，结构性货币失衡必须通过经济结构调整加以解决，而经济结构的刚性往往又使其成为一个长期的问题。

（3）总量性货币失衡与结构性货币失衡的关系

总量性货币失衡和结构性货币失衡不是非此即彼的简单关系，在现实经济运行中往往是两者相互交织、相互联系，从而形成"你中有我，我中有你"的局面，以至于难以分辨。由于结构性货币失衡根源于经济结构，所以，中央银行在宏观调控时过多地注意总量性失衡。

3. 货币失衡原因

货币供给小于货币需求的原因主要是：生产规模扩大后，货币供给没跟上；货币供给正常状态下，央行收紧银根；经济危机时，信用失常，货币需求急剧膨胀，而央行货币供给没有跟上。

货币供给大于货币需求的原因主要有：政府财政赤字面向中央银行透支；经济发展中，银行信贷规模的不适当扩张；扩张性货币政策过度；经济落后、结构刚性的发展中国家，货币条件的相对恶化和国际收支失衡，在出口换汇无法满足时，由于汇市崩市、本币大幅贬值造成货币供给量急剧增长。

结构性失衡的原因在于社会经济结构的不合理。

二、货币均衡的实现

经济体系中到底需要多少货币，取决于有多少商品和劳务需要货币流通去实现，货币均衡与社会总供求平衡不过是一个问题的两个方面。货币均衡表现为待交易的商品与劳务能够迅速转换为货币，流通中的货币也能够迅速转换为商品与劳务。货币均衡的两个基本标志，就是商品市场上的物价稳定和金融市场上的利率稳定。利率稳定是货币供求平衡的直接反映，而物价稳定可反映出商品市场上商品与劳务能迅速转换为货币，因而也是货币均衡的标志。若物价上涨，说明流通中过多的货币追逐过少的商品，货币供给偏多。反之，说明货币供给偏少。

货币市场均衡的最主要意义即在于保持货币币值的稳定。如果一国货币供给量大于货币的需求量，那么，该国就会出现通货膨胀。而如果一国的货币供给量小于货币需求量，则该国会出现通货紧缩。无论是通货膨胀，还是通货紧缩，都会对宏观经济发生不良影响。

在商品经济条件下，由于市场机制的作用，货币供求的失衡经过一段时间后总可以自动恢复到均衡，但是，这种自动恢复将付出很大的代价，如果是从货币供给不足的失衡达到均衡，将会引起资源的闲置和浪费，生产的萎缩和失业人口的增加；如果是从货币供给过多的失衡达到均衡，将会以物价上涨作为代价，可能会引起整个经济生活的紊乱和无序，进而危及社会的安定。因此，尽管经济本身具有使货币由失衡恢复到均衡的机制，但是任何一个国家都不曾放弃对货币供求的调节，力求使货币失衡在最短的时间内得到恢复，以避免付出不必要的社会代价。

三、中央银行对货币供求的调节

1. 货币供求的几种状况

中央银行总是针对具体的货币供求状况来进行调节。一般而言，货币供求状况可能有几种情况：

（1）货币供求均衡，社会总供求也处于均衡状态。此时，社会物价稳定，生产发展，资源得到有效的利用。这是一种较为理想的状态。这种情况下，中央银行应采取一种中立的货币政策。供应多少货币，完全由经济过程中的各种力量决定，中央银行不必从外部施予调节。

（2）货币供给不足，客观的货币需求得不到满足，整个经济必然会处于萎缩或萧条状态，资源大量闲置，企业开工不足，社会经济的发展因需求不足而受阻。这种情况下，中央银行就应采取一种扩张性的货币政策，增加货币供应，降低市场利率，刺激社会总需求的增加，从而促进生产的恢复和发展，促使货币的供求保持其均衡。

（3）货币供给量过多，超过货币需求量，整个经济必然会处于过度膨胀的状态，生产发展很快，各种投资急剧增加，市场商品物资供应不足，大多的货币追逐太少的商品，物价上涨。这时中央银行就应采取一种紧缩的政策，缩减货币供应量，提高市场利率，抑制社会的总需求的增加，从而使物价趋于稳定，社会的货币供应与货币需求趋于均衡。

（4）货币供给与货币需求构成不相适应，一些经济部门由于需求不足，商品积压，一些商品不能顺利实现其价值和使用价值，生产停滞。而另一些经济部门则需求过度，商品供不应求，价格上涨，生产发展速度很慢。这表明整个经济结构失调，发展畸形。这时，中央银行的货币政策应有松有紧，松紧搭配，通过调整货币供给的构成和流向，改变这种供求结构不相适应的状况，促使供求结构趋于协调，以促进整个经济的协调发展。

2. 中央银行调节货币供求的主要方式

一般说来，中央银行调节货币供求主要有以下几种方式。

（1）供给型调节，即中央银行根据客观的货币需求状况，在货币供应量大于货币需求量，或小于货币需求量，或供求结构不相适应时，对货币供给总量和构成进行调节，使之符合于客观的货币需求量。

（2）需求型调节，即中央银行在既定的货币供应量下，针对货币供求总量和结构失衡的情况，运用利率、信贷等措施，调节社会的货币需求的总量和构成，使之与既定的货币供应量相适应，以保持货币供求的均衡。

（3）混合型调节，即指中央银行对货币供求总量和结构失衡的状况，不是单纯地调节货币的供应量，或单纯地调节货币需求量，而是双管齐下，既搞供应型调节，也搞需求型调节，以尽快收到货币供求均衡的效果。

（4）逆向型调节，即指中央银行面对货币供给量大于货币需求量的失衡状况，不是采取收缩货币供应量的政策，而是用以毒攻毒的办法，适当增加货币供应量，调整货币供给结构，以增加货币需求，从而促使货币供求恢复均衡。采取这种办法的关键，就是增加的货币要适度，投向要合理，能在短期内促进生产的发展，通过商品供应量的增加来消化多余的货币，从而使货币供求实现均衡。

中央银行增加货币量，进行扩张。其对经济增长的作用，大都采用联系潜在资源或可利用资源的状况进行分析的方法。

（1）只要经济体系中存在着现实可用作扩大再生产的资源，且其数量又比较充分，那么，在一定时期内增加货币供给就能够提高实际产出水平而不会推动价格总水平的上涨。

（2）待潜在资源的利用持续一段时期而且货币供给仍在继续增加后，经济中可能出现实际产出水平同价格水平都在提高的现象。

（3）当潜在资源已被充分利用，但货币供给仍在继续扩张，经济体系中就会产生价格总水平上涨而实际产出水平不变的情况。

当社会总需求大于总供给时，则一般通过压缩货币供给，从而减小总需求的规模来解决，但也不尽然。当需求扩张不是突发的并成为整个再生产过程的内在因素，即正常生产已经事实上是在需求扩张的支持下动作时，单纯的紧缩，即使是极其严峻的紧缩，也不会产生使供求均衡的效应。通常的机制是：总需求缩减，实际再生产缩减，从而总供给缩减，供需的差额仍然不能由于紧缩需求而取得均衡。

至于紧缩货币供应、紧缩总需求的物价效应，一般情况下是直接的。物价上涨无论其具体原因如何，即使不是由过多的货币供给引起的，却都是由货币供给的迅速增加支撑着。但从较长的时间考察，如果紧缩也抑制了实际的经济增长，那么，供求矛盾解决不了，价格水平上涨的压力依然难缓解。

思 考 题

1. 商业银行是如何创造存款货币的？

2. 影响货币乘数的因素是什么？这些因素是如何影响货币乘数的？

3. 如何推导出 M1 的模型？

4. 中央银行怎样调控基础货币？

5. 怎样理解货币供给量是由中央银行、商业银行和社会公众共同决定的？

第九章 | 货币政策

货币政策概述

货币政策作为宏观经济间接调控的重要手段，在整个国民经济宏观调控体系中居于十分重要的地位。中央银行是国家管理金融的机构，中央银行三大基本职能都是围绕货币政策的制定和执行来实现的。因此，货币政策是中央银行实行其职能和任务的核心。

一、货币政策的定义

货币政策是指中央银行为实现既定的经济目标运用各种政策工具调节货币供应量和利率等指标，进而影响宏观经济运行的方针和措施的总和。货币政策不是仅仅影响国民经济的某个方面，而是作用于整个经济。货币政策的实行是否有效，对经济实体是至关重要的。一个完整的货币政策体系包括政策目标、实现目标的政策工具、监测和控制目标实现的各种操作指标和中介指标、政策传递机制和政策效果等基本内容，这些基本内容紧密联系，构成一个国家货币政策的有机整体。

二、货币政策的特征

（1）货币政策是一种宏观调控政策。货币政策涉及整个国民经济运行中的货币金融问题，调控金融活动的总体，而不是金融机构或企业的个别行为；与商业银行的信贷政策相比，它着眼于社会长远利益，而不以自身盈利为目的；涉及货币供应量、信用量、利率、汇率等影响国民经济总体运行的变量。

（2）货币政策是调节社会总需求的政策。任何现实的社会总需求，都体现为有货币支付能力的需求。货币政策通过货币供给量的变化来调节社会总需求，从而促进整个社会总需求和总供给实现平衡。

（3）货币政策是对宏观经济进行间接调控的政策。货币政策不排除在特定的条件下采取某些直接控制的措施，如在一定的条件下实行外汇管制等，但在一般情况下不采用行政管理措施，而主要通过经济手段和法律手段，利用市场机制的作用，通过调节各种金融变量，影响经济主体的行为，以达到间接调节经济变量、影响经济活动的目的。

（4）货币政策是目标长期性和措施短期性相统一的政策。货币政策的目标具有长期性，无论是稳定币值，还是充分就业、经济增长、平衡国际收支，都具有长期性的政策目标。但实现政策目标的具体措施则有短期性和机动性的特点。比如货币政策的目标是使本国的币值稳定、经济健康发展，但由于各个时期经济中面临的问题不同，往往要根据各较短时期内的具体问题，采取不同的具体政策措施进行微调。因此，货币政策是一种运用短期性的政策调节措施来达到长期目的的工具。

三、货币政策与社会总供求的平衡

在现代商品货币经济条件下，社会总需求是一个国家在一定时期内对各种商品和服务的需要总量。社会总供给是指一个国家在一定时期内所能提供的所有商品和服务的总量。社会总供求均衡是指总供给和总需求基本适应的状态。促进社会总供求的均衡是货币政策的主要功能之一，而这主要是通过影响货币供求来实现的。货币供给是一定时期内由中央银行和存款货币银行提供的各种货币形式的总量。货币需求则是一定时期内社会公众能够而且愿意以货币形式持有其资产的需要。货币供求均衡是指货币供给量和货币需求量基本适应的状态，它与社会总供求均衡之间具有十分密切的联系。

（一）货币供给决定社会总需求

现实的需求是有支付能力的需求，货币供给决定支付能力，从而决定总需求。一般来说，货币供给量的变化会引起社会总需求的变化。但是，现实的需求不仅受支付能力的影响，而且受需求意愿的影响。需求意愿受现实收入水平、预期收入水平、消费倾向等因素的影响。因而社会总需求量与货币供给量的变动在实践上也会出现不一致。

（二）社会总需求决定社会总供给

在现代经济中，生产的目的是满足市场需求，社会的需求倾向越来越影响着社会供给方向，企业提供的产品和服务必须以顾客需求为取向。社会总供给的变动以社会总需求的变动为前提。

（三）社会总供给决定货币需求

在商品经济条件下，任何商品都需要用货币来表现或衡量其价值量的大小，并通过与货币的交换实现其价值。因此，有多少社会总供给，必然就有相应的货币量来表现和实现其价值。

（四）货币需求决定货币供给

客观上有多少货币需求，现实中应该提供多少货币供给。当货币供给和货币需求相适应时，即实现了货币均衡；反之则为货币失衡。中央银行控制货币供应量的目的，就是要货币供给和货币需求相适应，以维持货币的均衡。

综上所述，货币供给、货币需求、社会总供给、社会总需求是密切联系在一起的。现实经济中，社会总供求均衡是各种政策最终追求的目标，而货币供求均衡即使社会总供求均衡的反映，又对社会总供求均衡起着举足轻重的作用。货币供求失衡必然带来社会总供求失衡，如图9-1所示。

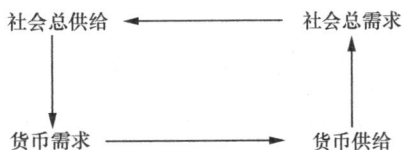

图9-1　货币供求与社会总供求均衡关系图

四、货币政策的功能

货币政策作为重要的宏观调控工具之一，在国家宏观经济调控过程中起着不可替代的作用。

（一）促进社会总供求均衡，维持物价稳定

社会总供给和社会总需求的均衡是社会经济平稳运行的重要前提。中央银行通过实施货币政策，调节货币供给量，影响货币总需求，促进社会总需求和总供给的平衡，达到维持物价水平和稳定币值的目的。

（二）促进经济稳定增长

经济稳定增长有利于一国的长治久安、繁荣发展，因此各国政府都竭尽全力采取各种措施促进本国经济增长，但是在实际经济运行中，经济增长不可避免会出现各种波动。剧烈的波动对社会经济增长是不利的。中央银行可以"逆风向行事"，当经济过度膨胀时，实施紧缩性货币政策，收缩货币供给量，抑制总需求的过度膨胀和价格总水平的急剧上升，维护经济稳定；当经济衰退和萧条时，通过实施扩张性货币政策，有利于刺激投资和消费，促进经济的增长。

（三）促进充分就业，维护社会稳定

实现充分就业，有利于劳动力资源的充分利用，有利于社会稳定。经济结构、规模和速度等因素会影响就业水平的高低。货币政策通过货币政策工具的运用可对货币供给总量、经济规模和速度等因素产生重要影响，从而也会对就业水平产生影响。因此，中央银行通过实施货币政策，有利于实现充分就业，维护社会稳定。

（四）促进国际收支平衡，保持汇率相对稳定

随着金融和经济日益全球化，一国汇率的相对稳定是保持其国民经济健康稳定发展的必要条件。而汇率稳定又与国际收支平衡密切相关。货币政策通过本外币政策的协调，控制本币供给，调节利率汇率，进行公开市场操作等，可促进国际收支平衡，对保持汇率相对稳定具有重要作用。

（五）保持金融稳定，防范金融危机

保持金融稳定是防范金融危机的前提。通过运用货币政策工具，可以调控社会信用总量，有利于抑制泡沫经济的形成，避免泡沫破灭对经济的激烈冲击，有利于保持金融稳定，从而防范金融危机。

第二节 货币政策目标

货币政策目标在货币政策体系中居于首要位置。该目标不是经济学家和货币当局凭空想象出来的，而是货币当局根据宏观经济理论，顺应经济发展的客观要求，逐步提出和完善的。

一、货币政策目标的演变

在 20 世纪 30 年代经济危机之前，大多数西方学者和政府都信奉"自由放任"原则，认为市场具有自发调节经济，使之趋于均衡的功能。当时西方社会普遍存在各种形式的金本位制度，维持金本位制被认为是稳定货币的基础。因此，维持货币币值的稳定及物价稳定是当时货币政策的主要目标。

20 世纪 30 年代的世界经济大危机，造成了大量、持续的失业。各国政府及经济学家开始怀疑黄金本位的自动调节机制，纷纷抛弃金本位制度。同时，凯恩斯的《就业、利息与货币通论》从理论上证明货币政策在国家干预经济、实现充分就业中的积极作用。在第二次世界大战结束后的 1946 年，美国国会通过了《就业法》，正式将充分就业列入经济政策目标。从此，充分就业成为货币政策主要目标之一。

自 20 世纪 50 年代起，世界经济得到了迅速的恢复和发展。西欧各国和日本经济迅速复兴，

出现了较高速度的增长，超过了美国的经济增长速度。这使美国的经济霸主地位受到了挑战。为了保持自身的经济实力和政治地位，美国政府率先把适度的经济增长作为当时的主要目标。以后西方各主要资本主义国家也纷纷效仿，货币政策目标发展为稳定物价、充分就业和促进经济增长三大目标。

20 世纪 50 年代末期以后，国际贸易得到了迅速的发展。在长期推行凯恩斯主义的宏观经济政策后，各国普遍出现了不同程度的通货膨胀，国际收支状况也日益恶化，特别是美国国际收支出现巨额逆差，致使大量美元外流，严重影响人们对美元汇率的信心，也使各国国际储备增长太快而引发通货膨胀。许多国家把美国的巨额国际收支逆差看作是一种危险，纷纷要求美国实行国际收支平衡。伴随着 20 世纪 70 年代初发生的两次美元危机和布雷顿森林体系解体，不少国家又先后将国际收支平衡列为货币政策目标之一。至此，货币政策便有了 4 个目标：物价稳定、充分就业、经济增长和国际收支平衡。

二、货币政策目标的具体含义

（一）物价稳定

物价稳定是指将一般物价的变动控制在一个比较小的区域内，在短期内不发生显著的或剧烈的波动，呈现基本稳定的状态。这里的物价指一般物价水平，而非某种商品的价格，一般物价水平所表明的是一种物价变动的趋势或平均水平。在实际生活中，整个社会物价稳定的同时，会出现某种商品价格上涨或下跌的情形，整个社会价格的稳定与个别商品的价格变动并不矛盾。这是由于社会对某种商品的需求增加或降低时，该商品的价格就会相应的上涨或下跌。这种价格变动促使全社会资源有效地分配，提高整个社会的经济效益。因此物价稳定不是简单地抑制物价水平的提升，而是维持物价总水平的基本稳定。

物价上涨和通货膨胀并不是同义词，但稳定物价的实质是控制通货膨胀，防止物价总水平普遍、持续、大幅度地上涨。一国的宏观经济目标应该允许物价有小幅度上涨，不同的国家和不同的经济学家有着不同的看法。有的经济学家认为，5%以下的通货膨胀率对经济发展有一定的刺激作用，是经济所能承受的，是一种温和的通货膨胀；有的经济学家则认为 3%以内的物价上涨幅度是可取的范围。不同的国家和不同的情况下，人们对物价的承受能力是不同的，各国都根据该国对物价上涨承受力作为物价上涨是否过快的标准。

（二）充分就业

充分就业是指任何愿意工作并有能力工作的人都可以找到一个有报酬的工作。非充分就业则表明存在社会经济资源特别是劳动力资源的浪费，容易导致社会不稳定和政治危机，因此各国政府一般都将充分就业作为优先考虑的政策目标。宏观经济学中的充分就业是指所有能够被利用的资源全部得到利用，但是要测定市场资源的利用程度是非常困难的，因此充分就业的目标往往被限定在劳动力资源方面。

在动态经济中，社会总存在某种最低限度的失业。即使一个国家就业机会与愿意就业人数相等，也有由于工作的转换、职业的挑选等原因使一部分人暂时失业。因此充分就业不是社会劳动力全部就业，而是扣除摩擦性失业和自愿失业之后的就业水平。摩擦性失业，即由于经济制度的动态结构调整、技术、季节等原因造成的短期内劳动力供求失调而造成的失业；自愿性失业，即由于劳动者不愿意接受现有的工资水平或嫌工作条件不好而造成的失业。这两种失业在任何社会经济制度下都是难以避免的。除了摩擦性失业和自愿性失业之外，任何社会还存在一个可承受的非自愿失业幅度，即劳动者愿意接受现行的工资水平和工作条件，但是仍然找不到工作，也就是对劳动力需求不足而造成的失业。

因此，现实的经济生活中，由于摩擦性失业、自愿性失业等的存在，社会不可能达到100%的就业水平。充分就业并不是追求零失业率，而是指将失业率降低到一个社会可以接受的水平。实际上每一个国家均会存在不同程度的失业率，中央银行货币政策目标就是使失业率降到最低水平。由于各国的社会经济情况不同，民族文化和传统习惯也有很大差异，所以各国对失业率的可接受程度也是不同的。有的经济学家认为，3%的失业率就可以看作充分就业；也有的经济学家认为失业率长期控制在4%~5%就是充分就业；而美国的多数经济学家认为失业率在5%左右就算是充分就业。因此究竟将失业率控制在多少才是充分就业只能根据各国不同的经济发展状况来判断。

（三）经济增长

经济增长是指一国人力和物质资源的增长。经济增长可以改善国民生活水平，提高本国的国际地位，但同时经济增长也可能带来一些社会问题，如环境污染。靠破坏生态平衡、污染环境带来的经济增长，不能算是真正的经济增长。因此，作为宏观经济目标的增长应该是长期稳定的增长，经济在一个较长的时间内不出现大起大落，始终处于长期稳定的增长状态中。过度追求短期的高速增长可能导致经济比例的失调、经济的剧烈波动。货币政策作为国家干预的重要手段，保持国民经济的长期稳定增长是其主要目标。

关于经济增长的定义，通常存在两种观点。一种观点认为，经济增长就是指国民生产总值的增加，即一国在一定时期内生产的商品和劳务总量的增加，或者是人均国民生产总值的增加。另一种观点认为，经济增长就是指一国生产商品和劳务能力的增长，或者说经济增长代表一国生产可能性边界的扩展。经济增长的速度通常用国民生产总值增长率和国内生产总值增长率表示，但用这两种指标来衡量经济增长的程度也存在一些不足。一是价格上涨也会引起国民生产总值的增加，只有排除价格上涨因素的实际国民生产总值的增长率才能在一定程度上反映经济增长的速度。二是就目前的统计口径来看，两个指标的统计数据都没有将资源浪费和环境污染等引起的成本纳入考虑中，因此，绿色GDP才能在真正意义上反映经济增长速度。

世界各国由于发展水平和发展条件的不同，在增长率的选择上往往存在差异，发达国家多把经济年增长率定在4%左右为理想目标，但对于不发达国家和发展中国家，这个目标值显然偏低。大多数发展中国家较发达国家更偏好于高的增长率。

（四）国际收支平衡

国际收支是指在一定时期内一个国家或地区与世界其他国家或地区之间进行的全部经济交易的总和。国际收支平衡主要指的是经常项目和资本项目的收支平衡。这种平衡不是收入和支出数量上的绝对相等，而是允许略有顺差或略有逆差，只要不是长期的、巨额的收支顺差和逆差，就被认为是实现了收支平衡。

一国国际收支失衡，不管是逆差还是顺差，都会给该国经济带来不利影响。如果是逆差，还要分析是经常项目逆差还是资本项目逆差，或均为逆差。如果是出现巨额逆差，很可能造成国内有效需求和国内资源利用不足，导致外汇市场对本币信心的急剧下降，国内投资不足，甚至出现严重的货币金融危机，其结果必然是国内货币的贬值和国内经济发展停滞。而巨额的国际收支顺差，使大量的外汇储备闲置，还可能因为购买大量外汇而增发本国货币，导致或加剧国内通货膨胀。因此，各国调节国际收支失衡主要是为了减少甚至消除国际收支逆差。

从全世界的范围来看，一个国家的收支出现盈余势必意味着其他国家出现赤字。因此，每个国家都保持国际收支的顺差是不可能的，这样，只能追求在短时期内允许国际收支略有顺差或略有逆差，避免长期出现大量的顺差或逆差。因此，各国选择货币政策目标时，不能只考虑经济增长、物价稳定等，国际收支平衡也是必须考虑的。

三、货币政策目标之间的矛盾

货币政策的最终目标不是单一的，而是由多个目标组合在一起的多重体系，而且这些指标之间存在很多复杂的关系。这些货币政策目标，有的可以兼容协调，例如充分就业可以促进经济增长，经济增长又反过来有助于充分就业；有些则存在着一定的矛盾和冲突，常常不能同时实现。

（一）物价稳定与充分就业的矛盾

各国经济的发展历史表明，物价稳定与充分就业之间存在着此高彼低的替代关系。当物价变动不稳定时，中央银行为了稳定物价必须抽紧银根、紧缩信用，降低通货膨胀率。这样就会减小投资规模，其结果会导致失业率上升。反之，为了增加就业，又要采取放松银根、扩张信用的办法，通过增加货币供应量来刺激需求，增加投资规模。但这样做的结果又会导致物价上涨，加剧通货膨胀。这是英国经济学家菲利普斯研究了 1861 年至 1957 年近 100 年英国失业率与物价变动率之间的关系后得出的结论。后来的经济学家把这种关系概括为"菲利普斯曲线"（见图 9-2）。横轴表示失业率，纵轴表示通货膨胀率，菲利普斯曲线自左上方向右上方倾斜。根据菲利浦斯曲线，充分就业与稳定物价是不能同时实现的。中央银行的货币政策，既不能选择失业率较高的物价稳定，也不能选择通货膨胀率较高的充分就业，而只能根据实际的社会经济条件，将物价上涨率与失业率进行正确的结合。

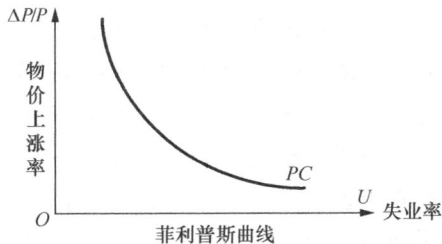

图 9-2　物价上涨率与失业率的关系

（二）物价稳定与经济增长的矛盾

从根本上讲，物价稳定是经济持续稳定增长的前提，经济增长则是物价稳定的基础，二者在一定的范围内可以相互促进，超过了这个范围，经济增长则会导致物价的上涨。所以采取扩张性货币政策刺激经济增长时，也要防止政策作用过度，导致物价上涨和通货膨胀。为了防止通货膨胀和物价上涨，采取收缩性货币政策，超过一定限度则会对经济产生不利影响。许多国家的经济发展的实践表明，物价稳定和经济增长很难统一兼顾，因为推动经济增长就需要增加投资，扩张信用，增加货币供应量，客观上会导致价格水平的上涨。

（三）物价稳定与国际收支平衡的矛盾

在对外开放的宏观经济条件下，物价水平是否稳定经常会影响到国际收支平衡。从理论上讲，只有各国都维持基本稳定的物价水平，并保持贸易规模和商品输出输入结构不变，才能同时实现物价稳定与国际收支平衡。然而有关条件同时具备并不容易。若一国通货膨胀，而别国物价稳定，则该国货币对外贬值，该国产品出口增加，进口减少，国际收支顺差。同时，别国相应地进口增加，出口减少，国际收支逆差。为缓解国际收支逆差，采用的货币政策难免会造成物价上涨。

（四）经济增长和国际收支平衡的矛盾

经济增长和国际收支平衡之间的矛盾产生于就业增加，收入提高，通常会引起国内居民对进口商品需求的增加。如果该国的出口不能随进口贸易的增加而相应地增加，那必然会导致国际收支的失衡。为了平衡国际收支，消除贸易逆差，往往采用紧缩性货币政策，压制国内的有效需求来改善国际收支情况，经济增长速度放缓。所以经济增长和国际收支平衡也难以同时实现。

四、货币政策目标的选择

正因为货币政策的 4 个最终目标之间存在着多重矛盾和冲突，一个国家不可能同时实现这 4 个目标。这就出现了货币政策目标的选择问题。各国由于经济发展水平和经济结构的差异，在货币政策目标上的选择是不同的，因此出现不同的选择理论。

单一目标论认为，由于货币政策目标之间存在矛盾，货币政策只能以单一目标为己任。但在选择什么目标作为货币政策的唯一目标上又存在两种对立的意见：一种意见从稳定物价及经济正常运行和发展的基本前提出发，主张稳定物价是货币政策的唯一目标；另一种意见认为经济增长是物价稳定的基础，主张以经济增长为货币政策的唯一目标。

双重目标论认为，中央银行的货币政策不应该选择单一的目标，而应该兼顾货币稳定和经济发展两方面的要求。经济增长和物价稳定之间是相互制约和相互影响的，只偏重某一目标的结果不仅不可能在长期经济运行中实现该目标，对整个国民经济的稳定协调发展也是不利的。

多重目标论认为，随着经济体制改革的进一步深化和对外开放的进一步扩大，就业和国际收支平衡问题对宏观经济的影响越来越大，不能只以一个或两个目标作为政策目标，而应该在总体上兼顾各个目标，而在不同时期以不同的目标作为相对重点。

由于各宏观经济目标既统一又矛盾，宏观经济环境在不断变化，不同时期的货币政策的相对重点也在变化。例如 2008 年世界经济金融危机爆发后，我国经济面临衰退的危险，我国的货币政策从稳健的货币政策转向适度宽松的货币政策，保增长成为政策的相对重点。而 2010 年我国经济已经有较快的复苏，通货膨胀开始加速，下半年货币政策开始转向，从适度宽松的货币政策转向稳健的货币政策，政策重点从保增长转向保持币值稳定。

第三节 | 货币政策工具

货币政策工具是指中央银行为实现货币政策目标，进行金融调控时所运用的手段。中央银行通过直接控制和运用货币政策工具，直接对货币政策的中介目标产生影响，进而促进货币政策最终目标的实现。货币政策工具多种多样，各有其特点和适用条件，在不同时期不同国家货币政策的目标不同、经济体制和金融体制的不同，各国所选择的货币政策工具也不同。货币政策工具可分为一般性货币政策工具、选择性货币政策工具和其他性货币政策工具 3 类。

一、一般性货币政策工具

一般性货币政策工具是对货币供给总量或信用总量进行调节和控制的政策工具，主要包括法定存款准备金政策、再贴现政策和公开市场业务三大政策工具，俗称"三大法宝"。这些工具主要针对总量进行调节，中央银行经常使用且对整个宏观经济运行产生重要影响。

（一）法定存款准备金政策

法定存款准备金政策是指中央银行通过规定或调整商业银行等存款类金融机构缴存中央银行的存款准备金比率，控制商业银行信用创造能力，间接地控制货币供应量的措施。这是各国普遍使用的一种货币政策工具，也通常被认为是货币政策中最猛烈的工具之一。

法定存款准备金制度是商业银行将吸收的存款保留一部分用作支付准备金的一种做法。将存款准备金集中于中央银行最初始于英国。而以法律形式规定商业银行必须向中央银行缴纳存款准备金并规定法定存款准备率，则始于 1913 年的美国联邦储备法。存款准备金制度最初设立是为了保持商业银行的清偿力，提高银行等金融机构的清偿能力，从而保证存款人利益以及银行本身的安全。后来，由于中央银行有权随时调整法定存款准备率，因而调整法定存款准备率就成为中央银行控制货币供给的一项重要工具了。目前实行中央银行制度的国家，一般都实行法定存款准备金制度。

法定存款准备金率的调整将直接影响商业银行等存款货币机构创造派生存款的能力，从而影响货币乘数和货币供应量。同时法定存款准备金率的调整还直接影响商业银行等存款货币机构的准备金结构。当提高法定存款准备金率时，商业银行的法定存款准备金增加，超额存款准备金减少，将降低商业银行的存款创造能力，收缩信用和货币供给量；反之，则会提高商业银行的存款创造能力，扩张信用和货币供给量。

法定存款准备金制度的建立有利于保证商业银行等金融机构资金的流动性。中央银行强制商业银行将准备金存入中央银行，可以从制度上避免商业银行超额发放贷款而影响商业银行的流动性和清偿力，以保证商业银行资金的流动性，从而维护存款人的合法权益。同时，法定存款准备金制度有利于中央银行履行银行的银行的职能。存款准备金缴存中央银行，使中央银行可以集中信贷资金，办理银行同业间的清算，向金融机构提供信贷，以调剂不同地区和不同银行间短期资金的余额，从而有利于中央银行履行其银行的银行的职能。

法定存款准备金政策操作简单，政策制定有完全的自主权，对所有存款货币银行的影响是平等的，对货币供给量具有极强的影响力，力度大，速度快，效果明显。它是三大货币政策中最容易实施的手段。但是这一政策工具也有一定的局限性。其一，存款准备金率对货币供给量的影响较为强烈，会使经济产生较大波动，不宜作为中央银行经常性的货币工具。由于法定存款准备金政策是通过货币乘数来影响货币供应量的，所以即使准备金率的变动幅度很小，也会引起货币供应量的较大幅度变动。其二，容易引起商业银行流动性不足。一旦法定存款准备金率提高，可能使超额准备金率比较低的商业银行陷入流动性困境，影响商业银行业务活动的正常进行。

（二）再贴现政策

再贴现政策是指中央银行通过提高或降低再贴现率的办法，影响商业银行等存款货币机构从中央银行获得的再贴现贷款和超额准备，达到增加或减少货币供应量、实现货币政策目标的一种政策措施。再贴现政策是中央银行最先使用的、用于控制货币供应量的货币政策工具。它一般包括两方面的内容：一是再贴现率的调整；二是规定向中央银行申请再贴现的资格。

中央银行通过对再贴现利率的提高或降低来影响商业银行的融资成本，进而实现对货币供应量及其结构的控制。如果中央银行提高再贴现率，就意味着商业银行从中央银行再贴现窗口借款的成本提高，商业银行准备金相应缩减，商业银行会收缩对客户的贷款或投资规模，从而减少了市场上的货币供给量，随之市场利率也会提高，社会对货币的需求就会降低。反之，中央银行降低再贴现率，则会出现相反的效果。

在不同的经济环境中，中央银行对再贴现申请资格的规定是不同的。中央银行通过规定再贴现的票据应具备的条件，来影响商业银行的资产运用。同时，根据本国金融体系的特征，规定适合本国国情的再贴现的对象，起到抑制和扶持的作用，促进经济发展中需要扶持的行业的发展，影响国家产业结构的调节。

再贴现政策的调整可以产生货币政策变动方向和力度的告示作用，为整个经济社会提供了一种货币政策的信息，从而影响社会公共的预期。由于这种政策信号提前提供，使人们事先做好必要的准备或相应的反应，也有利于这种政策目标的顺利实现。此外，在发生金融危机的时候，再贴现政策往往是中央银行向银行系统提供准备金的一种相对有效的政策工具，可以使资金立刻被送到急需资金应付挤提的银行中去。例如 1974 年在拯救陷入困境的富兰克林国民银行和大陆伊利诺国民银行中，1987 年在防止"黑色星期一"股市风潮可能引起的金融恐慌中，2001年的"9·11"恐怖事件中，美联储利用再贴现工具发挥了重要作用。

再贴现政策最大的优点是中央银行可以利用它来履行最后贷款人的职责，并在一定程度上体现中央银行的政策意图，维持金融体系的稳定。同时，中央银行还可以通过调整再贴现率影响商业银行的资金成本和超额存款准备金，从而改变其放款和投资活动。最后，再贴现政策对一国经济影响效果缓和，避免引起经济的巨大波动，从而有利于一国经济的相对稳定。

再贴现政策也有一定的局限：一是在实施再贴现的过程中，商业银行是否愿意到中央银行申请再贴现、再贴现多少，都是商业银行自主的行为，中央银行始终处于被动等待的地位，缺乏主动权；二是由于货币市场的发展，商业银行对中央银行再贴现窗口的依赖性降低，再贴现政策只能影响到前来贴现的银行，对其他银行只是间接地发生作用；三是再贴现政策缺乏弹性，中央银行若经常调整再贴现率，会引起市场利率的经常变动，使企业或商业银行无所适从，经济的正常秩序会被打乱。因此，中央银行在调整再贴现率时，必须要综合考虑国民经济发展中的各种因素。

（三）公开市场业务

公开市场业务是指中央银行在金融市场上公开买卖有价证券，以改变商业银行等金融机构的准备金，进而影响货币供给量及利率水平的一种政策措施。公开市场业务起源很早，19 世纪初，英格兰银行便把公开市场业务当作维持国债价格的手段。以后又被用来辅助"再贴现政策"。在 20 世纪 20 年代美国联邦储备体系也开始使用此工具。当时，美国联邦储备体系创建后，主要依靠再贴现政策作为货币政策工具，通过再贴现对商业银行放款向银行体系注入基础货币。但是 20 世纪末的严重经济危机影响了这一方式，美联储开始通过购买美国政府债券来扩张信用和降低利率。到目前为止，在一般性货币政策工具中，公开市场业务是西方发达国家采用最多的一种货币政策工具。弗里德曼甚至主张把公开市场业务作为唯一的货币政策工具。在他看来，其他货币政策工具所能做到的，公开市场业务都能做到。

中央银行公开市场政策主要是通过影响商业银行体系的准备金来进一步影响商业银行信贷量的扩大和收缩，进而影响货币供给量的行为。当经济出现萧条时，金融市场上的资金短缺，中央银行在公开市场上买进有价证券，实际上是向市场投放了一笔基础货币，商业银行准备金增加，商业银行贷款规模扩大货币供应量增加，市场利率下降，刺激投资和消费的扩张，刺激经济的发展。反之，当金融市场上货币过多，出现通货膨胀时，中央银行就向市场抛售有价证券，减少市场上的基础货币量，达到减少货币供应量，控制通货膨胀的目的。

公开市场业务会影响市场利率水平和利率结构。中央银行在公开市场买卖证券使证券需求发生变化，首先引起证券价格和证券市场利率的变化。其次，引起商业银行准备金数量的变化，并通过乘数作用导致货币供给变化，影响市场利率。最后，中央银行通过买卖不同期限的证券，也可以改变市场对不同期限证券的需求，使利率结构发生变化。公开市场业务还可以与其他货币政策工具配合使用，提高货币政策的效果。例如，中央银行提供再贴现率，商业银行持有较多超额准备而不依赖于中央银行贷款，则紧缩性货币政策就难以奏效。此时，中央银行若以公开市场业务配合，在金融市场卖出证券，则商业银行的准备金必然减少，紧缩性目标得以实现。

公开市场业务是中央银行最有力、最常用因而也是最重要的货币政策工具。较之存款准备金率和再贴现等货币政策工具，公开市场业务有着明显的、不可比拟的优点：第一，公开市场操作可根据中央银行意图对操作指标进行直接调控，而使用其他两种工具中央银行只能通过改变商业银行贷款条件或借款成本的间接方式影响商业银行信贷总量。第二，公开市场业务的主动权完全在中央银行，是按照中央银行的主观意愿进行的，它不像再贴现政策，中央银行始终处于被动状态。第三，公开市场业务可灵活地进行，可以经常、连续地操作，也可以以较小的规模进行操作，不会像存款准备金政策那样对经济产生猛烈的冲击。第四，公开市场业务具有可逆性，当中央银行在公开市场操作中发现错误时，可立即逆向使用该工具，以纠正其错误。

虽然公开市场业务具有以上明显的优点，但是它不可避免地存在一定的局限性：第一，公开市场操作较为细微和频繁，技术性强，缺乏政策意图的告示作用，对公众预期的引导作用较差。第二，各种市场因素的变动可能减轻或抵消公开市场业务的影响力。例如国际收支变化、社会公众的预期和货币流通速度的变化等都可能抵消公开市场的作用。第三，公开市场操作需要以较为发达的有价证券市场为前提。如果市场完善程度不高，交易工具太少、证券交易立法不健全等因素会制约公开市场业务的效果。

二、选择性货币政策工具

选择性货币政策工具是指中央银行针对某些特殊经济领域或特殊用途的信贷，采用的信用调节工具。这些工具大多是结构性的，主要有消费者信用控制、证券市场信用控制、不动产信用控制和优惠利率。

（一）消费者信用控制

消费者信用是指商业银行或企业提供给消费者的信用，主要有消费贷款、分期付款等方式。在消费者暂时没有足够购买力购买商品时，消费信用是扩大商品销路的手段之一，这实际上是使消费者把未来的收入提前到当前来使用。这种消费者信用既可以刺激消费者需求起到刺激生产的作用，又会加剧通货膨胀，造成虚假的社会需求。为了不致使这种需求过大和通货膨胀加剧，中央银行对消费者信用也要加以控制。

消费者信用控制是指中央银行对不动产以外的其他各种耐用消费品所规定的信用规模和期限等方面的管理措施，其目的在于影响消费者对耐用消费品的有支付能力的需求。其主要内容包括：第一，规定采用分期付款等方式购买耐用消费品首次付款的最低金额，如果提高首付金额，则会限制首付款不足的消费者，降低此类信贷的贷款额；第二，规定用分期付款等方式购买耐用消费品的借款的最长期限，如果缩短借款期限，则每期还款金额会提高，限制平均收入较低的消费者;第三,规定可用信贷购买的耐用消费品的种类及对不同消费品规定不同的信贷条件等。

在市场出现需求过旺、消费膨胀时期,中央银行可采取提高首付金额、缩短消费信贷的期限、限制使用消费信贷的消费品种类等措施抑制消费需求和物价上涨;而在经济萧条、消费萎缩时期,中央银行放宽对消费者信用的各种限制条件,可以提高消费者对耐用消费品的购买能力,扩大购买需求,促使经济回升。因此,消费者信用控制是中央银行控制货币供给量、控制信用规模、调节宏观经济的一个有效的辅助性工具。

当然,中央银行利用消费者信用控制措施来实现其货币政策目标的效果,会受到许多现实因素的影响和制约。同时中央银行要对所有的消费者信用进行控制和管理也是非常困难的。例如,提供消费信贷的商家为了促进商品销售,可能并不愿意执行中央银行的限制措施。消费者也不一定愿意遵循中央银行严格的信用管理规定。

（二）证券市场信用控制

证券市场信用控制是指中央银行对有价证券的交易,规定应支付的保证金限额,限制用借款购买有价证券的比重,以控制和调节证券市场资金流动的行为。为了防止证券投机行为,中央银行对各商业银行办理的以证券为担保的贷款,有权随时调整保证金的比率,保证金比率越高,信用规模越低。当证券价格上涨,中央银行认为有必要时,就提高保证金的比率,控制证券市场的信贷资金供求,平抑证券市场的价格,促进证券市场稳定。反之,则降低保证金的比率。

美国是实施证券市场信用控制的国家。20 世纪 20 年代,美国股票市场空前繁荣,美联储无力控制流入股票市场的信用数量,以股票担保的放款大量增加,促成股票价格的急剧上升。在 1929 年 9 月美联储将再贴现率由 1927 年的 3.5% 提高到 6%,结果导致股票市场崩溃,经济衰退。在此之后,美联储认识到如果不采用其他信用控制措施,只运用一般性货币政策工具,那么可能导致控制过猛的危险。因此,1934 年,美国制定了《证券交易法》,授权中央银行选择性地控制有价证券信用。根据该法案,美联储实施法定保证金比率,加强对有价证券信用的控制,缓和本国股价激烈变动和抑制证券投机的效果。

20 世纪 90 年代以来,我国证券市场也曾出现过大量的信贷资金流入股票市场、债券市场和期货市场,导致了证券市场过热,出现金融资产泡沫的不正常的运行状况。为了解决这一问题,我国实行了证券业和银行业务分业经营的管理体制,有效地抑制了信贷资金进入股票市场,限制证券经纪公司向客户透支炒股等,这对于稳定我国金融市场,抑制金融泡沫,避免金融危机发挥了重要的作用。

（三）不动产信用控制

不动产信用控制指中央银行对金融机构在房地产方面放款的限制措施,其目的是抑制房地产投机行为,抑制房地产泡沫。不动产信用控制的主要内容有对金融机构的房地产贷款规定最高限额、最长期限、首次付款最低金额以及分期还款的最低金额等。在 20 世纪 50 年代,美国最先对不动产信用实施控制,后来发展到其他国家。美国之所以要对不动产信用加以控制,那是因为不动产在美国的国民经济中占有十分重要的地位,如果这个市场控制好了,其他市场也就好控制了。美联储为了确保经济资源的合理利用,特设置 X 规则限制不动产信用。

近年来,我国也出现了房地产过热的情况,大量资金流向房地产市场投机,加剧房地产泡沫的形成。为了限制房地产投机,国家采取一系列措施限制信贷资金向房地产过度流入。例如

2005 年随着一些地区房地产价格大幅上涨，中国人民银行发布了《关于调整商业银行住房信贷政策和超额准备金存款利率的通知》规定，对房地产价格上涨过快的城市或地区，住房贷款最低首付款比例由 20%提高到 30%；2006 年 6 月 1 日起，商业银行发放的住房贷款首付款比例不得低于 30%。2010 年又出台规定，要求各商业银行暂停发放居民家庭购买第三套及以上住房贷款；对不能提供一年以上当地纳税证明或社会保险缴纳证明的非本地居民暂停发放购房贷款；对贷款购买商品住房，首付款比例调整到 30%及以上；对贷款购买第二套住房的家庭，严格执行首付款比例不低于 50%、贷款利率不低于基准利率 1.1 倍的规定。

（四）优惠利率

优惠利率是中央银行对国家拟重点发展的经济部门、产业和产品规定较低的利率，以鼓励其发展所采取的措施。实施优惠利率有利于刺激重点发展的经济部门的生产，调动其生产积极性，实现国民经济产业结构和产品结构的调整和升级换代。优惠利率在发展中国家使用较多，主要配合国家产业政策使用，对急需发展的基础产业、能源产业、新技术、新材料的生产、出口创汇企业等，制定较低的优惠利率，提供资金方面的支持。具体来说，中央银行可以对这些需要重点扶持发展的行业、企业和产品规定较低的贷款利率，由商业银行执行；也可以对这些行业和企业的票据规定较低的再贴现率，引导商业银行的资金投向和投量。

三、其他货币政策工具

除了以上两类货币政策工具外，中央银行还可以根据本国的实际情况和不同时期的具体要求，选择其他一些货币政策工具。这些货币政策中既有直接的信用控制，又有间接的信用控制。前者有行政性、强制性，一般效果较为直接；后者则具有指导性、间接性，工具的使用效果与中央银行独立性的强弱和权威性的高低相关。

（一）直接信用控制

直接信用控制是指中央银行以行政命令或其他方式，直接对金融机构尤其是商业银行的信用活动进行直接控制，而不是通过市场供求关系或资产组合的调整进行调控。其手段包括利率最高限额、信用配额管理、流动性比率管理、直接干预和特种存款等。

1. 信用配额管理

信用配额管理是指中央银行根据金融市场的供求状况和经济发展的需要，分别对各个商业银行的信用规模加以分配和控制，从而实现其对整个信用规模的控制。许多发展中国家，由于资金需求量较大而供给不足，所以这种方法应用得相当广泛。它也是我国计划经济时期和从计划经济向市场经济转轨时期主要的信用控制手段。但是，随着金融市场的逐步发展，金融工具的逐步增加，信用规模控制的作用已大大降低。1998 年 1 月 1 日，中国人民银行取消了国有商业银行的贷款规模限额控制，只对国有商业银行按年（季）下达贷款增量的指导性计划，实行"计划指导、自求平衡、比例管理、间接调控"的信贷资金管理体制。中央银行对货币供给总量的控制转变为通过对基础货币的调控来实现。

2. 利率最高限额

利率最高限额又称利率管制，是指中央银行依法直接对商业银行的存、贷款利率水平实行限制，防止商业银行把利率作为竞争手段，扰乱金融秩序。但如果长期使用该工具，会使金融体系的效率受到损害，迫使受到干预的银行和金融机构寻求其他各种手段来阻碍或规避这些行政管制，从而降低金融体系分配资源的效率。

利率最高限制主要包括中央银行规定商业银行吸收存款的利率上限和发放贷款的利率下限，或者对定期和储蓄利率的最高限度实施控制。美国曾在 1980 年前实施的"Q 条例"和"M 条例"中规定，银行对活期存款不得支付利息，对储蓄存款和定期存款的利率设定最高限度，旨在避免商业银行通过提高利率来吸收存款进行过度竞争，加大商业银行经营风险。但是利率管制的实施，限制了存款的自由流动，破坏了金融市场的运行机制，损害了金融市场的运行效率。如果过多地采用利率管制，还可能会导致金融抑制。因此使用此种工具时，要注意它的正面作用和负面影响。

我国在计划经济时期执行严格的利率管制。随着金融改革的逐步深化，中央银行对利率的管制逐步放松，但目前仍有多种利率还未市场化。随着我国金融体制改革的逐步深化和金融市场的逐步发育和完善，利率市场化将是一种必然趋势。

3. 流动性比率管理

商业银行的流动性比率是指流动性资产占流动性负债的比重。流动性比率管理是指中央银行通过规定商业银行流动性比率来限制商业银行的信用能力。一般来说，流动性比率越高，商业银行能够发放的贷款特别是长期贷款的数量就会越少，从而会限制信用的扩张。但由于流动性和盈利性的矛盾，过高的流动性比率也不利于商业银行的经营。

4. 直接干预

直接干预是指中央银行依据有关法规直接对商业银行的授信业务进行干预。一般直接干预的方法有：对业务经营不当的商业银行拒绝再贴现或采取高于一般利率的惩罚性利率；直接干预商业银行对存款的吸收；直接规定各商业银行业务经营的方针、放款与投资范围，限制其放款额度等。

5. 特种存款

特种存款是指在银行体系中出现过剩超额储备时，中央银行要求商业银行等金融机构按一定比例把这种超额储备缴存中央银行冻结起来的一种存款方式。其目的在于限制商业银行的信用扩张能力，紧缩货币供给量。

在银行体系存在过多的超额准备金，但又由于诸多原因无法提高法定存款准备金率时，可以利用特种存款来冻结商业银行多余的超额准备金。如英格兰银行在 1960 年曾实行过这一办法，要求英格兰境内的银行按存款的 2%、苏格兰境内的银行按存款的 1%缴存特种存款。中央银行还可以利用特种存款防止高息揽储的竞争。对超过规定标准的存款，中央银行可要求银行缴存特种存款，利用特种存款的低息或无息起到惩罚作用。

（二）间接信用控制

间接信用控制指中央银行通过道义劝告和窗口指导的方式，对信用变动方向和重点实施间接指导。

1. 道义劝告

道义劝告是指中央银行利用其在金融体系中的声望和地位，对商业银行和其他金融机构发出通告、指示或与各金融机构的负责人进行面谈，交流信息，解释政策意图，使商业银行和其他金融机构自动采取贯彻中央银行政策的相应措施，从而达到控制和调节信用的目的。如英格兰银行遇到政策改变时，常侧重幕后劝告，邀请商业银行的负责人交换意见，取得各银行的自愿合作。我国也会采用各种工作会议、"吹风会议"等来促使商业银行主动合作。

道义劝告不具有强制性，不依靠法令赋予的特殊权利，无需增加行政开支。虽没有法律约束力，但事实上金融机构都会采取合作态度。道义劝告之所以能够在现行的金融体制下得以实施，并使中央银行的政策意图得到有效传达，关键在于中央银行的领导地位。中央银行的声望越高，地位越独立，道义劝告的作用就越明显。

2. 窗口指导

窗口指导是指中央银行根据产业行情、物价趋势和金融市场动向，规定商业银行贷款重点投向和贷款变动数量。窗口指导虽然没有法律约束力，其影响大小也取决于中央银行的声望和各银行的合作态度，但鉴于中央银行的强大力量，其作用有时也很大。

窗口指导曾一度是日本银行货币政策的主要工具。其内容主要是根据产业政策、物价走势、金融市场动向、货币政策的要求及上一年度同期贷款的情况，规定各民间城市金融机构每季度贷款的增减额，并以指导的方式要求其遵照执行。如果民间金融机构不按规定的增减额对产业部门贷款，则日本银行可削减对该金融机构的贷款额度，甚至采取停止提供信用等制裁措施。

我国在取消贷款规模控制以后，更注重窗口指导的作用，在 1998 年颁布了产业投资指导政策，以指导商业银行的贷款方向；定期对国有商业银行下达贷款增量的指导性计划，引导其贷款规模控制。特别是 2008 年全球金融危机和经济危机爆发以后，中国人民银行也加大了通过窗口对金融机构的政策指导。

第四节 货币政策中间目标和传导

一、货币政策的中间目标

货币政策中间目标是指受货币政策工具作用并且能够影响货币政策最终目标的、具有传递性的金融变量指标。中央银行在实施货币政策之前，首先要确定货币政策的最终目标。但这个最终目标是一个宏观的目标，它必须借助于一定的货币政策工具，通过一系列中间环节才能完成。在这个过程中，中央银行为了及时了解货币政策工具是否有效，最终目标能否实现，就要对一些具体的指标进行观察和调节，而这些中央银行可以直接控制和观察的指标就是中间目标。

可见，中间目标是货币政策调节过程中一个十分重要的传导环节。虽然中间目标本身不是货币政策的预期调节目的，但是其选择是否正确，关系到货币政策最终目标是否能顺利实现。

（一）货币政策中间目标的选择标准

中间目标并不是任意确定的，它要符合以下几方面的条件。

1. 可测性

可测性是指中央银行所选择的中间目标，必须具有明确的计量标准、合理的测度手段，以便中央银行能迅速而准确地收集有关指标的数据资料，并进行定量分析和科学预测。

2. 可控性

可控性指这些中间目标一旦发生偏差，中央银行能够运用各种货币政策工具对其进行有效的控制和调节。只有中央银行能够较为有效控制的金融变量，才有可能借以贯彻自身的货币政策意图，并随时根据政策实施状况和效果加以微调。

3. 相关性

相关性是指货币政策的中间目标必须与政策工具、最终目标紧密联系，中央银行才能根据这些中间目标的变化来了解最终目标的变化情况，才能有效地运用货币政策工具实现预定的目标。

4. 抗干扰性

抗干扰性是指这些中间目标应该不容易受到外部因素的干扰，能比较准确地反映货币政策的实施效果，通过对中间目标的分析，应能较准确地判断和把握货币政策的方向和力度是否恰当。

（二）货币政策中间目标的类型

中央银行货币政策发生作用的过程相当复杂，在这过程中，要求充当中间目标的某一金融变量同时具备上述条件是很困难的。因此，货币政策中间目标往往不只一个，而是由几个金融变量组成的中间目标体系。在该体系中，中间目标可分为两类：一类是操作目标，是指在货币政策实施过程中，为中央银行提供直接的和连续的反馈信息，借以衡量货币政策的初步影响，也称近期目标；另一类是效果目标，在货币政策实施的后期为中央银行提供进一步的反馈信息，衡量货币政策达到最终目标的效果，也称远期目标（见图 9-3）。

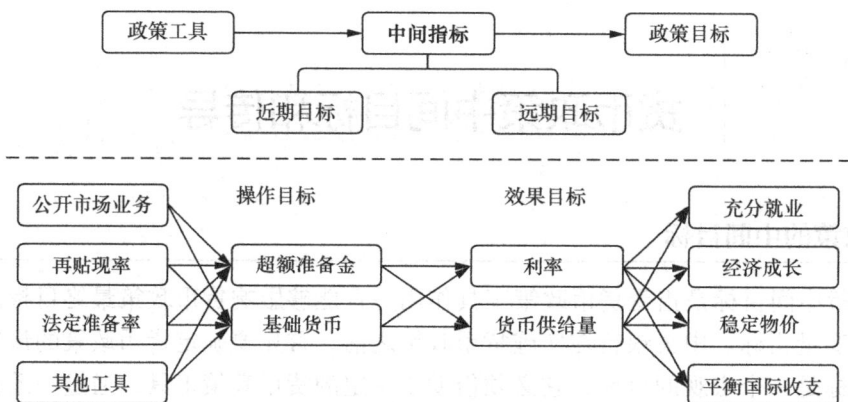

图 9-3　货币政策中间目标

1. 操作目标

操作目标能够被中央银行直接控制，因而在货币政策执行中发挥着重要作用。操作目标主要有准备金和基础货币。这些指标反映着商业银行及整个金融体系创造信用、创造货币的能力，中央银行可以对其直接监测和控制。

（1）准备金。准备金有不同的计量口径：准备金总额、法定准备、超额准备、借入储备、非借入储备等。借入储备是指商业银行等存款货币机构通过向中央银行再贴现和贷款形成的储备；非借入储备则是指商业银行等存款货币机构通过公开市场业务形成的储备。法定准备金率的变动直接导致准备金变动再影响到效果指标；再贴现率的变动影响市场利率，再贴现贷款数量的变动影响商业银行借入储备；公开市场业务通过债券买卖影响商业银行的非借入储备。商业银行准备金越多，其增加贷款的能力就越强，同时意味着市场银根宽松；反之，则情况相反。

因此，以准备金为操作指标，有利于监测政策工具的调控效果，及时调节和有效控制其方向和力度。但是对选择哪一个准备金指标作为操作指标还存在分歧。货币学派认为准备金总额是对货币供给量的最优控制器。而美联储则认为非借入储备更好。1979 年 10 月至 1982 年 10 月美联储主要使用非借入储备，此后则改为借入储备。我国在 1998 年 3 月 21 日对存款准备金制度改革以后，将法定存款准备金账户和备付金账户合二为一，同时将法定准备金率下调至 8%。这样，超额储备便成为中国人民银行一个主要的操作指标，但超额准备金的数量往往取决于商业银行的财务状况和其意愿，中央银行对其控制力度是有限的。

（2）基础货币。基础货币又叫强力货币或高能货币，它是由各商业银行的存款准备金和流通在银行体系以外的现金构成，是中央银行可以直接控制的金融变量，也是银行体系的存款扩张和货币创造的基础，与货币政策目标有密切关系，其数额的变化会影响货币供应量的增减。中央银行可以通过现金发行、买卖证券、再贴现等方式来调节基础货币，进而影响货币供应量。因为基础货币的数量易于测量也易于控制，所以很多国家把它视为较理想的近期指标。当然，中央银行对基础货币的控制也不是完全的。相比而言，公开市场业务形成的那部分基础货币中央银行控制力较强，再贴现业务形成的那部分基础货币中央银行控制力较弱。

此外，通过基础货币控制货币供给量还取决于货币乘数是否稳定可测。货币乘数并不是一个常数，而是一个经常波动的变量。这必然影响通过基础货币控制货币供应量的效果。

2. 效果目标

效果目标受操作目标变动的直接影响，同时又与最终经济目标有密切联系。为了及时准确地检测和控制货币政策的力度和效果，中央银行需要在货币政策工具和最终目标之间选定几个变量作为监测指标。目前通用的效果目标主要有货币供给量和利率。

（1）利率。利率是影响货币供应量和银行信贷规模、实现货币政策的重要指标。利率不仅能够反映货币与信用的供给状态，而且能够表现供求状况的相对变化，利率上升表明银根趋紧，反之则相反。同时，利率数据容易收集，中央银行可以及时掌握到市场利率水平及其结构方面的资料，并根据货币政策的需要，通过调整再贴现率或公开市场操作，调节市场利率，影响消费和投资，进而调节总供求，达到宏观调控的目的。

20 世纪 50 年代和 60 年代，西方各国都以利率作为主要中间目标，70 年代以后改为货币供应量为主，90 年代以后又成为美国等国的首选目标。在我国利率仍未完全市场化，因此，利率主要是作为货币政策工具而非中间目标来使用的。

利率作为中间目标也有其局限性。利率本身是经济内生变量。当经济繁荣时，利率会因为资金需求增加而上升，而中央银行为了抑制过热采用紧缩政策，结果利率上升了，但这种上升究竟是经济本身推动还是外部政策造成的，很难区分，使中央银行难以辨清真实情况而作出错误判断。同时，中央银行能够控制的是名义利率，而对经济运行产生实质影响的是预期实际利率。预期实际利率等于名义利率减去通货膨胀预期。由于没有计量通货膨胀预期的直接手段，因此预期实际利率是很难准确计量的。中央银行对预期实际利率就很难准确控制。

（2）货币供给量。货币供给量的变动能直接影响经济活动，与货币政策意图联系紧密。但是中央银行对货币供给量的控制能力并不是绝对的。货币供给量的变动取决于基础货币和货币乘数。后者受多种非中央银行完全控制的因素影响。例如通货存款比率和超额存款准备金率，主要受公众和商业银行行为的影响。中央银行很难直接控制这些比率。

货币供给量根据流动性不同可以分为 M_0、M_1、M_2 和 M_3 等若干层次。这几项指标都反映在中央银行、商业银行及其他金融机构的资产负债表内，容易获取资料以进行预测分析。只要中央银行控制住基础货币的投放，就基本能控制 M_1、M_2 和 M_3 的供应量。但是由于货币供应量的内生性特点日益明显，使人们认识到中央银行对货币供应量的控制不是绝对的。而且货币供应量是一个多层次的变量，用它作为中间目标还存在货币供应量层次的选择问题。

在新中国成立以后至 20 世纪 90 年代以前，我国也主要以现金作为中央银行控制的重点之一。但是 90 年代以后，随着金融市场逐步发展，信用工具日益增多，现金在流通媒介和支付手段中所占比重大幅下降。仅控制现金不能有效地控制货币供给总量，因此我国货币控制的重点向范围更为广泛的货币指标转移，在 90 年代初期和中期将 M_1 作为货币控制的重点，而从 90 年代末期开始将控制重点转向了 M_2。目前，我国中央银行每年初对外公布 M_2 控制目标。

二、货币政策传导机制

货币政策传导机制是指中央银行确定货币政策目标之后，从选择各种货币政策工具进行政策操作，到作用于经济体制内的各种经济变量，到最终影响整个经济活动、实现最终目标的途径和过程。这一传导过程是一个复杂的过程，关于这个过程的认识始终存在很多分歧和争论。

（一）货币政策传导机制的传导过程

一国货币政策的实现是与其传导机制紧密相连的，货币政策的传导过程，就是货币政策各项措施的实施，通过经济体系内的各种变量，影响到整个社会经济活动的过程。货币政策的传导一方面是在各经济变量之间进行，另一方面又通过各经济部门和机构进行传导。这两种传导是同时进行的，是一次传导过程的两种形式。

1. 货币政策的经济变量传导过程

货币政策的经济变量传导从中央银行变动货币政策工具开始，首先影响的经济变量是操作目标，如商业银行的准备金、基础货币等其他变量，其后影响效果目标，如货币供应量、利率等，最后达到影响生产、物价、就业等最终目标（见图 9-4）。

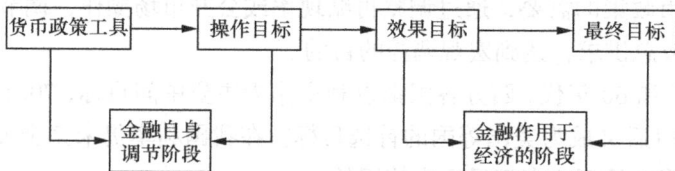

图 9-4　货币政策变量传导过程

货币政策经济变量传导过程可分为两个阶段：①在金融自身调节阶段，作用主体是金融体制及金融机构，作用的经济要素是各金融变量。如货币政策工具运用对金融机构信贷能力的调节。②在金融作用于经济的阶段，传导过程是各金融、经济变量之间的相互联系和相互影响。中央银行运用货币政策工具的之后，通过商业银行资产运用与负债经营，由金融体系影响实物经济体系。

2. 货币政策的机构传导过程

货币政策的机构传导是指货币政策从中央银行运用货币政策工具开始，通过中间机构的传导，最后到达最终目标的过程。具体来说，中央银行在制定货币政策后，选择适当的货币政策工具并予以实施，货币政策工具作用于商业银行等金融机构和金融市场这两个中间部门，对它们的经济行为产生影响，改变其所涉及的各种经济变量，进而影响企业和社会公众的投资和消费行为。例如中央银行运用公开市场业务，在金融市场上买入有价证券，增加金融市场资金供应，使金融市场利率下降；同时商业银行超额准备增加，商业银行信贷规模扩大，企业和社会公众手中货币增加，利率下降，投资消费受到刺激，社会总需求增加，就业增加（见图 9-5）。

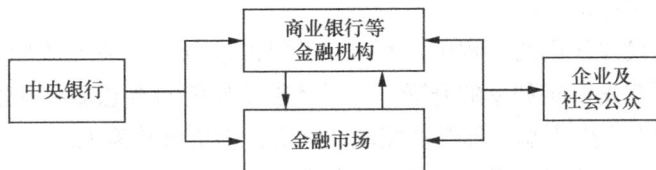

图 9-5　货币政策机构传导过程

3. 货币政策综合传导过程

货币政策的经济变量传导和货币政策的机构传导并不是两个相互独立的传导过程，而是一次传导过程的两个方面。两个过程综合起来，就构成了货币政策的综合传导过程，即中央银行通过各种货币政策工具，直接或间接调节各金融机构的超额准备金和金融市场的融资条件，进而控制全社会货币供应量，使个人和企业不断调整自己的经济行为，整个经济运行也随之发生变动（见图 9-6）。

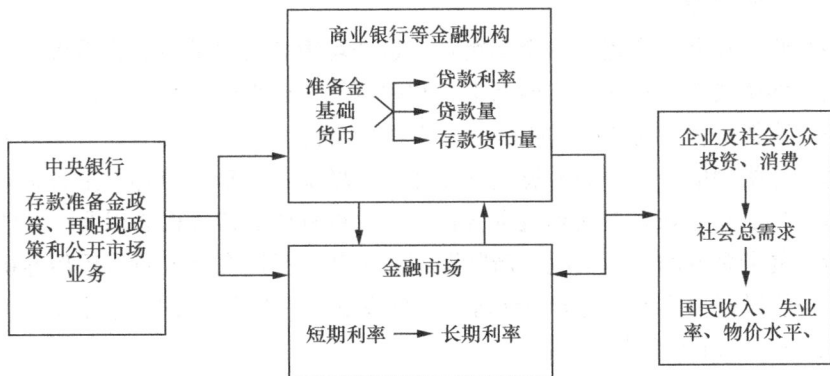

图 9-6　货币政策的综合传导过程

（二）货币政策传导机制理论

货币政策传导机制表面上看，这一过程仅涉及中央银行货币政策工具的选择和实施，但从实质上看，这是货币数量变化影响经济的过程，它反映了这一过程中各市场主体的行为选择和协调。

1. 凯恩斯学派的货币政策传导机制理论

20 世纪 30 年代以前，大多数经济学家认为经济运行虽然会受到周期性冲击的影响，但市场力量能够使经济迅速恢复充分就业的均衡，货币不过是一种方便交易的工具或媒介，是资本得以流通和经济得以顺利运行的润滑剂，因而对货币或货币政策传导并没有给予过多的关注。20 世纪 30 年代的经济危机，引发了人们对包括货币政策在内的宏观经济政策的性质和作用的争论。现代意义上的货币传导理论源自约翰·梅纳德·凯恩斯 1936 年出版的《就业、利息和货币通论》中的观点。在该书中，他提出了关于货币与经济关系的看法，他把对货币需求的分析纳入到对总需求和总供给的分析框架中，形成了关于货币活动如何影响经济活动的途径，即货币政策传导机制的分析。

以利率为渠道是传统凯恩斯学派货币政策传导机制的核心，其基本思路可以表示为货币政策工具→M（货币供应）↑→r（利率）↓→I（投资）↑→Y（总收入）↑。通过货币供应量的增减影响利率水平，利率的变化则通过资本边际效率的影响使投资以乘数方式增减，而投资的增减会进一步影响总支出和总收入。

在这个传导机制发挥作用的过程中，利率是关键的环节，这是凯恩斯学派的基本观点。货币供应量的调整必须首先影响利率的升降，然后才能使投资乃至总支出发生变化。如果货币供应量增加，不能对利率产生影响，即存在流动性陷阱，则货币政策无效。

上述初期的分析，被凯恩斯学派称为局部均衡论，它只显示了货币市场对商品市场的初始影响，而未能反映它们之间的相互影响。考虑到货币市场与商品市场的相互作用，后凯恩斯学派又做了进一步的分析，并称之为一般均衡论。这一分析有如下过程。

第一，假定货币供给增加，在产出水平不变的情况下，利率会相应下降，利率下降会刺激投资，引起总支出增加，总需求增加推动产出量上升。这就是局部均衡分析。

第二，产出量的上升，提出了比原来更多的货币需求；如果没有新的货币供给投入经济生产，货币供求的对比又会使下降的利率上升。这就是商品市场对货币市场的作用。

第三，利率上升，又会使总需求减少，产量下降；产量下降，货币需求下降，利率又下降。这是一个循环往复的过程。

第四，最终收入和利率会逼近一个均衡点，这个均衡点同时满足了货币市场供求和商品市场供求两方面的均衡要求。在这个均衡点上，利率可能比原来的均衡水平低，而产出量比原来的均衡水平高。这就是著名的"IS-LM模型"的基本观点。

对于这些传导机制的分析，后凯恩斯学派还不断增加一些新的内容。主要是集中在货币供给变化到利率变化之间和利率变化到投资变化之间的更具体的传导机制以及一些约束条件。现实的经济生活是复杂多变的，新情况、新问题不断出现，所以有必要对货币传导机制进一步具体分析。但不论凯恩斯货币政策传导机制理论如何发展，它都会紧紧围绕利率这一关键环节。

2. 货币学派的货币政策传导机制理论

自20世纪50年代起，凯恩斯的利率传导渠道受到以米尔顿·弗里德曼为代表的货币主义学派的挑战。与凯恩斯学派不同，货币学派认为在货币政策传导机制中起重要作用的是货币供应量而不是利率。货币学派认为，货币供应量的增加最初会导致利率下降，但不久就会因总需求的扩大，价格会很快上升，实际货币供给量下降，最终利率又回到原来的水平。因此，货币政策传导机制主要不是通过利率间接影响投资与投入，而是通过货币存量的变动直接影响支出和收入。这种思路用符号表示如下：

$$货币政策工具 \rightarrow M（货币供应）\uparrow \rightarrow E（总支出）\uparrow \rightarrow Y（总收入）\uparrow$$

即中央银行采取扩张性货币政策，使货币供应量增加，货币资产的持有者会发现他们所实际持有的货币资产比他们希望持有的数额要多，他们将多余的货币用于购买各种资产，引起总支出水平的增加，而总支出水平的增加带动总收入的增加。

但是货币学派没有解释货币供给量如何影响总支出的渠道，而是仅仅指出货币供应量的变化会引起总支出的变化。所以人们把货币主义的货币政策传导机制称为"黑箱理论"。

3. 股价渠道传导理论

就货币政策传导机制而言，有两种重要的与股票价格相关的渠道，即托宾 q 理论和财富效应的传导。

（1）托宾 q 理论。耶鲁大学教授詹姆斯·托宾认为，凯恩斯提出的传导机制只是一种局部均衡分析，而一般均衡分析还必须考虑商品市场和货币市场的相互关系。托宾沿着一般均衡分析的思路扩展了凯恩斯的模型，提出了一个货币政策变化通过股票价格影响投资支出的理论，该理论被称为 q 理论。

所谓托宾 q，是企业的市场价值与资本重置成本之间的比值。q 值是决定新投资的主要因素，与投资支出、普通股票价格都呈正相关关系。如果企业的 q 值高（大于1）时，意味着企业的市场价格高于企业的重置成本。由于企业发行少量股票就能够购买大量新投资品，于是投资支出会增加。如果 q 值较低，意味着企业价值与资本成本相比较低一般不会购买新的投资品，或者是通过廉价购买其他企业而获得已经存在的资本。

货币政策主要通过托宾 q 来影响投资，进而影响总产出：如果采取扩张性的货币政策，货币供应量增加，人们发现手中的货币比他们希望持有的多，就会按照自己的偏好安排其金融资产，其中必然有一部分流向股票市场，造成股票需求增加，普通股价格将会上涨，从而使托宾 q 增加，通过投资渠道拉动总产出增加。因此这一过程可以表述为：

货币政策工具→M（货币供应）↑→P_e（普通股价格）↑→托宾 q↑→I（投资）↑→Y（总收入）↑

（2）财富效应传导理论。莫迪利安尼最早利用其消费周期理论对货币政策引起的消费增加进行了研究。这种观点认为，消费支出是由消费者毕生的资财所决定，这种资财主要包括人力资本、实物资本和金融财富，其中金融财富的主要组成部分就是股票。当采取扩张性货币政策时，货币供给量增加导致股价上升，股票持有者的金融财富价值上升，毕生财富增加，进而消费也随之增加，拉动国民经济增长。因此财富效应的货币政策传导机制可表述为：

货币政策工具→M（货币供应）↑→P_e（普通股价格）↑→财富↑→消费↑→Y（总收入）↑

4. 信贷渠道传导理论

狭义上看，信贷渠道传导理论认为，货币政策可以通过银行贷款的增减变化来刺激或抑制投资支出，从而引起总产出的变化。在以银行为主导的间接融资占比较大的国家，商业银行可贷资金量与社会投资支出的关系十分密切。即使在资本市场比较发达的国家，银行信贷仍然是企业资金的重要来源。当中央银行采取扩张性货币政策时，银行体系的准备金增加，在银行资产结构总体不变的情况下，银行的可贷资金增加，贷款随之增加，导致投资支出增加，最终使产出也增加。因此这一货币政策的传导机制可以表示为：

货币政策工具→M（货币供应）↑→银行信贷↑→I（投资）↑→Y（总收入）↑

广义上看，除了上述的银行信贷渠道外，还包括非对称信息效应。由于金融市场中存在着信息不对称现象，信息不对称会导致出现逆向选择和道德风险问题。企业净值的增加，意味着借款人的贷款实际上有较多的担保品作抵押，会减少逆向选择和道德风险。因此，当中央银行采取扩张性货币政策时，货币供给量增加，继而普通股的价格上升，导致企业的净值提高，从而会减少逆向选择和道德风险，增加贷款和投资，最终增加国民收入。因此这一货币政策的传导机制可以表示为：

货币政策工具→M（货币供应）↑→P_e（普通股价格）↑→企业资产净值↑→

逆向选择和道德风险↓→贷款↑→I（投资）↑→Y（总收入）↑

5. 国际贸易渠道传导理论

随着经济全球化的发展和浮动汇率的出现，汇率对净出口的影响已成为一个备受关注的货币政策传导机制。国内货币供应量的增加会使得利率下降，此时与用外币计价的存款相比，国内的本币存款吸引力降低，导致本币相对价值下跌。本币贬值造成本国商品相对于外国商品便宜，因而在一定条件下出口增加，进口减少，净出口增加，意味着出口需求增加，总需求增加，从而总产出会增加。国际贸易渠道的货币政策传导机制可以表述为：

$$货币政策工具 \rightarrow M（货币供应）\uparrow \rightarrow r（利率）\downarrow \rightarrow e（汇率）$$
$$\downarrow \rightarrow NX（净出口）\uparrow \rightarrow Y（总收入）\uparrow$$

（三）中国货币政策传导机制及其特点

1. 中国货币政策传导机制的形成与演变

改革开放前，我国基本上没有货币政策的单独运用，货币政策传导是从中国人民银行→中国人民银行分支机构→企业，基本没有商业银行、没有金融市场，传导过程简单直接，从政策手段直接到最终目标。改革开放后，随着 1984 年中央银行体制的建立和金融机构的发展，货币政策形成了从中央银行→金融机构→企业的传导体系，货币市场尚未完全进入传导过程。20 世纪 90 年代以后，金融宏观调控方式逐步转化，货币市场进一步发展，初步形成了从中央银行→货币市场→金融机构→企业的传导体系，初步建立了从政策工具→操作目标→效果目标→最终目标的间接传导机制。

此后，我国货币政策改革显示出了直接调控逐步缩小，间接调控不断扩大的趋势，货币政策最终目标确定为"稳定货币并以此促进经济发展"，货币政策中间目标从贷款规模转向了货币供应量和基础货币，存款准备金、利率、中央银行贷款、再贴现、公开市场操作等间接调控手段逐步扩大。我国已基本建立了以稳定货币为最终目标，以货币供应量为中间目标，运用多种货币政策工具调控基础货币的间接调控体系。

2. 当前我国货币政策传导机制的特点

从市场经济国家的实践看，传导货币政策的渠道不外乎利率、信贷、汇率和资产价格等，由于传导机制不同，传导效果也各异。对于美国、欧盟和日本等经济规模巨大的经济体而言，货币政策的利率传导机制长期以来被认为是最重要也是最有效的传导渠道。我国同成熟的经济体相比，货币政策传导具有自身的特点。

（1）信贷渠道仍是当前我国货币政策传导的主渠道。

目前，我国仍然是以间接融资为主的国家，企业融资来源中，银行贷款仍占据主导地位，信贷政策以及信贷资金来源的变化对企业和居民的行为有着重要的影响。因此信贷渠道仍是我国货币政策传导的主渠道。但信贷途径也存在一定的局限，例如商业银行考虑到金融环境和自身的经营风险，在选择信贷对象上，偏重于国有大中型企业，而大多数的中小企业很难获取银行的信贷支持，使全社会的资金供给结构与资金需求结构产生偏差，使货币政策不能全面覆盖整个国民经济。

（2）利率渠道的受到多种因素制约。

随着我国利率市场化进程的不断加快，近年来利率在中央银行与金融机构之间、在货币市场上各交易主体之间的传导作用不断加强。但是金融机构的存贷款利率仍然没有放开，由中央银行决定；企业对利率的敏感程度也不高；同时，人民币资本项目的自由流动还没有放开，致使利率传导渠道还不能完全发挥作用。

（3）资产价格渠道的作用未能体现出来。

货币政策可以通过托宾的 q 理论，影响上市公司的股票价格，从而影响企业的投资。但是这种效果的发挥需要 3 个条件：一是货币供给量的变动能够影响进入股票市场的资金规模；二是股票价格的上升能够增强上市公司的投资热情；三是上市公司的投资规模在国民经济中占一定的比例。我国目前这几个条件都不具备，因而影响了资产价格渠道作用的发挥。

第五节 | 货币政策效果

一、货币政策效果的含义

货币政策的效果是指货币政策的实施对社会经济生活产生的影响，是货币政策作用于经济之后的必然结果。货币政策在实施过程中，要受到多种因素的影响，所以货币政策的效果是一种综合结果。

货币政策效果与货币政策目标有所不同，货币政策目标是一国货币当局主观设定的变量，而货币政策效果是货币政策执行后得到的现实客观的结果，这个结果与当初设定的目标往往不一致，甚至可能与最初目标完全相背离。

二、影响货币政策效果的因素

影响货币政策效果的因素有多种。西方学者们一般认为货币政策时滞、微观主体预期、货币流通速度变化、经济体制及政治因素等都是影响货币政策效果的主要原因。除此之外，经济金融运行的环境，货币政策与财政政策、产业政策、收入政策的配合程度，货币政策工具执行过程中的偏差等因素也会对货币政策效果产生影响。

（一）货币政策时滞

货币政策时滞是指货币政策从制定到获得主要的或全部的效果，必须经过一段时间，这段时间即为时滞。货币政策时滞可分为内部时滞和外部时滞。

内部时滞是指中央银行从制定政策到采取行动所耗费的时间。它又可以细分为认识时滞和决策时滞两个阶段。认识时滞是指从形势变化需要货币当局采取行动到货币当局认识到这种需要所耗费的时间。决策时滞是指从中央银行认识到需要行动到实际采取行动这段时间。内部时滞的长短取决于货币当局对经济形势发展的预见能力，制定对策的效率和行动的决心等。

外部时滞是指从中央银行采取行动开始直到对政策目标产生影响为止的这段过程。由于这个过程是发生在中央银行之外的，因此被称为外部时滞。外部时滞可以细分为操作时滞和市场时滞。操作时滞是指从中央银行调整货币政策工具到这些工具对中间目标发生作用所耗费的时间。市场时滞是指从中间目标发生变动到其对最终目标产生作用所需耗费的时间。外部时滞的长短主要由客观的经济和金融条件决定，它不像内部时滞那样可由中央银行掌握，是一个由社会经济结构与产业结构、企业部门与金融部门的行为等多种因素综合决定的复杂变量。因此，中央银行对这一时滞很难进行实质性的控制。

时滞是影响货币政策效果的重要因素。如果货币政策可能产生的大部分影响较快地有所表现，那么货币当局就可根据期初的预测值，考察政策生效的状况，并对政策的取向和力度作必要的调整，从而使政策能够更好地实现预期的目标。假定政策的大部分效果要在较长的时间，比如两年后产生，而在这两年内，经济形势会发生很多变化，那就很难证明货币政策的预期效果是否实现。

（二）货币流通速度

货币政策效果的另一个主要影响因素是货币流通速度。对于货币流通速度一个相当小的变动，如果政策制定者未能及时预料到或在估算这个变动幅度时出现小的差错，都可能使货币政策效果受到严重影响，甚至有可能使本来正确的政策走向反面。但是，在实际生活中，对货币流通速度的估算，很难做到不发生误差，因为影响它的因素太多，一旦货币流通速度的变化幅度超出了中央银行预期测算范围，全社会的实际货币供给总量就可能会大于或小于中央银行所希望达到的合理范围，这可能导致货币供给过多或过少，从而引起通货膨胀或通货紧缩。

（三）微观主体预期

对货币政策有效性构成挑战的另一个因素是微观主体的预期。当一项货币政策提出时，微观经济主体立即会根据可能获得的各种信息预测政策的后果，从而很快地采取相应对策。微观主体的预期作用最终会使政策的预期效果被削弱甚至抵消。例如，政府拟定采取长期的扩张政策，人们会从各种渠道获悉社会总需求将要增加、物价将上涨的消息。在这种情况下，工人会通过工会与雇主谈判，要求提高工资，企业预期工资成本的增加而不愿扩大经营，只是相应提高产品的价格。最后的结果是只有物价的上涨而没有产出的增长。鉴于微观主体的预期，似乎只有在货币政策的意图和力度没有为公众知晓的情况下才能生效或达到预期效果。但这种状况不大可能存在，货币当局不可能长期不让公众知道它要采取的政策。当然，公众的预测即使是非常准确的，采取对策即使很快，其效应的发挥也要有个过程。这就是说，货币政策仍可奏效，但公众的预期行为会使其效应大打折扣。

（四）其他因素的影响

除时滞、货币流通速度和微观主体的预期等因素，货币政策的效果也会受到其他外来或体制因素的影响。

客观经济条件变化的影响。一项既定的货币政策出台后总要持续一段期间，在这段期间内，如果生产和流通领域出现某些始料不及的情况，而货币政策又难以作出相应的调整时，就可能出现货币政策效果下降甚至失效的情况。比如，在实施扩张性货币政策中，生产领域出现了生产要素的结构性短缺。这时纵然货币、资金的供给很充裕，由于瓶颈部门的制约，实际的生产也难以增长，扩张的目标即无从实现。再如，实施紧缩性货币政策以期改善市场供求对比状况，但在过程中出现了开工率过低、经济效益指标下滑过快等情况。这就是说，紧缩需求的同时，供给也减少了，改善供求对比的目标也未能实现。

另外，政治因素对货币政策效果的影响也是巨大的。由于任何一项货币政策方案的贯彻，都可能给不同阶层、集团、部门或地方的利益带来一定的影响，这些主体如果在自己利益受损时作出较强烈的反应，就会形成一定的政治压力。当这些压力足够有力时，就会迫使货币政策进行调整。

三、货币政策效果的检验和衡量

衡量货币政策效应，一是看效应发挥的快慢，前面关于时滞的分析已经涉及。二是看发挥效力的大小，这或许是更主要的方面。

对货币政策数量效应大小的判断，一般着眼于实施的货币政策所取得的效果与预期所要达到的目标之间的差距。以评估紧缩政策为例，如果通货膨胀是由社会总需求大于社会总供给造成的，而货币政策正是以纠正供求失衡为目标，那么这项紧缩性货币政策效应的大小是否有效，就可以从以下几个方面来考察：第一，如果通过货币政策的实施，紧缩了货币供给，平抑了价格水平的上涨，或者促使价格水平回落，同时又没有影响产出或供给的增长率，那么可以说这项紧缩性货币政策的有效性最大。第二，如果通过货币供应量的紧缩在平抑价格水平上涨或促使价格水平回落的同时，也抑制了产出数量的增长率，那么货币紧缩政策有效性的大小，则要根据价格水平变动率与产出变动率的对比而定。若产出数量的减少小于价格水平的降低，那么货币紧缩政策的有效性较大；若产出量的减少大于价格水平的降低，其有效性就较小。第三，如果货币紧缩政策没有平抑价格上涨或促使价格回落，却抑制了产出的增长甚至使产出的增长为负，则可以说货币紧缩政策是无效的。衡量其他类型的货币政策效应，也可采用类似的思路。

第六节 | 我国的货币政策实践

一、我国货币政策目标的演进

我国对货币政策目标的选择始自经济体制改革。在我国传统的计划经济体制中，由于在资金管理上实行了所谓的"大财政小金融"的管理体制，金融管理部门的相对独立地位极弱，因而实际上不存在独立的货币政策，亦谈不上货币政策目标的选择。自1984年中国人民银行专门行使中央银行职能以后至1995年3月《中华人民共和国中国人民银行法》颁布之前，我国事实上一致奉行"发展经济、稳定货币"的双重目标。但改革开放以后我国多年的实践表明，大多数情况下，货币政策双重目标并未能同时实现。在经济快速增长的同时，不可避免地带来了通货膨胀现象。针对十几年的改革中出现的问题，我国通过《中华人民共和国中国人民银行法》，将货币政策的目标确定为"保持币值稳定，并以此促进经济增长"。应当指出的是，对这一目标的认识并不是简单地借鉴国外经验，而是随着我国经济体制改革进程的深化得以逐步完成的，在某种意义上更是对发展中所出现的严重通货膨胀反思的成果。回顾这一历史进程，有助于我们更深刻地理解货币政策目标的意义。

1978年我国开始进行经济体制改革，确立货币政策目标的问题开始提上议事日程。在陆续分设和新建了几家专业银行后，从1984年起，明确规定中国人民银行专门行使中央银行职能，从组织上逐步形成了中央银行体系，但当时对货币政策最终目标在理论上还没有形成一致认识。归纳起来，当时主要有两大派意见。一派主张在宏观经济四大政策目标，即经济增长、物价稳定、国际收支平衡和充分就业中，中央银行只应选择稳定通货为货币政策的唯一目标。另一派主张货币政策应有双重目标，即稳定货币和发展经济。稳定货币是发展经济的前提，反过来，经济发展是稳定货币的基础。只有经济发展了，有效供给增加了，货币才能真正持久地保持稳定。两大目标既相互依存，相互促进，又相互制约。因此，中央银行在货币管理上要同时兼顾两大目标，不可偏废。与双重目标率者类似的还有多重目标论。这种观点认为，货币信贷活动涉及国民经济的各个方面，总是直接或间接地影响国民经济生产流通分配和消费的全过程。因此，制定货币政策就不能仅考虑货币稳定、经济发展两个目标，而应同时考虑促进就业和国际收支平衡等多个目标。当时经济界的多数人支持双重目标论。这种倾向反映在决策上，就是国务院在1986年发布的《中华人民共和国银行管理试行条例》中对货币政策目标的规定，即"中央银行、专业银行和其他金融机构都应以发展经济、稳定货币和提高经济效益为目标"。

从 20 世纪 80 年代中后期，随着我国经济的高速增长，通货膨胀亦日趋严重。这种情况的产生虽然有多种原因，但从金融调控的角度总结经验，最根本的教训之一就在于采取了双重或多重目标的货币政策。在这一时期中，受传统的追求高速经济增长的战略的影响，加之对可能产生通货膨胀的警惕不足，作为双重以至多重目标之间权衡的结果，实践中的稳定币值的货币政策目标往往被放到了第二位，甚至第三位。只有在通货膨胀的形势变得特别严峻的时候，决策者才会重新权衡货币政策的诸目标，力图把稳定币值放到第一位。但在这种情况下，由于各种因素的惯性作用，政策目标重点的转变往往变得相当困难。从 1987 年到 1993 年，我国的 GDP 增长速度为 8.94%，而由于忽视了稳定币值这一货币政策的根本目标，同期的货币供给量 M_0 增长速度为 26.2%，M_1 的增长速度为 21.3%，M_2 的增长速度为 25%，均远远超过了 GDP 的增长速度，这是导致这一时期出现严重通货膨胀的直接原因。从 1984 年到 1993 年，我国的金融形势出现了三次大的波动，均呈"膨胀——收缩——再膨胀——再收缩"之势，其深层次的原因之一就是货币政策目标的循环转移。在货币供给高速增长的背后，固然有许多其他因素如高速发展战略和软预算约束等的影响，但如果是单一目标的货币政策，则中央银行必然或必须以单纯的币值保卫者的身份而不是平衡者的身份对上述因素的影响采取不同的反应方式。正是由于从 20 世纪 80 年代后期以来的严重通货膨胀总结了经验，吸取了教训，我国宏观经济政策的决策者开始认识到对货币政策提出多重目标要求、特别是把发展经济放在第一位对宏观经济的稳定可能带来的负面影响，转而采取把稳定币值放在第一位，进而倾向单一货币政策目标的新策略。1993 年 12 月，国务院在关于金融体制改革的决定中对货币政策目标的提法做了重大的修改，即首次正式明确了"人民银行货币政策的最终目标是保持币值的稳定，并以此促进经济增长"。2003 年 12 月 27 日重新修订的《中华人民共和国中国人民银行法》再次确认了这一目标。由此可以看出，我国的货币政策目标是以人民币币值稳定为基础，并促进经济发展。在"稳定"与"增长"之间，是有先有后、有主有次的。

二、我国货币政策工具的演进发展

1984 年，中国人民银行专门行使中央银行职能以后，中央银行体制在中国正式确立，现代意义上的货币政策开始形成。中国的货币政策按照调控方式的不同可以分为两个阶段：第一阶段（1984—1997 年）实行以贷款限额管理为主的直接调控方式；第二阶段（1998 年以来）取消了贷款规模控制，转为综合运用公开市场操作、利率、存款准备金等货币政策工具，间接调控货币供应量，实现了由直接调控向间接调控方式的转变。

（一）直接调控方式下的货币政策工具（1984—1997 年）

直接调控方式下的货币政策工具以计划控制型工具为主，以行政干预和直接控制为主要特征，在一定程度上具有强制性。

1. 贷款限额

贷款限额是指中央银行运用指令性计划对国家银行在一个年度内的贷款总额或贷款最高额度加以限定的管理手段。它分为中央银行对金融机构的贷款最高限额和中央银行贷款限额两种方式。对金融机构的贷款最高限额为控制贷款的总"笼子"，中央银行贷款限额是人民银行以"最后贷款者"的职能向商业银行和非银行金融机构融通资金的总称，它是全国信贷总规模的决定因素。

2. 信贷收支计划

信贷收支计划是中国人民银行编制的全国信贷收支总规模及其基本构成的计划，是中国人民银行在金融领域内，利用计划机制，对全社会的信贷资金来源和信贷资金运用的数量及其构成进行综合平衡控制的重要手段之一。

3. 现金收支计划

现金收支是信贷收支中除转账收支以外的组成部分，现金收支计划是中国人民银行控制现金货币供应量及其流向，从而调节信贷规模和货币供应量的重要手段之一。

4. 货币发行

货币发行是中央银行将货币从发行基金保管库调拨给银行业务库，并通过它向流通界投放货币的活动。中央银行通过适时适量地控制货币发行，有计划地控制注入流通的基础货币，从而有利于信贷计划和现金计划的实现。

（二）间接调控方式下的货币政策工具（1998 年以来）

1998 年 1 月 1 日，中国人民银行取消国有商业银行贷款限额控制，在推行资产负债比率管理和风险管理的基础上，实行"计划指导，自求平衡，比率管理，间接调控"的新的管理体制，标志着中央银行金融宏观调控方式的重大改革，从依靠贷款规模指令性计划控制转变为指导性计划引导，并以指导性计划执行情况作为中央银行宏观调控的监测目标。随着这一管理体制的重大变化，货币政策工具也进行了相应的调整，间接调控型的政策工具开始发挥越来越重要的作用。具体包括：存款准备金制度、公开市场操作、中央银行基准利率、再贴现、再贷款等工具。[①]

国际上货币政策基调一般可以分为从紧、稳健、适度宽松和宽松。从我国调控实践来看，过去 10 年中有 7 年把货币政策基调定为稳健，但具体的实际操作并不相同。2012 年我国实施稳健的货币政策，为了控制通胀压力，央行曾经三次加息，存款准备金率则一度上调至 20.5% 的历史高位。因此，原中国社科院金融研究所金融发展室主任易宪容就撰文指出，2013 年宏观经济形势仍然较为复杂，目前来看 2013 年上半年可能继续呈现经济增长和通胀压力双双下行的局面，这种局面下货币政策的"稳"内涵也会发生改变。

中国银行在 2013 年年初发布的研究报告中，预计 2013 年央行货币政策将较 2012 年微松，货币政策工具的选择依次将是逆回购、汇率、准备金率和利率，利率、汇率市场化和人民币国际化的步伐有望进一步加快。

根据中国人民银行 2013 年第一季度的货币政策执行报告显示，2013 年第一季度，中国经济社会发展开局平稳，经济保持平稳增长。消费需求总体稳定，投资增长较快，进出口增速回升；农业生产形势较好，工业企业利润恢复性增长。价格形势基本稳定，城镇新增就业稳定在合理区间。实现国内生产总值 11.9 万亿元，同比增长 7.7%；居民消费价格同比上涨 2.4%。2013 年以来，中国人民银行按照党中央、国务院的统一部署，继续实施稳健的货币政策。在货币政策方面的主要操作如下。

（1）灵活把握公开市场操作方向、力度和节奏，促进银行体系流动性平稳运行。进一步加强银行体系流动性供求分析监测，根据流动性管理需要灵活开展公开市场操作，适时适度进行

[①] 本部分内容节选自：谭小劲：《我国货币政策工具的演进、不足及改革方向》，2000（9）。

流动性双向调节。2013 年第一季度，根据春节等季节性特点累计开展短期逆回购操作约 1.34 万亿元，开展正回购操作 2 530 亿元。

（2）加强宏观审慎管理，继续发挥差别准备金动态调整机制的逆周期调节作用。

（3）加强窗口指导和信贷政策引导。

（4）有效发挥支农再贷款的引导作用，支持金融机构扩大"三农"信贷投放。

（5）跨境人民币业务较快发展。

（6）进一步完善人民币汇率形成机制。

（7）深入推进金融机构改革。

（8）深化外汇管理体制改革。

三、21 世纪以来我国货币政策的主要特点[②]

进入 21 世纪的十几年可谓极不平凡，中国金融宏观调控经历了一系列重大挑战：中国开始进入工业化、城镇化快车道，各方面发展热情高涨，货币政策需要更好地把握增长与通胀之间的平衡；金融改革进入攻坚阶段，国有银行从计划色彩浓重、主要监管指标不达标转为有竞争力的现代企业，利率、汇率改革和市场化机制建设任务繁重；加入 WTO 显著提升了中国的开放程度，面对开放经济格局的政策调控需要更加重视内外部协调；美国高消费与亚洲新兴经济体高储蓄相叠加所引发的全球经济失衡，加大了中国平衡改革、发展与稳定的压力；亚洲金融危机的教训使得包括中国在内的亚洲新兴经济体更加重视积累储备，而储备持续增长带来的流动性偏多使货币政策面临全新的环境；美国次贷危机演化为全球性金融危机，中国房地产过热问题有所显现，传统上以 CPI 稳定为单一目标的主流货币政策框架面临巨大挑战，迫切需要引入宏观审慎政策以丰富和补充新的调控手段。

正是在应对上述种种挑战的过程中，中国的货币政策以控制通胀为主兼顾改革和转型需要，保持了经济和物价水平的基本稳定，金融调控机制的建设、改革和转型也取得重大进展，利率、汇率形成机制改革迈出较大步伐，宏观审慎政策框架进一步完善。在极端复杂多变的国际环境中，取得了来之不易的调控成果，积累了转轨经济体金融调控和机制建设的宝贵经验。总结这些做法和经验，对于未来的理论发展和实践工作都具有重要意义。

1. 转轨阶段存在"过热冲动"，需要始终强调防范通胀

与其他经济体相比，由于中国经济具有"转轨"特征，需要更加关注经济过热和通货膨胀问题，并始终把防范通胀风险放在突出的位置上。

"转轨"的发展阶段特征，使中国的货币政策面临明显不同的调控环境。一方面，中国人均收入较低、提升空间较大，处于起飞和赶超的较快发展阶段，各方面的发展积极性很高，经济主体容易出现过于乐观预期。另一方面，中国仍处于向市场经济转轨的过程中，"软约束"的现象依然存在，尤其是各地方举债、上项目的动力都很强，都希望"银根"松一些。加之中国尚在城镇化加快发展阶段，城镇人口占比从 2000 年的 36.2%升至 2011 年的 51.3%，地方政府建设发展任务较重，也倾向于融资条件更宽松一些，金融支持力度更大一点。总体来看，各地各方面都希望生活水平和城市乡村面貌更快得到提高和改善，这是中国经济持续快速增长的巨大动力。但局部和个体行为加总在一起，容易造成经济易热不易冷、潜在通胀压力较大等问题。

---

② 本部分内容节选自：周小川，《中国金融》，2013（2）。

此外，在经济快速增长以及国际产业分工链条重组的推动下，中国在较长时间里面临着国际收支双顺差格局，外汇大量流入导致流动性被动投放较多，也对物价形成了压力。

在过去十多年的绝大部分时间里，中国经济都表现出了走热容易、走冷不易的不对称特征，通货膨胀是主要的宏观经济风险。正是基于这样的判断，中国始终把货币政策作为维护价格总水平基本稳定的主要防线，金融宏观调控的前瞻性和有效性得到明显提升。2003 年 4 月，在 SARS 疫情严重、伊拉克战争爆发等不确定性因素较多的情况下，人民银行就创造性地及早启动央行票据收回流动性，并成为长期运用的灵活管理流动性的有效工具。2003 年 9 月开始使用存款准备金手段，并逐步将其发展为常规的、深度冻结流动性的"中性"工具。在流动性偏多、城镇化加快发展的背景下，2003 年 6 月就适时加强对房地产信贷的风险提示，建立了以调节首付比例和利率杠杆为主要内容的市场化调节机制，体现了强化宏观审慎管理的政策理念。总体来看，中国成功运用大规模对冲和渐进升值的组合应对了双顺差带来的挑战和问题，保持了物价水平基本稳定和经济的平稳增长，并为结构调整创造了较为适宜的货币环境。

2. 适应国情的需要，坚持实行多目标制

由于中国在市场化程度、货币政策运作和传导机制上不同于发达国家，也不同于一些市场化程度较高的新兴市场国家，因此单一目标制并不符合中国国情。中国的货币政策具有多重目标：一是维护低通胀；二是推动经济合理增长；三是保持较为充分的就业，维持相对低的失业率；四是维护国际收支平衡。防通胀一直是中央银行最主要的任务和使命，在货币政策中分量最大。

多目标制与从计划经济向市场经济的体制转轨有关。在转轨过程中，中国最主要的任务之一就是消除价格扭曲，转向市场化的价格体制，与国际价格体系接轨，同时优化资源配置。比如，1999 年之前工人、教师、政府公务员的住房都是由政府计划分配的，工资不覆盖这部分支出；1999 年之后住房逐步转向市场化，这意味着工资和价格同时上涨。如果中央银行过多强调低通胀目标，可能就会阻碍政府进行价格改革。换言之，货币政策需要对这些有助于优化资源配置的改革引起的物价改革留出一定空间。中国当前未采纳单一目标制，这是其中的一个原因。

再有，中国长期面临国际收支大额双顺差格局，流动性被动投放较多，对货币供应量和通胀有重要影响，这使中央银行必须去关注国际收支平衡问题。这是当前中国货币政策框架的现状。

此外，金融机构是否稳健、金融生态好坏都是货币政策能否有效传导的关键，这就要求不断深化金融改革，解决妨碍金融稳定的体制性问题，更好地疏通货币政策传导机制，这也意味着货币政策在必要时需要为改革和稳定提供一定支持，中长期看这也有利于实现价格稳定的目标。

因此，中国的货币政策在关注价格稳定的同时，历来十分关注金融稳定和金融改革，注意对发展、改革提供配合与支持，统筹协调好物价、国际收支以及就业、增长等目标之间的关系。

3. 从计划手段转向强化货币政策

1978 年的改革开放开启了中国经济转轨之路。在起初一段时间里，市场化的宏观调控框架还没有建立，政府管理、调节经济运行仍然多采用传统计划经济的工具和手段。金融方面主要是依靠对信贷规模的直接控制来调节宏观经济。

1993 年 11 月中国共产党十四届三中全会《关于建立社会主义市场经济体制若干问题的决定》提出，要建立以间接手段为主的完善的宏观调控体系，运用货币政策与财政政策，调节社会总需求与总供给的基本平衡，并与产业政策相配合，促进国民经济和社会的协调发展。宏观调控框架由此开始创建。从货币政策看，银行间同业拆借市场、债券市场、外汇市场、股票市场等逐步建立，市场配置金融资源的作用日益增强，为从直接调控向间接调控转变奠定了基础。1998 年中国人民银行取消了信贷限额管理。进入 21 世纪以后在调控方式上逐步形成了以公开市场操作、存款准备金率、再贷款、再贴现和利率等构成的货币政策工具组合，确立了以间接手段为主的调控模式。

4. 重点做好流动性对冲

进入 21 世纪以来的绝大多数时间（国际金融危机时期例外），国际收支持续顺差和外汇储备大量积累是中国经济运行中的一个显著特征。2000 年中国外汇储备余额仅 1 656 亿美元，目前超过 3 万亿美元。国际收支顺差问题的解决需要一个过程，但在问题解决之前就已经对货币政策产生了重大影响，主要是会形成银行体系流动性过剩。因此这个时期中国货币政策的主要任务和挑战，正是应对银行体系流动性过剩、抑制货币信贷过度膨胀和随之而来的通货膨胀压力。中国人民银行的应对之策是进行大规模的流动性对冲，而公开市场操作和存款准备金率等工具的灵活运用保证了对冲得以完成。

得益于灵活性和市场化强兼具的特点，公开市场操作成为人民银行最早选择的对冲工具。起初主要是开展正回购操作以及现券买断，不过，这很快受到了央行持有债券资产规模的约束。为此，人民银行积极开展公开市场操作工具创新，从 2003 年 4 月起发行央行票据，年发行量从 2003 年的 7 200 亿元增长到 2008 年的 4.2 万亿元。公开市场操作从实践中总结经验，不断完善央行票据的期限品种和发行方式。

2004 年 12 月，为缓解短期央行票据滚动到期的压力，在原有 3 个月、6 个月和 1 年 3 个品种基础上增加了 3 年期央行票据品种，有效提高了流动性冻结深度。2006 年和 2007 年，根据调控需要，还多次向贷款增长偏快、资金相对充裕的商业银行定向发行央行票据，以强化对冲效果。同时，央行票据具有无风险、期限短、流动性高等特点，弥补了中国债券市场短期工具不足的缺陷，为金融机构提供了较好的流动性管理工具和投资标的。定期发行央行票据还有助于形成连续的无风险收益率曲线，从而为推进利率市场化创造了条件。

另一项重要举措是发挥存款准备金工具深度冻结流动性的作用。在一般教科书中，作为三大货币政策工具之一的存款准备金率调整被视为货币调控的"利器"，并不轻易使用。但在外汇储备大量积累、基础货币供应过剩的特殊情况下，需要把存款准备金率发展为常规的、与公开市场操作相互搭配的流动性管理工具。这主要是随着对冲规模不断扩大，公开市场操作的有效性和可持续性在一定程度上受到了商业银行购买意愿、流动性冻结深度等因素的制约；而存款准备金工具具有主动性较强的特点，收缩流动性比较及时、快捷，能够长期、"深度"冻结流动性，更适合应对中期和严重的流动性过剩局面。

自 2003 年 9 月起至 2011 年 6 月，中国人民银行调整存款准备金率 36 次，其中上调 32 次（2008 年下半年在应对国际金融危机冲击期间 4 次下调）。具体操作时，都是采取小幅调整且提前宣布，给金融机构调整资产负债结构提供缓冲的时间。

成功的流动性对冲缓解了货币信贷过快增长的压力，维护了宏观总量的基本稳定，为经济结构调整尽可能地争取了时间。随着扩大内需等结构调整取得积极进展，以及人民币名义汇率逐步升值和土地、劳动力等要素价格显著上涨，再加上欧债危机等国际因素的影响，近期我国国际收支明显趋于平衡。根据流动性供需格局的变化，人民银行已数次降低存款准备金率，并通过常规性的逆回购向金融市场提供流动性。

5. 配合金融改革进程来把握利率市场化和利差形成

资金价格市场化是构建社会主义市场经济体制的重要组成部分，也是建立和完善货币政策传导机制的关键环节。利率市场化改革大致包括逐步放宽利率管制、培育基准利率体系、形成市场化利率调控和传导机制、建立存款保险制度以及发展利率风险管理工具等内容。以此衡量，中国利率市场化改革已取得重要进展。

目前中国仅对存款利率上限和贷款利率下限进行管理，货币、债券市场、理财产品以及境内外币存贷款利率已全面市场化。2012 年 6 月以来，存贷款利率浮动区间进一步扩大，存款利率浮动区间的上限调整为基准利率的 1.1 倍，贷款利率浮动区间的下限调整为基准利率的 0.7 倍。目前占金融部门融资总额近一半的非贷款类业务（股票、债券、信托及租赁融资等）资金价格已完全市场化；另一半依靠银行贷款实现的融资，绝大部分也已在贷款利率下限之上自主定价。金融机构间的存款定价也逐渐有所差别。中国已从融资利率高度管制转为主要依靠市场决定利率。

中国的市场化利率调控和传导机制建设也有了长足进展。2007 年初推出的上海银行间同业拆借利率已成为中国金融市场上重要的基准性利率，为拆借及回购交易、票据、短期融资券等提供了定价参考，对浮动利率债券以及衍生产品也在发挥定价基准作用。金融机构风险管理水平和金融产品定价能力逐步提高。央行引导和调节市场利率的能力不断提升，形成了央行调整存贷款基准利率与引导市场利率并行的利率调控体系。

总体来看，目前中国已经初步形成了较为敏感和有效的市场化利率体系和传导机制。实证研究发现，中国的市场化利率能够对物价水平和产出缺口变化及时反应，央行调控对市场利率有显著的传导和影响作用，货币市场利率与贷款加权平均利率走势之间也较为吻合。这些经验表明，中央银行已具备较强的引导和调节市场利率的能力。目前由法定准备金利率、超准备金利率、再贷款利率、再贴现利率等构成的央行利率体系，一定程度上具备"利率走廊"的类似功能。这些都是金融宏观调控由数量型为主向价格型为主逐步转变中的必要步骤。

在考虑利率政策时，还要注意把握好利差及本外币协调问题。迄今为止的研究尚无法说明银行业是否存在一个最优的利差水平，而且中国商业银行的利差与新兴市场经济体比是相对较低的。在考虑利差大小时，不能只注意经济景气上升时商业银行盈利能力强，还须关注经济下行周期的情况。应以一个完整周期中银行消化金融风险的平均能力作为标准。

还应看到，货币政策传导效果取决于金融中介的行为。在近两年全球金融危机中，主要发达经济体实行零利率政策，中央银行虽向商业银行提供了大量流动性，但银行放贷积极性降低，出现了惜贷。这提示人们考虑利差可以作为一个工具对金融机构给以某种激励。

此外，近年来中国开放程度越来越高，并在较长时间里面对着国际收支双顺差和外汇大量流入格局，因此在利率政策上还需要考虑利率平价问题，做好境内外的协调。要注意配合金融改革进程，协调好各变量及约束条件间的关系，处理好利率调节、利差水平及利率市场化这几方面的关系，保持稳定的宏观经济大环境。

6. 应对国际金融危机，要快速反应、力度充分、适时退出

2008 年国际金融危机爆发是宏观调控不可不提的重要事件。国际金融危机爆发后，人民银行配合政府采取一揽子刺激计划的应对措施，坚持了快速反应、力度充分、适时退出的政策理念，注意在危机发展演变的不同阶段把握好政策的取向和力度。

之所以选择"快速反应",是因为国际金融危机来势凶猛,在各方面难以预估冲击强度的情况下,有必要把问题考虑得严重一些,采用"贝叶斯决策",果断出台"力度充分"的应对措施。总体看当时采取的适度宽松货币政策传导顺畅,有力支持了一揽子刺激计划,遏制了通缩与经济下滑相互强化的潜在风险,对促进经济企稳回升起到了关键性作用。

而之所以要"适时退出",主要是基于中国经济易热不易冷的体制特征,考虑到宽松货币条件可能会产生副作用,随着形势好转应适时调整政策取向。人民银行在 2008 年 10 月至 12 月份将存款基准利率降至 2.25%并大幅下调存款准备金率,之后没有继续降息,既是为了避免掉入流动性陷阱,也是为了维持一定幅度的利差,使商业银行有扩大贷款的积极性,此举既有助于经济复苏,也有助于商业银行修复资产负债表。在保持政策连续性和稳定性的同时,2009 年中期开始根据形势发展变化进行动态微调、逐步退出。之后一直着力提升政策灵活性,注重处理好速度、结构和物价之间的关系,引导货币信贷回归常态。2010 年秋按照国务院部署开始实施稳健货币政策,并引入宏观审慎手段加强调控。这些措施有助于遏制物价涨势,保持经济平稳较快发展。

思 考 题

1. 中央银行货币政策目标的具体含义是什么,以及它们之间的矛盾何在?
2. 比较分析一般性货币政策工具各自的优缺点。
3. 为什么要选择货币政策的中间目标?中间目标的选择要具备什么条件?
4. 比较不同的货币政策传导机制。
5. 影响货币政策效果的因素有哪些?
6. 我国目前有哪些主要的货币政策工具?其中哪几种最经常被使用?我国为什么要使用这些货币政策工具?

第十章 | 通货膨胀与通货紧缩

第一节 | 通货膨胀

通货膨胀是一个古老的经济问题，自从信用货币产生以来，它就经常困扰着各国的经济运行。它不仅影响到社会经济的发展，而且影响到人们的日常生活。

一、通货膨胀概述

（一）通货膨胀的定义

通货膨胀是指在信用货币制度下，流通中的货币数量超过经济实际需要，而引起的货币贬值，和物价水平全面而持续的上涨。

对于通货膨胀含义的理解，应注意把握以下几点。

1. 通货膨胀是一种货币现象

从纯粹的经济理论上来看，在任何一种货币制度下，只要货币供应量超过了经济生活中的客观需要量，就会导致货币贬值、物价上涨，出现通货膨胀。只是在不同的货币制度条件下，货币职能发挥的不同，出现通货膨胀的可能性也就有所不同。

在传统的实物货币制度下也会发生通货膨胀。生活在南太平洋美拉尼西亚群岛的土著居民用狗牙作为货币，正常情况下一颗狗牙可以交换 100 个椰子，当地青年娶一个新娘需要几十个狗牙作为聘礼。后来由于一个骗子从外地运入大量的狗牙以骗取土著居民的各种东西，导致狗牙货币贬值，一颗狗牙只能交换到 40 个椰子，很多青年娶妻发生困难。

在金属货币制度下，由于金属货币具有内在价值，可以发挥贮藏手段职能，当流通中的金属货币过多时，这部分多余的金属货币就会自发地退出流通转为贮藏，因而可以自动调节流通中的货币量，一般不会发生通货膨胀。需要注意的是这种贮藏职能的发挥只是一种事后调节，并不能预防金属货币的贬值。但并不是说在金属货币制度下就不会发生通货膨胀。16 世纪的欧洲由于新航路的开辟，从美洲、非洲掠夺了大量的黄金和白银，西班牙国内的黄金在 1521—1600 年的 80 年内增加了 20 多万千克，白银增加了 1 800 万千克，葡萄牙在 16 世纪国内的黄金也增加了 27 万多千克。黄金和白银的大量流入导致当时的欧洲国家国内黄金和白银价格大幅度下降，物价飞涨。历史上被称为新航路开辟后欧洲的"价格革命"。

在纸币制度下，由于一方面在技术上提供了无限供给纸币的可能性，并且可以通过国家权力使这些货币强制进入流通，而另一方面纸币作为一种价值符号，本身没有内在价值，进入流通的纸币不会通过贮藏方式退出流通，不具有自动调节货币流通量的功能。这就产生了货币供应量的无限性与货币容纳量的有限性之间的矛盾，其结果必然导致货币贬值，物价上涨，引发通货膨胀。因此，理论界一般把通货膨胀与纸币流通联系起来，把通货膨胀看成是纸币流通的特有现象。当然，这也并不是说纸币流通必然会发生通货膨胀。只要保持纸币流通与其需要量基本一致，一般就不会发生通货膨胀。

同时通货膨胀作为一种货币经济现象，与社会制度并无内在的必然联系。

2. 通货膨胀的标志是物价总水平的持续上升

事实上，通货膨胀的货币供应过多是相对于它所媒介的商品、劳务而言的。按照经济学的解释，在开放的完全的市场经济条件下，只要流通中货币所代表的价值量与商品、劳务的价值量相等，就不会发生通货膨胀。相对于商品而言，一旦货币流通量多了，就会导致用货币表示的商品价值量大小——价格发生变化，变大了，即商品价格的上升；反之，则反是。需要注意的是，货币流通量发生了变化，有的时候也并不一定导致商品价格的变化。如果政府当局采取物价管制、补贴和商品配给等措施，即使货币流通量增加，公开的商品价格也不会上升，而是通过买方抢购、卖方惜售、有价无市、黑市猖獗、以物易物等扭曲现象反映出来。在我国改革开放前的一段时期内的凭票供应货物就是一种典型的隐蔽型通货膨胀。

通货膨胀状态下的物价上涨是指物价总水平的变化，是各类商品和劳务价格汇总在一起的平均数，或者称为"一般物价水平"。货币的币值是指对一般商品和劳务的购买力，而不是与某一类或者某一部类的商品和劳务相对应。某一类或某一部类的商品或劳务价格的上涨并不能说明发生了通货膨胀。只要货币总量和商品劳务价格总量的适应关系没有变化，即使个别商品或者劳务价格上涨使得价格结构发生变化，但是货币币值不会变化，物价总水平也就不变。

通货膨胀状态下的物价上涨是指物价的变动要持续一定的期间。经济生活中的季节性的、暂时性或偶然性的价格上升不能视为通货膨胀。通货膨胀下的价格变动应该是一个过程，在这个过程中物价具有上涨的基本倾向，并持续一定的时间。所以一般情况下通货膨胀以年为时间单位来考察。

通货膨胀状态下的物价上涨是指物价的变动要超过一定的幅度。不能将经济生活中的物价些许波动就视为通货膨胀。通常会以一定的数量指标来考察物价的上涨率，目前大多数学者比较认同的观点是年物价上涨率在 3%～5% 以上，才被视为通货膨胀。

3. 通货膨胀的根本原因是货币供应过多

一般的理解货币供应过多是指货币的实际流通量超过了经济生活中对于货币的客观需要量。但是并不表示说只要货币供应过多就一定会导致通货膨胀。一方面货币供应上升并不一定导致物价的相应上升，另一方面货币供应过多在导致物价上涨上具有明显的时滞性和模糊性。

4. 通货膨胀的结果必然导致货币价值的下降

但是对于确定货币贬值的含义在信用货币制度条件下是有难度的。通常的理解是指单位货币的购买力下降或者指单位货币所代表的金币价值量下降。

（二）通货膨胀的度量

通货膨胀的严重程度是通过通货膨胀率这一指标来衡量的。

衡量通货膨胀率的价格指数一般有 4 种：消费价格指数、零售物价指数、生产者价格指数、GDP 平减指数。

1. 消费价格指数（CPI）

居民消费价格指数（Consumer Price Index, CPI），也称为消费物价指数或消费者物价指数，是度量居民生活消费品和服务价格水平随着时间变动的相对数，综合反映居民购买的生活消费品和服务价格水平的变动情况。它是进行国民经济核算、宏观经济分析和预测、实施价格总水平调控的一项重要指标，并且世界各国一般用消费价格指数作为测定通货膨胀的主要指标。

消费物价指数（CPI）主要反映以下几种情况。

（1）反映通货膨胀状况。通货膨胀的严重程度是用通货膨胀率来反映的，它说明了一定时期内商品价格持续上升的幅度。通货膨胀率一般以消费者物价指数来表示。

通货膨胀率=（报告期消费者物价指数−基期消费者物价指数）/基期消费者物价指数×100%

（2）反映货币购买力变动。货币购买力是指单位货币能够购买到的消费品和服务的数量。消费者物价指数上涨，货币购买力则下降；反之则上升。消费者物价指数的倒数就是货币购买力指数。

货币购买力指数=（1/消费者物价指数）×100%

（3）反映对职工实际工资的影响。消费者物价指数的提高意味着实际工资的减少，消费者物价指数的下降意味着实际工资的提高。因此，可利用消费者物价指数将名义工资转化为实际工资，其计算公式为：

实际工资=名义工资/消费者物价指数

2. 零售物价指数（RPI）

零售物价指数反映城乡商品零售价格变动趋势的一种经济指数。我国的零售物价指数主要有：零售商品牌价指数、零售商品议价指数、集市贸易价格指数和全社会零售物价总指数。零售物价指数主要用来观察研究零售物价变动对城乡居民生活的影响，为平衡市场供求、加强市场管理、控制货币发行量提供参考。

零售物价的调整升降直接影响城乡居民的生活费用，直接关系国家财政的收支，直接影响居民购买力和市场商品供需平衡，还影响消费和积累的比例。

零售物价指数是编制财政计划、价格计划、制定物价政策、工资政策的重要依据。目前，统计工作中按月、季、年编制零售物价指数，计算工作量和采价工作量非常大。

零售物价指数采用加权算术平均公式计算。权数直接影响指数的可靠性，因此每年要根据居民家庭收支调查的资料调整一次权数。物价不可能全面调查，只能在部分市、县调查，在我国根据人力、财力，大约选 200 个市、100 个县城作为物价变动资料的基层填报单位。在城市选商品 350 种左右，在县城选 400 种左右。每种商品的指数采用代表规格品的平均价格计算。

3. 生产者价格指数（PPI）

生产者价格指数是衡量工业企业产品出厂价格变动趋势和变动程度的指数，是反映某一时期生产领域价格变动情况的重要经济指标，也是制定有关经济政策和国民经济核算的重要依据。生产者物价指数是用来衡量生产者在生产过程中，所需采购品的物价状况；因而这项指数包括了原料、半成品和最终产品 3 个生产阶段的物价资讯。将食物及能源价格去除后的，称为"核心 PPI"（Core PPI）指数，以正确判断物价的真正走势。这是由于食物及能源价格一向受到季节及供需的影响，波动明显。

理论上来说，生产过程中所面临的物价波动将反映至最终产品的价格上，因此观察 PPI 的变动情形将有助于预测未来物价的变化状况，因此这项指标受到市场重视。

生产者物价指数是测算价格变化的指标，该价格是制造商和批发商在生产的不同阶段为商品支付的价格。这里任何一点的通货膨胀都可能最终被传递到零售业。毕竟，如果销售商不得不为商品支付更多，那么他们更乐于把更高的成本转嫁给消费者。

生产者物价指数并不仅仅是一个指数，它是一族指数，是生产的 3 个渐进过程的每一个阶段的价格指数：原材料、中间品和产成品。占据所有的头条并对金融市场最有影响的是最后一个，即产成品的 PPI。它代表着这些商品被运到批发商和零售商之前的最终状态。在生产最后状态的价格常常由原材料和中间品过程中遇到的价格压力来决定。这就是为什么观察这所有的 3 个过程都很重要的原因。

4. GDP 平减指数

GDP 平减指数（GDP Deflator），又称 GDP 缩减指数、GDP 折算指数，是指没有剔除物价变动前的 GDP（现价 GDP）增长与剔除了物价变动后的 GDP 增长的比率。它等于按当期价格计算的国民生产总值（即名义值）与按基期计算的国民生产总值（即实际值）的比率。例如，某国 2007 年的国民生产总值为 3.3 万亿美元，而按 2005 年价格计算则为 3 万亿美元；如果以 2005 年的价格指数为 100，则 2007 年的 GNP 平减指数即为 110（=33 000÷30 000×100）。

该指数也用来计算 GDP 的组成部分，如个人消费开支。它的计算基础比 CPI 更广泛，它反映了一国生产的各种最终产品，涉及全部商品和服务，除消费外，还包括生产资料和资本、进出口商品和劳务等。因此，这一指数能够更加准确地反映一般物价水平走向，是对价格水平最宏观的测量。缺点是资料难搜集，多数国家每年只统计一次，不能迅速反映通货膨胀的程度和动向；国民生产总值包括与居民生活并无直接联系的生产资料和出口商品，它不能准确反映对居民生活的影响。

（三）通货膨胀的分类

1. 按照价格水平上升的速度区分

（1）温和的通货膨胀。年物价水平上升速率在 10% 以内，包括爬行（5%）、步行（5%～10%）的通货膨胀。一些经济学家认为，在经济发展过程中，存在一点温和的通货膨胀可以刺激经济的增长。因为提高物价可以使厂商多得一点利润，以刺激厂商投资的积极性。同时，温和的通货膨胀不会引起社会太大的动乱。温和的通货膨胀即将物价上涨控制在 1%～2%，至多 5% 以内，则能像润滑油一样刺激经济的发展，这就是所谓的"润滑油政策"。

（2）奔腾的通货膨胀。年物价水平上升速率在 10%～100%。它是一种不稳定的、迅速恶化的、加速的通货膨胀。在这种通货膨胀发生时，通货膨胀率较高（一般达到两位数以上），所以在这种通货膨胀发生时，人们对货币的信心产生动摇，经济社会产生动荡，所以这是一种较危险的通货膨胀。

（3）超级通货膨胀。年物价水平上升速率超过 100%，亦称恶性通货膨胀，飞行的通货膨胀。这种通货膨胀一旦发生，通货膨胀率非常高（一般达到三位数以上），而且完全失去控制，其结果是导致社会物价持续飞速上涨，货币大幅度贬值，人们对货币彻底失去信心。这时整个社会金融体系处于一片混乱之中，正常的社会经济关系遭到破坏，最后容易导致社会崩溃，政府垮台。

2. 按照通货膨胀的预料程度区分

（1）未预期型通货膨胀，指价格上升的速度超乎意料之外。

（2）预期型通货膨胀，是指物价有规律的变动。

很显然，只有非预期型通货膨胀才有真实效应，而预期型通货膨胀没有实在性的效果，因为经济主体已采取相应对策将其影响抵消了。

3. 按照对价格的不同影响区分

（1）平衡型通货膨胀，即每种商品的价格都按相同比例上升。

（2）非平衡型通货膨胀，即各种商品价格上升的比例不完全相同。

4. 按照表现形式的不同区分

（1）公开型通货膨胀，指通过物价水平统计反映出来的通货膨胀。

（2）隐蔽型通货膨胀，指没有通过物价水平统计反映出来的通货膨胀。

（3）抑制型通货膨胀，指价格管制条件下，通过排队、搜寻、寻租等途径反映出来的通货膨胀。

5. 按通货膨胀的成因

主要分为需求拉上型、成本推进型、供求混合推进型和结构性 4 种。这 4 种类型的通货膨胀将在后文中讨论。

二、通货膨胀的形成原因

（一）货币现象的通货膨胀

纸币是由国家发行并强制流通的价值符号，在货币流通的条件下，如果纸币的发行量超过了流通中实际需要的数量，多余的部分继续在流通中流转，就会造成通货膨胀。弗里德曼断言"通货膨胀无论何时何地都是一种货币现象"。也就是说，货币是导致通货膨胀的唯一重要的因素。弗里德曼以简洁明快的论断给他的经济学同行们留下了深刻的印象，使人们重新认识到货币和通货膨胀之间密不可分的联系。这种通货膨胀被认为是"过多的货币追逐过少的商品"。

（二）需求拉上型通货膨胀

需求拉动的通货膨胀又称超额需求通货膨胀，是指总需求超过总供给所引起的一般价格水平的持续显著的上涨。一般来说，总需求的增加会引起物价水平的上升和生产总量的增加，但在达到充分就业的情况下，即达到实际产量的极限之后，总需求任何一点的增加，都会引起价格水平的进一步提高，也就使通货膨胀更加明显。

（三）成本推进型通货膨胀

成本或供给方面的原因形成的通货膨胀，即成本推进的通货膨胀又称为供给型通货膨胀，是由厂商生产成本增加而引起的一般价格总水平的上涨，造成成本向上移动的原因大致有：工资过度上涨；利润过度增加；进口商品价格上涨。

1. 工资推进的通货膨胀

工资推动通货膨胀是工资过度上涨所造成的成本增加而推动价格总水平上涨，工资是生产成本的主要部分。工资上涨使得生产成本增长，在既定的价格水平下，厂商愿意并且能够供给的商品数量减少，从而使得总供给曲线向左上方移动。

在完全竞争的劳动市场上，工资率完全由劳动的供求均衡所决定，但是在现实经济中，劳动市场往往是不完全竞争的，强大的工会组织的存在往往可以使得工资过度增加，如果工资增加超过了劳动生产率的提高，则提高工资就会导致成本增加，从而导致一般价格总水平上涨，而且这种通胀一旦开始，还会引起"工资——物价螺旋式上升"，工资物价互相推动，形成严重的通货膨胀。工资的上升往往从个别部门开始，最后引起其他部门攀比。

2. 利润推进的通货膨胀

利润推进的通货膨胀是指厂商为谋求更大的利润导致的一般价格总水平的上涨，与工资推进的通货膨胀一样，具有市场支配力的垄断和寡头厂商也可以通过提高产品的价格而获得更高的利润，与完全竞争市场相比，不完全竞争市场上的厂商可以减少生产数量而提高价格，以便获得更多的利润，为此，厂商都试图成为垄断者。结果导致价格总水平上涨。

一般认为，利润推进的通货膨胀比工资推进的通货膨胀要弱。原因在于，厂商由于面临着市场需求的制约，提高价格会受到自身要求最大利润的限制，而工会推进货币工资上涨则是越多越好。

3. 进口成本推进的通货膨胀

造成成本推进的通货膨胀的另一个重要原因是进口商品的价格上升，如果一个国家生产所需要的原材料主要依赖于进口，那么，进口商品的价格上升就会造成成本推进的通货膨胀，其形成的过程与工资推进的通货膨胀是一样的，如 20 世纪 70 年代的石油危机期间，石油价格急剧上涨，而以进口石油为原料的西方国家的生产成本也大幅度上升，从而引起通货膨胀。

（四）供求混合推动的通货膨胀

这种理论把总需求与总供给结合起来分析通货膨胀的原因。经济学家认为，通货膨胀的根源不是单一的总需求或总供给，而是这两者共同的作用的结果。

如果通货膨胀是由需求拉动开始的，即过度需求的存在引起物价上升，这种物价上升会使工资增加，从而供给成本的增加又引起成本推动的通货膨胀。如果通货膨胀是由成本推动开始的，即成本增加引起物价上升，这时如果没有总需求的相应增加，工资上升最终会使减少生产，增加失业，从而使成本推动引起的通货膨胀停止。只有在成本推动的同时，又有总需求的增加，这种通货膨胀才能持续下去。

（五）结构性通货膨胀

结构性通货膨胀是指由于一国经济结构发生变化而引起的通货膨胀。除了总量因素外，许多经济学家还从结构方面寻找通货膨胀的原因。这些经济学家相信，即使在总供给和总需求相对平衡的条件下，某些结构性因素也可能导致通货膨胀。

在整体经济中不同的部门有不同的劳动生产率增长率，但却有相同的货币工资增长率。因此，当劳动生产率增长率较高的部门货币工资增长时，就给劳动生产率增长率较低的部门形成了一种增加工资成本的压力，因为尽管这些部门劳动生产率的增长率较低，但各部门的货币工资增长率却是一致的，在成本加成的定价规则下，这一现象必然使整个经济产生一种由工资成本推进的通货膨胀。这一理论实际上仍是对前两种理论的修改与综合。

1. 发生结构性通货膨胀的情况

（1）一个国家（地区）中一些经济部门的劳动生产率比另一些经济部门的劳动生产率提高得快。

（2）一个国家（地区）中，与世界市场联系紧密的开放经济部门的劳动生产率比与世界市场没有直接联系的封闭经济部门的劳动生产率提高得快。

（3）一个国家中各部门的产品供求关系不同，也会造成通货膨胀的发生。

2. 导致通货膨胀的结构性因素

（1）"瓶颈"制约。在有的国家，由于缺乏有效的资源配置机制，使得资源在各部门之间的配置严重失衡，有些行业生产能力过剩，另一些行业，如农业、能源、交通等部门则严重滞后，形成经济发展的"瓶颈"。当这些"瓶颈"部门的价格因供不应求而上涨时，便引起其他部门，甚至是生产过剩部门的连锁反应，形成一轮又一轮的价格上涨。

（2）需求移动。社会对产品和服务的需求不是一成不变的，他会不断地从一个部门转移到另外一个部门，而劳动力及其他生产要素的转移则需要时间。因此原先处于均衡状态的经济结构可能因需求的移动而出现新的失衡。那些需求增加的行业，价格和工资将上升；但需求减少的行业，由于价格和工资刚性的存在，却未必发生价格和工资的下降。其结果，需求的转移导致了物价的总体上升。

（3）劳动生产率增长速度的差异。服务性部门的劳动生产率增长率慢于工业部门。两大部门的名义工资增长率将趋向一致，而货币工资增长率则首先取决于劳动生产率增长较快的部门，即服务性部门的货币工资增长率要向工业部门的"看齐"。在现代资本主义经济制度下，大多数产品的价格是实行"成本加成定价"制（即在上涨的工资成本之上相应地加上固定的利润来确定价格水平），因而随着两大部门的货币工资的一致增长，物价水平就相应地成比例上涨。就服务性部门的产品来说，需求的价格弹性较小，而需求的收入弹性较高，因而由于工资成本的上升，也势必产生物价的普遍上涨。价格和货币工资都具有难以下降这样一种刚性。

结构型通货膨胀理论标志着人们对通货膨胀成因的认识的进一步深化，特别是在许多发展中国家，经济结构的失衡和部门间劳动生产率增长的差异确实在促成通货膨胀方面扮演者重要的角色。但是结构型通货膨胀的发生同样要以货币的扩张为条件，因为在货币总量不变的条件下，这些结构型的因素也只能导致相对价格的变化，而不是整体价格的上涨。

（六）预期与惯性的通货膨胀理论

事实上，这两种通货膨胀理论的重点不是分析通货膨胀的产生原因，而是分析为什么通货膨胀一理形成以后就会持续下去。

1. 预期通货膨胀理论

预期通货膨胀理论认为，无论是什么原因引起的通货膨胀，即使最初引起的通货膨胀的原因消除了，它也会由于人们的预期而持续，甚至加剧。预期对人们的经济行为有重要的影响，而预期往往又是根据过去的经验形成的。在产生了通货膨胀的情况下，人们要根据过去的通货膨胀率来预期未来的通货膨胀率，并把这种预期作为指导未来经济行为的依据。这就会导致通货膨胀的持续和加剧。

2. 惯性通货膨胀理论

惯性通货膨胀理论也是要解释通货膨胀持续的原因，但它所强调的不是预期，而是通货膨胀本身的惯性。

根据这种理论，无论是什么原因引起了通货膨胀，即使最初原因消失了，通货膨胀也会由于其本身的惯性而持续下去。这是因为，工人与企业所关心的是相对工资与相对价格水平。在他们决定自己的工资与价格时，他们要参照其他人的工资与价格水平。这样通货膨胀就会由于这种惯性而持续下去，因为谁也不会首先降低自己的工资与物价水平。只有在经济严重衰退时，才会由于工资与物价的被迫下降而使通货膨胀中止。

预期通货膨胀理论与惯性通货膨胀理论很相近的。前者由货币主义者提出，强调现在对未来的影响；后者由凯恩斯主义者提出，强调了过去对现在的影响。这两种理论从不同角度解释了通货膨胀持续的原因。

三、通货膨胀对经济的影响

（一）通货膨胀对总体就业和产出的影响

一般来说，通货膨胀有可能在短期内增加产出，扩大就业。西方许多经济学家长期以来坚持这样的看法，即认为温和的或爬行的需求拉上的通货膨胀将刺激产出的扩大和就业的增加。但是其前提条件是通货膨胀未被充分地预期。在通货膨胀未被充分预期的情况下，生产者可能将物价的总体上涨误认为自己产品的相对价格的上涨，从而增加生产；工人可能将自己名义工资的上涨误解为实际工资的上涨，从而一方面增加自己劳动的供给，另一方面增加自己的消费支出。

成本推进通货膨胀会引起产出与就业的下降。假定在原总需求水平下，经济实现了充分就业和物价稳定。如果发生成本推进通货膨胀，则原来总需求所能购买的实际产品的数量将会减少。那就是说，当成本推进的压力抬高物价水平时，一个已知的总需求只能在市场上支持一个较小的产出。当生产者发现这一问题后，他便没有扩大生产的积极性了；而工人意识到由于通货膨胀，所有商品的价格都上涨，自己的实际工资不仅没有上涨，反而下降之后，他也不会有动力去提供更多的劳动和增加消费支出了。因此通货膨胀所带来的就业扩张仅仅是短期的，是不可能持久的。

极度膨胀还会导致经济崩溃。当人们对于信用货币失去信心时，货币的交易和贮藏等作用丧失，等价交换难以实行，投机盛行，最终导致经济崩溃。

（二）通货膨胀对财富和收入再分配的影响

通货膨胀反映为物价上涨，在既定的产业条件下，它既不会使全社会原有的实际收入总量增加，也不会使之减少；但就各社会成员来说，则会改变其收入分配比例和实际收入水平。这通常表现在以下方面：一是在通货膨胀条件下，各成员工资收入增长水平有差异，因而其名义货币收入比例也会发生相应变化；二是随着物价上涨，实际货币收入下降，但每个成员所能承受的价格上涨损失的程度是不一样的。这样，通过价格上涨，通货膨胀实际上在社会各成员之间强制进行了一次国民收入再分配。一般来说，由于物价上涨通常都先于工薪增长，依靠固定工薪收入生活的社会成员的实际工薪收入不断下降，从而成为最大的受损者。从事商业活动的企业和个人，特别是投机商，他们通过哄抬物价，变相涨价而牟取暴利。债务人借得货币后即期使用，增加了效用；待其偿还时，由于通货膨胀，同量货币的实际购买力已经下降。因此，若借贷合同中没有对此加以考虑，则债务人得利，债权人受损。若持有实际财富，如不动产、贵金属、珠宝、古董、艺术品等，通货膨胀时，它们的价格将上涨，股票代表实际财富的所有权，有时和实际财富一样。价格上涨率就代表持有实际财富的收益率。而持有货币财富，则恰恰相反。因此，通货膨胀时，实际财富持有者得利，货币财富持有者受损。

（三）通货膨胀对流通的影响

首先，通货膨胀使流通领域原有的平衡被打破，使正常的流通受阻。由于物价上涨不均衡，商品会冲破原有的渠道，向价格上涨快的地方流动，打乱了企业原有的购销渠道，破坏商品的正常流通；与此同时，由于生产投资的获利性下降，又常常导致商品在流通领域反复倒手而不退出流通进入生产的不正常现象。

其次，通货膨胀还会在流通领域制造或加剧供给与需求之间的矛盾。由于人们抢购惜售，投机者又大搞囤积居奇，使本来供需平衡的市场状况变成不平衡。市场供需的不平衡又会反过来推动物价水平进一步上涨，使供需矛盾加剧。在许多国家，价格并不是充分放开的，政府往往对某些行业进行物价管制。这样，在通货膨胀的环境中，那些价格放开的行业价格上涨，利润丰厚，吸引了大量的资金流入，而受政府价格管制较严的行业的发展则受到严重制约，加剧了相关产品的供求不平衡状况。

最后，通货膨胀期间，由于币值降低，潜在的货币购买力会不断转化为现实购买力，进一步加大货币供应，同时货币流通速度也会因人们对货币不信任而加快，这就使通货膨胀不断加深，流通领域更加混乱。

（四）通货膨胀与效率损失

通货膨胀会引起相对价格的扭曲，从而使资源无法得到有效配置。

首先，在高通货膨胀的条件下，持有现金的成本将大大增加。假如现金的名义收益率为零，如果通货膨胀率上升15%，则意味着它的实际收益率下降为-15%。因此，公众会觉得现金烫手，他们将会想尽办法将现金转化为实物资产或名义收益率已随通货膨胀上升的存款和债券。企业将花费大量的精力来进行现金管理，以尽可能地避免在自己的账户上保存有过多的现金余额。

其次，在高通货膨胀的条件下，名义利率往往不能随通货膨胀率的上升而进行充分的调整。因而，人们储蓄的积极性将受到打击。虽然经济学家费雪早就指出，预期通货膨胀率的上升会引起名义利率的上升，即存在"费雪效应"。但实际上这种调整往往是不充分的。历史经验和实证研究表明，对费雪效应的分析在长期中是正确的，在通货膨胀不可预料的短期中，费雪效应是不成立的。名义利率是对一笔贷款的支付，而且，它通常是在最初进行贷款时确定的。如果通货膨胀出乎债务人和债权人的意料之外，他们事先确定的名义利率就没有反映物价的上升。

最后，在高通货膨胀的环境中，各种商品的相对价格不断变化，企业和消费者将感到无所适从，难以做出正确的投资决策和消费决策。突出的一点是，由于通货膨胀使得未来的不确定性增大，风险增强，企业为避免风险，往往从生产周期较长的产业转向生产周期较短的产业；同时经济中各种短期行为、投机行为盛行。这显然不利于经济的长期发展。

此外，通货膨胀还会造成税收负担的扭曲，许多国家实行的都是累进税，在发生通货膨胀时，企业和个人将因为名义收入的上升而承担较高的税率。许多人将这种因通货膨胀而造成的税收增加称为"无需立法的征税"，显然这种税负的增加会影响生产者和消费者的实际利益，挫伤生产的积极性，抑制消费需求的增加。

总之，通货膨胀造成了相对价格的混乱和扭曲，价格作为一种信号机制来反映资源相对稀缺程度、引导资源配置的功能受到了削弱，就不可避免地带来效率的损失。

四、通货膨胀的治理

通货膨胀对一国社会经济的发展会带来明显的破坏作用，因此，尽管各国遭遇的通货膨胀成因不同，各国对通货膨胀的判别标准及承受能力不同，但都有制止通货膨胀的要求，并且都从各国的实际情况出发，提出了各种治理通货膨胀的对策。主要包括需求政策、收入政策、供给政策及结构调整政策。

（一）需求政策

需求政策主要针对总需求过度膨胀引起的通货膨胀，通过紧缩需求能取得明显的效果。减少总需求的途径主要有紧缩财政政策和紧缩货币政策两种措施。

（1）紧缩财政政策方面的措施：①削减政府支出。②限制公共事业投资和公共福利支出。③增加赋税，以抑制私人企业投资和个人消费支出。紧缩的财政政策优点是紧缩力度较大时，通胀得到迅速抑制。但是，财政支出具有很大的刚性；教育、国防、社会福利的削减都是阻力重重；增加赋税更会遭到公众的强烈反对。

（2）紧缩的货币政策有时并不是指货币存量的绝对减少，而只是减缓货币供应量的增长速度，以遏制总需求的急剧膨胀。当然货币当局也可以采用传统的中央银行三大政策工具，限制银行信贷规模，减少绝对货币存量。货币学派更注重货币政策的作用，认为只有将货币增长率最终降到接近经济增长率的水平，物价才可能大体稳定下来。但是紧缩的货币政策的缺点在于货币当局不一定总能完全控制货币总量及其增长速度。

（二）收入政策

收入政策又称工资物价管制政策，是指政府制定一套关于物价和工资的行为准则，由价格决定者（劳资双方）共同遵守。其目的在于限制物价和工资的上涨率，以降低通货膨胀率，同时又不致造成大规模的失业。收入政策主要针对成本推进型的通货膨胀。

收入政策可以采取以下 3 种形式：①规劝。就是政府劝告工资和价格制定者们负责任地采取行动，鼓励员工和雇主在较低的工资增长水平上达成和解，以减轻通货膨胀的压力。②以指导性为主的限制。政府根据长期劳动生产率的平均增长率来确定工资和物价的增长标准，并要求各部门将工资和物价的增长幅度控制在这一标准之内。例如美国 20 世纪 60 年代的肯尼迪政府和约翰逊政府，都相继实行过这种政策。但是由于指导线政策原则上是自愿的，只能依靠说服，而不能以法律强制实行，所以效果并不明显。③以税收为手段的限制，如果工资、物价增长率保持在政府规定的幅度之内，就以减税作为奖励；否则，就以增税作为惩罚。④强制性限制，即政府颁布法律法规对工资和物价实行管制，甚至实行暂时冻结。

收入政策的优点是在成本推进的工资——物价"螺旋式"上升出现时，能用较小的代价加以遏制，又不造成大规模失业。其缺点在于：①如果是指导性政策或税收政策，其效果如何取决于劳资双方与政府能否通力协作。②强制性收入政策妨碍市场机制对资源的有效配置，因为市场是通过价格信号来指导生产和要素流动的。如果禁止价格上涨，也就等于取消了资源转移的动力。③如果价格管制时没有采取相应的紧缩需求的措施，公开的通货膨胀就会转变为隐蔽型的，一旦重新放开价格，通货膨胀就会以更大的力量爆发出来。

在许多工资合同中，有所谓的"生产费用调整"条款，规定根据生活费用变动情况自动调整工资水平，即所谓工资"指数化"。实行这种政策的好处在于：首先，指数化可以缓解通货膨胀造成的不公平的收入再分配，从而消除许多不必要的扭曲。例如工人或债权人有了指数化条款的保护之后，就不必费心去预测未来的物价水平变动了。其次，可能使政府实行通货膨胀政策的动机减弱。指数化条款使得在通货膨胀条件下，作为净债务人的政府还本付息负担加重，政府从通货膨胀中得到的好处减少（货币发行收入和政府债券还本付息负担的减轻）。最后，指数化条款可能使紧缩性政策的代价减少，从而使通货膨胀更容易被遏制。当政府的紧缩性政策使得实际通货膨胀率低于签订劳动合同时的预期通货膨胀率时，指数化条款会使名义工资相应地下降，从而避免因实际工资上升而造成失业增加。

收入指数化政策同样存在明显的局限性。第一，指数化政策在消除收入的不公平分配方面的作用是有限的。这一方面是因为价格指数的编制和收入的调整都需要一定的时间，因而收入的调整往往滞后于物价的实际上升；另一方面，并非所有的劳动合同中都有指数化条款，那些不受指数化条款保护的劳动者或债权人受到的相对损失会更大些。第二，指数化有可能不利于通货膨胀率的下降。由于指数化强化了工资和物价交替上升的机制，有可能对通货膨胀起推波助澜的作用。由于劳动生产率增长速度下降或其他类似石油危机的供给方面的冲击，产出下降，这就要求国民收入中工资的份额必须下降。但是由于指数化保护了工人的实际工资，其他经济单位为维护自身利益，也提高价格，结果引起价格水平螺旋上升，加剧通货膨胀。而且，"指数化"有很高的技术要求，可行性差。

（三）供给政策

以拉弗（A.Laffer）为首的供应学派认为，通货膨胀是与供给紧密联系在一起的。而供给不足，需求相对过剩又是引起通货膨胀的主要原因。货币量过多也是相对于商品供给过少而言的。因此，供给政策主要是针对有效供给不足，需求相对过剩造成的通货膨胀。而治理通货膨胀的关键是在于增加生产和供给。增加生产意味着经济增长，这样就可以避免单纯依靠紧缩总需求引起衰退的负面效应。

要增加生产和供给，最关键的措施就是减税。减税可以提高人们的储蓄和投资的能力与积极性。同时配合以其他政策措施：一是削减政府开支增长幅度，争取平衡预算，消灭财政赤字，并缓解对私人部门的挤出效应；二是限制货币增长率，稳定物价，排除对市场机制的干扰，保证人们储蓄与投资的实际效益，增强其信心与预期的乐观性。

供给学说强调了一向被忽视的供给方面因素，认为治理通货膨胀，特别是滞胀，根本的出路在于增加供给，有其积极意义。但过分夸张了减税对增加供给的刺激作用。从实际情况看，效果并不明显。

改善劳动市场结构的人力资本政策也是供给政策之一，主要包括：对劳动者进行再就业的训练；提供有关劳动力市场的信息，减少对就业和转业的限制，指导和协助失业人员寻找工作；优先发展劳动密集型和技术熟练要求程度较低的部门以扩大就业：由政府直接雇用私人企业不愿意雇用的非熟练工人，使他们得到训练和培养，提高就业能力。

（四）结构调整政策

如果通货膨胀的主要原因在于结构性失调，那么可采取的抑制政策就是结构调整政策。结构调整政策的目的在于使各产业部门之间保持一定的比例，从而避免某些产品的供求因结构性失调而导致物价上涨。采取的措施主要是微观财政政策和微观货币政策。微观财政政策就是在保持税收总量的前提下，调节各种税率和施行范围；在保持财政支出总量的前提下，调节政府支出的项目和各项目的总额。微观货币政策包括利息率结构和信贷结构。中央银行通过对利息率结构和信贷结构的调整，影响存款和贷款的结构和总额；提高资金使用效率，鼓励资金流向生产部门。

医治通货膨胀的其他政策。除了控制需求，增加供给，调整结构之外，还有一些诸如限价、减税、指数化等其他的治理通货膨胀的政策。

总之，通货膨胀是一个十分复杂的经济现象，其产生的原因是多方面的，需要我们有针对性地根据原因采取不同的治理对策，对症下药。这种对症下药，并不是简单地根据原因分析一一对应，也不能机械僵化地照搬别人或自己以往的经验。而且对症下药也要以某一方案为主或优先，同时结合其他治理方案综合进行。也就是说，治理通货膨胀是一项系统工程，各种治理方案相互配合才能取得理想的效果。

第二节 通货紧缩

一、通货紧缩概述

（一）通货紧缩的定义

通货紧缩（Deflation）一般是指商品和劳务的货币价格总水平持续下降的经济现象。有些学者还把货币供应量的持续下降、经济增长的持续下降或经济衰退与物价水平的持续下跌并列在一起，用两个或三个因素来定义通货紧缩。如加拿大一家投资公司的首席经济学家 G.莱斯根的观点很有代表性，他认为，通货紧缩不只是价格下降，还包括货币数量减少、货币流通速度下降以及经济萧条（莱斯根，1992）。当市场上流通货币减少，人民的货币所得减少，购买力下降，导致物价下跌，造成通货紧缩。长期的货币紧缩会抑制投资与生产，导致失业率升高及经济衰退。不过，西方国家大多数普及版的经济学教科书和一些权威的经济学大辞典中，都把通货紧缩定义为物价水平的持续下降，是与通货膨胀相对应的一个概念。而将货币供应量的下降和经济萧条作为通货紧缩的原因和后果。对于其概念的理解，仍然存在争议。但经济学者普遍认为，当消费者价格指数（CPI）连跌三个月，即表示已出现通货紧缩。通货紧缩就是产能过剩或需求不足导致物价、工资、利率、粮食、能源等各类价格持续下跌。

通货紧缩从本质上说是一种货币现象，它在实体经济中的根源是总需求对总供给的偏离，或现实经济增长率对潜在经济增长率的偏离。当总需求持续小于总供给，或现实经济增长率持续地低于潜在经济增长率时，则会出现通货紧缩。

通货紧缩的特征表现为物价水平的持续与普遍下跌。这个物价水平，严格说来应用包括资产（如股票、债券和房地产）及商品、服务在内的广义价格指数来表示，但碍于统计上的局限，一般在国内用全国零售物价上涨率，在国外用消费物价指数 CPI 来描述。如果全国零售物价上涨率在零值以下，且持续时间超过 6 个月，就可以界定为典型的通货紧缩。

通货紧缩同时也是一种实体经济现象。它通常与经济衰退相伴相随，表现为投资机会相对减少和投资的边际收益下降，由此造成银行信用紧缩，货币供应量增长速度持续下降，信贷增长乏力，消费和投资需求减少，企业普遍开工不足，非自愿失业增加，收入增长速度持续放慢，市场普遍低迷。

（二）通货紧缩的分类

通货紧缩类型的划分，对于全面准确地把握通货紧缩的性质、机理，针对不同情况寻找不同的治理对策具有重要意义。按照不同的标准，通货紧缩可以划分为不同的类型，主要有以下分类方法。

1. 按发生程度，可以分为相对通货紧缩和绝对通货紧缩

相对通货紧缩是指物价水平在零值以上，在适合一国经济发展和充分就业的物价水平区间以下，在这种状态下，物价水平虽然还是正增长，但已经低于该国正常经济发展和充分就业所需要的物价水平，通货处于相对不足的状态。这种情形已经开始损害经济的正常发展，虽然是轻微的，但如果不加重视，可能会由量变到质变，对经济发展的损害会加重。

绝对通货紧缩是指物价水平在零值以下，即物价出现负增长，这种状态说明一国通货处于绝对不足状态。这种状态的出现，极易造成经济衰退和萧条。根据对经济的影响程度，绝对通货紧缩又可以分为轻度通货紧缩、中度通货紧缩和严重通货紧缩。而这三者的划分标准主要是物价绝对下降的幅度和持续的时间长度。一般来说，物价出现负增长，但幅度不大（比如-5%），时间不超过两年的称为轻度通货紧缩。物价下降幅度较大（如在-10%～-5%），时间超过两年的称为中度通货紧缩。物价下降幅度超过两位数，持续时间超过两年甚至更长的情况称为严重通货紧缩，20世纪30年代世界性的经济大萧条所对应的通货紧缩，就属此类。

2. 按产生原因，可以分为需求不足型通货紧缩和供给过剩型通货紧缩

需求不足型通货紧缩，是指由于总需求不足，使得正常的供给显得相对过剩而出现的通货紧缩。由于引起总需求不足的原因可能是消费需求不足，投资需求不足，也可能是国外需求减少或者几种因素共同造成的不足，因此，依据造成需求不足的主要原因，可以把需求不足型的通货紧缩细分为消费抑制型通货紧缩、投资抑制型通货紧缩和国外需求减少型通货紧缩。

供给过剩型通货紧缩，是指由于技术进步和生产效率的提高，在一定时期产品数量的绝对过剩而引起的通货紧缩。这种产品的绝对过剩只可能发生在经济发展的某一阶段，如一些传统的生产、生活用品（像钢铁、落后的家电等），在市场机制调节不太灵敏，产业结构调整严重滞后的情况下，可能会出现绝对的过剩。这种状态从某个角度来看，它并不是一个坏事，因为它说明人类的进步，是前进过程中的现象。但这种通货紧缩如果严重的话，则说明该国市场机制存在较大缺陷，同样会对经济的正常发展产生不利影响。

此外，还有结构型通货紧缩和体制型通货紧缩。

结构型通货紧缩是指在发展中国家最为典型，发展中国家（特别是大国）具有明显的二元经济的特征，这不仅表现为发达的现代城市经济和落后的传统农业并存，还表现为现代经济聚集的发达地区和传统产业集中的欠发达地区的并存。在工业化和市场化过程中，发展中国家收入分配差距扩大的趋势，呈现倒"U"型变化，结果使城乡、地区差距以及不同社会阶层间的收入差距扩大。按照凯恩斯的消费理论，低收入阶层往往具有更高的消费倾向，而高收入阶层大都具有较高的储蓄倾向。这种收入分配结构的差异会导致全社会的消费倾向下降，使需求饱和与需求不足并存，生产能力大量闲置、过剩，从而引起通货紧缩。

体制型通货紧缩主要指实行渐进式转型的国家，国有经济在整个经济还占有相当的比重，在高负债经营的条件下，国有企业效率低下，许多国有企业不仅贷款本金难以按期偿还，支付利息也常常发生困难，因此形成国有商业银行的大量呆账、坏账。在宏观紧缩、物价水平回落的条件下，国有企业亏损面持续扩大，银行为避免呆、坏账比率过高，加强贷款风险管理，对国有企业贷款趋于减少。另一方面，由于金融体制改革滞后，对非国有经济贷款的担保体系未建立起来，非国有企业对贷款的正常需求难以满足。两种力量综合作用的结果是供给过剩和需求不足，物价持续下降，最终形成通货紧缩。

（三）通货紧缩的测度

既然通货紧缩是指物价水平的全面持续下降，那么，判断通货紧缩的程度就必须解决以下两个问题：一是用什么指标来测度物价水平的变化；二是连续下降多长时间才可看作持续下降。

反映物价总水平变化的指标，最为常见的有3种：国民生产总值物价平减指数、生产者价格指数（即批发物价指数）、消费者物价指数。在此要说明的是，依据不同的价格指数来进

行判断，会得出不同的结论，因为不同的价格指数在抽样时覆盖的商品范围不同，不同产品的价格变动对货币变动的反应时滞也不同（一般批发价格的反应快于消费价格），而且不同价格指数的测算都会存在各自的误差。应该说，3 种价格指数都可作为测度指标，但综合分析，为了进行国际比较和考虑对居民的影响程度，采用消费者价格指数可能更合适一些。

而消费者价格指数又有两种：一种是同比价格指数，另一种是环比价格指数。这两种价格指数对于判断价格走势，有时是一致的，有时又会出现差异。对于一般的分析判断，可以用同比价格指数，但据此得出的结论，对于轻度的通货紧缩可能不太准确。对于专业分析，用环比价格指数来衡量和判断通货紧缩的出现、程度更为合理与准确，但限于统计资料的不足，用环比价格指数时要对统计数据进行专业调整。

经济运行是一个动态的过程，难免会有偶然事件的发生。如果因为突发事件导致物价的下降，而据此界定通货紧缩无疑是荒谬的。那么需要多长时间才能确认发生了通货紧缩呢？这是一个需要繁杂论证和计算的课题，但有一个起码的标准是可以肯定的，那就是这个时间，至少应长到能够判定物价的下降并非偶然因素所致。而这又与我们对经济形势的认识紧密联系在一起，因此，它将是一个不断缩短的量值。从我国的情况来看，如果价格水平连续三个季度以上下降就应视作持续下降。

（四）通货紧缩的产生机理

关于通货紧缩的起因、发展与加深，不同国家在不同时期是不同的，不同的经济学家也有不同的认识，由此形成了不同的通货紧缩理论。在此我们介绍几种影响较大的通货紧缩理论。

1. 马克思的通货紧缩理论

在经济学研究中，较早提出通货紧缩问题的是马克思，他在《资本论》中，多次分析到流通中货币的膨胀和收缩问题。认为通货的膨胀和收缩可能由经济的产业周期引起，可能由流通中的商品数量、价格变动引起，可能由货币流通速度变化引起，还可能由于技术因素引起。但他在研究这一问题时，其对象是以金币为主的货币流通，由于金属货币本身具有价值，其过多过少都不会引起币值的变化，只有在纸币流通的条件下，货币供给的过多或过少才会引起币值的变动。因此，马克思对通货膨胀和通货紧缩问题的研究，是建立在信用货币（纸币）流通规律的基础上的。实际上是在讨论金币流通与替代金币流通的价值符号的关系，并非在讨论货币供给的多少与物价涨落的关系。

2. 凯恩斯的通货紧缩理论

继马克思之后，联系货币政策来讨论通货紧缩问题的是凯恩斯。他于 1923 年在《币值变动的社会后果》中分析了 1914 年到 1923 年英国物价水平的变动，指出通货紧缩之所以会使社会生产活动陷于低落，是因为通货紧缩的再分配效应不利于生产者。由于生产者的生产资金大部分是借来的，在通货紧缩的情况下，生产者停止经营，减少借款，把自己的实物资产变为通货，比辛苦经营劳作更有益。

凯恩斯在他的代表作《就业、利息和货币通论》中，对通货紧缩现象的分析，更多使用的是"就业不足"和"有效需求不足"这样的术语，通过对 20 世纪 30 年代大危机的精辟分析，提出"有效需求不足"的论断，认为有效需求不足是导致通货紧缩的根本原因。治理的对策自然就是扩张有效需求，而在扩大有效需求方面，财政政策比货币政策更有效，在通货紧缩时期，政府要做的就是通过财政政策和货币政策的有机结合，尽可能地扩张有效需求。

3. 欧文·费雪的通货紧缩理论

与凯恩斯的有效需求理论不同，费雪是从供给角度，联系经济周期来研究通货紧缩问题的，他通过对20世纪30年代世界经济危机的研究，于1933年提出了"债务——通货紧缩"理论。他认为企业的过度负债是导致20世纪30年代大萧条的主要原因。在经济的繁荣时期，企业家为追求更多利润，会过度负债，而在经济状况转坏时，企业家为了清偿债务会降价倾销商品，导致物价水平的下跌，出现通货紧缩。通货紧缩的出现，又会使企业利润减少，生产停滞，失业增加。而失业的增加，会使人们的情绪低落，产生悲观心理，对经济和生活丧失信心，更愿持有较多的货币，居民和企业的这种行为将使货币流通速度下降。而因物价下降出现的利润减少和实际利率的上升，意味着企业真实债务的扩大，会使贷者不愿贷，借者不愿借。过度负债和通货紧缩会相互作用，由于过度负债的存在，在经济周期的阶段转型时，会出现通货紧缩，反过来由债务所导致的通货紧缩又会反作用于债务，其结果会形成欠债越多越要低价变卖，越低价变卖，自己的资产越贬值，而自己的资产越贬值，负债就越重的恶性循环。最后，则必然出现企业大量破产，银行倒闭的危机。该理论实际上是将通货紧缩的过程看作商业信用被破坏和银行业引发危机的过程。

走出"大萧条"，解决通货紧缩的对策要么是自由放任，企业破产后的强制恢复，要么是增加货币供给，利用通货膨胀的方式助其恢复。

4. 其他看法

第二次世界大战后，西方许多国家处于通货膨胀之中，因此，理论界对通货紧缩问题的专门论述不多，多是在研究通货膨胀问题时，把通货紧缩作为它的对立面捎带论及。如弗里德曼等人认为，"货币存量的大幅度变动是一般价格水平大幅度变动的必要且充分条件"，货币供给过分低的增长率，更不用说货币供给的绝对减少，将不可避免地意味着通货紧缩，反之，若没有货币供给如此低的或负的增长率，大规模的、持续的通货紧缩决不会发生。萨缪尔森、布坎南等人也把通货紧缩和通货膨胀一样，都看作政府干预过多、政策失当的产物。20世纪90年代以来，通货紧缩问题开始受到人们的重视，提出了许多很有价值的观点。

美国经济学家保罗·克鲁格曼将近年来出现世界性通货紧缩的原因归结为社会总需求的不足，并强调需求不足在不同国家或在同一国家的不同时期有着不同的社会制度根源，如果实行联系汇率和固定汇率制度的国家的货币被高估，就极易受到其他出口国货币突然贬值的冲击，出现国内价格下降导致通货紧缩。他主张用"有管理的通货膨胀"政策来治理通货紧缩，而这一观点则对以稳定物价为目标的传统货币金融理论构成了挑战；美国另一著名经济学家加利·西林则指出通货紧缩具有自我强化的性质，他认为，当购买者采取观望态度，等待物价进一步下跌时，资本将进一步过剩，商品存货将继续增加，从而将使物价进一步下降。物价继续下降的结果，会使消费者产生进一步的观望心理。这样物价就会陷于一个螺旋式的自我强化的下降过程；美联储主席格林斯潘认为，通货紧缩的发生是由于人们更愿意把持有的实物换成货币。通货紧缩产生的主要原因很可能是资产泡沫破裂对经济产生的消极影响，20世纪30年代危机的出现，与资产泡沫的破裂有着紧密联系，至少加重了通货紧缩的局面。通货紧缩与技术进步、信息的快速传播导致的结构性变化有着直接的关系，因此这也是导致通货紧缩发生的重要原因。

二、通货紧缩的成因

尽管不同国家在不同时期发生通货紧缩的具体原因各不相同，但从国内外经济学家对通货紧缩的理论分析中，仍可概括出引起通货紧缩的一般原因：

1. 紧缩性的货币政策和财政政策

如果一国采取紧缩性的货币政策和财政政策，降低货币供应量，削减公共开支，减少转移支付，就会使商品市场和货币市场出现失衡，出现"过多的商品追求过少的货币"，从而引起政策紧缩性的通货紧缩。

2. 经济周期的变化

当经济到达繁荣的高峰阶段，会由于生产能力大量过剩，商品供过于求，出现物价的持续下降，引发周期性的通货紧缩。

3. 投资和消费的有效需求不足

当人们预期实际利率进一步下降，经济形势继续不佳时，投资和消费需求都会减少，而总需求的减少会使物价下跌，形成需求拉下性的通货紧缩。

4. 新技术的采用和劳动生产率的提高

由于技术进步以及新技术在生产上的广泛应用，会大幅度地提高劳动生产率，降低生产成本，导致商品价格的下降，从而出现成本压低性的通货紧缩。

5. 金融体系效率的降低

如果在经济过热时，银行信贷盲目扩张，造成大量坏账，形成大量不良资产，金融机构自然会"惜贷"和"慎贷"，加上企业和居民不良预期形成的不想贷、不愿贷行为，必然导致信贷萎缩，同样减少社会总需求，导致通货紧缩。

6. 体制和制度因素

体制变化（企业体制，保障体制等）一般会打乱人们的稳定预期，如果人们预期将来收入会减少，支出将增加，那么人们就会"少花钱，多储蓄"，引起有效需求不足，物价下降，从而出现体制变化性的通货紧缩。

7. 汇率制度的缺陷

如果一国实行钉住强币的联系汇率制度，本国货币又被高估，那么，会导致出口下降，国内商品过剩，企业经营困难，社会需求减少，则物价就会持续下跌，从而形成外部冲击性的通货紧缩。

三、通货紧缩对经济的影响

长期以来，通货紧缩的危害往往被人们轻视，并认为它远远小于通货膨胀对经济的威胁。然而，通货紧缩的历史教训和全球性通货紧缩的严峻现实迫使人们认识到，通货紧缩与通货膨胀一样，会对经济发展造成严重危害。

1. 加速经济衰退

通货紧缩导致的经济衰退表现在三个方面：一是物价的持续、普遍下跌使得企业产品价格下跌，企业利润减少甚至亏损，这将严重打击生产者的积极性，使生产者减少生产甚至停产，结果社会的经济增长受到抑制。二是物价的持续、普遍下跌使实际利率升高，这将有利于债权人而损害债务人的利益。而社会上的债务人大多是生产者和投资者，债务负担的加重无疑会影响他们的生产与投资活动，从而对经济增长造成负面影响。三是物价下跌引起的企业利润减少和生产积极性降低，将使失业率上升，实际就业率低于充分就业率，实际经济增长低于自然增长。

2. 导致社会财富缩水

通货紧缩发生时，全社会总物价水平下降，企业的产品价格自然也跟着下降，企业的利润随之减少。企业盈利能力的下降使得企业资产的市场价格也相应降低。而且，产品价格水平的下降使得单个企业的产品难以卖出，企业为了维持生产周转不得不增加负债，负债率的提高进一步使企业资产的价格下降。企业资产价格的下降意味着企业净值的下降和财富的减少。通货紧缩的条件下，供给的相对过剩必然会使众多劳动者失业，此时劳动力市场供过于求的状况将使工人的工资降低，个人财富减少。即使工资不降低，失业人数的增多也使社会居民总体的收入减少，导致社会个体的财富缩水。

3. 分配负面效应显现

通货紧缩的分配效应可以分为两个方面来考察，即社会财富在债务人和债权人之间的分配以及社会财富在政府与企业、居民之间的分配。从总体而言，经济中的债务人一般为企业，而债权人一般为居民。因此，社会财富在债务人与债权人之间的分配也就是在居民和企业之间的分配。

企业在通货紧缩的情况下，由于产品价格的降低，使企业利润减少，而实际利率升高，使作为债务人的企业的收入又进一步向债权人转移，这又加重了企业的困难。为维持生计，企业只有选择筹集更多的债务来进行周转，这样企业的债务总量势必增加，其债务负担更加沉重，由此企业在财富再分配的过程中将处于更加恶劣的位置。如此循环往复，这种财富的分配效应不断得到加强。

4. 可能引发银行危机

与通货膨胀相反，通货紧缩有利于债权人而有损于债务人。通货紧缩使货币越来越昂贵。这实际上加重了借款人的债务负担，使借款人无力偿还贷款，从而导致银行形成大量不良资产，甚至使银行倒闭，金融体系崩溃。因此，许多经济学家指出"货币升值是引起一个国家所有经济问题的共同原因"。

四、通货紧缩的治理

从各国的普遍经验看，经济出现通货紧缩时，采取的主要对策有：

（一）实行扩张性的财政政策和货币政策

就短期而言，通货紧缩的治理主要是采取总量调节，实施积极的财政政策和与之相适应的较宽松的货币政策。通货紧缩时期，为了抑制物价持续下跌造成的负面影响，需要实行扩张的财政政策并辅之以扩张的货币政策。实行单一的财政政策会产生"挤出效应"，即由于财政支出增加，对货币的需求量增加，在货币供给量不变的条件下，会推动利率水平的上升，融资成本提高会对企业投资产生抑制作用。实行积极的货币政策的作用在于通过松动银根，增加货币供给量，抑制利率水平的提高，以避免对民间投资的"挤出"。

财政政策历来被视为扩张支出的法宝。因为同货币政策相比，财政政策具有以下优点：一是动员迅速。财政政策是政府手中的武器，它可以经过相对简单的决策程序，通过国债等手段迅速筹集资金。二是作用直接。政府掌握的资金可以根据宏观经济调节需要指定投向，在短时间内转化为购买支出，直接消化某行业过量库存或形成新的生产能力及设施建设。三是以公益目的为主。以扩张为目的的财政性投资或财政支出转化的投资，并不需要进行长时间的市场论证或风险考虑，不需要如同民间资本那样奉行私利至上的原则。这种"奋不顾身"的本性也使财政政策在扩张社会总支出水平时显得作用难以替代。实行扩张的财政政策具有在短期内直接扩大需求、增加产出和就业、改善宏观经济环境的作用。伴随宏观经济的好转，各经济主体的市场预期就会发生变化，对政府的需求调节政策也会做出积极的反应和理性的选择。商业银行积极寻求有利可图的贷款；企业预期投资收益率提高，投资意愿增强而积极融资；个人消费意愿增强而扩大消费，对消费信贷的需求增加。

以我国为例，中国政府在 1998 年第四季度开始动用财政政策刺激内需，并选择了"积极的财政政策"的官方口径，实际上，所谓"积极的财政政策"就是扩张性财政政策的同义语。只不过我们在开始运用扩张性财政政策时只是偏重于增加支出方面，而没有决定采取减税措施。1999 年年中，中国政府开始陆续出台一些税收措施，如减免商品房交易税、开征利息税等。从国外经验看，税收工具的恰当运用能够在影响社会总支出水平和支出结构方面发挥相当重要的作用。一般情况下，减免税意味着征税对象收益的相对增加，因此，这种措施无论是针对投资还是消费，都能对这种支出产生刺激作用。供给学派的"拉弗曲线"就是对最佳税负经济效应的图解。

货币政策是一个能够对总支出水平施加重要影响的宏观政策。从理论上说，货币政策一揽子工具中的信贷政策、利率工具、贴现手段、准备率调整、公开市场业务等，都可以在增加货币供应量方面发挥重要作用。但是在通货紧缩时期，需求调节的重点是在短期内直接地增大总需求，借以改善公众的预期。货币政策的间接性和时滞性，而且在通货紧缩时期，利率弹性较小，使其在扩大需求方面具有明显的局限性。因此，财政政策的效果一般比货币政策更直接有效。只有实行积极的财政政策，才可能在短期内直接、有效地增加总需求。

至今为止，我们对中国财政政策的调节功能的基本印象是财政政策扩张功能强而紧缩功能弱，货币政策则恰恰相反，它的扩张能力弱但紧缩功能却相当强。货币政策扩张无力在通货紧缩的调节实践中表现得尤为突出。

因此，财政政策与货币政策的配合运用，是治理通货紧缩和通货膨胀的主要政策措施。通货紧缩时期必须以积极的财政政策为主导，辅之以积极的货币政策，才有助于宏观经济尽快从通货紧缩的阴影中走出来。

（二）增加需求，改善供给结构

（1）增加国内有效需求或称"拉动内需"国内有效需求包括两个方面，一是投资需求，二是消费需求。投资需求的增加有两条渠道，一是政府增加公共投资，主要用于基础设施建设，以此拉动投资品市场需求，增加就业；二是刺激私人部门或民间投资，主要通过降低税收、降低利率，增加信贷等措施，提高企业经营者的投资收益率，增强其投资的信心和增加投资机会。私人部门或企业是国民经济的微观基础，激活企业是激活整个市场和整个经济的关键。消费需求的增加包括增加政府采购、提高公共消费水平和刺激家庭个人消费。就后者而言，由于在通货紧缩情况下，就业预期、工资预期等趋于下降，消费者普遍缩减支出，增加储蓄，因此，需要通过各种途径如增加工资、增加社会福利、提供消费信贷、降低利率等，使消费者提高支付能力，提升消费等级。

（2）增加外部需求，促进出口，将外部需求引入国内市场，消化相对过剩的供给能力，是被许多国家的经验所证明了的一条治理通货紧缩的重要途径。在通货紧缩情况下，一般应采取本币贬值的策略，制定贸易政策促进出口，限制进口。

（3）改善供给结构，增加有效供给

通货紧缩表现为总供给水平大于总需求水平，导致物价总水平下降。除了总需求不足的原因外，在供给方面的原因主要就是供给结构不合理。由于产业结构和产品结构与需求结构不对称，因而造成供给相对过剩。因此，应该从加快技术进步、提高产品质量、改善企业经营管理水平、调整产业结构、产品结构等方面采取适当的治理措施。

（三）加大改革，充分发挥市场机制

市场经济是在全社会范围内由市场配置资源的经济，市场经济不是万能的，但实践证明它是最优的，政府对"市场缺陷"的矫正，必须限制在一定的范围，受到约束，否则，对经济的破坏作用是巨大的。反思过去我国通货紧缩局面的形成，无不跟政府主导型发展战略有关，像国有企业大量亏损，失业现象严重，重复建设造成经济结构的扭曲，短缺与无效供给的并存以及政府部门的腐败、效率低下等都与政府对市场的不信任，对市场的过度干预紧密相连。因此，要想尽快走出通货紧缩的困境，必须加大改革力度，充分发挥市场机制的作用，积极推进国有企业的转制工作，甩掉国有企业的沉重包袱，建立现代企业制度，增强国有企业的活力，使其真正发挥促进经济发展的关键作用，完善市场经济所需要的科技、教育、住房、卫生、医疗、社会保障制度。

思　考　题

1. 什么叫通货膨胀？什么叫通货紧缩？
2. 可以用哪些指标衡量通货膨胀率？
3. 什么叫需求拉上型通货膨胀？什么叫成本推进型通货膨胀？
4. 通货膨胀的形成原因是什么？
5. 通货紧缩的形成原因是什么？
6. 通货膨胀对经济有何影响？通货紧缩对经济有何影响？
7. 治理通货膨胀的对策有哪些？
8. 治理通货紧缩的对策有哪些？

参 考 文 献

[1] 马克思. 资本论（第 3 卷）[M]. 北京：人民出版社，1974.

[2] 李永军. 制度与信用形式变迁[D]. 上海：复旦大学，2010.

[3] 徐彩玲. 凯恩斯利息理论及其对中国适用性考探[D]. 福州：福建师范大学，2006.

[4] 刘宇. 我国金融监管体制改革路径探索[D]. 成都：西南财经大学，2009.

[5] 胡庆康. 现代货币银行学教程（第四版）[M]. 上海：复旦大学出版社，2010.

[6] [美]切凯蒂. 货币、银行与金融市场[M]. 北京：北京大学出版社，2007.

[7] [美]约翰. 赫尔. 期权、期货和衍生证券[M]. 北京：华夏出版社，1997.

[8] [美]劳埃德·B.托马斯. 货币、银行与金融市场[M]. 北京：机械工业出版社，1999.

[9] [美]米什金. 货币金融学（第六版）[M]. 北京：中国人民大学出版社，2005.

[10] 彭兴韵. 金融学原理[M]. 北京：生活、读书、新知三联书店，2006 年.

[11] 张亦春，许文彬. 金融学[M]. 北京：高等教育出版社，2011.

[12] 王广谦. 中央银行学（第三版）[M]. 北京：高等教育出版社，2011.

[13] 胡海鸥，贾德奎. 货币理论与货币政策（第二版）[M]. 上海：格致出版社，2012.

[14] 谭小劲. 我国货币政策工具的演进、不足及改革方向[J]. 南方金融，2010 年 09 期.

[15] 周小川. 新世纪以来中国货币政策的主要特点[J].中国金融，2013 年 02 期.

[16] 成思危. 中国经济改革与发展研究（第二集）[M]. 北京：中国人民大学出版社，2008.

[17] 黄达. 金融学[M]. 北京：中国人民大学出版社，2003.

[18] 武康平. 货币银行学教程[M]. 北京：清华大学出版社 1999.

[19] 康书生，鲍静海. 货币银行学[M]. 北京：高等教育出版社，2007.

[20] 戴国强. 货币银行学（第二版）[M]. 北京：高等教育出版社，2005.

[21] 岳玉珠，郭慧文. 货币银行学[M]. 南京：东南大学出版社，2005.

[22] 萧松华，朱芳. 货币银行学[M]. 成都：西南财经大学出版社，2003.

[23] 王爱俭. 金融创新与风险管理[M]. 北京：中国金融出版社，2000.

[24] 黄正新. 金融学[M]. 广州：中山大学出版社，1999.

[25] 黄达. 货币银行学[M]. 北京：中国人民大学出版社，2005.

[26] 夏德仁，李念斋. 货币银行学（第二版）[M]. 北京：中国金融出版社，2005.